Social world Clouding computer

소셜 세상과 클라우딩 컴퓨터의 이해

| 장종욱 지음 |

도서출판 한산

머리말

현시대는 SNS의 서비스와 스마트 세상을 말하지 않고는 이 시내의 현상을 설명할 수 없다. 이 시대 현상은 스마트 폰의 급작스런 등장과 함께 맥을 같이 한다.

이 스마트 세상은 이제 빅데이터를 만들어 내고 있고 이제는 빅데이터를 활용한 기업과 사람만이 이 세상을 리딩할 수 있는 시대가 되었다.

빅 데이터와 클라우드 기술은 함께 발전한다. 빅 데이터는 처리를 위해 클라우드 서비스가 제공해 줄 수 있는 서버군을 필요로 한다. 하지만 실제로는 어떨까? "클라우드"와 "빅 데이터" 모두 상당한 과장으로 인해 모호하고 아주 넓은 의미로 사용되고 있다. 이 교재에서는 이 모든 것들을 가능한 간단하게 분석하고, 무엇이 실제로 가능하고, 뭐가 앞으로 가능해질지를 강조할 것이다.

그리고 앞서 빅데이터 시대를 유발하고 있는 소셜서비스와 스마트 세상에 대한 최신의 기술들을 제공하고자 한다.

이 교재는 소셜세상에 관심을 갖고 클라우딩 컴퓨팅 기술에 관심을 가지고 있는 독자들에게 많은 도움이 되리라 여겨진다.

효민캠퍼스 연구실에서

장종욱

차례

제1장 SNS란

제2장 SNS의 영향

차례

차례

제4장 스마트폰

차례

제5장 태블릿 컴퓨터

차례

차례

제7장 클라우딩 컴퓨팅과 빅 데이터

제 1 장

SNS란

1.1 | SNS 개념과 특성

누구나 인간이 본래 '사회적' 존재라는 주장에 수긍한다. 사람들은 경쟁우위, 주어진 지위와 물질적 이득이 가져다주는 만족감과 안도감, 혜택을 끊임없이 추구한다. 이런 목표를 이루려면 대개의 경우 '개인적 인맥'이 필요하다. 즉 우리는 접촉, 인맥, 연계, 협업, 모의 등을 통해 주변 사람들과 끊임없이 소셜 네트워크를 만들고 확대하고 유지한다[1].

우리는 인터넷 상에서 모르는 사람과도 쉽게 만나서 친구가 되고, 때로는 사업 파트너를 만나기도 한다. 심지어 인터넷에서 평생의 반려자를 만나서 결혼에 골인할 수도 있다. 이렇듯 인터넷에서 다양한 일들이 가능하게끔 개인의 정보를 바탕으로 타인과 커뮤니케이션 할 수 있도록 하는 서비스가 바로 SNS(Social Network Service)이다. SNS는 사회적 관계의 개념을 인터넷 상으로 가져온 것으로 개인 대 개인 간의 관계 맺기를 통해서 네트워크의 형성을 지원하는 온라인 인맥 구축 서비스이다[2].

'Social Network Service'라는 말을 풀어보면 'Social'은 사회를 뜻하는 말로 '공동체'를 의미하고 'Network'는 일련의 과정을 통해 연결된 '관계망'을 나타내며 'Service'는 이러한 것들이 가능할 수 있도록 '기반을 만들어주는 것'을 의미한다. 이들의 조합인 'Social Network Service(소셜 네트워크 서비스)'를 줄여서 SNS라고 표기한다. 따라서 넓은 의미로는 관계를 형성할 수 있는 온라인 커뮤니티와 유사하다고 볼 수 있지만 온라인 커뮤니티가 한 장소에서 공통의 관심사를 가진 사람들끼리 모여 그룹을 형성하고 이를 중심으로 움직이는 반면, SNS는 개인을 중심으로 개인 간 연결된 관계가 누적됨으로써 더 큰 네트워크를 형성한다는 면에서 온라인 커뮤니티와 차이를 보인다. 또한, 인간의 사회적 활동에 기반을 두었기 때문에 매일 사용하는 충성도 높은 사용자들이 다른 어떤 서비스에 비해 높고, 일부 SNS의 경우 하나의 문화현상으로까지 보이는 등 독특한 모습을 보여주고 있다.

보이드와 엘리슨(Boyd & Ellison, 2007, p.2)은 SNS를 "웹에 기반을 둔 특정한 시스템 내에서 공개 혹은 반공개적으로 개인의 프로필을 만들도록 제공하고, 서로 접속하고 있는 다른 사용자들의 목록을 보여주고, 시스템 안에서 다른 사람들을 관찰할 수 있도록 하는 웹 서비스"라고 정의한다. 웹2.0의 발전과 더불어 인터넷 상에서 인적 네트워크를 구축할 수 있도록 도와주는 SNS의 등장은 새로운 인간관계의 형성뿐 아니라 패러다임의 변화를 일으켰다. 세계 최대 SNS인 페이스북은 2009년 4월 기준 2억 명의 사용자를 돌파했으며, 개인 간의 관계 형성을 도모하는 일상적인 커뮤니케이션 공간에 전 세계의 비즈니스 전문가들과 관계를 형성할 수 있도록 도와주는 사회적 기능을 강화하며 고속 성장하고 있다. 이는 단순한 10대, 20대만의 전유물이었던 공간적인 차원을 벗어나 생산적인 협업 공간으로 변모하고 있다는 이야기다. 또한, 3D SNS인 세컨드라이프(Second Life) 상에 IBM, 도요타 등의 글로벌 기업이 자사 제품 홍보관을 개설하여 상거래가 이뤄지는 점으로 미뤄볼 때 SNS는 비즈니스 모델로서의 중요한 가치도 지니고 있음을 알 수 있다[3~5].

보이드는 SNS에서 '프로필'과 '친구목록' 그리고 '코멘트'라고 하는 세 가지 요소가 중요하다고 강조한다. 일반적인 의미의 프로필은 자신의 이름과 연락처, 직업과 신체사항, 학력, 경력 등과 같은 개인적인 정보가 담긴 일종의 홈페이지 형태를 말하는데, SNS상에서의 프로필은 이와 더불어 자신과 관계를 형성한 친구들로부터 받은 코멘트를 포함하는 형태로 구성된다. 따라서 SNS를 방문한 사람들은 이러한 요소를 활용하여 친구에서 친구로 이동할 수 있고 프로필을 가진 다른 사용자들과 커뮤니케이션 할 수 있다는 특징을 가진다. 또한, 이러한 요소들은 인을 검색해서 매칭시켜 관계를 형성해나갈 수 있기 때문에 SNS를 확산시키는 데 중요한 역할을 한다.

결국, 이와 같은 개념과 구성 요소를 종합해보면 SNS란 개인이 지닌 성별, 연령, 지역, 학교, 흥미 등과 같은 프로필 정보를 바탕으로 다른 사람들과 커뮤니케이션을 하면서 새로운 사회적 관계를 형성해나가도록 만들어주는 서비스로 볼 수 있다.

1.2 SNS 등장과 확산

소셜 네트워크의 대표적 서비스인 페이스북과 트위터는 주변에서도 사용하는 사람들이 꽤 많아졌다. 페이스북은 전세계 인구의 15%인 9억명 가까이가 가입했으며, 트위터도 1억명 이상의 가입자를 가지고 있다. 위의 표는 두 서비스를 비교한 것인데, 주로 18~44세의 연령대를 보이며, 서비스 기업이 있는 미국 이외의 글로벌 사용자 비중이 더 높다. 페이스북은 41%의 사용자가, 트위터는 27%의 사용자가 매일 로그인하며, 매일 자신의 상태를 올리는 사람이 페이스북은 12%, 트위터는 52%이며 모바일에서 이용하는 사람도 30%, 37%로 많은 부분을 차지한다.

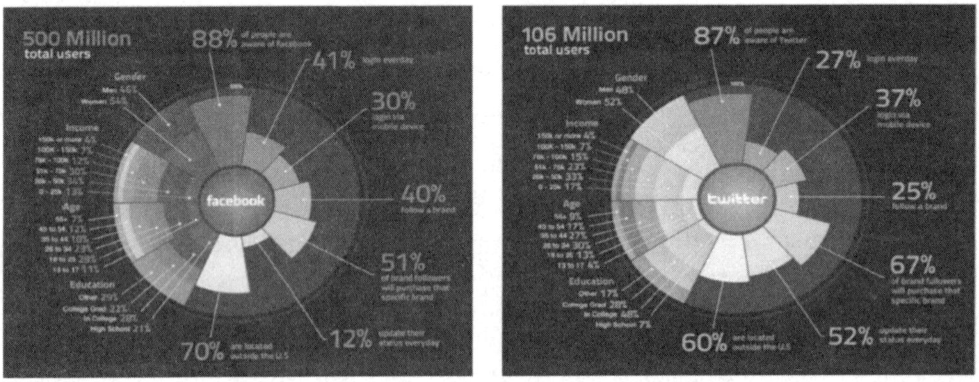

(그림 1-1) 해외 페이스북과 트위터의 가입자 수 비교

위의 통계 (그림 1-1)은 소셜 네트워크 서비스가 사람들의 일상적인 생활로 자리잡아가고 있음을 보여준다. 사람들이 모이는 곳에 시장이 생기듯이 소셜 커머스도 뒤를 이어서 급성장하고 있는데, 왜 소셜 네트워크에 몰리는지에 대한 이유를 보여준다[6].

1.3 소셜 네트워크를 이끄는 환경 변화

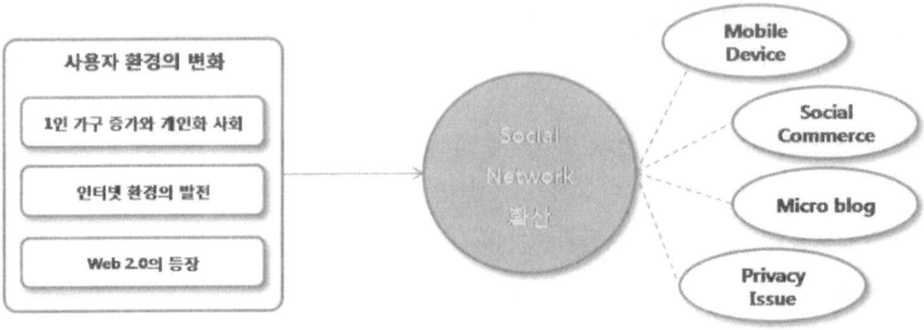

(그림 1-2) 네트워크의 환경 변화

인터넷 환경은 최근 30년 동안 아주 빠른 속도로 변화하여 왔다. 메인 프레임 컴퓨터에서 데스크탑 PC가 일반화 되었고, 키보드와 마우스에서 touch 기반으로 입력 도구가 변화하였으

며, 작업에 필요한 컨텐츠를 생산하는 것에서 보면서 공유하는 것으로 바뀌어왔다. 사용자들은 이러한 변화에 적응하면서 1990년대 중반까지 텍스트 기반의 PC통신으로 인터넷을 이용하고 사람들과 게시판을 통하여 교류하였다. 2000년대 중반까지는 인터넷 포탈인 네이버, 다음 등으로 모여서 정보를 올리고, 찾고, 카페를 만들고, 블로그를 운영하게 되었다. Web 2.0의 큰 변화는 2005년 이후로 본격적인 서비스로 등장하여 단순히 모아놓는 것을 벗어나서 적극적으로 공유하는 흐름이 등장하였는데, 개인화되어 가는 사회적인 현상과 맞물려서 본격적인 소셜 네트워크의 성장을 이끌게 되었다.

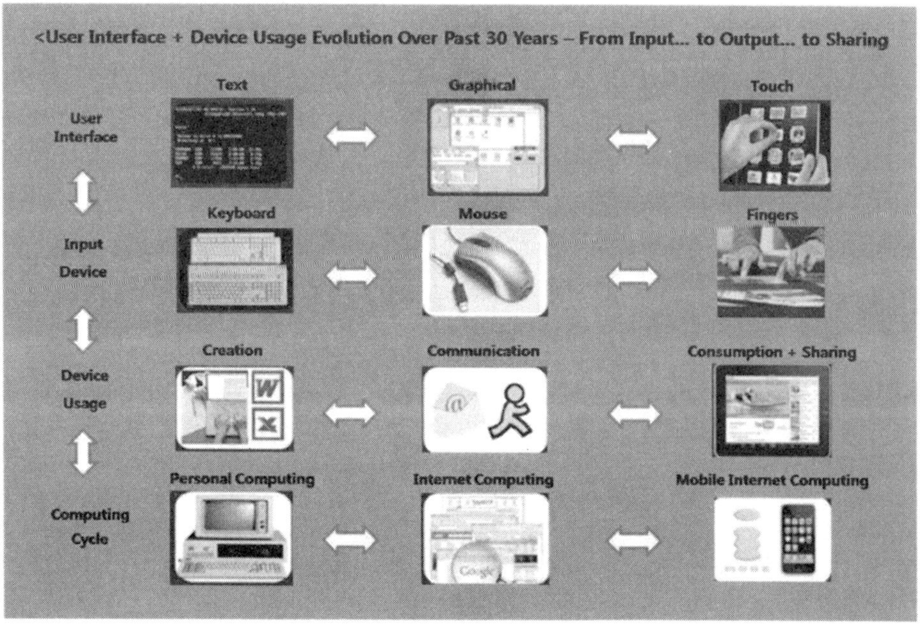

Source : Internet Trends, June 7, 2010, Morgan Stanley

(그림 1-3) 유저 인터페이스의 진화 과정

소셜 네트워크는 페이스북과 트위터를 중심으로 글로벌하게 확산되고 있는데, 이는 스마트폰과 테블릿의 보급과 함께 개인적인 짧은 글쓰기의 유행을 이끌고 있으며, 사람들이 모이는 곳에 시장이 형성되듯이 소셜 커머스를 통한 상업적인 거래 시장을 만들어주고 있다. 소셜 네트워크의 급속한 확산의 이면에 나타나는 개인 정보의 노출과 사생활의 침해도 중요한 부분으로 관심을 가져야 한다[7].

1.3.1 1인 가구 증가와 개인화 사회

소셜 네트워크 등장의 가장 중요한 배경 중의 하나는 인구 구성 비율의 변화이다. 2차 세계 대전 이후 태어나 미국 인구의 29%를 차지하고 있는 1946년~1965년 사이의 베이비 부머(Baby Boomer)가 은퇴를 시작하면서 노령 인구가 증가하고 있다는 사실은 대부분 알고 있지만, 그 자녀 세대인 2차 베이비 부머들의 변화는 크게 부각되지 않고 있다(그림 1-4). 1968년~1976년 사이에 태어난 2차 베이비 부머들은 산업화 시대에 태어나서 그들의 부모 세대나 자녀세대보다 치열한 경쟁 환경에서 살았습니다. 2차 베이비 부머들이 학교를 졸업할 무렵인 1990년대는 앞에서 설명한 배경 요인들이 나타나는 시기와 맞물려서 소셜 네트워크의 중요한 사용자층으로 자리잡게 된다.

Source : 한겨레신문 기사

(그림 1-4) 1인 가구 수 및 구성비

그렇지만 이들의 사회 진출 시기에는 글로벌하게 경기 변동이 심한 시기였고, 유럽은 저성장의 경제를, 일본은 잃어버린 10년의 시기를, 우리나라는 IMF와 경제 침체의 시기를 겪고 있었다. 다만 미국은 인터넷과 벤처 기업을 기반으로 하여 마이크로소프트, 애플, 구글과 같은 기업들이 산업을 주도하기 시작한 시기였다. 따라서 2차 베이비 부머들은 자신의 경제적 자립이 중요한 목표였기 때문에 결혼과 출산에 대한 여유가 없는 세대였으며, 자연스럽게 1인 가구의 증가를 가져왔다.

독일과 프랑스 등은 1인 가구의 비중이 30% 이상이며, 일본의 경우도 30% 이상, 도쿄의 경우 43%가 독신 가구로 알려져 있다. 위의 그래프에서 확인할 수 있듯이, 우리나라도 2010년의 1인 가구의 비중도 20.3%로 점차 증가하고 있으며, 2030년이면 네 집 중 한 집이 1인 가구가 될 전망이다.

이렇게 사회적으로 홀로 사는 1인 가구가 증가하면 여가 시간의 활용이나 다른 사람과의 교류를 위하여 소셜 네트워크 서비스 이용 빈도와 시간이 함께 증가하게 된다. 소셜 네트워크를 인구 통계학적인 관점에서 바라보면 미래의 예측에 도움이 된다[8].

1.3.2 인터넷 환경의 발전

PC통신이 본격적으로 확산되던 1990년대 초반에 Ketel(이후 Hitel), PC-Serve 등이 텍스트 기반으로 시작되었고, 이후 GUI(Graphic User Interface) 환경을 가진 천리안, 한미르, 나우누리, 유니텔, 넷츠고 등이 서비스를 제공하였다. 사용자들은 채팅룸과 게시판을 중심으로 활동하였고, 취미 생활 중심의 동호회가 활성화된 시기이다.

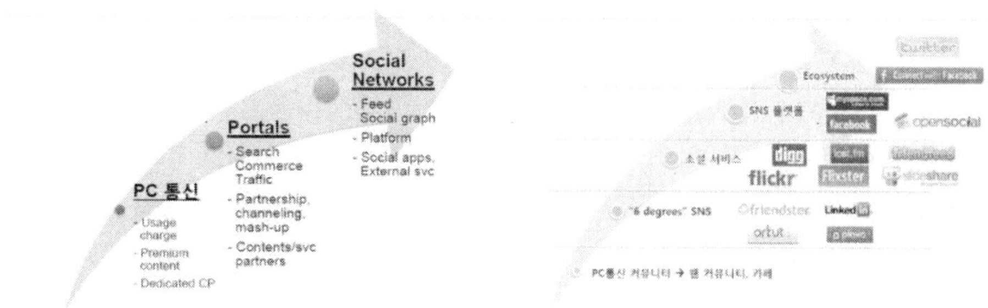

(그림 1-5) 인터넷 환경과 SNS의 발전 과정

인터넷 연결은 비대칭적 네트워크인 ADSL의 보급과 함께 다운로드는 많이, 업로드는 조금 할 수 있게 되었으며, 이 후 야후, 네이버, 다음, 파란 등의 포털 사이트 붐을 가져오게 되었다. PC의 보급과 인터넷 서비스의 속도 향상에 따른 인프라가 뒷받침 되면서 폭 넓은 사용자층이 형성되었는데, 동호회는 수 만명 규모로 많은 인원이 느슨한 관계로 연결되기 시작하였고 아이러브스쿨과 같은 학연 중심의 서비스가 반짝 인기를 얻기도 했다.

1.3.3 웹2.0의 등장

사용자가 가진 일정한 특성을 기준으로 연결하고, 이렇게 형성된 네트워크를 유지하여 새로운 시장을 만들기 위한 기업의 노력은 계속되어 왔다. 싸이월드는 1촌의 개념으로, 포탈 서비스인 네이버와 다음은 한게임과 한메일을 중심으로 사용자를 고착화(Lock-In)시키고자 노력하였으나, Web 2.0 이후 등장한 "공유"의 흐름과 반대로 자사의 서비스 안에 가둬두려고 하였기 때문에 사용자의 불만과 이탈을 가져오게 되었다.
2003년에 처음 소개된 Web 2.0은 단순한 정보성 웹사이트의 집합체를 웹1.0으로 보고, 웹 애플리케이션을 제공하는 하나의 완전한 플랫폼으로 발전하는 것을 웹2.0으로 말하였습니다. 개방과 참여, 공유로 표현된 웹2.0은 다양한 Open API를 통하여 소셜 네트워크 서비스들이 연결될 수 있도록 하였으며, 사용자가 큰 부담 없이 다양한 서비스를 이용할 수 있도록 촉진하는 계기가 되었다.
Open API는 다양한 소셜 네트워크 서비스들이 서로 연결되고 섞이는 Mash-Up을 통하여 사용자에게 새로운 경험을 제공하는 플랫폼이 되고 있다.

웹2.0의 특징은 다음과 같은 핵심 요소들로 정리할 수 있다.

① 개방과 참여, 공유로 대표되는 인터넷 환경
② 가벼워진 웹 S/W와 풍부한 사용자 경험이 바탕
③ 플랫폼으로서의 웹
④ 집단지성의 원동력이 되는 데이터.
⑤ 참여 구조(architecture of participation)에 의한 네트워크 효과
⑤ (오픈 소스 개발과 같이) 여러 시공간에 흩어져 있는 독립적인 개발자들이 공동으로 참여해 혁신하는 시스템이나 사이트
⑦ 콘텐츠와 서비스 신디케이션을 통한 가벼운 비지니스 모델(lightweight business model)
⑧ 기존의 소프트웨어 개발 사이클과는 다른 "영원한 베타(the perpetual beta)"
⑨ 롱테일의 힘을 극대화시키는 소프트웨어(여러 이기종(異機種) 장치에서 하나의 소프트웨어로서 구동)

(출처 : http://ko.wikipedia.org/wiki/Web_2.0)

결론적으로, 소셜 네트워크는 사용자 중심의 정보나 상태를 공유하는 약한 연대(weak-tie)에서 출발하여 장소, 음악, 사진, 경험, 취미와 같은 내용들을 나누게 된다. 이 연대가 강해지면 사용자 사이에 서로 지식을 나누고, 의견을 교환하며, 구체적인 정보와 토론으로 발전하여 강한 연대(strong-tie)를 가지며 교류하게 된다.

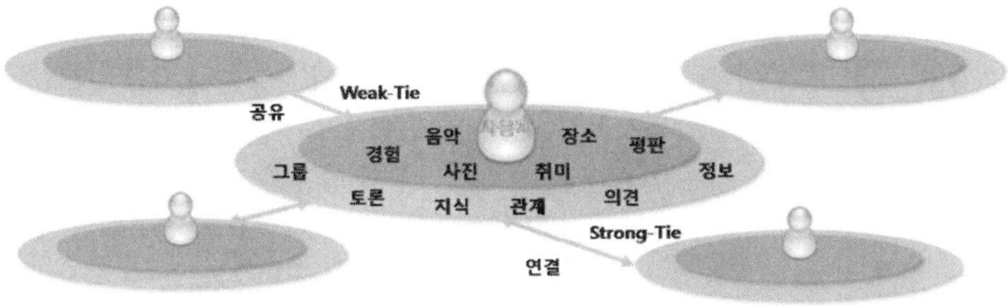

(그림 1-6) 소셜 네트워크의 연대도

사용자가 자신의 거주지 및 학교와 직장의 위치 정보, 학력 사항, 경력 사항, 취미 생활, 관심사, 가족 사항 등과 같은 지리적(geo-graphical) 특성과 인구 통계학적(demographical) 특성을 중심으로 다른 사용자와 연결 고리를 찾게 되며, 이러한 연결이 지속 될수록 더 많은 사용자의 정보가 연결 고리로 작용하게 된다.

일부 소셜 네트워크의 경우에는 사용자의 행동적(behavioral) 특성과 심리적(Psychological) 성향을 연결 고리로 이용하기도 하는데, 이러한 특성들은 사용자가 쉽게 제공하지 않는 특징이기도 한다. 그래서 사용자의 방문 기록으로 연결하는 FourSquare, Q&A를 중심으로 하는 Quora, 사용자 은행 계정과 연계하는 Mint, 좋아하는 기사나 컨텐츠를 Like로 연결하는 Facebook 등 사람들의 공통점 등을 파악하여 추정하기도 합니다. 이렇게 사용자를 정확하게 파악하기 위하여 profiling하는 다양하고 정교한 방법이 새로운 서비스 모델로 등장하고 있다.

초창기 사이트 운영자에 의해 중앙 집중화된 환경 하에서 정적으로 운영되던 웹 1.0은 개방과 분산을 통해 다수의 사람들이 이를 활용하고자 하는 본래적 취지에 합당하지 않다는 비판이 있어 왔고 이에 대한 반성으로 새로운 웹과 활용방식에 대한 모색이 시작되었다.

웹2.0의 개념을 가장 명확히 설명한 것은 2004년 8월 컨퍼런스에서 오렐리사의 팀 오렐리와 존 배틀이 표현한 플랫폼으로서의 웹이다. 과거에 넷스케이프를 실행하기 위해선 먼저 윈도우를 실행시켜야 했고, 결국 윈도우를 판매하는 MS사가 자사의 익스플로러를 끼워팔기함으로써 소프트웨어를 별도로 구입해야 하는 넷스케이프는 사라지게 되었다. 이러한 위도우 PC 기반의 넷스케이프가 웹의 1.0세대라고 한다면 대조적으로 구글처럼 판매 또는 패키지화되지 않은 순수한 웹 애플리케이션으로 서비스하는 것이 웹2.0이다. 구글의 지도 서비스인 '구글 맵'과 같이 AJAX(Asynchronous JavaScript and XML)를 사용해 개발된 웹 서비스들은 기존 데스크톱 애플리케이션의 외관 및 느낌을 보여주면서 웹에서 모든 것을 할 수 있는 플랫폼 형태의 웹을 보여주었다. 지도 관련의 웹 서비스는 이미 맵퀘스트, MS의 맵포인트 등이 제공되고 있었으나 구글맵은 단순한 AJAX 인터페이스를 사용해 인증되지 않은 해커들이 구글맵의 데이터를 재이용하고, 곧바로 창조적인 시도를 실시함으로써 인기를 얻게 되었다. 이와 같은 서비스 플랫폼의 단순성과 유연성이 구글의 성공 비결이라 할 수 있다. 즉, 다양한 서비스를 사용자가 취사선택하여 새롭게 만들 수 있는 플랫폼을 제공하는 것이 웹2.0인 것이다. 하지만 여기서 가장 중요한 것은 소프트웨어가 아닌 특화된 데이터베이스이다. 누구도 데이터를 소유하지도 않고, 이것을 모든 사람이 사용할 수 있으며, 누구나 변경할 수 있는 데이터를 다양한 사용자가 새롭게 콘텐츠를 창조하여, 그 콘텐츠를 유통시키는 플랫폼으로 정착되느냐에 따라 향후 경쟁시장의 주도권을 갖게 될 것이다.
웹2.0의 개념을 정리하면 다음과 같다(그림 1-7).

- 웹2.0은 플랫폼으로서의 웹 기반이다.
- 집단지성을 적극 활용한다.
- 롱테일의 경제학 개념을 지니고 있다.
- 수없이 많은 매쉬업이 이루어진다.

(그림 1-7) 웹2.0의 개념 정리

결국 웹2.0은 오렐리 미디어사의 팀 오렐리에 의해 '참여, 공유, 개방'이라는 기본 특징으로 사용자 참여가 바탕이 된 개방적 웹으로 운영되어지면서 사용자 편의성을 강화한 새로운 기술의 활용, 정보의 생성 및 개방, 그리고 공유를 통해 직접적 가치가 창출되어졌고 이로 인해 만들어진 풍부한 데이터를 기반으로 탄생되었다. 〈표 1-1〉은 웹1.0과 웹2.0의 주요 특징을 비교한 표이다.

〈표 1-1〉 웹1.0과 웹2.0의 주요 특징 비교

구분	웹1.0	웹2.0
핵심 패러다임	폐쇄성, 중앙집중, 통제, 독점	개방성, 분산, 유연성, 창의성, 직접성, 실시간성
가치 제공 수단	중앙 집중적, 정보 제작/전달의 효율성 추구	집단적 지성, 다양성, 창의성을 통한 가치 창출
웹 활용 방식	'포털 위주의 웹' 포털이 제공하는 정보, 서비스를 단순 수용하는 수준	'플랫폼으로서의 웹', 콘텐츠/서비스를 사용자가 직접 제작, 변경, 유통 가능
기술 / 인프라	PC 중심, 유선 브로드밴드	PC, 휴대폰, 디지털카메라 등 고성능화, 유선 브로드밴드의 확산/개선, WiFi/모바일 인터넷 등
주요 서비스	홈페이지, 게시판, 카페, 온라인스토어, 다운로드 등	블로그, SNS, Wiki, e-maketplace, P2P 등

(출처 : '웹의 진화와 비즈니스의 미래', LG경제연구원)

앞의 설명에서처럼 웹2.0이란 웹과 관련된 새로운 기술과 문화, 그리고 경제적 현상의 복합적 변화를 지칭하며 많은 사람들 간의 정보 교환과 정보 활용의 활성화라는 목적에 충실하고자 하는 웹 관련 산업 내 움직임에서 비롯되었으며 웹 기술의 발전과 다양한 서비스의 등장으로 일반 사용자들도 웹2.0과 연관된 변화를 일상 속에서 쉽게 접하게 되었다. 많은 사람들이 웹을 통해 사회의 변화를 감지하고, 사용자 스스로의 가치를 창출하고 있으며 이를 통해 새로운 관계의 형성, 업무처리, 엔터테인먼트 등을 행하는 것이 일상적인 활동이 되어 가고 있다. 즉, 단순히 현실의 행위가 웹으로 이동하거나 웹을 통해 개선하는 수준이 아니라 웹과 현실세계가 함께 어우러지는 시대가 바로 웹2.0의 시대인 것이다.

이처럼 웹2.0이 사회적 현상으로 대두되자 최근에 W3C는 웹2.0을 넘어 차세대 지능형 웹 기술인 '시맨틱 웹(Semantic Web)'과 '유비쿼터스 웹(Ubiquitous Web)'에 대한 논의까지 활발히 진행하고 있다 웹3.0을 지칭하는 시맨틱 웹은 확장된 인터넷 언어인 XML 기술로 사람뿐 아니라 데이터와 기계도 읽을 수 있는 메타데이터를 포함시키겠다는 의미이며, 이를 더욱 발전시켜 인간과 사물, 사물과 사물 간에도 대화가 가능하도록 진화시킨 형태가 웹4.0이다. (그림 1-8)은 웹의 진화에 따른 특징을 나타내고 있다.

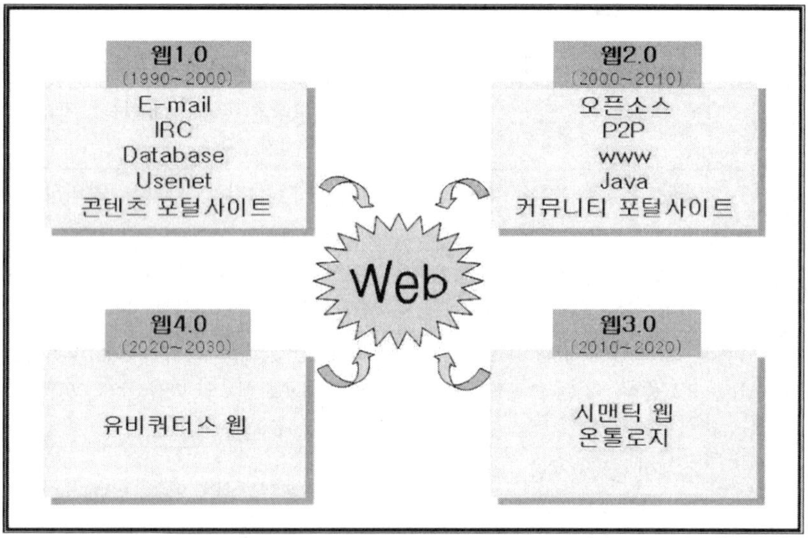

(그림 1-8) 웹 서비스의 진화

1.3.4 국가별 SNS 사이트의 탄생

현재 국·내외에는 이미 수많은 SNS 사이트가 존재하고 있으며 지금도 새로운 SNS가 등장하고 있다. 〈클루트레인 선언〉이 글로벌 자본주의에 대한 전복적 혁명을 주창했을 때 우연히도 미국에서는 프렌즈터와 마이스페이스 등 소셜 네트워킹 사이트가 등장해 사람들의 사회적 교류 방식을 바꾸기 시작했다. 참가자가 늘수록 네트워크의 유용성이 증대된다는 "네트워크 효과"의 법칙 덕분에, 소셜 네트워킹 사이트는 불과 수 년 만에 세계 전역에서 기록적 성장을 달성했다. 2006년 마이스페이스의 회원 수는 1억 명에 달했고, 페이스북은 2008년 현재 1억 2500만 명의 회원을 보유하고 있다. 성장세가 정체기에 접어들 날도 오겠지만, 적어도 지금까지는 마이스페이스와 페이스북의 일일 신규 가입자 수가 25만~30만 명에 달할 정도다. 이들 두 사이트위 합계 회원 수는 미국 전체 인구와 비슷한 수준이며, 아마 지금은 미국의 인구수를 훌쩍 따돌렸을 것이다. 마이스페이스의 일일 페이지뷰는 무려 45억 회에 달하며, 초기에 등장한 소셜 사이트 중 하나인 프렌즈터도 회원 수 5000만 명을 자랑한다. 영국에서 인기를 RMf고 있는 소셜 네트워킹 사이트 베보는 전 세계 회원 수가 약 2500만 명이며, 브라질과 인도에서 인기를 얻은 사이트 오르컷의 회원 수도 7000만 명에 달한다. 한국에서는 싸이월드가 2000만 명 이상의 회원을 보유하고 있으며, 라티아메리카에서는 하이파이브 회원 수가 5000만 명에 달한다. 일본의 소셜 네트워킹 사이트인 믹시도 회원 수 1000만 명이 넘는다. 이 밖에도 프랑스의 스카이록, 중국의 뫕, 쿠바의 바두, 폴란드의 그로노, 네덜란드의 하이브스, 헝가리의 인터내셔널후이즈후, 스웨덴의 루나스톰, 인도네시아의 프렌즈터, 러시아의 브콘탁체 등 여러 사이트가 세계 각지에서 인기를 누리고 있다.

(그림 1-9) 다양한 SNS Site

소셜 네트워킹 사이트의 매력은 국경을 초월하며 가능한 모든 커뮤니티를 대표해서 네트워크가 형성된다. 회원이 2000만 명인 링크드인, 15000만 명인 플락소, 400만 명인 싱 등 비즈니스 업계를 위한 사이트가 있는가 하면, 회원이 1600만 명인 블래플래닛처럼 미국의 흑인들을 위한 사이트도 있다. 또한 의사(Sermo), 환경활동가(Care2), 영화광(Flixster), 사진공유(Flickr), 불클럽(LibraryThing), 자동차광(CarDomain), 애완견 주인(Dogster), 동성애자(OUTTeverywhere)를 위한 사이트도 있다. 가족 및 친구 찾기 사이트도 전 세계적으로 대단한 인기를 누리고 있다(Classmates.com, Reunion.com, FriendsReunited, MyYearbook). 또 다른 사이트들은 틈새 분야에 맞춤형 서비스를 제공하기도 하는데, 일례로 로이터는 헤지펀드 매니저들을 겨냥한 소셜 네트워킹 사이트를 개설했다. 전 세계의 제트족 셀러브리티들을 위한 사이트 스몰월드도 있는데, 초청받아야만 가입이 가능한 폐쇄형이다. 이 밖에도 발랄하고 복잡한 이름의 수많은 사이트들이 있다(Xanga, Tickle, Fropper, Minglebox, Nexopia, Adoos, Cuspace, Tagged, 52.com, Ning, Rassado, CafeMom, Jhoom, Yuku, Zorpia, Backwash, Fubar 등).

다음 (그림 1-9)는 국·내외의 SNS 사이트를 보여주고 있으며, 〈표 1-2〉와 〈표 1-3〉에서 주요 SNS 사이트들의 특징을 보여준다.

〈표 1-2〉 국내 주요 SNS 사이트들

SNS	특 징
싸이월드	• 2001년 9월 '사이좋은 사람들'이라는 슬로건 아래 정보공유를 컨셉으로 공유와 소통을 함께 나누는 1인 미디어 서비스 • 텍스트, 사진, 동영상, 그림 등 다양한 멀티미디어 콘텐츠를 업로드 가능 • 미니홈피/클럽/포털 등 다양한 형태의 서비스 제공 • 미니홈피의 일촌 맺기 기능으로 회원들 간의 쌍방향 커뮤니케이션 기능(일촌끼리는 서로 개인정보 교환 가능) • 일촌 파도타기 기능을 통해 네트워크상의 다른 사람들과의 커뮤니티 형성 • 부분적 유료 서비스 : 자체 화폐단위인 '도토리'를 사용한 콘텐츠 부분 유료화
카카오스토리	• 사진 공유 기반 SNS이다. • 스마트폰 사용자를 대상으로한 프리웨어 SNS. • Android기반 장치 사용자는 구글 플레이, iOS기반 장치 사용자는 앱스토어에서 다운 받아 사용 가능. • 카카오톡과 연동하여 사용이 가능하다. • 카카오톡에서는 한 장의 사진만을 프로필로 볼 수 있었던 것과 달리 • 미니 프로필에 여러 장의 사진을 업로드 하여 공유할 수 있다. • 전체 공개와 친구공개의 기능이 있다. • 사진 공유 기반 한국형 SNS이다.
토시	• 차세대 유·무선 소셜 네트워킹 서비스 • SK텔레콤의 네이트온 사용자 목록과 휴대전화 목록을 '토시친구'로 통합, 인맥을 통합관리 할 수 있음
미투데이, Playtalk	• '한 줄짜리 블로그'라 불리는 미니 블로그 서비스 제공 • 유·무선 통합 지향 • 내 생각을 말하고 지인들과 의견을 나누기 편리 • 최근 미투데이에 'twitter'의 기능인 '구독'기능이 추가되어 보다 쉽게 다른 사용자의 글을 보고 대화를 나눌 수 있도록 개편됨

링크나우	• 전문가와 비즈니스맨을 위한 프로필 기반의 인맥 서비스 • 회원이 프로필을 통해 퍼스널 브랜드를 강화하고, 인맥의 업데이트된 정보를 볼 수 있고, 새로운 사업 파트너와 전문가를 만날 수 있게함 • 직장을 구하고, 인재를 채용하며, 전문적인 지식과 경험을 쌓을 수 있는 공간을 제공
위드미인	• 새로운 사람과의 만남을 지향함 온라인상에서 이웃과의 정을 나누고 더불어 자연스레 이성을 사귀고 취미도 공유하고 발전하여 더욱더 친한 친구 또는 연인이 될수 있다. • 주된 연령층은 10대~30대 • 위드미인에서는 사람들을 미인이라고 부른다
톡픽	• 2009년 8월에 새롭게 런칭한 국내형 마이크로블로그 서비스 • 소셜 네트워크와 유연한 글타래 구조로 메신저나 대화방처럼 이야기를 전개해나 갈 수 있음 • 전체 화면을 한 눈에 볼 수 있도록 하기 위해 댓글이 아닌 답글 방식으로 글을 작성하도록 해 사용성을 특화시킴

〈표 1-3〉 해외 주요 SNS 사이트들

	특 징
Myspace	• 2003년 9월 오픈 • 남성 사용자가 주류를 이루는 사이트로 약 6,000여개의 음악 밴드에 관심을 가지고 있는 집단 • 블로그나 메일 뿐만 아니라 그룹, 포럼, 광고, 이벤트 정보 등을 제공하는 종합 커뮤니티 사이트 • 엔터테인먼트 분야에 중점을 두고 있으며 음악, 비디오, 영화 등의 콘텐츠 이용 및 공유 가능 • 2009년 2월 18일 한국 진출 포기
SecondLife	• 2003년 Linden Lab에서 개발한 가상현실 SNS • 전 세계 1천 5백만 명 이상이 상요하고 있는 3D 가상세계 플랫폼 • 주어진 시나리오에 따라 게임을 즐기는 MMORPG(Massive Multiplayer Online Pole Playing Game)에서 탈피한 것으로 현실과 동일한 가상의 환상에서 자신이 원하는 삶을 사는 것 • 채팅, 게임, 광고, 교육 등이 혼재한 서비스로 이용자 스스로 서비스를 개발하고 이용하는 새로운 개념의 시스템 • 2010년 2월 23일 새로운 스타일의 세컨드 라이프 뷰어 2 베타가 개발되었다.

Facebook	• 2004년 오픈당시에는 Harvard에서만 서비스되던 closed 서비스였으나 이후 고등학교, 대학교, 회사, 국가로 전면 오픈 • 친구로 맺은 사람의 프로필만 볼 수 있는 폐쇄적인 서비스 • 시스템의 주요 콘텐츠는 자세한 개인의 프로필 • Add-on이 가능한 SNS • 블로그 형태로 친구 추가 및 메시지 전송 가능 • 캐나다, 노르웨이, 이집트, 요르단, 파나마, 남아프리카 등에 진출
YouTube	• 영상중심형 SNS로 웹에서 제공되는 UCC를 등록, 공유하는 SNS
Instagram	• 사진 공유 프로그램으로, 다양한 디지털 필터(효과) 기능을 특징으로 한다. • 아이폰 & 안드로이드 앱을 가지고 있으며 앱 실행으로 촬영과 후보정(효과), 온라인 공유기능을 모두 사용할 수 있다
Twitter	• 2006년 3월 어비어스 코프에 의해 오픈된 서비스 • 마이크로블로그의 열풍을 선도한 SNS • 한줄 블로그로 최대 140글자 이내의 글('트위트'라 함)만 입력 가능 • 간단한 메모나 의견을 쉽고 편하게 남길 수 있음 • 단문 메시지 서비스, 인스턴트 메신저, 이메일 등을 통해 트위트를 트위터 웹사이트로 보낼 수 있음 • 지난 1년 사이 순방문자수 11배 급증

1.4 SNS 사이트

1.4.1 SNS 사이트 분류

SNS는 서비스의 특징에 따라 다양한 형태로 분류할 수 있다. 예를 들어 사진 등의 관리에 중점을 둔 픽쳐(Pictures), 즐겨찾기 관리를 할 수 있는 소셜 북마크(Social Bookmarks), 사용자들이 콘텐츠를 만들어 유통 시킨다는 특징을 지닌 에코 시스템(ecosystems), 지인들의 삶을 파악할 수 있는 라이프스트림(Lifestreams)에 이르기까지 다양하고 복잡한 양상을 보인다(그림 1-10).

이렇게 다양하게 분류되는 SNS들은 서비스의 특성에 따라 그 형태나 용도가 달라질 수 있는데 (그림 1-10)과 같이 스미스(Smith, 2007)는 정체성, 존재감, 관계, 대화, 평판, 공유, 그룹이라는 7가지 특성으로 이를 구분하였다.

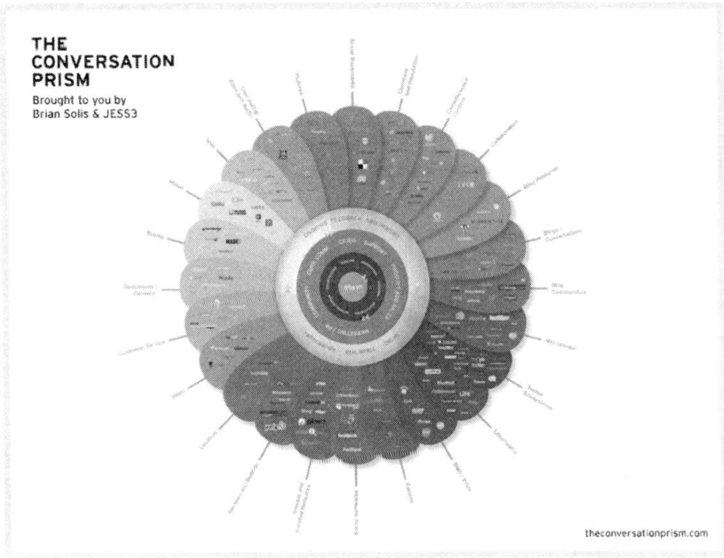

(그림 1-10) SNS의 서비스 특징에 따른 분류

온라인상에서 다른 사람과 구별할 수 있도록 자기 자신을 유일하게 표현하는 방법이라고 할 수 있는 정체성(Identity), 자신의 상태가 온라인인지 오프라인인지, 상대방이 대화할 수 있는 상태인지를 파악하는 존재감(Presence), 가족이나 친구, 지인들 간의 관계를 맺고 이를 시스템에 축적할 수 있는 관계(Relationships), 시스템을 통해 다른 사라들과 커뮤니케이션 하는 방법으로 이메일이나 쪽지, 채팅, 메신저 같은 형태인 대화(Conversations), 과연 어떤 사람이 좋은 사람이며 믿을 수 있는지를 평가할 수 있는 평판(Reputation), 사진이나 동영상과 같이 콘텐츠들을 시스템 안에서 사용자들끼리 공유하거나 추천, 배포 등을 통해 관계 네트워크를 형성하는 공유(Sharing), 흥미나 기타 목적을 기반으로 형성된 커뮤니티의 형태인 그룹(Groups)을 들 수 있다.

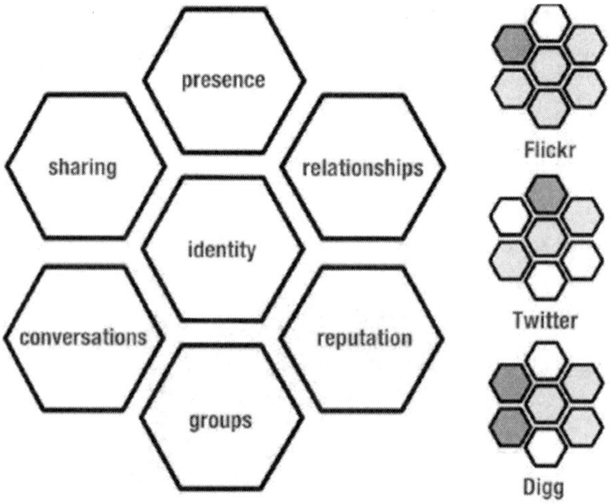

(그림 1-11) SNS의 7가지 특성

그러나 모든 SNS가 이러한 특성을 지닌 것은 아니다. 사용자들에게 인기가 있는 서비스들은 대부분 1~2가지 특성에 집중하는 경향이 강했으며 나머지는 특성이 존재하기는 하지만 그 효과 측면에서는 미미한 것으로 드러났다. 예를 들어 플리커(Flickr)는 공유의 특성이 가장 강하며 나머지 특성들은 약하게 드러나는 반면, 존재감의 특성은 극히 미미한 것으로 나타났다. 대한, 트위터(Twitter)는 존재감이 가장 강한 특성을 가진 SNS로 표시되었으나, 공유나 그룹, 평판의 특성을 확인할 수 없었고, 디그(Digg)는 공유와 대화의 특성이 가장 강했으며 존재감과 그룹의 특성은 나타나지 않았다.

이들의 연구결과가 공통적으로 이야기하는 핵심을 살펴보면 기본적으로 SNS는 사람을 중심으로 관계를 형성하는 것에 기반을 두고 있고, 이러한 관계를 위해서는 기본적으로 정체성의 확인이 필요하다는 것을 알 수 있다. 예를 들어, 기존의 아이러브스쿨(IloveSchool)이나 미국의 페이스북, 중국의 샤오네이(Xiaonei)의 경우는 학교 정보에 기반을 두고 개인의 실제 정보를 확인하여 관계의 형성을 도모하고 있다. 또한, SNS는 사용자 가의 상호작용을 통해 커뮤니케이션을 가능하게 하는 특성을 지닌다. 이는 단순히 일회성으로 그치는 것이 아니라 상호작용을 통한 커뮤니케이션을 통해 지속적으로 관계를 유지함을 의미한다. 싸이월드의 트래픽이 감소하고 있음에도 여전히 사용자들의 체류 시간이 길고, 충성도가 높은 것을 보면 이를 확인할 수 있다. 이러한 기반하에서 다양한 형태의 서비스 특성들이 추가되면서 SNS만의 고유한 가치를 가지게 되는 것이다[9~13].

1.4.2 SNS 발전과정과 현황

개인 간 연결을 통해 인맥을 형성하는 SNS는 과거 오프라인 상에서도 존재해왔다. 평소 인식하지 못했을 뿐, 같은 지역을 기반으로 형성되는 향우회나 동일한 학교를 졸업했다는 공통점을 지닌 동창회, 친족간의 혈연관계에서 기인한 종친회 등의 형태도 SNS의 한 종류로 볼 수 있기 때문이다. 또한, 해외 친구들과 편지를 주고받으며 관계를 형성할 수 있었던 펜팔 서비스, 연애나 결혼과 같은 특정한 목적을 지닌 사람들을 중개해주는 역할을 해왔던 연애·결혼 정보 서비스 등도 SNS의 또 다른 형태이다. 이처럼 오프라인 상의 개인 대 개인 간의 관계의 개념을 온라인으로 도입한 것이 현재 SNS라고 불리는 서비스들이다.

SNS의 초창기 모델로 꼽히는 것은 다음의 두 서비스가 대표적이다. 첫 번째는 동창 커뮤니티의 원조라고 볼 수 있는 클래스메이트 닷컴(Classmate.com)을 들 수 있다. 1995년에 문을 연 클래스메이트 닷컴은 개인 간의 관계 개념을 도입하고 이를 축적할 수 있도록 서비스를 지원하였다. 단순히 예전의 동창생들의 정보를 제공해서 관계를 유지하는 연결고리로서의 성격뿐 아니라 동창회 모임을 통한 구인·구직을 시원하거나 소식 등을 접할 수 있도록 지원하여 현재도 미국과 캐나다 등지에서 4000만 명의 회원이 활발한 활동을 펼치고 있다. 두 번째로는 1997년에 서비스를 시작한 식스디그리스 닷컴이다. 사이트 명에서 알 수 있듯이 여섯 단계만 거치면 지구상의 모든 사람들과도 서로 아는 사이가 된다는 '분리의 6단계(Six degress of separation)'이론을 바탕으로 적용한 서비스였다. '분리의 6단계'는 1929년, 헝가리의 작가 프리지스 캐린시(Frigyes Karinthy)가 발표한 것으로 모든 사람들은 최대 6단계 이내에서 서로 아는 사람으로 연결된다는 이론이다. 이후 1967년, 이러한 이론을 실제로 증명해 낸 미국의 하버드대 스탠리 밀그램(Stanley Milgram) 교수에 의해 '캐빈 베이컨 6단계법칙(Six degress of Kevin Bacon)'이라는 이름으로 거듭나게 되었다. 이 연구는 평소에 그저 가깝다고만 생각했던 막연한 느낌을 보편화시키는 데 이바지를 했다는 점에서 의의가 있다. 또한, 최근에는 인터넷 메신저 상에서도 이 법칙이 증명되었다는 결과를 볼 수 있는데, MS사에서 1억 8천만 명의 인터넷 메신저 사용자들의 한 달간 대화기록을 조사한 결과 평균 6.6명을 거치면 서로 연결될 수 있는 것으로 나타났다. 이렇듯 오프라인 기반의 인간 사회의 개념을 온라인으로 확대하여 실제 생활과 연결하게끔 해주는 서비스가 SNS인 것이다.

국내의 대표적인 SNS로는 싸이월드(Cyworld)를 들 수 있다. 1999년 클럽 중심의 관계형 커뮤니티 서비스로 문을 연 싸이월드는 2001년 9월부터 '미니홈피'라는 개인 미디어 서비스를 시작하였다. 2003년 SK커뮤니케이션즈(주)에서 싸이월드를 인수하면서부터는 폭발적인 가입자 증가와 대규모 방문자 수를 기록한 바 있으며, 이후 타운, 블로그(페이퍼), 광장, 동영상, 검색, 3D SNS인 미니라이프 등 시장 트렌드를 반영한 다양한 기능들을 추가하면서 국내의 대표 SNS로 성장해 왔다.

싸이월드가 온라인 인맥 서비스의 기반을 다져온 1세대 SNS라면 링크나우, 미투데이, 토시 등은 다양한 형태의 부가서비스가 결합한 2세대 SNS이다. 링크나우(Linknow)는 전문가와 비즈니스맨이 프로필을 통해 자신의 경력과 전문성을 알리고, 비즈니스를 필요로 한느 새로운 사람들과의 관계를 형성하여 인맥을 공유할 수 있도록 하는 비즈니스형 SNS이다. 2007년 7월 오픈한 이래 약 7만 명의 회원을 보유하고 있으며 일반적인 SNS와는 달리 인물을 검색할 때, 1촌은 물론 친구의 친구인 2촌, 친구의 친구의 친구인 3촌까지 확인할 수 있는 강력한 '인맥 검색엔진'이 특징이다.

미투데이(me2DAY)는 블로그와 SNS의 틈새시장을 공략한 모바일 SNS의 대표적인 사례로 볼 수 있다. 2007년 서비스를 시작한 이래 2008년 12월, NHN에 인수되었으며 현재 약 5만 명의 회원을 보유하고 있다. 150자 이내의 짧은 글로 자신의 일상을 공유할 수 있고, 각각의 포스트는 한 번 업로드 후 1분이 지나면 삭제할 수 없다. 휴대폰을 사용해 사진이나 동영상 등을 업로드 할 수 있으며, 사람들이 남겨주는 댓글도 휴대폰 문자로 전송이 되어 시공간을 초월하여 자신의 상황을 미투데이에 접속한 친구들과 공유할 수 있다.

토씨(Tossi)는 SK텔레콤에서 운영하는 유무선 연동 SNS이다. 토씨는 휴대폰을 활용한 위치 기반 서비스(LBS: Location Based Service)를 도입하여, 문자나 MMS 등으로 글을 게시할 때 해당 지역의 위치태그(예: 용산구 서빙고동)를 자동으로 전송해주는 서비스를 제공한다. 일상의 느낌이나 생각들을 순간마다 쉽고 편하게 기록할 수 있으며 문자메시지, MMS, 메신저 등을 통해 토씨에 글을 게시하고 친구들과 공유할 수 있는 특징이 있다.

이외에도 국내에서는 최초로 구글의 오픈소셜을 기반으로 애플리케이션을 손쉽게 설치해서 사용할 수 있도록 제공한 아이디테일(IDtail)등 다양한 형태의 SNS들이 시장에 소개되면서 역동적인 모습을 보여주고 있다. [14~23]

앞서 살펴본 국내 주요 SNS의 현황을 정리하면 〈표 1-4〉와 같다.

〈표 1-4〉 국내 주요 SNS의 현황

SNS 분류	서비스명	특 징
일반형	티스토리 (Tistory)	블로그 기반으로 블로그의 주인의 역사를 담으로써 블로그 주인의 인맥들과 관계를 형성해 나가는 서비스형 블로그
비즈니스형	링크나우 (Linknow)	개인 프로필 기반의 직장인·전문가 중심 비즈니스 인맥 검색, 관리 서비스
모바일형	카카오스토리 (KakaoStory)	사진 공유 기반 SNS. 여러장의 사진들을 미니 프로필에 업로드하여 공유하는 서비스
	토씨(Tossi)	지역 기반의 유무선 연동 서비스, 메신저, 휴대폰 연결
정보·엔터테인먼트형	아이디테일 (IDtail)	구글 오픈소셜 플랫폼 도입, 영화 퀴즈, 두뇌플레이 등 애플리케이션 제공

(출처 : 이승주(2008, pp18~24), 정유진·배국진(2008, pp7~10), 한국경제신문 (2008.01.02))

SNS라는 용어는 서구에서 먼저 출현하였기 때문에 국내보다 훨씬 다양하고 활발한 형태의 SNS들을 찾아볼 수 있다. 1세대 SNS로는 프렌드스터(Friendster)와 오르쿠트(Orkut)를 들 수 있다. 프렌드스터는 2002년 3월 서비스를 시작하여 오프라인의 인맥 관계를 온라인으로 확장할 수 있게 함으로써 큰 인기를 끌었다. 오르쿠트는 2004년 11월, 구글에서 처음 선보였으며 프렌드스터와 함께 1세대 SNS로 대표된다. 특히 오르쿠트는 현재까지도 인도나 브라질 등에서 압도적인 우위를 차지하는 SNS이다.

2세대 SNS로는 마이스페이스와 페이스북을 들 수 있다. 마이스페이스는 2004년 4월 서비스를 시작으로 2009년 4월 기준 1억 3천만 명의 실사용자를 보유하고 있다. 가수와 팬을 연결시킨다는 개념에서 출발하였으며 음악가나 유명인들과의 상호 교류가 가능하다는 특징을 지니고 있다. 미국의 10대 청소년들의 삶을 오프라인에서 온라인으로 옮겨놓으며 '마이스페이스 제너레이션(Myspace generation)' 이라는 신조어를 탄생시키기도 하였다. 한편, 페이스북은 2004년 2월 하버드 대학생들을 연결하는 서비스로 등장하여 2009년 4월 기준 2억 명의 사용자를 넘어섰다.

오픈 초기에는 마이스페이스의 성장을 따라가지 못했으나, 일반인들에게도 가입이 허용되고 2007년 5월 오픈 API 플랫폼인 'F8'을 공개하면서 급성장하기 시작하여, (그림 1-12)와 같이 2008년 12월 기준으로 마이스페이스의 순 방문자 수를 추월한 상태다.

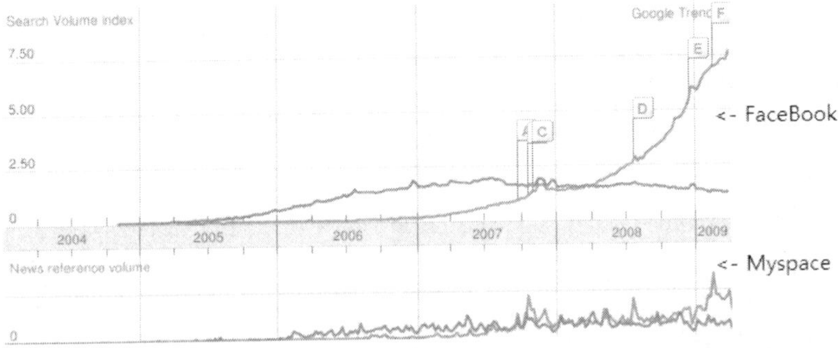

(그림 1-12) 마이스페이스와 페이스북의 순 방문자 수 추이 비교

마이스페이스와 페이스북이 특정 사용자나 분야에 제한 없이 누구나 참여할 수 있는 일반적인 SNS라면 업무나 사업 등의 관계를 목적으로 한 비즈니스 중심의 SNS도 눈에 띈다. 2003년 서비스를 시작한 링크드인(LinkedIn)은 개인의 학벌과 경력에 기반을 둔 SNS이다. 자신의 출신 학교나 직장 정보 등을 입력하면 같은 학력이나 경력을 가진 사람들과 관계를 형성할 수 있도록 연결할 수 있는 특징을 가진다. 이외에도 사진이나 동영상 등 특정 분야의 계층을 대상으로 하는 버티컬 SNS(Vertical SNS)의 형태로는 유튜브(Youtube)와 플리커(F lickr) 등이 있다.

이외에 모바일에 특화된 SNS로는 최근 급성장 하고 있는 트위터(Twitter)를 들 수 있다. 'Twitter'라는 명칭은 말 그대로 '가볍게 재잘대는 것'을 나타내며 일반적인 형태의 SNS와는 달리 140자 이내의 단문 메시지를 지인들과 공유할 수 있는 '마이크로 블로깅 형 SNS'이다. 웹사이트에 직접 접속하지 않고도 SMS나 인스턴트 메신저, E-mail, 휴대폰 등을 통해 손쉽게 글을 전송할 수 있는 것이 특징이다. 2006년 서비스를 시작한 이래 미국 대선에서 오바마 후보가 선거운동의 도구로 활용하면서 유명세를 타기 시작하였다.

Fastest Growing Member Community Destinations in February 2009

RANK	Site	Feb 08	Feb 09	% growth
1	Twitter.com	475,000	7,038,000	1382%
2	Zimbio	809,000	2,752,000	240%
3	Facebook	20,043,000	65,704,000	228%
4	Multiply	821,000	2,394,000	192%
5	Wikia	1,381,000	3,758,000	172%

source: Nielsen NetView, 2/09, U.S., Home and Work

(그림 1-13) 초고속 회원 성장률을 보인 커뮤니티 순위

또한, (그림 1-13)과 같이 2008년 2월 기준 47만 5천 명에 불과하던 순 방문자가 1년 사이에 무려 1382% 급증한 703만 8천 명으로 늘어나면서, 한때 한국에서 '싸이질'이 유행했던 것처럼 미국의 '트위팅(Twitting)'도 인기를 끌고 있다.

이처럼 SNS는 단순히 사람 간 관계를 형성하는 것을 넘어 비즈니스 분야에서의 인맥관리와 전문 분야에 대한 정보의 생산 및 탐색 등을 기제로 영향력을 넓혀가면서 점차 진화하고 있다. 앞서 언급한 국외 주요 SNS의 현황을 정리하면 〈표 1-5〉와 같다.

〈표 1-5〉 국외 주요 SNS의 현황

SNS 분류	서비스명	특 징
1세대형	프렌드스터 (Friendster)	본격적인 SNS로 오프라인의 인맥 관계를 온라인으로 옮겨온 서비스
	오르쿠트 (Orkut)	초대에 의한 폐쇄적인 방식으로 시작 브라질, 인도 등에서 인기
2세대 일반형	마이스페이스 (Myspace)	콘텐츠와 결합하여 관계의 활용에 집중 미이스페이스 제너레이션 신조어 탄생
	페이스북 (Facebook)	하버드 대학생 커뮤니티로 시작 오픈 API 'F8' 공개 후 인기 급상승
비즈니스형	링크드인 (LinkedIn)	업무나 사업 관계를 목적으로 함 비즈니스 전문 인맥 관리 서비스
버티컬형	유튜부 (Youtube)	동영상을 올리고 공유할 수 있는 서비스
	플리커 (Flicker)	사진을 올리고 공유할 수 있는 서비스
모바일형	트위터 (Twitter)	마이크로 블로깅 형태의 SNS로 메신저, 이메일, 휴대폰 등 다양한 디바이스로 글 게시 가능

(출처 : 정유진 외(2008, pp7~10), Nielsen(2009b)에서 재구성)

참고자료

[1] 매튜 프레이저 · 수미트라 두타, 소셜 네트워크 e혁명, 2010.

[2] http://en.wikipedia.org/wiki/Social_network_service

[3] 중앙일보, 2009. 04. 28

[4] http://kr.secondlife.com

[5] 경향신문, 2008. 10. 15

[6] ttp://gigaom.com/2010/12/20/facebook-vs-twitter-an-infographic/?asid=c228f21b

[7] http://en.wikipedia.org/wiki/Social_network_service

[8] 임재현(공주대학교), 2009 대학정보화 최신 동향 분석 자료집, p203

[9] http://www.flickr.com

[10] http://twitter.com

[11] http://digg.com

[12] http://www.iloveschool.co.kr

[13] http://www.xiaonei.com

[14] 최선미, 서강대학교, 'SNS의 사회자본 형성에 미치는 영향에 관한 연구', 2009. 8

[15] http://en.wikipedia.org/wiki/Classmates.com

[16] http://en.wikipedia.org/wiki/Six_degress_of_separation

[17] 경향신문, 2008. 08. 04

[18] http://www.linknow.kr

[19] http://www.me2day.net

[20] http://www.tossi.com

[21] 마케팅사관학교, 김영환, 2007, p.59

[22] http://www.youtube.com

[23] http://en.wikipedia.org/wiki/Micro-blogging

제 2 장

SNS의 영향

현재 웹2.0 소셜 사이트는 티핑포인트를 넘어섰다. 2013년이면 소셜 네트워킹 사이트 가입자는 4억 2500만 명에 달할 것으로 예상된다. 그러니 줄어드는 고객 기반(인터넷 이용자, 시청자, 독자)을 확보하려고 혈안이 된 미디어 재벌들이 웹2.0 사이트를 출시하거나 사들이는 것도 당연하다[1].

SNS가 전 세계적으로 주목 받게 된 계기는 2005년에 루퍼트 머독의 뉴스코퍼레이션(News Corporation)이 마이스페이스를 5억 8000만 달러라는 거액에 인수하면서부터이다. 그 이전에도 SNS에 대한 관심이 크긴 했지만, 확실한 수익모델 부재로 인해 서비스 확산에 우려하는 시각이 강했다. 그런데 이런 상황에서 미디어 산업의 초거대 기업이라 할 수 있는 뉴스코퍼레이션이 마이스페이스를 인수한 것이다. 이 인수는 SNS에 대한 부정적인 인식을 변화시켜, SNS에도 무언가 있다는 관심을 확산시키는 데에 큰 역할을 했다. 구글은 16억 5000만 달러를 주고 유튜브를 인수했으며, 마이크로소프트는 페이스북의 지분 1.6%를 인수하기 위해 2억 4000만 달러를 지불했다. 페이스북의 기업 가치는 무려 150억 달러로 추산되었다. 또한, 2008년 초 AOL이 베보를 8억 5000만 달러에 사들이자 판은 더욱 커졌다. 같은 시기에 마이크로소프트는 야후 인수를 노리고 450억 달러를 제시한 바 있다.

높은 인수 가격이 말해주듯 SNS에 대한 관련 업계의 기대는 매우 크다. 실제로 SNS 시장에 참여하는 업체도 점차 다양해지고 있다. 초기에는 SNS 전문 사업자들이 중심이 되었으나, 점차 미디어 업체들의 참여가 증가하고 있다. 앞서 언급한 뉴스코퍼레이션이 그 대표적인 예이며, 비록 페이스북 인수에 실패하였지만 야후는 지속적으로 적절한 인수대상을 찾고 있는 중이다[2].

이밖에 이동통신 사업자들도 SNS 전문 사업자와의 제휴를 통해 모바일 SNS 시장 개척에 앞장서고 있으며, 최근에는 IBM, 시스코 등의 IT 업체도 SNS 제공 계획을 발표한 바 있다. 사업자들만이 막연한 기대 속에 SNS에 열광하고 있는 것은 아니다. 이용자들의 SNS 이용 행태만 보더라도 사업자들이 왜 이렇게 SNS에 큰 기대를 하고 있는가를 알 수 있다. 시장조사기관인 컴스코어(ComScore)에 따르면 미국 인터넷 이용자의 65%, 전 세계 인터넷 이용자의 60%가 SNS를 이용하는 것으로 나타났다.

웹2.0업계는 엄청난 보상과 그보다 더 큰 위험이 도사리고 있는 거대한 비즈니스임에 틀림없다. 창조적 파괴는 계속될 것이고 더 많은 승자와 패자가 생겨날 것이다. 엄청난 금액이 오가고 온갖 술수가 난무하는 기업 인수 전쟁을 넘어서서 웹2.0은 구시대적 비즈니스 모델과 경영 방식 및 관료주의적 문화까지 위협하고 있다. 만약 이 위협이 현실화된다면 소비자 시장, 조직 행동 및 민주주의 참여에 지속적 영향을 미칠 것이다. 다음은 다른곳에서 사용되던 기존의 용어(마켓 2.0, 엔터프라이즈 2.0, 데모크라시 2.0)를 빌려 이 새로운 역학 관계를 설명할 것이다.

• 마켓 2.0

이제 소비자는 독점 비즈니스 모델의 포로가 아니다. 소비자는 시장검열자의 중개 없이도 공급자와 직접 거래할 수 있다. 또한 소비자 스스로 생산자가 되어 공급자와 경쟁할 수 있다. 신인 가수가 자신의 노래를 홍보하기 우해 EMI나 유니버셜 뮤직의 힘을 비릴 필요도 없디. 유튜브나 마이스페이스를 활용해 직접 팬층을 확보할 수 있기 때문이다. 창조적 기업가들도 더는 자금 확보 및 제품 출시를 위해 전통적 자금원에 의존하지 않아도 된다. 권력이 소비자에게로 넘어간 시장에서 모든 소비자는 생산자, 즉 프로슈머가 될 수 있다.

• 엔터프라이즈 2.0

웹2.0 툴은 집단지성을 활용함으로써 기업 조직에 다시 활기를 불어넣을 수 있다. 소셜 네트워크, 블로그, 위키, 매시업 및 RSS 피드는 네트워크화된 대화, 정보 공유 및 문제 해결을 촉진한다. 엄격한 위계질서, 기업 내의 개별화된 부문과 단절된 R&D 부서는 사라지고, 투명하고 개방적인 "크라우드소싱" 전략이 이를 대체하게 된다. 최고경영진에서 일반직원에게, 기업에서 소비자로, 독점주의자에게서 시장으로 권력이 이동하고 있다. 그 결과 직원들의 사기 제고, 집단지성 향상, 생산성 증대, 전략적 초점 및 혁신 강화가 가능하며, 나아가 수익 향상이 기대된다.

• 데모크라시 2.0

소셜 네트워킹 사이트가 시민참여를 촉진함에 EK라 보다 직접적이고 효과적인 선거 동원 및 유권자 피드백이 가능해진다. 마이스페이스와 페이스북은 현대 민주주의 논의에 없어서는 안 될 커뮤니케이션 툴이다. 2008년 미국 대통령 선거 당시 존 매케인 후보와 버락 오바마 후보 모드 페이스북에서 '친구' 모으기 활동을 했다. 정치 단체로부터 일반인에게로 권력이 이동하고 있음을 파악했기 때문이다. 소셜 미디어 덕분에 이제는 상설 조직 없이도 정치적 조직화가 가능해졌다. 정치인들이 선거에서 승리를 거두려면 이제 낮은 곳의 '친구들'이 필요해진 것이다.

2.1 SNS의 시장 현황

웹2.0의 확산과 '07년 페이스북과 구글 등 주요 포털의 오픈 API(Application Programming Interface)를 통한 오픈 플랫폼 전략의 본격화로 참여와 개방을 통한 커뮤니티 서비스에 대한 고객의 수요가 확대되면서 SNS 시장이 급성장하고 있다. SNS의 주 수익원은 광고로서 eMarketer에 따르면 미국 시장 조사업체인 e마케터가 발표한 자료에 따르면 올해 세계 온라인 광고 시장은 79억달러 규모에 달할 것으로 전망하였고, 이 중 SNS 광고 매출은 약 8억 달러로 전체 온라인 광고 시장의 8.7%를 차지하였다.

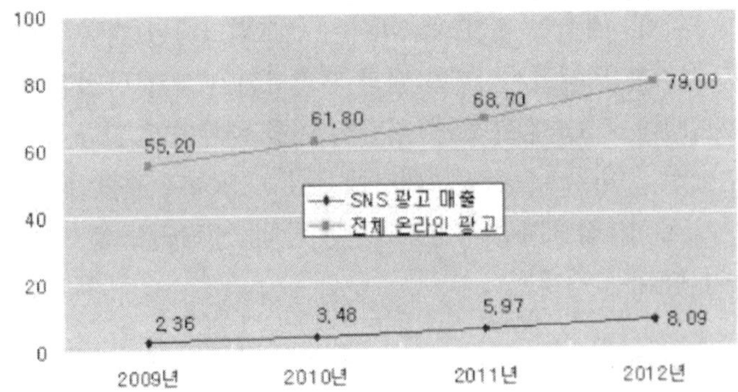

[자료=e마케터, 2011. 1]

◇세계 SNS 광고 매출 현황 (단위: 10억달러)

	2009년	2010년	2011년	2012년
SNS 광고 매출	2.36	3.48	5.97	8.09
전체 온라인 광고	55.20	61.80	68.70	79.00
SNS 광고 비중	4.3%	5.6%	8.7%	10.0%

[자료=e마케터, 2011. 1]

(그림 2-1) 온라인 소셜 네트워크 광고 수익

다수의 SNS 업체 중 페이스북은 '07년 5월 "F8", '08년 7월 페이스북 커넥트 등의 오픈 플랫폼 전략을 발표하면서 SNS 분야의 새로운 강자로 부상하였다. 페이스북은 개발자 유치를 위해 애플리케이션 개발에 필요한 리소스를 제공하고, 다양한 보상체계를 구축해 160개국의 40만 이상의 개발자 및 기업들이 회원으로 가입함으로써 수많은 애플리케이션이 개발되었다. 사용자 유치를 위해서는 오픈 환경에 적합하도록 페이스북 계정을 이용해 파트너 사이트로 쉽게 인증되도록 하고, 동일한 개인정보 보호 설정을 파트너 사이트에서도 보장했으며, 파트너에서의 활동을 친구들과 공유하는 등 우수한 사용자 환경을 제공했다. 또한 애플리케이션 검증 프로그램을 도입해 신뢰성 있는 애플리케이션을 제공하면서 '08년 12월 이후 미국 내 SNS 1위 업체였던 마이스페이스의 순방문자 수를 초과하면서 전 세계적인 SNS의 선두업체로 부상하였다. 페이스북에 뒤이어 MS의 윈도우 라이브는 MSN 제품과 서비스로부터 강화된 것으로 전 세계적으로 다수의 사용자를 보유하고 있고, 음악 및 엔터테인먼트를 중심으로 운영하고 있는 마이스페이스는 여전히 다수의 사용자를 보유하고 있으며, 140자 이내의 단문 메시지를 중심으로 한 트위터는 유선뿐만 아니라 모바일 부문에서 선전하면서 최근 급성장세를 보이고 있다. 그 외에도 구글 소유의 Orkut은 브라질과 인도 내에 헤비유저가 많고, QQ는 중국에서 인기가 높으며, 자국내 커뮤니티 사이트로 성공한 Skyrock(프), VKontakte(러), 싸이월드(한) 등도 있다.(그림 2-2)

(단위: 백만명)

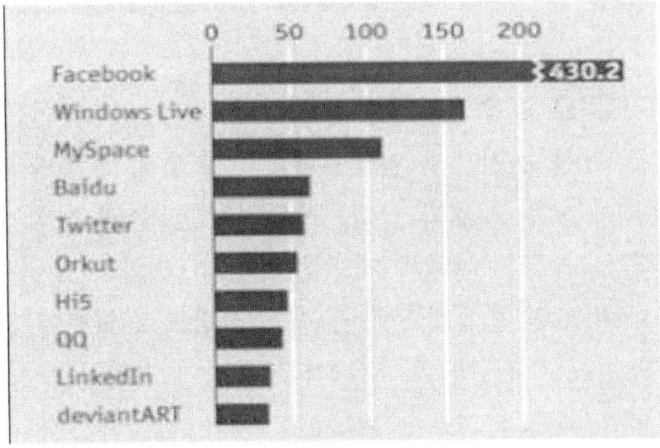

출처 : comScore, Economist(2010.1.28) 재인용

(그림 2-2) 전 세계 소셜 네트워크 사이트 순방문자 수('09년 10월 기준)

구글은 일찍부터 SNS의 성장에 관심을 가지면서 '07년 10월 웹사이트 개발자들이 다양한 애플리케이션을 손쉽게 추가할 수 있도록 도와주는 표준 오픈 플랫폼인 "오픈 소셜(Open Social)"을 발표해 자사의 비핵심 사업인 SNS에서 시너지 효과를 창출하고자 했다. 그 결과

구글 소유의 오컷(orkut) 이외에도 Myspace, 일본의 1위 SNS인 믹시(mixi) 국내의 다음, 싸이월드까지 수많은 커뮤니티 사이트들이 오픈 소셜에 참여하면서 간접적인 광고 수익 창출 효과를 얻을 수 있었다. 반면, 2007년 7월 오픈한 3D 가상세계에서 캐릭터를 통해 친구들과 대화하는 '라이블리(Lively)'가 오픈한지 1년여 만에 실패하는 등 직접적인 SNS 사업에 대한 성과는 매우 부진했었다. 하지만 구글은 인터넷 분야의 새로운 헤게모니인 SNS 분야의 전략 강화를 위해 지속적으로 노력했고, 그 결과 2010년 2월 9일 1억 7000만명 이상의 회원을 보유하고 있는 지메일(Gmail)을 기반으로 한 소셜 네트워크 서비스인 '버즈'를 발표하면서 SNS 시장내 경쟁이 확대될 전망이다. 구글 버즈는 구글 프로필과 지메일의 인맥을 이용해, 온라인상으로 연결된 상대방의 최신 소식과 접속 여부 등을 실시간으로 보여주고, 다양한 콘텐츠를 공유할 수 있다. 특히, 트위터의 게시물을 버즈로 가져올 수도 있고, 위치 기반 서비스를 지원해 스마트폰에서 자신의 현재 위치를 알려주면서 상대방과 대화할 수 있어서 트위터와 더불어 모바일 분야의 선전이 예상된다.

2.2 SNS의 광고시장에서의 수익창출

SNS를 효과적인 광고 도구로 활용하는 방법을 생각해 볼 수 있다. 인터넷 광고 매출부분이 점차 확대되고 있으나, 이에 못지않게 인터넷광고의 효과에 대한 회의론도 만만치 않다. SNS도 마찬가지로 초기에는 광고 효과가 의문시되었지만, 현재 해외에서는'SNS에 광고를 게재할 것인가'의 문제가 아니라 '어떻게 게재할 것인가'로 화두가 변하고 있는 상황이다. 이마케터(eMarketer)에 따르면 전세계 SNS의 광고 시장도 2011년에 36억 달러 규모로 연평균 50%이상 성장 할 것으로 전망되어, SNS가 본격적인 기업들의 광고 매체로자리 잡을 것으로 예상된다.

일례로써, IT전문 기업인 린든 랩의 인터넷 기반 3D 가상현실형 SNS 서비스인 세컨드 라이프의 사례를 보자. 시장조사기관인 GMI의 조사에 따르면 일반 소비자의 56%가 세컨드라이프를 효과적인 프로모션 도구로 생각하고 있는 것으로 나타났다. 이에 따라 세계적인 기업들의 세컨드라이프 진출도 활발해지고 있다. 주요 가상포스트들은 이미 유명 기업들의 광고로 뒤덮혀 있다. 소프트뱅크 모바일과 같은 통신업체에서부터 IBM · SUN · 시스코 등의 IT 업체, 로이터(Reuters)와 같은 미디어업체, 닛산 · 도요타 · MW 등의 자동차 제조업체 등

다양한 사업자들이 세컨드라이프에 이미 진출해 가상세계에서 자사를 홍보하고 있다.(그림 2-3)[2]

(그림 2-3) Adidas, Dell, Nissan, Sony 등 글로벌 기업들의 세컨드라이프에서의 광고

2007년 2월 발표된 주피터리서치(Jujpiter Research)의 "iProspect Search Markeer Social Networking Survey" 보고서에 따르면, 48%의 마케터들이 특정 소셜 네트워킹 웹사이트를 마케팅 채널로 활용하고 있다고 한다. 이는 사용자 트래픽 유입과 브랜드 인지도 증가에 따른 것이다.(그림 2-4)

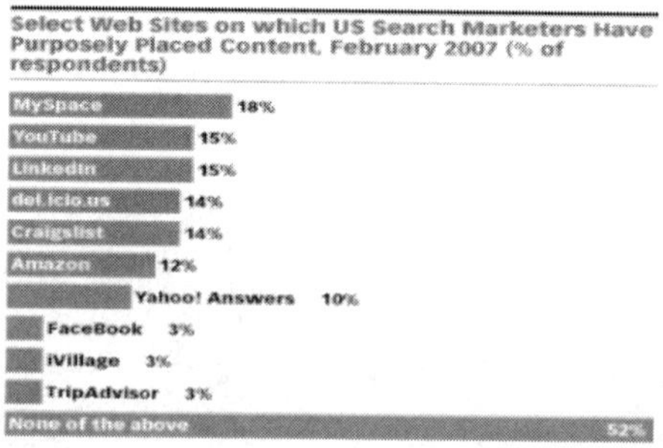

출처 : "iProspect Search Marketer Social Networking Survey", JupiterResearch(2007.2)

US Online Social Network Ad Spending, by Type of Network, 2007 (millions)

MySpace	$525
Other general social network sites (Facebook, Bebo, Piczo, Friendster, etc, but not including MySpace)	$200
Social network offerings from portals and other sites (MSN Spaces, Yahoo! 360, AIM Pages, Orkut, etc)	$95
Vertical social networks and marketer-sponsored social networks	$45
Total	**$865**

출처 : "Social Networking: Finding Friends Online", In-Stat(2007.4)

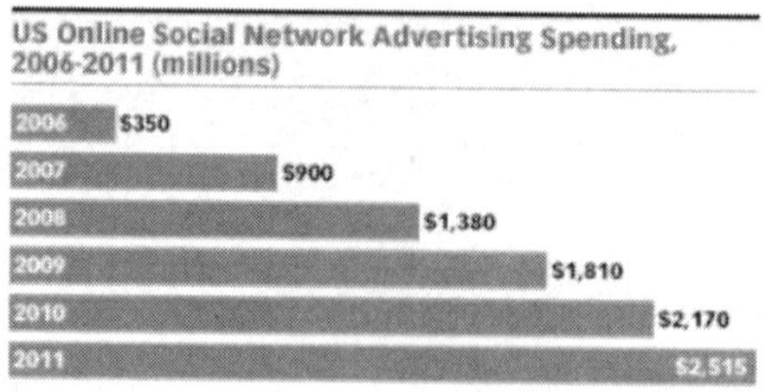

출처 : "Social Network Marketing: Where to Next", e-Marketer(2007.5)
http://www.emarketer.com/Article.aspx?id=1004896&src=article1_newsltr

(그림 2-4) 미국의 마케터들이 마케팅을 목적으로 소셜 네트워킹 웹사이트에 콘텐프를 올려놓은 비율

또한, In-Stat의 조사에서는 2007년 소셜 네트워킹에서 웹사이트의 광고비용이 8억 6,500만 달러에 이르는 것으로 나타났다. 소셜 네트워킹 웹사이트의 광고 시장도 급성장해 e-Marketer(2007)는 2007년 미국 소셜 네트워킹 웹사이트의 광고매출을 8억 6,500만 달러에서 9억 달러로 상향 조정했으며, 2011년 광고 매출은 25억 달러에 이를 것으로 예상하고 있다. 주로 마이스페이스와 페이스북이 72%의 수익을 점유할 것으로 보고 있으며, 신규 소셜 네트워킹 웹사이트와 기존 서비스의 소셜 네트워크화도 중요한 변수가 될 것으로 분석된다.

페이스북은 지금까지 3,800만 달러 이상의 투자 자본을 확보했으며, 올해 1억 5,000만 달러의 매출을 올릴 것으로 전망되고 있다. 매출의 대부분을 MS를 통한 온라인광고 수입으로부터 나오는데, MS는 오는 2011년까지 페이스북에 배너광고와 광고주 링크를 독점 제공하기로 계약한 상태이다.

이처럼 소셜 네트워킹 웹사이트의 성장은 단순한 유행이 아니라 사용자의 온라인 생활의 일부로 정착되고 있으며, 콘텐츠의 생산/소비/유통 방식을 근본적으로 변화시키면서 온라인 서비스 시장에서의 영향력을 확대하고 있다. 이와 같은 변화는 온라인 서비스 시장 전체의 변화를 주도하게 될 것이며, 차세대 온라인 서비스는 소셜 네트워크를 어떻게 구축하고 도입하느냐에 따라 성패가 좌우될 것으로 전망된다.

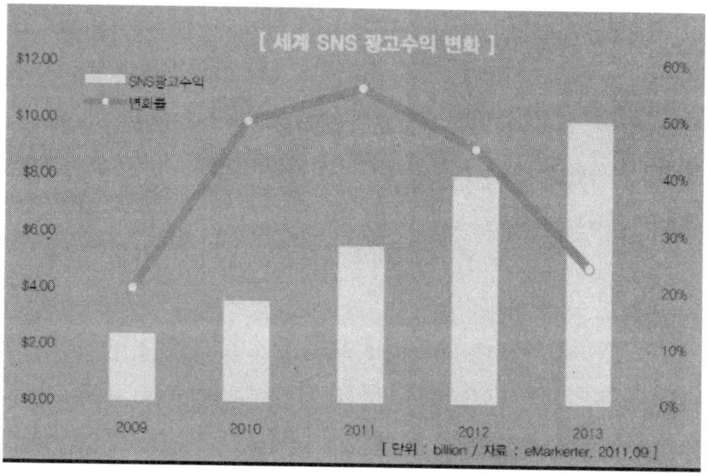

(그림 2-5) 전 세계 SNS광고 시장 매출 전망

2.3 SNS의 웹사이트 동향

2.3.1 기존 SNS 사이트의 동향

2.3.1.1 SNS 형태별로 본 주요 성공사례 분석

가. 마이크로 블로그 "트위터"

1) 시장 및 이용행태

스마트폰 시장 확대와 흐름을 같이 하는 마이크로 블로그인 트위터(Twitter)는 대통령 선거 같은 빅 이슈에 폭발적성장을 보이며, SNS의 새로운 지각변동을 주도하고 있다. 캐나다의 소셜미디어 연구업체인 시소모스(Sysomos)가 2009년 5월까지 수개월 동안 1,150만 명 트위터 사용자들의 프로파일(Profile) 페이지 내용, 업데이트 현황 등을 기반으로 트위터 이용 형태를 분석한 결과, 70%가 2009년 1월~5월의 단기간에 처음으로 가입하는 등 2009년 급성장을 경험하였다. 출시 이후, 연예인, 작가, 정치가 등 유명인들이 이용한다는 소문이 퍼지면서 트위터는 웹사이트, 모바일SMS, 애플리케이션 등에서 이용되고 있는데, 이처럼 지난 해 트래픽이 1,170%나 증가한 이유는 스마트폰에 있다고 본다. SNS를 이용하는 이유의 순위가 스마트폰을 통해 바뀌고 있으며, 이에 맞는 최적의 SNS 형태가 트위터가 되고 있다.

이는 이용행태 조사 결과에서 확연히 드러난다. 미국 퓨인터넷 리서치(PewResearch Inernet)의 트위터 이용행태 조사 결과, 전세계 시장 점유 50%를 차지하는 미국 내에서 전 국민의 약 20%가 트위터를 이용하였고, 18~29세 연령집단이 트위터를 이용하는 비율이 33%로 가장 높았으며, 18~44세 연령 집단의 트위터 이용이 빠르게 증가하고 있는 반면, 45세 이상의 트위터 이용 증가율은 감소하였다. 이용자 평균 연령은 31세인 것으로 나타났다.

한편, 트렌드모니터의 국내 조사 결과(2010.3)에 의하면, 현재의 SNS 이용 이유와 향후 이용 의향 간에 차이가 있음이 드러난다. 현재 이용에서는 '정보나 소식을 빠르게 접할 수 있다'는 것이 가장 큰 이유이고(47.1%), 다음으로는 '실시간으로 커뮤니케이션이 가능하다'(42.5%), '관계를 관리해 주는 편리한 도구'(35.6%) 순으로 나타난 데 비해, 향후 SNS 이용 의향에서는'실시간 커뮤니케이션 기능'(54.3%)이 향후 SNS를 가장 이용하게 될 가장 큰 이유로 나타났고, 다음으로 '정보나 소식 등을 빠르게 접한다'(40.0%)는 의견이며, 재미있는 것은 다섯 번째로 중요하게 생각되는 이유로 '내 생각을 적극적으로 외부에 알릴 수 있다'(23.6%)는 부분이 상대적으로 중요하게 생각된다는 점이다. 이 이유는 현재 SNS를 이용하는 것은 상대적으로 낮은 중요도를 갖고 있기 때문이었다. 향후 이용 의향 측면에서 보면, '실시간으로 커뮤니케이션이 가능해야'하고, '보다 빨라야' 하며, '내 생각을 외부로 알리기에' 좀 더 편리해야 한다는 점 등에서 향후 국내의 트위터 이용 행태의 발전 가능성이 엿보인다.

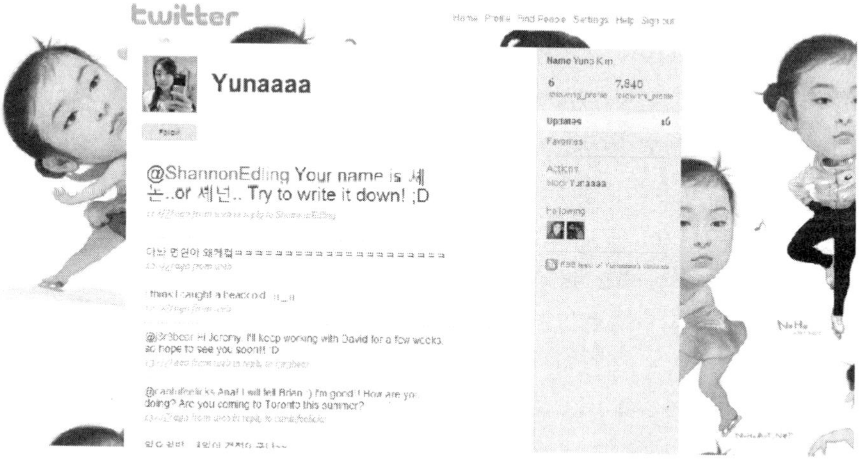

(그림 2-6) 마이크로 블로그 "트위터" 예

2) 성공요인

마이크로 블로그가 메가트렌드인 기존 페이스북, 마이스페이스보다 이용자에게 더 편리한 서비스로 부각되기 시작했다. 기존 SNS는 웹 기반 서비스, 전자우편이나 인스턴트 메신저 서비스를 통해 사용자들끼리 연락할 수 있는 수단을 제공하나 시간, 공간의 제약을 받으며, 인터페이스도 버겁다. 이러한 상황에서 2006년 3월, 블로그 인터페이스와 미니홈페이지의 '친구맺기' 기능, 메신저 기능을 한데 모아놓은 트위터가 등장하였는데, 처음엔 큰 인기가 없었으나 스마트폰의 보편화와 모바일 메신저 확대로 기존 SNS를 능가하기 시작했다.

트위터의 성공요인은 첫째, 스몰토크(small talk) 기반 편리한 커뮤니케이션 기법으로, 140자 미만 글자 수는 편리한 이용환경을 제공한다. 둘째, 일대다(一對多) 커뮤니케이션의 장점으로, 지인들의 메시지를 자신의 공간에서 확인할 수 있고 자신의 메시지를 보여줄 수도 있는 열린 커뮤니케이션 방식이다. 셋째, 웹 접속 없이도 가능하다는 점이다. 마지막으로는 팔로우(follow) 기능이다. 이용자는 상대 동의를 얻지 않고 일방적으로 '팔로워(follower)'로 등록할 수 있다. 트위터는 '팔로잉(following)'과 '팔로워(follower)'로 나뉘는데, 팔로잉은 내가 다른 사람의 메시지를 보는 것이고, '팔로워'는 다른 사람이 내 메시지를 실시간으로 보는 것이다.

3) 활용사례

트위터는 다양한 미디어콘텐츠와 커뮤니케이션 분야의 제작 및 마케팅부문으로 그 영역을 확장하고 있다. 먼저 제작 부문을 살펴보자. 첫 번째 사례는 자체 실시간 개인 맞춤 뉴스인 '트위터 타임즈(Twitter Times)'이다. 이는 실시간 트위팅을 이용해 신문을 제작하는 실시간 뉴스플랫폼으로 이용자들이 남들보다 빠른 속도로 뉴스를 알고 싶어 하는 욕구를 만족시키는데 초점을 둔다. 이용자가 팔로윙(following)하는 다른 이용자들과 그 이용자들이 팔로윙하는 또 다른 이용자들의 네트워크를 실시간으로 조사해 뉴스를 하루 또는 시간 단위로 업데이트 하면서 신문을 발행한다. 트위터 내에서 실시간으로 조사하고, 트위터 네트워크 커뮤니티에 게시되는 글들에 대해 그 전파속도와 인기 등을 자동으로 검증하면서 랭킹을 매기는 형식인데, 이 중에서 추출된 몇 가지 글과 링크된 비디오, 사진 등이 이용자 개인의 신문이 된다.

두 번째 제작 부문 활용은 프랑스텔레콤(FT)이 2009년 11월, 자사의 통합 SNS와 트위터를 연동하기 시작한 것이다. 자사SNS에 트위터가 합류하게 된 것이다. FT의 오렌지 가입자들은 모바일포털을 통해 트위터뿐 아니라 페이스북, 마이스페이스 등 SNS와 구글, 위키피디아 등을 보다 편리하게 통합 관리할 수 있는데, 이는 자신이 가입한 SNS들을 한 장소에서 관리하는 것을 말한다. 트위터 이용자는 SMS를 이용해 친구들과 실시간으로 트위팅을 하는 것이 가능하고, MMS를 통해 트위터에 사진을 업로드하거나 친구들과 사진을 공유할 수도 있다. FT는 TV, 웹, 모바일의 소위 말하는 3스크린 전략에서 매우 앞서 있어서, 이 제휴는 IPTV와 트위터 간 융합을 의미하기도 한다. FT는 프랑스, 스페인, 폴란드에서 IPTV를 제공 중이며, IPTV에서 실시간 방송 시청과 동시에 친구들과 트위팅 할 수 있는 서비스를 제공하게 된다.

세 번째는 결합을 통해 상호 이용자 기반을 활용하는 측면이며, 상호 대체 관계에 있는 문자와 통화서비스 간의 결합이라는데 의미가 있다. 네트워크 효과의 극대화 차원이다. 먼저 실시간 음성통화 자자(Jajah)에 트위터를 활용한 사례를 살펴보자. 2009년 하반기, 미국 VoIP업체 지자(Jajah)는 트위터에서 링크를 클릭하여 이용자 간 통화할 수 있는 '자자엣콜(Jajah@call)'애플리케이션을 출시했다. 이용자들은 VoIP 음성채팅 세션을 생성할 수 있으며, 자자 계정을 갖고 있으면 통화서비스를 이용할 수 있다. 자자는 수 천만 VoIP 이용자들을 이미 확보 중이며, 트위터도 자자를 통해 신규 이용자를 확보할 수 있다. 트위터에서 자자의 음성통화 이용 요금은 무료이며, 트위터가 가능한 모든 단말에서 이용이 가능하다. 트위터에서 자자 애플리케이션을 이용해 전화하려면 자자 계정에 이용자 본인의 트위터 계정을 접속해 트위터 메시지에 "@call@이용자이름"을 입력하면 되는데, 이용자 이름은 전화를 받는 상대방의 트위터 닉네임을 의미한다. 트위터 이용자가 누구에게나 전화를 걸 수 있는 것은 아니며, 트위터에서 친구관계를 맺은 이용자에게만 전화를 걸 수 있도록 프라이버시(Privacy) 기능이 제공되고, 전화를 연결하는 방식은 브릿시콜(bridge Call)이다. 트위터와 자자의 결합은 통화서비스가 문자메시지를 대체할 수도 있다는 것을 보여주며 그 잠재력을 보여주고 있다.
다음은 트위터가 마케팅에 활용되는 경우이다. 첫 번째는 게임 마케팅이다. 소니는 PS3 타이틀 '터미네이터: 미래전쟁의 시작' 프로모션을 위해 트위터를 이용한 마케팅 캠페인을 실시했다. 추가적 인력을 필요로 하지 않으며, '팔로우' 기능을 통해 수수께끼를 풀고, 코드화된 질문에 답을 찾는 형식이다. 내용은 게임과 영화의 캐릭터 및 줄거리에 기반을 두고 있다. 세가도 트위터 내 '세가'와 '소닉게임즈(sonicgames)'라는 두 개 블로그를 개설해 다양한 정보를 제공하며, 이 외에 트위터를 통한 이용자 의견 수렴 역할도 한다. 이용자들의 의견 반영 및 자체 정보에 대한 신속한 제공 등이 마케팅 장점이다. MS도 트위터를 E3 2009 컨퍼런스에서 공개했는데, 음악 서비스 'last.fm(라스트에프앰; 3천만 명 이상이 청취)'과 함께 제공했다. Xbox 360에 트위터 연동 서비스가 시작되면 게임 커뮤니티와도 연동돼 다양한 게임사들이 트위터에 정보 연동 서비스를 시작할 것으로 보인다.
마지막으로는 트위터가 스타 마케팅에 활용되는 경우이다. 김연아를 비롯해 이효리, 원더걸스 등은 블로그를 통해 국내/외 사용자들과 함께 커뮤니티를 하고 있으며, 오바마 美 대통령은 대선 시절 트위터를 대선에 활용했고, 토크쇼 유명 진행자 오프라 윈프리 역시 트위터를 애용하는 것으로 잘 알려져 있다.

나. 서비스 네트워크 "페이스북"

1) 시장 및 이용행태

페이스북은 2004년 하버드대 학생들의 친목 사이트로 출발해 2006년 개방, 2년 만에 마이스페이스를 제치고 세계 SNS 시장 1위를 탈환하게 된다. 또한 올해 4월 미국의 페이스북 트래픽이 처음으로 구글을 추월했다. 페이브북 방문자 수 점유율은 7.07%, 구글은 7.03%로 그 격차는 미미했지만, 구글을 추월했다는 것만으로 SNS가 인터넷시장의 새로운 이정표로 평가되는 계기가 되었다(파이낸셜타임즈, 2010.4). 또한, 스마트폰 확산에 따른 발전도 기대되는 가운데, 미국 아이폰 이용자가 많이 이용하는 서비스로 아이튠즈(48%)를 제치고 페이스북이 58%로 그 순위가 바뀌었다.(조성원/성민현/선여미 2010. 2)

(그림 2-7) 서비스 네트워크 "페이스북" 예

2) 성공요인

마이스페이스와 차별되는 성공요인은 첫째, 문화 격차를 줄이려는 다양한 현지화 노력이다. 페이스북의 해외 버전(2008년 1월 영어 외에 17개 언어서비스를 선보임)은 위키피디아처럼 해외 현지인들에게 번역 메뉴를 제공하고, 자발적 참여로 이루어진 투표를 통해 순위를 매긴 뒤 정식 번역으로 채택하고 있다.

둘째는 소비자 생산을 부추긴 점이다. 특히 소셜 네트워크 게임은 페이스북 같은 SNS 플랫폼을 기반으로 만들어진 게임이기 때문에 페이스북과의 제휴가 두드러지는데, 예로 페이스북을 통해 소셜 네트워크 게임인 팜빌(FarmVille)에 참여할 경우 같은 게임을 즐기는 페이스북 친구들의 목록 확인은 물론이고 친구들의 농장을 주변에 배치하여 아이템을 나누거나 서로의 활동을 도와 게임 머니나 점수를 얻는데 도움을 주고 받을 수 있으며, 사용자의 게임 활동 상황 업데이트를 페이스북을 통해 확인할 수 있다.

셋째는 기존의 SNS 차원을 넘어 마이크로 블로그 요소를 가미한 점이다. 페이스북은 트위터에 밀리지 않기 위해 제2 트위터인 '프렌드피드(FriendFeed)'를 5천만 달러에 인수했는데, 이미 페이스북 이용자가 프로파일 페이지에서 프렌드피드 애플리케이션에 접속하면서 밀접한 관계를 맺어왔다. 이를 통해 페이스북에 실시간 서비스 기능이 더 강화되면 트위터와의 경쟁이 가능하다. 이미 인터페이스를 트위터와 비슷하게 개편하고, 페이스북 외부에서도 이용자 상태 업데이트가 가능하며, 친구에게 댓글을 남기거나 사진을 올릴 수 있는 서비스를 제공하는 등 트위터를 경쟁 상대로 보고 있다.

넷째는 인터페이스를 더욱 단순화해 로딩 시간을 단축한 '페이스북 라이트(Facebook Lite)'버전인데, 이는 특히 인터넷 속도가 느린 이용자들을 위한 것으로 페이스북 모바일 버전과 유사하다. 코멘트를 작성하고 친구 요청을 하며, 방명록(wall)에 글을 남기고, 사진을 보는 등 기본 기능만을 남겨놓은 라이트 버전은 트위터 인터페이스와 흡사하다.

다섯째는 창업자인 마크 주커버그(Mark Zuckerburg)가 주창해온 '소셜 유틸리티'의 확장에 있다. 페이스북은 트위터에 대항하기 위해 프렌드피드를 인수하는 작업 외에도 검색 엔진을 대대적으로 개편했는데, 이는 구글을 의식한 결과이다. 새로운 검색 엔진은 기존처럼 친구를 찾는 것뿐만 아니라 공통 관심사까지 검색하기에 이른다. 새로운 검색의 레이아웃은 이용자 프로파일, 그룹, 애플리케이션 결과 옆에 이용자의 뉴스 피드(업데이트, 사진, 링크, 동영상, 노트 등)가 노출되게 한다. 새로운 검색엔진에서는 친구로 등록된 이용자들의 프로파일 또는 페이지를 검색하는 것뿐만 아니라 공개 설정을 해둔 이용자의 모든 업데이트 내용이 검색 가능하다. 예컨대, 검색창에 'Iran(이란)'을 입력했을 때 페이지와 친구들의 최근 검색결과가 나오며, 이 때 공개로 설정한 이용자들의 프로필도 표시돼 새로운 콘텐츠와 리소스를 찾는데 도움이 된다.

3) 활용사례

제작 부문 활용으로 되는 경우는 게임 서버 내에 글로벌 SNS를 함께 이용할 수 있도록 연동하는 시스템 구축이다. 이용자들을 게임서버에 더 오래 머무르게 하기 위한 전략으로 게임과 SNS간 결합이 본격화되고 있다. 소셜 네트워크 게임은 페이스북 같은 유명 SNS를 기반으로 만들어진 게임으로서 SNS 이용자들이 게임을 할 때마다 게임 참여 내용이 SNS에 바로 게재된다는 특징이 있다. 유명 SNS에 연동하는 것은 특히 게임에 지친 이용자들이 서버 내에서 휴식을 취하거나 자칫 지루할 수 있는 게임 대기 시간을 활용할 수 있게 한다. 이로써 이용자들은 게임 서비스 플랫폼에 보다 오래 머무를 수 있다. 올 초, 국내 게임 광고기업 디브로스는 페이스북에 '버디붐'게임을 런칭했으며 향후 리젠소프트, 나인휠스 등의 개발사 등과 함께 해외 SNS용 게임 콘텐츠를 확보해 페이스북에 연동하게 된다. 이외에도 블리자드가 배틀넷을 페이스북과 연동시킬 계획을 갖고 마이크로 소프트가 Xbox 라이브에 트위터와 페이스북 연동 서비스를 제공하는 등 기존 업계와 SNS의 융합은 계속 이루어질 전망이다.

IPTV를 제공하는 미국 버라이존의 파이오스TV(FiosTV)는 올해 4월, 페이스북과 트위터, 유투브의 위젯(Widget)을 통합한 서비스를 출시했다. 시청자들은 위젯에 접속하여 해당 방송 프로그램에 대한 지인들의 반응을 확인하고 리모콘 내지 스마트폰을 이용해 실시간 포스팅을 올릴 수 있다. 앞서 트위터 사례에서 언급했듯이 FT의 오렌지TV는 2009년 말 트위터와 협력하여 오렌지TV 트위터를 출시한 바 있다.

게임 마케팅 경우는 트위터처럼 X박스 라이브에 SNS를 연동시키는 것이다. 2009년 11월부터 X박스360에서 SNS를 사용할 수 있는 업데이트용 펌웨어 다운로드 서비스가 개시되면서 앞서 언급했듯이 트위터 및 페이스북 계정을 가진 이용자가 펌웨어를 다운로드 받아 업데이트하면 X박스360에서 바로 트위터 및 페이스북에 올라온 메시지를 확인하거나 메시지를 입력할 수 있다. 미국에서 이러한 SNS 연계서비스를 제공된 이후 미국 '게임스팟닷컴'은 X박스 360 이용자 가운데 200만 명이 페이스북, 트위터 연계서비스를 사용했다고 2009년 11월 발표했다. X박스 라이브의 전체 이용자는 2천 만 명으로 이용자의 10%가 X박스 라이브를 통해 SNS 서비스에 접속한 것이다.

다. 지역기반서비스 "포스퀘어"

1) 시장 및 이용행태

지역기반 서비스를 지원하는 모바일 특성이 있는 SNS의 급성장으로 인해 실제로 미국 컴스코어(ComScore) 조사에 따르면, 지난해 11월에서 올 1월 사이 미국 휴대폰 가입자의 17%가 SNS에 접속한 것으로 나타났다. 2009년 3월 시작한 위치기반 모바일 SNS(Location based Mobile Social Network Service) 포스퀘어(Foursquare)는 SXSW에서 첫 선을 보인 이후, 올해 3월 백만 개 이상의 뱃지(새로운 장소를 발굴하거나, 체크인을 하면 포인트를 주고, 포인트가 쌓이면 뱃지를 부여)를 이용자에게 수여, 140만개 이상의 장소(venues)가 등록되었고, 이 중 1,200개 업소에서 시장(Mayor)에게 특별한 혜택을 부여하고 있으며, 1,500만 건 이상 체크인(Check-in)이 일어났다.

직원 27명의 포스퀘어의 매출은 아직 적고 이익도 나지 않는 SNS 기업이지만, 지난해 9월 13만 달러에 이어 창업 1년3개월 만에 벤처 캐피털 업체인 안드레센 호로위츠가 2천만 달러를 투자했다. 야후도 포스퀘어에 인수가로 1억2,500만 달러를 제시한 것으로 알려졌다. 포스퀘어 가입자는 7월 현재 180만 명이고, 하루 평균 접속자 수는 30만 명에 달한다.

(그림 2-8) 지역기반서비스 "포스퀘어" 예

2) 성공요인

포스퀘어 서비스는 스마트폰에 애플리케이션을 내려 받은 후 특정 장소에서 체크 인(check-in)을 하고, 팁(Tip)을 남기거나 친구들에게 메시지를 전달할 수 있는 서비스이다. 자신이 방문한 장소를 체크하고 최고의 방문 기록을 지닌 사람은 그 장소의 시장(Mayor)이 될 수 있다. 게임 성격을 가미한 SNS로서 포스퀘어는 아이폰, 블랙베리 등 스마트폰과 트위터 등 소셜미디어를 통해 가입자끼리 "내가 어디에 있고, 어디를 다녀갔다"는 자신의 위치, 관련 장소에 관한 각종 정보를 올려 공유토록 하는 서비스이기 때문에, 전 세계의 식당, 백화점 등 어디서든 위치기반 정보를 올릴 수 있다는 점이 주요 성공요인 중의 하나이다. 특히 특정 장소를 방문한 빈도에 따라 배지와 포인트를 줘 게임적인 요소를 가미했다.

가입자들이 자주 방문한 특정 매장의 경우 이들의 방문 빈도와 시간, 성별 및 행동 등을 유용한 영업 정보로 활용할 수 있다. 근처에 있는 다른 가입자들에게는 할인 혜택 등 상품 정보를 제공해 방문을 유도할 수도 있다. 가장 큰 성공요인이라면 제휴한 업체들과 광고주들이 가입자들을 겨냥해 마케팅할 수 있는 최적의 수단이라는 점이다. 스타벅스에서부터 뉴욕타임스, 월스트리트저널, C-SPAN 등 언론사까지 포함한 1만여 개사가 포스퀘어와 제휴하고 있는 이유이다.

3) 활용사례

제작 부문의 활용사례는 신문사, 유료방송 뉴스채널과의 제휴가 대표적이라 뉴스와의 관련성이 높다. 미 연방의회 전문방송인 C-SPAN의 경우 의회에서 돌아가는 입법 상황을 포스퀘어로 중계하고 있다. 이의 효과는 SNS의 실시간적 요소와 급박하게 돌아가는 의회정치 뉴스 간의 시너지이다.

또 다른 제휴로는 올해 1월 26일 캐나다 메트로(Metro)와의 파트너십이다. 메트로는 전세계를 대상으로 무가지를 발행하는 신문사인데, 모바일 기반 SNS와의 제휴를 통해 특정 지역에 접근했을 때, 예를 들면 아이폰을 들고 특정 장소에 도착했을 때 맛집 정보를 자동으로 제공하는 서비스를 메트로가 제공하게 하는 것이다. 예를 들면, 메트로가 지닌 뉴스정보 가운데 맛집 정보가 존재하는 지역에 포스퀘어 이용자가 접근하면 아이폰 등에 알림 창이 뜨면서 맛집 상호와 리뷰 정보를 제공한다. 즉 메트로가 지역에 특화된 정보를 포스퀘어 이용자에게 공급하는 형식이다. 알림 창에는 링크도 가능하다. 단, "http://foursquare.com/metronews"를 팔로우(follow)한 사람에 한해서이다. 메트로는 특히 지역에 특화된 뉴스(location-aware news)와 정보를 제공하고 포스퀘어는 플랫폼 역할을 하게 되니 서로 윈윈하는 모델이다.
마케팅 부문 활용은 이동성과 관련된다. 포스퀘어는 가 볼만한 음식점 가이드를 제공하는 자가트와 협력을 맺고 미식가들 상대로 '푸디(Foodie)' 배지를 제공하는 제휴를 맺었다 (뉴욕타임스 2월 9일자). 푸디 배지는 포스퀘어를 설치한 스마트폰 이용자들이 뉴욕, 샌프란시스코, 시카고 등 주요 도시들에서 자가트로부터 평가를 받은 레스토랑에서 '체크인'을 하면 받을 수 있다. 그 외에도 포스퀘어는 방송 프로그램 홍보를 위해서도 활용되고 있다. 예로 워너브라더스와 로맨틱 코미디 '발렌타인 데이'를 프로모션하기 위한 제휴 등이 있다.

라. 사진/비디오 공유 "포라TV"

1) 시장 및 이용행태

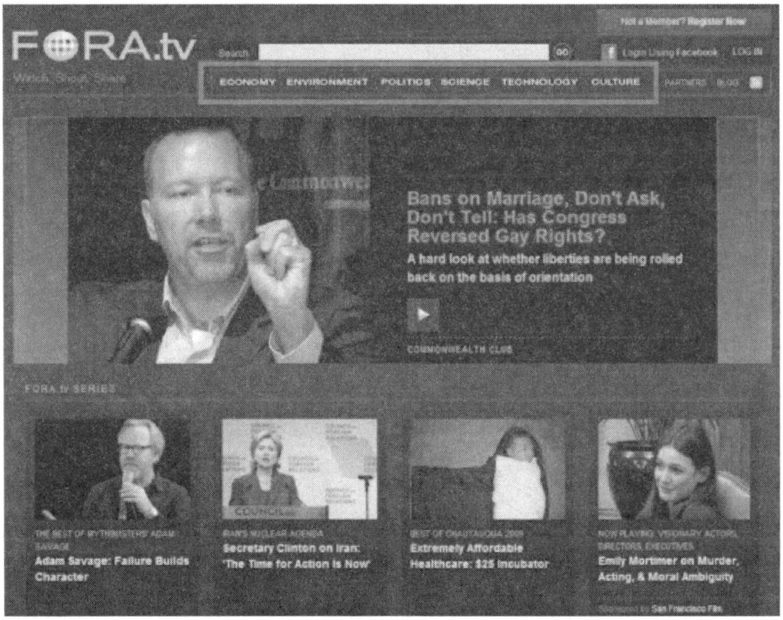

(그림 2-9) 사진/비디오 공유 "포라TV"

영국 미디어리서치사인 크리에이티브매치(2008)의 디지털엔터테인먼트 서베이 결과, SNS의 잠재성이 매우 높으며 특히 SNS 이용자의 30%가 동영상, 음악에 접근하는 방법으로 SNS를 활용할 것이라는 전망이 나왔으며, 특히 84%의 응답자가 최신 개봉영화 VOD에 높은 관심을 나타냈다.

타임지에서 2009년 8월 발표한 '2009년 베스트 웹사이트 50'에 선정된 포라TV(fora.tv)는 가장 주목 받은 이슈와 세상을 변화시키는 아이디어, 저명한 학자 등 명사들의 다양한 강연이나 유명 기업가들의 연설 등을 고화질의 동영상 클립으로 담아 매일 업데이트하고 있다.

2) 성공요인

SNS에서는 지인에게 발견된 콘텐츠를 추천하고 직접 소비하는 행동 외에 콘텐츠를 공유하는 방법도 용이하다는 점을 장점으로 가진다. 이런 점이 포라TV의 성공요인이 된다. 웹페이지 메인화면의 상단 메뉴는 경제, 환경, 정치, 과학, 기술, 문화 카테고리 순으로 구성되어 있으며, 세계 유명 대학교, 유명 컨퍼런스에서 벌이고 있는 토론과 논의를 담은 동영상들이 제공되고 있다. 포라TV의 장점은 각 동영상클립이 소제목이 붙은 챕터(Chapter)별로 나뉘어져있고, 원하는 부분부터 동영상을 보거나 들을 수 있다는 점이다. 즉, 동영상 클립이 시간 순으로 목록화 되어 있어 편리하게 자신이 원하는 부분을 선택할 수 있다.

포라TV는 무료로 세계 석학들과 기업가들 그리고 다양한 아이디어를 모두 온라인 공간에서 공유할 수 있다는 장점을 가지고 있다. 이는 오프라인에서 비싼 강의료와 특정 계층만이 참가할 수 있는 컨퍼런스이기 때문에 참여하지 못하고 있는 계층과 참여하는 특정 계층 간에 벌어지는 지식 및 문화 격차를 좁혀줄 수 있는 디지털 서비스이다. 앞으로 이와 같은 서비스들이 다른 서비스와의 제휴 등으로 정보 공유와 커뮤니케이션이 더욱 활발해지면서 다양한 아이디어를 공유할 수 있는 공간으로 발전할 것으로 기대되며, 테드에서 제공하기 시작한 번역서비스로 인해 비(非) 영어권 국가에서도 더욱 이용이 활발해질 뿐만 아니라, 온라인 공간에서 참여도 높아질 것으로 기대된다.

3) 활용사례

포라TV에서는 지식을 생산하고 소비하며 공유하는 것이 가능하다. 따라서 다양한 동영상 공유 사이트와의 제휴가 가능한 모델이다. 예로, 광고기반 무료 온라인동영상 서비스 훌루(Hulu) 및 박시(Boxee)에 포라TV 콘텐츠가 제공된다. 포라TV 박시앱

(FORA.tv Boxee Application)에서는 경제, 환경, 정치, 과학, 기술, 문화라는 여섯 개 카테고리 안에서 최신 동영상을 제공한다. 여기는 5,300개 이상 동영상 클립을 보유하고 있으며, 동영상 클립의 평균 상영시간은 1시간을 상회할 정도로 장편이다. 박시(Boxee) 가입자들은 하루 8시간 포라TV를 시청할 수 있으며, 2년이면 모든 동영상을 감상할 수 있다. 훌루에서는 포라TV가 제공하는 과학, 환경 그리고 기술에 관한 20개 이상의 프로그램들을 시청할 수 있다.

포라TV는 페이스북과 트위터 등 SNS와도 결합하여 포라TV에서 제공하는 콘텐츠 서비스와 연결하고 공유할 수 있게 한다. 즉, 페이스북과 트위터를 통해서도 포라TV 콘텐츠를 시청할 수 있으며, 이에 대한 반응을 SNS에 보냄으로써 이용자 간 즉각적 커뮤니케이션과 생각의 공유가 가능하다. 페이스북의 경우, 페이스북 커넥트를 이용해 포라TV로그인이 가능하다. 페이스북에서 작성한 콘멘트를 골라 포라TV 상의 프로파일에 저장할 수도 있다. 또한 페이스북 월(wall)에서 이를 공유할 수도 있으며, 이용자가 포라TV를 이용하면서 페이스북 커넥트를 활용해 페이스북에 있는 모든 친구들을 확인할 수 있다.

마. 전문가 네트워크 서비스 “링크드인”

1) 시장 및 이용행태

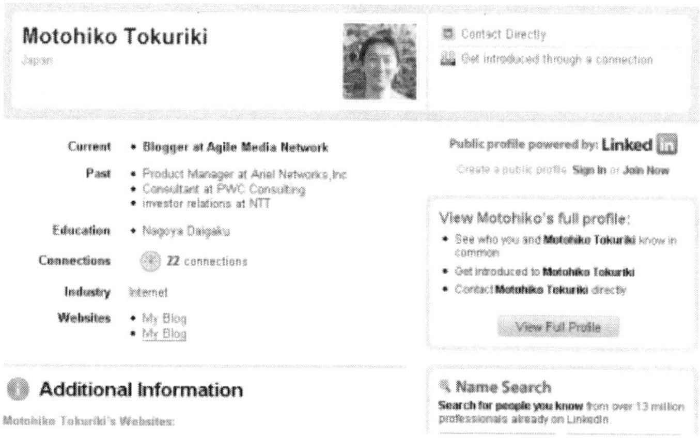

(그림 2-10) 전문가 네트워크 서비스 “링크드인”

링크드인(LinkedIn)에 가입된 전문인력은 2009년 7천만 명 정도로 나타났다. 링크드인 가입자들은 170여 개 분야에 종사하고 있고, 이들의 국적은 150여 개에 달하며, 연평균 소득 10만 9천 달러로 가입자들의 비용지불 능력이 높다. 포춘지가 선정한 500대 기업 임원들이 가입해 있으며, 가입자들은 경영 문제해결, 전문적인 인맥관리 등이다. 다양한 목적으로 링크드인을 방문하고 있다.

2) 성공요인

링크드인은 가입자가 자신의 프로필을 기반으로 다양한 인맥을 구축할 수 있도록 돕는 서비스를 주로 제공하기 때문에 링크드인에서 가입자가 기입해야 하는 프로필은 現직업, 직장, 전공 등으로 다양하다. 링크드인은 취업과 채용을 원하는 사람들을 타깃으로 네트워크를 구축했기 때문에 일반적으로 이력서에 기본적으로 기입해야 하는 정보를 가입자가 제공하는 것이다. 링크드인은 온라인에서 비즈니스 네트워크를 통해 구직 기회를 제공한다는 장점을 제공한다.

3) 활용사례

제작 부문의 활용 사례로 2008년 7월 21일 링크드인과 뉴욕타임즈 간 파트너십이 있다. 뉴욕타임스의 웹사이트 뉴욕타임스닷컴의 비즈니스와 테크놀로지 섹션에서 링크드인 가입자를 대상으로 개인별 맞춤화된 기사와 광고가 제공된다. 링크드인 가입자의 직업 및 전문분야 등 공개 정보를 기반으로 개인 관심 및 전문 분야에 해당되는 뉴스와 광고가 제공된다. 뉴욕타임스닷컴 이용자도 해당 뉴스 페이지에 있는 링크드인 툴을 이용해 링크드인 네트워크 안에서 기사를 공유하거나 댓글을 주고받을 수 있다. 제휴 당시, 링크드인은 25만 명의 가입자를 보유하고 있으며, 뉴욕타임스의 경우 17만 명 독자와 방문객들이 매달 뉴욕타임스닷컴을 방문하고 있다.

뉴욕타임스닷컴의 광고주는 이 제휴 서비스를 통해 더욱 많은 이용자에게 광고를 전달할 수 있는 효과를 누린다. 뉴욕타임스와 링크드인 양사는 가입자 희망에 따라 이 서비스를 선택하거나 거부할 수 있는 옵트아웃(Opt-Out) 시스템을 사용해 가입자 의사를 존중하고 있다. 링크드인이 다양한 가입자 정보를 확보하고 있기 때문에 뉴욕타임스는 직업 혹은 전공에 맞추어 뉴스 및 광고를 제공할 수 있으며, 링크드인도 추가로 높은 광고수익을 얻을 수 있는 등 언론을 활용할 수 있는 기회를 얻게 된다. 특히 링크드인 가입자들은 사이트 이용목적이 명확하고 경제적으로 여유가 있으며, 링크드인 온라인광고 클릭비율이 다른 사이트에 비해 월등히 높다는 점에서 이 제휴는 양사에게 실질적 이득을 주게 된다.

SNS인 트위터와 링크드인 간 사용자들이 업데이트 정보와 메시지 등을 양사에 동시에 올릴 수 있게 하는 서비스 공유 파트너십(2009.11월) 이 성립되었다. 링크드인 계정을 확보하면 동시에 트위터가 가능해지고, 트위터를 사용하면 메시지를 동시에 링크드인에 전달할 수 있는 방식이다. 트위터 창업주인 비즈 스톤은 "트위터와 링크드인 간의 파트너십은 마치 땅콩 버터와 초콜릿이 함께 완벽한 결합을 이뤄내는 것과 같다고 할 수 있다"고 소개했다. 트위터가 링크드인과 서비스 공유 파트너십을 맺은 것은 비즈니스 부문으로 서비스 영역을 점차 확대해 나가겠다는 취지를 담은 것으로 보인다.
2008년 11월에 시카고에서 첫 서비스를 개시한 그루폰은 현 시점에서 미국/캐나다 지역의 90개가 넘는 도시에서 서비스 중이며, 지난 5월 시티딜(CityDeal) 인수를 통해 유럽에도 진출하여 현재 북미, 남미, 유럽 지역의 20여개가 넘는 국가에서 170여개 이상의 도시를 대상으로 서비스를 하고 있다.

바. SNS의 소셜커머스 "그루폰"

1) 시장 및 이용행태

(그림 2-11) SNS의 소셜커머스 "그루폰"

그룹폰의 폭발적인 성장세는 과거 닷컴 시절 이후에 등장한 그 어떤 서비스들과 비교해 보아도 가히 독보적이라고 할 수 있다. 그룹폰은 창업 1년 6개월만에 8백만명 이상의 가입자를 확보했으며, 기업 가치 13억 5천만 달러의 평가를 받았다.

그룹폰의 서비스는 외형적으로 보기에는 꽤 단순한 편이다. 하지만 자세히 들여다보면 독특한 장치들이 곳곳에 포진되어 있다. 그룹폰은 도시별로 하루에 단 하나의 서비스를 50% 이상의 파격적인 할인 가격으로 판매한다(그룹폰은 이것을 Today's Deal이라고 표현한다). 주로 음식점이나 술집, 숙박, 공연, 여행, 스파, 마사지 등의 서비스업을 대상으로 한다. 그런데 이용자는 무조건 할인된 가격에 구매할 수 있는 게 아니며, 사전에 설정된 일정규모의 인원(대개 100, 200명 등의 단위로 설정된다)에 도달해야만 구매를 할 수 있다. 만일 24시간 내에 설정된 인원에 도달하지 못하면 결제는 자동으로 취소된다. 그래서 이용자가 자신이 혜택을 얻기 위해 자발적으로 페이스북, 트위터 등의 소셜 미디어를 통해 해당 딜을 알리게 되는 메커니즘을 갖고 있다.

2) 성공요인

그루폰은 지역 업소의 서비스를 쿠폰 형태의 온라인 상품으로 만들어 크게 히트시켰다. 어찌 보면 발상의 전환을 통해 새로운 상품을 기획해 냈다고 볼 수 있다.

사실 그루폰 이전에도 지역상권을 온라인으로 끌어들이기 위한 노력이 있어 왔다. 대표적인 사이트가 바로 옐프닷컴(yelf.com)이다. 옐프닷컴은 지역 업소 온라인 리뷰사이트로 미국에서 인기가 많다. 젊은 층들이 자주 이용하는 이 사이트는 업소를 이용한 일반인들이 시시각각 솔직한 평가의 글을 올리는 소통 공간이다. 이 때문에 평점이 좋은 업소는 돈이 들지 않는 막대한 홍보효과를 얻는 반면 평점이 낮으면 고객 수가 크게 줄어들기도 한다. 온라인 사이트인 옐프닷컴의 오프라인 영향력이 커지고 있는 것이다. 실제로 한 스파(spa)에서 직원들의 불친절한 서비스로 곤혹을 치른 한 고객이 즉각 환불을 요구했지만 거부당하자, 이에 굴복하지 않고 옐프닷컴에 이 같은 방문 후기를 자세히 올려 다른 사람들의 공감을 불러일으켰고, 평점을 떨어뜨리는 데 큰 역할을 했다. 이후 해당 스파의 매상이 뚝 떨어진 것은 당연한 수순이었다. 옐프닷컴은 정교한 지역 업소 정보를 제공하고 고객들의 진솔한 리뷰를 제공하는 데는 성공했지만 실질적인 커머스를 일으키는 데까지는 발전하지 못했다. 물론 옐프닷컴의 영향력은 아직까지도 지대하다. 하지만 거기까지다. 지역 업소와 고객간의 소통의 장은 마련해 주었지만, 커머스를 일으킬 수 있는 플랫폼을 제공하는 데까지는 발전하지 못했다.

그루폰은 옐프닷컴에서 한 단계 더 발전한 모델이라 할 수 있는데, 지역 업소의 정보를 제공해주고 리뷰를 등록하는 데 그치지 않고, 지역 업소의 서비스를 쿠폰 형태로 상품화하여 온라인에서 판매하는 커머스 모델로 발전시킨 것이다. 게다가 그루폰은 이미 지역 업소와 고객의 거래를 중개하는 플랫폼으로 그 역할을 수행하고 있다. 그루폰과 같은 소셜커머스의 가장 큰 장점은 지역 업소나 소비자, 소셜커머스 업체 모두에게 이득이 돌아간다는 점이다. 지역 업소는 홍보뿐만 아니라 실질적인 매출 향상 효과를 얻을 수 있고, 소비자는 입소문을 내고 이들 서비스를 50% 이상 싼 가격에 이용할 수 있다. 거래를 중개하는 소셜커머스 업체는 거래금액의 20~50%를 수수료로 챙긴다. 결국 그루폰은 지역 업소와 고객의 거래를 중개함으로써 양쪽 모두에게 이득을 주고 자기 자신도 이득을 챙기는 비즈니스 모델을 구현한 것이다. '구글 이후 최고의 비즈니스 모델'이라는 이야기가 나오는 것도 이 때문이다. 플랫폼을 가진 자가 미래의 부를 지배한다는 말이 있다. 그루폰은 지역상권을 온라인으로 끌어들여 자신만의 플랫폼을 구축했다. 물론 그루폰이 구축한 플랫폼과 비즈니스 모델은 모방이 쉽고 진입장벽이 낮은 편이다. 하지만 이미 그루폰 자체만으로도 상당한 브랜드 인지도가 형성되어 있고, 수많은 지역 시장을 선점하고 있기 때문에 그들의 아성이 쉽게 무너지지는 않을 것으로 보인다[7].

3) 활용사례

그루폰은 하루 한 가지 상품을 50% 이상 할인된 가격에 구매할 수 있는 쿠폰을 판매한다. 단, 최소 판매 수량이 충족되어야만 거래가 유효하다는 조건을 내건다. '갖고 싶다면 사람을 데려오라'는 식인 것. 여기까지는 여타의 공동구매몰과 다를 바가 없다. 그런데, 그루폰은 SNS와 연동함으로써 비즈니스모델을 한 차원 끌어올린다. 소셜커머스로 진화하게 되는 것이다.

그루폰의 모든 상품 페이지에는 트위터, 페이스북 등의 SNS 단추 묶음이 있다. 이 단추는 고객들이 사이트를 이동할 필요 없이 그 자리에서 자신이 활동하고 있는 SNS로 상품 정보를 퍼뜨릴 수 있도록 도와준다. 예들들어 트위터 단추를 누르면, 자신의 트위터 계정으로 글을 쓸 수 있는 메시지 입력 창이 활성화 되는데 해당 웹페이지의 URL과 간략한 상품 판매 정보가 자동으로 들어가 있기 때문에, '확인'만 해도 트위터의 모든 친구들에게 동시에 입소문을 낼 수 있다. 그런데 친구들은 메시지를 작성한 사람이 상품에 대한 신뢰를 보증해 준다고 믿기 때문에, 웹링크를 클릭할 가능성이 높다. 또한, 상품과 할인율이 아주 매력적이라면, 설령 구매를 하지 않는다 하더라도 자신의 친구들에게 또 다시 메시지를 퍼뜨리기도 한다. SNS 이용자들은 가치 있는 정보라면 서로 나누려고 하기 때문이다. 바로 이러한 SNS의 순간적인 입소문 확산과 수요 동원 능력이 평범한 쿠폰 공동 구매몰을 스타 비즈니스로 탈바꿈 시켜준 것이다. 물론, 상품이 별로라면 입소문이 나기는 어려울 것이다. 그루폰은 이를 보완하기 위해 인센티브를 내 걸어 고객의 입소문을 장려한다. 고객이 SNS로 배포한 웹링크를 통해서 구매가 이루어질 경우, 일정 금액을 마일리지로 적립해 준다. 참고로 그루폰의 경쟁사인 리빙 소셜은 고객의 입소문으로 세 명이 상품을 구매하면, 그 상품을 '공짜'로 제공해주고 있다.

소셜커머스는 기존 커머스 플랫폼을 SNS와 연결하여 고객들이 양쪽의 영역을 자유롭게넘나들 수 있는 통로를 열어준다. 그러면 고객들은 그 통로를 통해, SNS의 친구들을 신규 고객으로 유입시킬 뿐만 아니라, 반대로 상품 정보들을 소셜네트워크로 널리 확산시킨다. 소셜커머스를 한 마디로 정의하자면 '고객', 다시 말해 '사람'이 중심이 되는 상거래를 만드는 것이라고 할 수 있다. 소셜커머스를 고려하고 있다면 단지 SNS를 연동하는 것이 아닌, 사람을 중심에 세우기 위한 고민이 선행되어야 한다.

SNS 형태별로 주요 성공사례들을 분석한 결과를 요약하면 〈표 2-1〉과 같다. 먼저 트위터 경우를 보면 커뮤니케이션과 융합됨으로 인해 그 동안 문자가 음성을 대체한 것을 다시 뒤집을 수도 있는 잠재성이 보이며, SNS의 실시간 장점이 뉴스 및 TV 콘텐츠와 결합되어 시너지가 나며, 마케팅 경우에는 글로벌 시장을 겨냥하기에 좋은 홍보수단이라는 점이 부각된다. 특히 SNS내 음성통화서비스가 유행처럼 번지고 있으며, 트위터와 자자의 결합서비스도 이러한 연장선상에 있다. 향후 온라인상에서의 음성 커뮤니케이션 서비스는 더욱 증가할 것으로 보인다. 또한, SNS 내 개인화된 신문인 트위터 타임즈는 보다 빨리 뉴스를 접하고 싶어 하는 이용자의 욕구를 어느 정도 충족해줄 수 있을 것이다. 관심사가 비슷한 다른 이용자와 접촉하는 도구로 트위터가 발전하면서 커뮤니티와 커뮤니티 간 네트워크를 활성화시키는 수단이 될 것이다.

페이스북의 경우에서는 특히 SNS간 경쟁이 치열해지면서, 페이스북과 프렌드피드 간 통합 이후 트위터와의 경쟁에 맞서고 있으며, 검색 기능 강화로 페이스북과 구글 간 서비스 경쟁이 더욱 치열해질 것으로 전망된다. 페이스북에는 다양한 온라인게임 업체들이 입점되어 게임을 페이스북에서 즐기도록 해놓았기 때문에, 페이스북 사이트에 머무는 시간을 증대시킬 수 있는 기회로 작용하고 있다. 올해 2월 전세계 4억 명 회원수가 6월에 5억 명으로 급속 증가한 배경에는 그 속에 입점한 징가(Zinga)가 있기 때문이라고 본다. 게임포털 간 경쟁이 치열해지는 상황에서 브랜드 가치가 높지 않은 게임포탈들은 자체 웹사이트로 존재하기 보다는 페이스북 팬페이지 같은 스트림으로 존재하는 것이 웹 방문 유도 측면이나 비용 면에서 더욱 효율적이라고 판단된다. 즉, 모든 브랜드가 웹사이트를 직접 운영할 필요는 없으며, 페이스북을 통해 구체적으로 고객/팬들에 대한 정보를 파악할 수 있기 때문에 마케팅 차원에서도 더욱 효과적이라고 보여진다.

〈표 2-1〉 문화콘텐츠 제작과 마케팅에 활용된 SNS 대표 사례로 본 시사점

<table>
<tr><th>형태</th><th>기업</th><th>활용 사례</th><th>시사점</th></tr>
<tr><td rowspan="4">마이크로블로그</td><td rowspan="4">트위터</td><td>VoIP 서비스 사업자와의 제휴로 자자엣콜 제공</td><td rowspan="4">• 음성과 문자 간 대체성
• 뉴스의 실시간 욕구 충족 용이
• 동영상 시청시 멀티태스킹 용이
• 글로벌 마케팅 용이</td></tr>
<tr><td>트위터타임즈</td></tr>
<tr><td>FT오렌지 SNS에 통합되어 TV/모바일 등에 멀티스크린 제공</td></tr>
<tr><td>소니, 세가, X박스 등에 게임마케팅</td></tr>
<tr><td rowspan="3">서비스 네트워크</td><td rowspan="3">페이스북</td><td>페이스북과 마이크로블로그 간 결합</td><td rowspan="3">• 페이스북과 트위터 간 경쟁 예상
• 게임 참여 내용의 실시간 게제
• 문화적 경계 극복의 효과적 통로</td></tr>
<tr><td>게임서버와 페이스북 연동</td></tr>
<tr><td>게임나케팅</td></tr>
<tr><td rowspan="2">LBS</td><td rowspan="2">포스퀘어</td><td>C-SPAN 동시 방송, 캐나다 무가지인 메트로와의 제휴</td><td rowspan="2">• 지역기반과 지역뉴스서비스 연계
• 지역 정보의 바이럴마케팅 가능</td></tr>
<tr><td>음식점 정보지, 방송프로그램 홍보를 위한 제휴</td></tr>
<tr><td rowspan="2">사진 / 비디오 공유</td><td rowspan="2">포라TV</td><td>훌루, 박시 등 인터넷동영상 및 OTT와의 제휴</td><td rowspan="2">동일 비즈니스모델을 가진 핵심 플랫폼의 서브 플랫폼으로 윈윈</td></tr>
<tr><td>다양한 글로벌 SNS들과의 제휴</td></tr>
<tr><td rowspan="2">전문가 네트워크</td><td rowspan="2">링크드인</td><td>뉴욕타임즈와 링크드인 제휴</td><td>뉴스사이트와의 제휴로 시너지</td></tr>
<tr><td>트위터 등 타 SNS와의 제휴(2009.11)</td><td>타 SNS와의 정보 공유</td></tr>
<tr><td>소셜 커머스</td><td>그루폰</td><td>트위터, 페이스북등과 같은 SNS와 제휴</td><td>타 SNS와의 정보 공유</td></tr>
</table>

포스퀘어 경우에는 특히 지역 정보를 주는 뉴스 매체와의 협업이 긴요함을 보여준다. 특히 모바일 시장이 확대됨에 따라 모바일용 애플리케이션의 개발로 접근성을 확대, 지역 경험을 지속시킬 수 있는 계기가 되었으며, 지역뉴스 외에 다양한 지역적, 문화적 정보와 연계된 활용이 가능할 것으로 기대된다.

포라TV의 경우에는 동일한 비즈니스모델을 가진 사이트에 입점하여 소셜 웹시대의 키워드인 프로슈밍(Prosuming)과 롱테일(Long tail), 그리고 바이럴 마케팅 효과로 상호 시너지를 갖는다는 점이 두드러진다. 이로써 동영상 사이트는 자신을 위한 생산과 동시에 남에게도 오락적 즐거움 외에 지식적 도움을 주는 활동이 느슨하게 결합된 네트워크를 활용하는 것이다. 유통과 마케팅 부문에서도 롱테일 및 바이럴 효과가 기대된다. 대량생산 및 유통 시스템이 산업사회에서는 주류였으나, 인터넷을 통한 개인이나 소규모 집단 단위의 경제시스템들이 실시간 연결되면서 구전효과에 의해 매우 빠른 속도로 유행을 창조해내는 사회현상이 일반화되고 있다.
링크드인은 타인들과의 새로운 네트워크를 구축하는 수단으로서의 SNS라는데 먼저 의미가 있다. 특히 지인의 지인 혹은 완전 타인과의 접촉을 수월하게 해주도록 설계되어 있으며, SNS 이용자 층을 세분화 하고 있으며 유료로 제공되기도 한다. 국내에서는 최근 안철수연구소의 아이디테일(www.idtail.com)이 여기에 속한다고 하겠다. 링크드인과 뉴욕타임즈 협력모델에서는 특히 링크드인이 가지고 있는 전문가그룹의 가입자정보를 뉴욕타임즈가 활용한다는 면에서 의미가 있다.

이상의 활용 사례에서 보듯이 SNS가 타 미디어 및 콘텐츠 비즈니스 전반의 메타 플랫폼으로 작용하고 있다. 확장 가능성을 기반으로 다양한 제3자 개발자들의 참여도 촉진시키고 있다. 최근의 페이스북만 보더라도 개방형 API(Application Programming Interface)를 통해 약 50만 개 이상의 애플리케이션이 개발되고 있으며, 100만 명 이상의 페이스북 애플리케이션 개발자들을 보유하고 있다. 이는 애플을 능가하는 수치이다. 또한 '페이스북 커넥트'를 탑재한 웹사이트가 8만 개를 넘고 있으며, 일주일에 50억 개가 넘는 링크, 뉴스, 사진이 페이스북 플랫폼에 공유되는 등 SNS 기반의 생태계가 형성되고 있다.
결론적으로 SNS 발전이 문화콘텐츠산업 변화에 주는 주요 시사점과 기회요인들을 제시하면 첫째, SNS의 주요 형태들이 상호 경계를 넘나들면서 이용자 기반을 확대함으로써 네트워크효과 최대화에 주력하고 있음이 각 협력 및 활용 모델들에서 나타나고 있다. 신기술 기반 네트워크는 트위터 등의 소규모 혁신 기업들에게 대기업에서만 가능했던 대규모 경제활동과 이용자 자원 획득을 가능하게 하고, 외부 사업 파트너와의 적극적 제휴를 통해 사업의 저변을 확대할 수 있는 가능성들이 보여진다. 따라서 문화콘텐츠 기업들은 콘텐츠 자산을 기반으로 플랫폼을 직접 브랜드화하고 소유하기 보다는 네트워크효과를 최대 발휘할 수 있는 기회요소들을 포착하는데 주력해야 할 것이다. 특히 SNS가 부상하면서 이용자들은 콘텐츠를 다운로드 받아 소유하는 데서 벗어나기 시작하고 있으며, 점차적으로 무료 내지는 소액 결제로 콘텐츠를 스트리밍으로 즐기려는 경향이 나타나고 있다. 이는 최근 애플이 뉴애플TV로 이전 사업모델을 개선하면서 내놓은 드라마 에피소드 스트리밍 서비스 등에서 쉽게 발견된다.

둘째는 소비자 주목이 희소해지는 상황에서 SNS를 통해 입소문(Work of Mouth)을 통한 바이럴 마케팅(Viral Marketing)이 가능하게 된다. SNS가 커뮤니티를 기반으로 하고 이용자의 적극적 참여를 유도하는 환경을 갖추고 있기 때문에 방송 프로그램이나 게임, 음악 등 신규 제작물에 대한 입소문 마케팅 통로로 매우 효과적인 것이다.

셋째는 공급 과잉으로 문화콘텐츠의 절대적 양이 폭발하고 있다는 점 때문에 SNS가 더욱 활용 가치를 갖게 된다는 점이다. 추천 시스템 및 빠른 정보의 확산 및 소비를 가능하게 하는 SNS는 파편화되고 있는 다양한 문화콘텐츠 웹사이트를 하나로 묶는 메타포털의 역할을 하게 될 것이다. UGC 뿐 아니라 방송 프로그램 등 프리미엄 콘텐츠라도 특정 울타리 안에 존재하기 보다는 이용자의 콘텐츠 이동성(Content Portability) 욕구에 부응해야 할 것이다. 페이스북 커넥트가 '소셜그래프 이동성'으로 작용하며, '콘텐츠 이동성'이 중요한 이슈가 될 것이다. 즉, 모든 사이트들이 동시에 동영상, 음악, 게임이 될 수 있는 환경에서는 이를 검색하기 용이하게 해주는 환경이 매우 중요한 성공요인이 될 것이다.

2.3.2 대형 포털의 적극적인 SNS 대응

외국에서는 거의 찾아보기 힘든 하루 조회수 '억'을 넘는 네이버, 다음, 네이트와 같은 초대형 '포털'사이트는 우리들에게 있어 불행히도 당연한 것이고 슬프게도 일상화되버린 인터넷 주거지 이다. 포털 사이트는 메일, 검색 서비스부터 시작해 만화, 뉴스, 블로그, SNS(페이스북, 트위터 같은 소셜 네트워크), 카페, 지식IN 같은 질의응답, 쇼핑, 부동산, 증권, 사전, 지도, 음악과 같은 웹에서 볼 수 있는 거의 대부분의 서비스를 지원한다. 이러한 복합체제를 갖춘 포털 사이트들은 수천만 명의 사용자들에게 일시적으로 편리함을 제공하지만 사용자들은 그 심각한 부정적인 영향과 미래에 대한 관심을 좀처럼 갖지 않는다. 사용자들은 네이버 같은 대형포털의 어마어마한 영향력에 항상 의식하고 있어야 한다.

대형 포털의 소셜 네트워킹 웹사이트 시장 진출 시도 역시 끊이지 않고 있으며, 이런 경향은 더욱 가속화 되어 가고 있음. 포털의 소셜 네트워킹 서비스에 대한 대응은 다음 (그림 2-12)의 3가지로 정리할 수 있다.

1. 대형 소셜 네트워킹과의 파트너십 진행
2. 자체적인 소셜 네트워킹 서비스 진출 및 육성
3. 외부 소셜 네트워킹 웹사이트 인수/합변

(그림 2-12) 포털의 소셜 네트워킹 서비스에 대한 대응

대형 포털은 기존 킬러 서비스 인프라와 막강한 자금력을 동원해 이 3 가지 방향의 전략을 동시에 실행하면서 기존 사용자의 이탈을 막고, 새롭게 뜨고 있는 소셜 네트워킹 서비스 시장에서의 영향력을 확대해 나가고 있다.

지난 2005년 야후를 통해 처음으로 '소셜커머스'라는 용어가 회자됐으나, 당시에는 전자상거래 사이트를 소개하는 수준의 개념에 그쳤다. 그러나 오늘날 SNS서비스가 발달하면서 훨씬 확장된 범주를 포괄하게 됐다. 소셜커머스 업체의 시초는 미국 시카고에서 설립된 '그룹폰'으로, 미국과 유럽 등에서 서비스하는 세계 최대의 소셜 커머스 회사이며, 설립 1년 반 만에 매출 3억5000만 달러를 달성했으며, 올해 매출액은 5억 달러에 이를 것으로 전망되고 있다.

온라인 업체의 경우 이미 SNS를 통한 입소문 마케팅의 효과를 인지하고 올해 중반부터 우후죽순격으로 생겨나기 시작했다. 지난 5월경부터 국내에는 티켓몬스터, 원어데이, 데일리픽, 지금샵, 쿠팡, 헬로디씨, 인터넷펜션, 트윗폰, 위메이크프라이스 등 40여개의 소셜커머스 업체들이 문을 열었다.

소셜커머스 업체들은 음식점이나 술집·숙박업체·공연·여행 등을 최대 80%까지 싼 값에 공동구매 하자는 제안을 업체 사이트에 올리고, 일정 규모의 소비자가 정해진 시간 내에 업체가 개설한 SNS를 통해 구입 의사를 밝히면 거래가 이루어지는 방식입니다. 공동구매에 참여한 소비자는 할인을 받는 대신 이를 SNS를 통해 알려야 한다. 이들 온라인 소셜커머스 업체들이 적게는 20~30%, 최대 70~80%까지 싼 가격을 미끼로 일일 수억 원의 매출을 올리며 온라인에서 인기를 끌자 전통적인 오프라인 유통업체들도 SNS를 통한 마케팅에 적극 나서고 있다.

롯데백화점은 "미래경쟁력 세계1위 롯데백화점 선정, 고객님이 성원을 감사드립니다"라는 문구를 전국 29개 점포에 세워놓고 문장 전체를 완성해 사진을 올리는 팀에게 최대 500만

원의 상금을 지급하는 행사를 2010년 10월 17일까지 진행했다. GS샵도 트위터.페이스북을 통해 모인 2~4명이 상품을 사면 이들의 구매금액을 합산해 적립금을 지급하는 행사를 17일까지 펼쳤다. 온・오프라인 유통 업체뿐만 아니라 포털 업체들도 SNS를 이용한 마케팅에 적극 뛰어들고 있다. 다음커뮤니케이션은 공동구매 플랫폼 형식으로 소셜커너스 시장에 진출할 예정이며, SK커뮤니케이션스도 싸이월드와 네이트온을 기반으로 소셜커머스의 문을 노크하고 있다.

2.3.2.1 네이버

네이버는 개인화 웹 서비스 '네이버me'를 오픈했다. 1월 중 소셜 커뮤니케이터 '네이버톡'을 내놓고 '미투데이' '네이버me'에 이은 소셜 전략을 완성할 계획이다. '네이버톡'은 웹・데스크톱・모바일의 세 가지 버전에서 사용 가능한 SNS 메신저로 위치기반의 지도 공유나 파일 보내기 같은 멀티미디어 기능도 지원한다. 네이버는 베타 서비스를 시작한 '네이버me'의 진입로를 최상단의 '기존 메인' '네이버SE'와 동일한 등급으로 배치했다. '네이버me'가 네이버의 핵심 서비스로 자리잡고 있음을 짐작할 수 있다. '네이버me'엔 네이버의 SNS 대응 전략이 그대로 담겼다. 네이버의 마이크로 블로그인 미투데이를 최상단 중앙에 배치했고 그 아래에 카페, 블로그, 미투데이 등의 콘텐츠를 편리하게 불러올 수 있도록 설계했다. 대부분의 인터넷 이용자들이 마이크로 블로그 서비스만 이용하지는 않기 때문에 강력한 유인 요소로 작용할 가능성이 높다. 비록 '전형적인 네이버 식의 사용자 가두기 서비스'라는 비판이 없는 것도 아니지만 네이버는 2011년 이를 통해 사용자에게 네이버 스타일의 강력한 사용자 경험을 제공하겠다는 계획을 세우고 있다.

2.3.2.2 구글

소셜 네트워킹 웹사이트 내에서의 정보 수요가 높아지면서, 구글은 새로 등장한 검색 시장에서의 영향력을 유지하기 위해 지난 3월에는 프렌드스터와 검색과 광고 대행 계약을, 작년 8월에는 마이스페이스를 소유한 폭스 인터랙티브 미디어와 9억 달러에 해당하는 검색 계약을 체결해 작년 12월부터 검색 서비스를 제공하고 있다. 또한, 자체적인 소셜 네트워크를 강화하고, 유튜브와 같은 소셜 네트워킹웹사이트를 인수했으며, 새로운 소셜 네트워크 계획을 발표하는 등 소셜화 경향에 발맞추고 있다. 구글이 2003년 오픈한 오르쿠트 서비스는 단순 지인 관계 맺기에서 사진업로딩과 콘텐츠 스크랩 기능, 유튜브 동영상 추가 기능, RSS 피드 추가 및 공유 기능 등 서비스 내 콘텐츠 확장을 추진해 왔으며, 2006년 8월 3년 만에 대대적인 UI 개편을 진행해 본격적인 서비스 강화를 시도하였다. 또한 지인간의 콘텐츠 업데이트 현황을 자신의 메인 페이지에서 쉽게 확인할 수 있도록 해 마이스페이스나 페이스북 스타일의 데이터와 결합한 지인 간의 콘텐츠 유통 네트워크로 변신을 시도 중이다.

출처 : 카네기 멜론 대학 프로젝트 페이지
(http://hcii.cmu.edu/M-HCI/2003/SocialstreamProject/index.php)

(그림 2-13) 소셜스트림 프로토타입 화면

한편, 구글은 현재 오르쿠트와는 별개의 새로운 차세대 소셜 네트워킹 서비스를 준비 중이며, 2006년부터 카네기 멜론 대학 Human-Computer Interaction Institute를 스폰서로 소셜스트림(Socialstream) 프로젝트를 진행 중이였다. (그림 2-13)에서는 이 프로젝트는 '온라인 소셜 네트워킹을 다시 생각하고 재창조한다(rethink and reinvent online social networking)'를 목표로 오르쿠트와 같이 직접 온라인 커뮤니티를 양성하는 대신, 여러 군데 흩어져 있는 소셜 데이터를 서비스 내에 통합하여 외부의 다양한 애플리케이션에 제공하고 활용할 수 있게 하는 메타적 기능의 통합 소셜 네트워크 서비스(A Unified Social Network : USN)로 알려져 있다. 이를 통해 사용자는 여러 소셜 네트워크를 돌아다니는 대신 한 장소에서 다양한 소셜 네트워크 활동과 콘텐츠의 업데이트를 확인하고 소비/공유/활용할 수 있다.

이처럼 소셜스트림은 분산되어 있는 다양한 소셜 네트워크들이 서로 링크되고 콘텐츠와 관계 정보를 공유할 수 있도록 설계되고 있다. 이것은 전 세계 정보를 체계화하여 모두가 편리하게 이용할 수 있게 한다는 구글의 전략이라고 볼 수 있으며, 또한 일반 데이터에서 소셜 데이터로 진화하고 있는 웹의 정보 확장에 대응하는 것이다.

또한 2007년 9월, 구글 비디오에 올라온 구글 사내 tech-talk 비디오에 따르면 구글에서는 소셜스트림과는 별개로 기존 서비스들의 소셜한 애플리케이션을 통합하는 '마카마카(Makamaka)'라는 프로젝트를 진행 중인 것으로 알려져 있다. 마카마카는 지메일, 구글 캘린더, 구글 독스, 오르쿠트 등 각 서비스에 분산되어 있는 사용자의 모든 신규 활동을 RSS를 이용해 '액티비티 스트림(activity stream)'이라는 개념으로 통합 피딩하고, 이를 다시 지인들과 공유할 수 있게 한다는 것이 기본 골격이다. 오르쿠트에서는 프로필 수정이나 신규 사진, 비디오 추가 등 지인들의 모든 활동과 콘텐츠 업데이트 상황을 통합하는 기능을 선보였으며, 페이스북에서 영향을 받은 것으로 보이는 이러한 변화들은 구글이 본격적으로 소셜 네트워크 서비스 분야에 관심을 기울이고 있다는 것을 보여준다.

2.3.2.3 다음

다음은 외부와의 협력을 통해 SNS 부문을 강화하고 있다. 다음은 지난달 트위터와 협약을 맺고 마이크로블로그인 요즘(yozm)을 트위터와 연동시키며 이용자 늘리기를 본격화 하였다. 하지만 다음에서 추진했던 전략이 예상만큼 성과를 거두지 못하였다. 그래서 다음은 2011년도에 새로운 전략을 세워 트위터, 페이스북에 도전하겠다는 것이다.

다음은 요즘(yozm) 개발・운영 부서를 기존의 부서에서 독립시켜 운영하기로 결정하고, 투자도 대폭 확대할 계획이다. 다음에서는 "2011년 다음의 소셜전략은 요즘을 한국형 서비스에 적합한 '요즘' 서비스로 확대 개편하여 SNS를 더욱 강화하는 것으로 이 외에도 소셜 쇼핑 서비스를 단계적으로 확장시켜 나갈 계획이다.

2.3.2.4 기타 대형 포털

각종 대형 포털이 내놓는 서비스 전략에서도 소셜 네트워킹이 주요 의제로 떠오르고 있다. MS는 2007년 3월, 자사의 서비스 전략을 발표하는 OSG(Online Servce Group) 인터내셔널 프레스 서밋에서 'Live(라이브)'라는 브랜드 아래 검색, 메일, 메신저, 소셜 네트워킹 서비스를 통합해 흩어진 사용자를 모으는 전략을 발표하였다. MSN의 콘텐츠를 MS의 소셜 네트워킹 웹사이트인 'MS 스페이스'를 통해 공유하게 함으로써 사용자 접점을 확장하고 개인 간의 커뮤니티를 활성화 하겠다는 내용이다. 특히, MS OSG의 아드보가트 이사는 한국 MS 2007 전략에서 소셜 네트워킹 서비스를 중심으로 사용자 기반을 확대해 나가겠다고 밝힌바 있다. 싸이월드를 사용하지 않는 사람들에게 제공할 수 있는 서비스가 무엇인지 검토중이며, MSN 메신저와 모바일 등과 연동해 언제, 어디서나 활용할 수 있는 커뮤니케이션 서비스를 제공하겠다는 내용다.

야후 재팬은 2006년 3월 야후! 360의 일본 버전을 런칭했으며, 2007년 4월 야후! 북마크와 동영상 공유 서비스인 야후! 비디오 캐스트를 출시해 사용자 생산 컨텐츠를 확보할 수 있는 플랫폼을 확장하고 있다. 그 이후 야후 재팬은 2007년 6월 15일 개최한 〈Yahoo! JAPAN Partner Conference 2007〉에서 〈Social Media化, Everywhere化, Open化〉라는 새로운 전사적 기업 전략을 발표했다.

'Social Media化'란 CGM(Consumer Generated Media, 사용자 생산 미디어) 사용자들이 야후 재팬 내에서 콘텐츠를 생산하고 소비하게 함으로써, 사이트의 체류시간을 늘리겠다는 의미이다. 이에 따라, 야후 재팬에 속한 100개 이상의 서비스를 모두 소셜 미디어화 할 계획이며, 2006년부터 CGM의 비중을 높이기 위해 적극적인 노력을 기울이고 있다. 이와 같은 대형 포털의 적극적인 대응은 소셜 네트워킹 웹사이트에서의 시장 점유를 위한 치열한 경쟁의 예고라 할 수 있겠다.

2.3.3 기존 서비스의 소셜화

소셜 네트워킹이 도입되지 않은 많은 데이터 중심 서비스에서도 소셜화가 도입 중인데 공급자 콘텐츠 중심 서비스에서 사용자 콘텐츠 생산 플랫폼의 제공, 프로필 기능 도입, 콘텐츠의 공유와 배포, 지인 관계 맺기 등 각종 소셜한 기능이 추가되는 경향으로 나타나고 있다. 그 중에서도 특히, 변화하는 온라인 시장에 적응하려는 대형 올드 미디어의 소셜화는 미디어뿐만 아니라 데이터 서비스 시장 전체의 패러다임의 변화로 인식된다.

2.3.3.1 올드 미디어의 소셜화

USA 투데이(usatoday.com)는 지난 3월 소셜 네트워킹 기능을 대폭 보강한 새로운 웹사이트를 선보여 화제를 모았다.(그림 2-14)

(그림 2-14) USA 투데이의 메인화면 구성

모든 뉴스에 사용자가 뉴스에 대해 의견을 제시하고 랭킹을 부여할 수 있는 기능, 서비스 내에 프로필과 블로그를 만들어 포스트를 쓰거나 사진을 올릴 수 있는 기능, 사용자 간 지인 맺기 기능, 서로 메시지를 보낼 수 있는 기능 등이 추가되었다. 이와 같은 시도는 독자와의 상호작용을 높여 사용자를 적극적으로 온라인 뉴스의 생산과 유통, 편집에 참여시키는 소셜 미디어를 지향하고 있는 것으로 해석된다. CNN과 뉴욕타임즈 역시 소셜 네트워크 관련 부문을 강화 하였는데, 2007년 7월 개편한 CNN(cnn.com)의 홈페이지에서는 동영상과 멀티미디어 강화와 함께 코멘트 기능을 추가했으며, 〈From the Blog〉 기능을 추가해 웹에 있는 기사 관련 정보를 검색하여 모아주는 서비스를 제공하였다. 뉴욕타임즈 역시 작년 가을에 모든 뉴스에 소셜 뉴스 서비스인 디그닷컴과 페이스북 등에 기사를 공유할 수 있는 버튼을 추가하였다. 그러나 CNN과 뉴욕 타임즈의 경우 USA투데이와는 달리 직접 서비스 내부에 소셜 네트워킹 기능이나 사용자 생산 플랫폼을 제공하기 보다는 외부 블로그나 소셜

네트워킹 서비스와의 연계에 주력하면서, 자사의 콘텐츠가 더 많이 유통되고 레버리지 될 수 있도록 접근한다는 점에서 차이가 있다.

강점을 가진 특정 전문 분야를 통해 소셜 네트워킹에 진입하고자 하는 시도도 있다. 2007년 3월 로이터에서는 연내 금융 전문 소셜 네트워킹 서비스를 런칭하겠다는 계획을 발표했고, 다수의 일반인이나 젊은이들 대신 펀드 매니저, 트레이더, 어날리스트 등 금융 전문가를 중심으로 한 전문 소셜 네트워킹 서비스를 제공해 선별된 소수의 관련 업계 전문가들이 서로 인맥을 맺고 고급 정보들이 유통될 수 있는 서비스 모델을 구축하겠다는 계획이었다.

Date: 07/2007	Visits	Month Δ	Year Δ	What is this?
usatoday.com	27,238,090	1.7%	-56.6%	The number of visits made to a site. A person can only be counted as one person in a month, but can make multiple site visits. See Full Description
cnn.com	85,350,923	-2.4%	36.4%	
nytimes.com	23,280,387	25.1%	20.1%	

자료 : Compete.com

(그림 2-15) USA투데이, CNN 및 뉴욕타임즈의 방문자수 비교

인수 합병 역시 올드 미디어의 선택 가운데 하나로, 2007년 5월 CBS는 2억8,000만 달러에 소셜 음악 서비스인 Last.fm(http://last.fm)을 인수하였다. 이를 통해 장기적으로 유사한 음악적 취향을 가진 사람들이 함께 모여 활동할 수 있도록 지원해 주고, 취향에 따라 새로운 음악을 추천해 주는 커뮤니티와 추천 엔진의 특성을 가진 Last.fm의 소셜 네트워킹 기

술력과 노하우가 CBS의 디지털 콘텐츠와 접목되어 새로운 차세대 미디어 서비스 모델을 보여주게 될 것이라는 전망이다. 그러나 꼭 올드 미디어의 소셜화가 지표 관점에서 긍정적인 효과만을 창출하고 있는 것은 아니다. USA투데이의 트래픽은 소셜 미디어에서의 새 장을 열었다는 긍정적인 평가를 받으며 3월 개편 직후 무려 21%나 증가하고 등록된 사용자의 수도 세 배 이상 증가했으니 이후 USA투데이의 트래픽은 대폭 감소 추세를 보였다. 컴스코어의 자료에 따르면 3월 730만의 방문자는 6월 630만으로 14% 감소했고, 페이지뷰는 3월 7,000만에서 6월 5,900만으로 16% 감소했다.(그림 2-15)
반면, 자사의 콘텐츠에 주력하면서 외부 블로그 및 전문 소셜 미디어 서비스와의 연계를 시도한 CNN이나 뉴욕타임즈의 경우 꾸준한 상승세를 보이고 있는 것으로 나타난다. 이처럼 올드 미디어에서의 소셜화는 다각적인 방법으로 실험되고 있으며, 최선의 선택이 무엇인지가 검증되지 않은 상황에서 현재 진행형으로 계속해서 진화해 가고 있다.

2.3.3.2 일반 서비스의 소셜화 대응 전략

대형 올드 미디어 뿐만 아니라 기존 서비스들에서의 소셜 네트워크 도입 현상도 가속화 되고 있음. 이들은 신규 서비스나 전문 소셜 네트워킹을 목적으로 만들어진 서비스는 아니나, 소셜화의 큰 물결에 대응하면서 각종 소셜한 기능들을 도입해 서비스를 진화시켜가고 있다.

가. 서비스 내 자체적인 소셜 네트워크 구축 - 야후 앤서스

지식Q&A 서비스를 제공하고 있는 야후! 앤서스(http://answers.yahoo.com)는 2007년 3월 소셜 네트워킹 기능을 추가한 '앤서스 네트워크(Answers Network)' 베타판을 공개했다. 사용자간 묻고 답하기에서 한 발 나아가 사용자간에 서로 지인 관계를 맺고 좋은 답변, 나에게 필요한 정보를 가진 사람들 간에 인맥 관계를 넓히고 커뮤니케이션함으로써 보다 효율적이며 신뢰할 수 있는 정보 필터링이 이루어지도록 한다. 이는 페이스북 인수 무산에 따른 야후의 독자적인 소셜 네트워킹 전략으로 이미 시장을 지배하고 있는 경쟁력 있는 거대 소셜 네트워킹 서비스들과의 경쟁보다는 야후의 킬러 서비스를 기반으로 소셜 네트워킹을 접목시켜 전문 분야에 대한 차별화된 소셜 네트워크를 제공하려는 것이다.
이처럼 소셜 네트워크는 기존 서비스의 경쟁력 강화와 개선에 있어 고려해야 할 중요한 전략적 요소로 작용하고 있다.

나. 외부 네트워크의 활용

그동안 웹2.0이나 소셜 네트워킹의 도입이 늦었던 애플 역시 최근 온라인 음악 시장의 소셜화 경향에 발맞추어 대응하고 있다. 애플의 전략은 자체적인 소셜 네트워크 구축 보다는 기존의 소셜 네트워크에 자사의 컨텐츠를 유통시키고, 사용자와의 유입접점을 늘리는 방향에 초점이 맞추어져 있다.

다. 제휴

애플은 지난 6월 소셜 네트워킹 웹사이트인 베보와 계약을 맺고, 베보의 사용자들이 가수의 프로필 페이지에서 즉각적으로 애플의 디지털 음악 서비스인 아이튠즈로 이동할 수 있는 링크를 제공하기로 했다. 베보에는 50만 명의 뮤지션들이 등록해 프로필 페이지를 만들고 팬들과 커뮤니케이션 하고 있으며, 매일 4,000개 이상의 밴드가 신규 등록하는 것으로 알려져 있다.
초기에는 영국과 아일랜드에 있는 베보의 880만 사용자들에게 실험적으로 제공되었으며, 추후 3,300만 사용자 전체에게 공개될 예정이다. 이것은 소셜 네트워킹 사이트와 아이튠즈를 연결하는 최초의 시도이며, 애플이 16~24세의 젊은 사용자들과의 접점을 늘리는 역할을 하게 될 것으로 기대되고 있다.

라. 위젯 - 분산화 전략

2007년 8월 애플은 사용자들이 자유롭게 자신의 아이튠즈 음악 정보를 마이스페이스나 페이스북과 같은 일반 소셜 네트워킹 서비스에 임베드할 수 있는 위젯을 출시하고, 소셜 음악 시장에 진입했다. 현재 제공되는 마이 아이튠즈(My ITunes) 위젯은 총 3 가지이며, 어떤 웹 페이지라도 도입할 수 있는 플래쉬 코드를 제공해 기 구축된 사용자 네트워크에서 애플의 정보가 유통될 수 있도록 하고 있다.(그림 2-16)

- My ITunes Ourchases : 사용자가 가장 최근겡 구매한 음악, 뮤직 비디오, TV쇼와 필름 목록
- My ITunes Reviews : 사용자가 별점을 4점 이상 중 음악이나 비디오 목록
- My ITunes Favorites : 사용자가가 아이튤즈에서 가장 많이 산 음악을 만든 아티스트 목록

(그림 2-16) 아이튠즈 위젯

마. 신생 서비스들의 소셜화

1) 주택 가치를 산정해 주는 미국의 부동산 서비스인 질로우(zillow.com)

2007년 7월 이웃 간에 서로 대화할 수 있는 페이지와 포럼, 폼, 위키 기능 등 관심 사용자와 만나 정보를 공유할 수 있는 각종 소셜 네트워크 기능을 추가한 서비스를 선보인다.

2) 개인화 홈페이지 서비스를 제공하는 페이지플레이크스(Pageflakes.com)

2007년 6월 이래 '블리자드(Blizzard)'라는 프로젝트를 공개해 개인의 정보 관리에서 정보 공유와 관계 맺기를 지향하는 개편안을 추진하고 있다.

3) 소셜 북마크 딜리셔스(del.icio.us)

초기에는 개인의 북마크 기능 중심의 서비스였으나 2006년 4월부터 '당신의 네트워크(your network)'라는 기능을 도입해 사용자 간에 관계를 맺고 북마크를 공유할 수 있도록 하였다. 이후 '팬(fan)'기능 등 꾸준히 소셜한 성격이 강화되고 있으며, 북마크의 관리뿐만 아니라 사용자 간의 연계에 집중하고 있다.

소셜화는 이미 성공한 웹2.0 서비스들이 도입한 필수 DNA로써 상기 사례 이외에 많은 서비스들이 관계 맺기와 정보공유를 중심으로 소셜화 기능을 강화하는 방향으로 전략을 선회하고 있다. 이처럼 소셜화는 데이터 중심 서비스 고도화에 필수적인 과제로 떠오르고 있다. 기존의 서비스와 소셜 네트워크와의 접목을 통해 변화하는 시장에 대응하는 것과 자사의 핵심 가치를 유지하면서 소셜 네트워킹이라는 킬러 트렌드를 도입하여 변화하는 시장에서 핵심 가치를 더욱 강화하고 확장하는 것은 모든 온라인 서비스의 공통숙제로 등장하고 있다. 구글 캘린더, 구글 워드 등 대부분의 신규 서비스들이 소셜 네트워킹 기능을 강화하고 있는 추세이다.

2.3.4 틈새 분야를 겨냥한 신규 SNS의 등장

급속도로 성장하는 신규 시장에서 새로운 비즈니스 기회를 마련하려는 신규 서비스들이 생겨나고 있는데, 시장성은 검증되지 않았으나 대형 전문 소셜 네트워킹 웹사이트들의 틈새를 공략하는 등 새로운 비즈니스 기회를 엿보고 있다.

2.3.4.1 버티컬 소셜 네트워크 서비스

가. 주제별 소셜 네트워킹 서비스

각 분야에서 특화된 관심 주제별 소셜 네트워킹 서비스들이 속속 등장하고 있다. 수많은 전문 분야별 소셜 네트워킹 서비스가 등장해 마이스페이스나 페이스북과 같은 대형 소셜 네트워킹 서비스의 틈새에서 특화된 관심 분야의 매니아들이 이야기하고 정보를 공유할 수 있는 장을 마련하고 있다.

일반 소셜 네트워킹 서비스가 사용자 프로필을 중심으로 구성된 반면, 이런 서비스들은 관심 대상이나 분야에 특화된 소셜 네트워킹 활동 중심으로 구성된다. 즉, 애완견이나 운동화, 모토바이크와 같은 대상 자체가 소셜 네트워크 활동의 매개가 되는 것이다. 분야별 서비스의 예로는,

- 도그스터(dogster.com) : 애완견 전문 소셜 네트워킹 웹사이트로 애완견의 홈페이지를 만들고 사진이나 이야기를 올리며, 개들과 친구관계를 맺을 수 있도록 지원
- 캣스터(catster.com) : 고양이 버전의 소셜 네트워킹 웹사이트
- 붐파(Boompa.com) : 자동차 매니아를 위한 소셜 네트워킹 웹사이트
- 스니커플레이(Sneakerplay.com) : 스니커즈 매니아를 위한 소셜 네트워킹 웹사이트
- 벨로스페이스(Velospace.org)와 모토토피아(Motortopia.com) : 바이크와 모토사이클 매니아를 위한 소셜 네트워킹 웹사이트
- 와인로그(winelog.net) : 와인을 좋아하는 사람들이 모여서 와인을 평가하고 정보를 공유하는 와인 전문 소셜 네트워킹 서비스
- 체스닷컴(chess.com) : 체스 전문 소셜 네트워킹
- 트렌드밀(trendmill.com) : 패션을 좋아하는 사람들의 소셜 네트워킹 웹사이트로 자신의 옷이나 좋아하는 옷 사진을 올리고 평가하거나 의견을 공유하고 친구 관계를 맺음.
- 스타일몹(stylemob.com) : 패션 사진을 올리고 사용자들이 투표하게 하는 "Hot or Not" 스타일의 소셜 네트워킹 서비스
- 어스몰월드닷넷(aSmallworld.net) : 부자들을 위한 소셜 네트워킹 웹사이트로 초대에 의해서만 가입이 가능한 폐쇄 네트워크

나. 소셜 리뷰 사이트

소셜 네트워킹 웹사이트를 통해 다양한 분야의 사용자 경험을 모아 서비스하는 소셜 리뷰 분야도 주목받고 있다. 사용자의 로컬 리뷰 서비스로 자리매김한 주디스북(judysbook.com)이나 옐프(yelp.com), 객관적인 소비자 상품 리뷰로 신뢰를 얻고 있는 이피니언스(epinions.com) 스타일의 서비스가 각 분야에서 확장되고 있다. 푸디오54(foodio54.com), 언커버(uncorver.com), 시어루(searoo.com), 타운킹스(townkings.com) 등이 2007년 7월 대거 런칭되었다.

사용자 리뷰 중심의 레스토랑 가이드 성격을 띠는 이런 서비스들은 위치를 기반으로 지역 사용자 간의 소셜 네트워킹 통해 레스토랑과 지역 정보를 필터링하고 추천하는 역할을 한다. 이밖에도 부동산 리뷰 전문 서비스인 스트리트어드바이저(streetadvisor.com), 노트북, MP3 플레이어부터 학교까지 전 분야의 리뷰를 쓸 수 있는 뷰포인트닷컴(viewpoints.com) 등 다양한 서비스가 계속해서 런칭되고 있다. 이러한 리뷰 전문 소셜 네트워크는 외식/구매를 비롯한 실생활의 각종 의사결정에 도움을 주기 위해 사용자 개개인의 경험 정보를 축적하고 소셜 네트워크를 통해 정보 필터링를 하는 구조를 갖추고 있다.

국내에서도 최근 링크나우(linknow.kr), 피플투(people2.co.kr), 휴토리(hutory.net) 등 싸이월드와 차별화된 가치를 표방하는 전문 소셜 네트워킹 서비스들이 출시되고 있다. 링크나우는 비즈니스 소셜 네트워킹 서비스인 링크드인을 철저히 벤치마킹해 비즈니스 영역의 오프라인 인맥을 온라인으로 옮겨오는데 집중하고 있다. 피플2는 서로 필요한 가치들을 맞교환하면서 참여가 활발해지는 '가치교환 모델'을 특허 출원하면서 보다 생산적인 소셜 네트워크가 형성될 수 있도록 유도 한다. 휴토리는 학교나 지역, 회사 등의 네트워크를 끌어들여 페이스북과 비슷한 서비스를 구현해 "싸이질"의 단조로움을 극복할 수 있도록 지원하고 있다.

이와 같은 서비스들의 성공 관건은 얼마나 한국 문화의 특수성에 맞는 서비스를 제공하는가에 달려있으며, 이를 바탕으로 수익을 낼 수 있도록 비즈니스 모델을 구축하는 과정도 중요하다.

2.3.4.2 소셜 커뮤니케이션의 등장 : 마이크로블로깅

2006년 첫 선을 보인 마이크로블로깅 서비스들은 10대와 20대의 젊은층을 중심으로 대형 소셜 네트워킹 서비스 시장의 틈새를 거세게 공략하고 있다. 마이크로블로깅이란 짧은 1~2줄의 단문을 블로깅 할 수 있는 서비스로 짧기 때문에 부담 없이 자주 쓸 수 있고, 심도 있는 내용 보다는 단편적인 감상이나 기분, 현황이 하루에도 수차례씩 업데이트되는 특성을 보인다. 즉, 비동기적인 커뮤니케이션인 블로그와 동기적인 커뮤니케이션인 채팅의 중간 형태로 자신의 삶을 실시간으로 웹을 통해 많은 사람들에게 중계하는 것이 바로 마이크로블로깅이다.

2006년 8월, 마이크로블로깅 서비스인 트위터(twitter.com)는 1년여 만에2007년 7월 기준 340,000명의 등록 사용자를 확보하며, 동년 9월 알렉사의 세계 웹사이트 랭킹 607위를 차지했다.

트위터에서는 1개 포스트당 최대 140글자 제한을 두고 있으며, 휴대폰을이용해 언제 어디서나 포스팅이 가능하다. 비슷한 계열의 텀블러(tumblr.com)와 자이쿠(jaiku.com)도 각각 3,204위, 자이쿠는 8,417위를 기록하며 급상승 중이며, 소셜 미디어인 디그닷컴의 창업자인 케빈 로즈(Kevin Rose)가 2007년 6월 런칭해 화제를 모았던 파운스(pownce.com)는 단문 메시지와 함께 대용량 파일을 전송할 수 있는 기능을 추가해 불과 4개월 만에 알렉사 순위 3,033위로 진입했다.

생산 플랫폼의 관점에서 블로그 킬러 서비스에 대해 마이크로블로깅이 가지는 비교우위는 다음 (그림 2-17)과 같다.

- 데이터 속성
  단문 형태로 블로그보다 쓰기 쉽게 간단하기 때문에 더 많은 참여를 유도함
- 업데이트 방식
  서비스 사이트는 핸드폰, 메신저 등 다양한 방법으로 원하는 때에 바로 업데이트 함.
- 메시지 전달
  소셜 네트워킹 기능을 내재해 자신이 업데이트한 메시지를 네트워크 내에서 실시간에 빠른 속도로 전달시킬 수 있음.

(그림 2-17) 블로그 킬러 서비스에 대해 마이크로블로깅이 가지는 비교우위

마이크로블로깅은 일시적인 유행에 그치지 않고 향후 커뮤니케이션 서비스 시장에서 중요한 역할을 하게 될 것이라는 분석이 지배적이다. 〈타임〉지는 기술의 발전에 따라 사용자들이 소셜 네트워킹, 블로깅, 휴대전화 메시지 등이 모두 혼합된 서비스를 즐기길 원하며, 트위터가 이를 가능하게 하는 혼합 서비스를 제공한 것이 성공요인이라고 분석한다. 차세대 10대 상품 중 하나로 트위터를 지목한 미 경제잡지 〈비즈니스2.0〉은 트위터를 휴대전화 기능의 자연스러운 확장으로 보았으며, 가트너는 110억 달러에 달하는 미국 휴대전화 메시지

시장의 5%가 트위터 같은 소셜 네트워킹 서비스로 향할 것이라는 전망을 내놓았다.
마이크로블로깅에서도 사용자간의 관계맺기와 이를 통한 커뮤니케이션이 전체 서비스의 구조에서 중요한 역할을 담당하고 있다. 트위터에서는 "follow"라는 개념을 도입했는데 지인 관계를 맺은 사람들에게 자신의 메시지가 실시간으로 웹과 SMS를 통해 전달된다. 초기의 텍스트 중심 메시지가 점차 확장되어 사진, 동영상, 링크, 장문의 기사, 파일 등으로 다양해지면서 마이크로블로깅은 네트워크를 통해 실시간으로 '일 대 다'의 정보 유통을 가능하게 하는 소셜 커뮤니케이션 플랫폼의 가능성을 보여주며 성장하고 있다.
이들이 같은 사용자층을 공유하는 기존 대형 소셜 네트워크들과 어떻게 차별화하고 연계해 나가며 차세대의 성장 동력으로 진화해 나갈 지에 대해 관심이 모아지고 있다. 한국에서도 미투데이(me2day.net)나 카카오스토리와 같은 서비스들이 선보이며 화제가 된 바 있으며, 크리티컬 매스를 확보하여 독자적인 비즈니스 모델로 성장해 나갈 수 있을 지 귀추가 주목되고 있다.

2.3.4.3 메타 소셜 네트워크의 등장

다양한 형태의 소셜 네트워킹 웹사이트들이 등장하면서, 여러 서비스들에 흩어져 있는 프로필과 관계 정보, 활동 정보를 한 곳으로 모아주고 관리하게 해 주는 '소셜 어그리게이터(Social Aggregator)' 서비스들도 등장하고 있다.
2007년 7월 공식 런칭한 스포키오(spokeo.com)는 여러 소셜 네트워킹 웹사이트에 흩어진 지인들의 업데이트 현황을 트래킹 해 주는 서비스로 어떤 친구가 유튜브에서 비디오를 선택했는지, 마이스페이스에 사진을 올렸는지, 프렌드스터에 블로그를 올렸는지 등 한 곳에서 확인할 수 있다.
사용자들은 여러 사이트를 일일이 방문하지 않고도 각 서비스에서 벌어지는 지인들의 행동을 트래킹할 수 있다. 익스플로더스(ex.plode.us)는 소셜 네트워킹 서비스에 대한 통합적인 검색을 제공하는데 회원의 이름이나 관심 분야별로 각 소셜 네트워크에 흩어진 정보를 검색하고 이 결과를 별로도 수집하여 보관할 수 있게 해 준다. 이 밖에도 많은 서비스들이 선보이고 있으며, 구글이 진행하는 소셜스트림이나 마카마카 프로젝트도 이러한 메타 소셜 네트워크 서비스를 지향하고 있다. 이러한 메타 소셜 네트워킹 서비스들의 등장은 전문 소셜 네트워킹 서비스뿐만 아니라 많은 서비스들이 점차 소셜화 되어가면서 웹에 분산된 네트워크 속성을 띈 새로운 정보들을 통합적으로 검색하고 집적화(aggregation) 한다는 점에서 새로운 수요를 반영하고 있는 것이다.

2.4 SNS 비즈니스 모델

2.4.1 온라인 광고

마이스페이스와 페이스북을 포함해 현재 성공적인 대형 소셜 네트워킹 웹사이트의 수익모델은 온라인 광고 수익이다. 불과 4년차 신생 기업인 마이스페이스과 페이스북의 급격한 광고수익 증가는 광고주가 소셜 네트워킹 서비스에 광고하지 않을 것이라는 예상과 우려를 불식시키고 있다.

이와 같은 흐름을 반영하듯, 구글은 지난 해 마이스페이스와 3년간 9억 달러에 검색 및 광고 계약을 맺었으며, 지난 3월에는 프렌드스터와, 지난 7월에는 사진 기반의 소셜 네트워킹 웹사이트인 포토로그(fotolog.com)와 3년간 약 7500만 달러에 계약을 체결했다.

마이크로소프트는 2007년 8월, 구글과의 치열한 경쟁 끝에 페이스북과 2009년까지 광고 계약을 체결함. 이처럼 소셜 네트워킹 웹사이트는 시장성을 인정 받으며 온라인 광고 시장의 뜨거운 감자로 떠오르고 있다. 광고 수익 향상을 위해 2007년 2월 마이스페이스에서는 인터넷 뉴스를 보기 위해 빠져나갔던 사용자를 다시 확보하기 위한 전략으로 마이스페이스 뉴스를 제공하기 시작했다. 사용자의 반응은 아직은 저조한 편이나 접속자들을 서비스 안에 체류하게 하는 마이스페이스의 노력은 다양한 콘텐츠의 수급과 함께 지속될 전망이다.

스마트폰의 급속한 이용으로 인해 SNS서비스를 고객 마케팅에 활용하는 기업들이 증가하고 있다. 특히 여러 기업들은 블로그, 트위터, 페이스북 등 두 개 이상의 SNS서비스를 마케팅 채널로 활용하여 고객관의 원활한 의사소통에 나서고 있다. 블로그는 보다 양질의 콘텐츠와 내용을 담고 있는 DB창구로, 트위터는 실시간 전파 창구로, 페이스북은 보다 높은 로열티의 고객을 끌어오는 채널로 이용하는 등 서로간의 상호보완을 뛰어넘어 시너지 효과를 내고 있다. 하나보다는 두 개 이상의 툴로 고객들을 사로잡고 있는 기업들이 늘어나고 있다. 다음은 몇몇 기업들의 마케팅에 대해 소개한다.

2.4.1.1 삼성그룹 : 트위터 기업블로그, 페이스북 잇달아 오픈

2010년도 초 삼성그룹은 최근 또 하나의 소통의 창인 '삼성인 페이스북'을 오픈하였다. 블로그 '삼성이야기' 트위터 '삼성인'에 이은 세 번째 온라인 소통 창구로서 트위터와 블로그

속 이야기는 물론이고, 페이스북만의 사진과 영상 등 색다른 콘텐츠도 공개할 계획이다. (그림 2-18)

트위터에서는 제춤과 관련된 답변 등 삼성을 둘러싼 다양한 이슈를 네티즌과 실시간으로 소통하는 능 정보 전달 뿐만 아니라 삼성의 이미지 개선에도 크게 기여하고 있다. 블로그 '삼성이야기'에서는 삼성에 다니는 사람들이 전하는 생활 속 따뜻한 이야기를 모은 공간으로 꾸며지고 있다. 삼성그룹은 트위터와 기업블로그를 오픈하면서 외부인과의 소통을 크게 강화하면서 기존의 차갑고 닫혀 있는 이미지를 점차 바꿔나가고 있다.

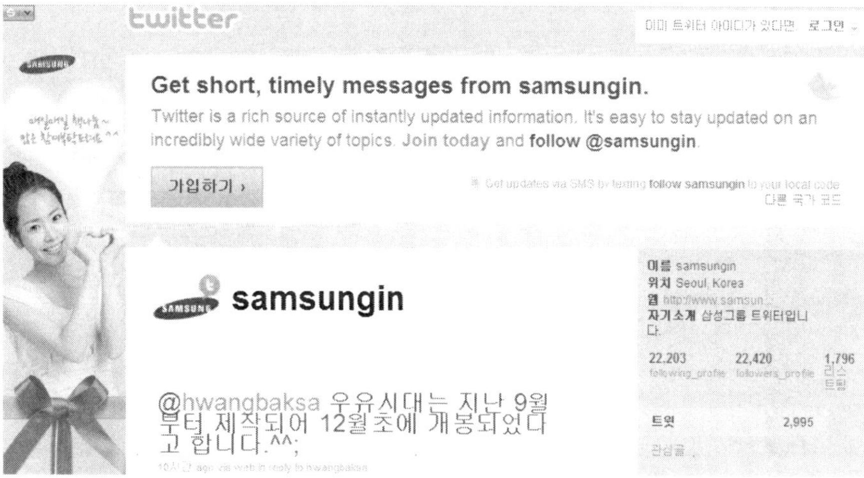

(그림 2-18) 트위터의 '삼성인'

2.4.1.2 ABC마트 : 트위터와 블로그의 연합으로 3개월만에 팔로워 3천 3백명

세계 최대 슈즈 쇼핑센터 ABC마트의 공식 블로그의 '신나고 발랄한 신발 블로그'는 이보다 먼저 시작된 공식 트위터의 덕을 톡톡히 보았다. 블로그 운영의 난제 중 하나인 초기홍보에 있어서 그 동안 기반을 닦아 놓았던 트위터가 큰 도움을 준 것이다. 이와 동시에 블로그가 자리를 잡으면서 그동안 트위터의 140자를 통해 전달하기 어려웠던 신발과 패션 관련된 다양한 정보들을 팔로워에게 전달할 수 있는채널이 생기면서 고개들과 보다 입체적인 온라인 커뮤니케이션이 가능해 지는 등 두 매체의 결합을 통한 시너지 효과를 톡톡히 보고 있다. ABC의 통합적 온라인 커뮤니케이션은 일상적인 대화를 통해 보다 친밀한 관계를 형성하는 트위터와 ABC마트의 정보뿐만 아니라 생활에서 유용한 패션, 발건강 정보까지 다양하게 제공하는 블로그를 결합함으로써 일방적으로 기업의 정보만을 전달하는 기존 기업들의 일방향 온라인 커뮤니케이션의 한계를 넘어서 고객과 진정한 유대감을 형성하는 새로운 모습을 보여줄 전망이다.

(그림 2-19) 트위터의 'ABC마트'

2.4.1.3 LIG 아트홀 : 대중과 마니아 층, 두 마리의 토끼를 동시에

LIG 아트홀의 경우 트위터와 블로그를 활용하여 일반 '대중'과 '마니아'라는 두 고객층을 모두 사로잡고 있다. 트위터는 LIG에서 진행되는 공연 소식을 제공함과 동시에 공연과 문화예술에 관심이 많은 마니아층 및 아티스트들과 활발하게 이야기를 나누는 창구로 이용되고 있다. 또한 공연 초대권을 제공하는 이벤트를 실시하거나 공연에 참석한 관객들과 공연 후기를 나누면서 인지도를 높이고 있다. 블로그의 경우 그동안 쉽게 접근하기 어려웠던 문화예술 공연에 대한 소개와 함께 예술 분야와 관련한 수준 높은 강좌들을 다양하게 진행, 소개하여 일반 방문객들이 많은 편이다.

(그림 2-20) 트위터의 'LIG 아트홀'

2.4.1.4 롯데 칠성음료 : 드링크 자기 "별이"와 함께 온라인 상 점령

(그림 2-21) 트위터의 '롯데칠성음료-DJ별이-드링크자키'

롯데칠성음료는 지난 7월 기업과 제품과 관련된 상세 정보를 전달하는 기업홍보사이트 브랜드 통괄 통합브랜드 사이트를 리뉴얼 하는 한편, 통합 브랜드 블로그와 트위터를 운영하는 등 다양한 소셜미디어를 활용하여 앞장서 나가고 있다. 트위터와 블로그 '카페 더 세븐'은 내부 마케팅 담당자가 '별이'가 직접 DJ(드링크자키)로 활약하여 누구보다 발빠른 기업 관련 소식과 함께 고객들과의 친근한 쌍방향 의사소통에 힘쓰고 있다. 이 외에도 롯데 칠성음료는 오픈 마켓 직영물, 모바일 웹 환경 구축 등 통합 온라인마케팅 인프라 구축에 성공해 나가고 있다.

2.4.2 디지털 상품(Virtyal goods)

광고 이외에도 수익을 다각화 하려는 시도는 계속되고 있는데 대표적인 소셜 네트워킹 웹사이트의 수익 모델로 주목 받는 것 중의 하나가 '디지털 상품(virtual goods)'이다.

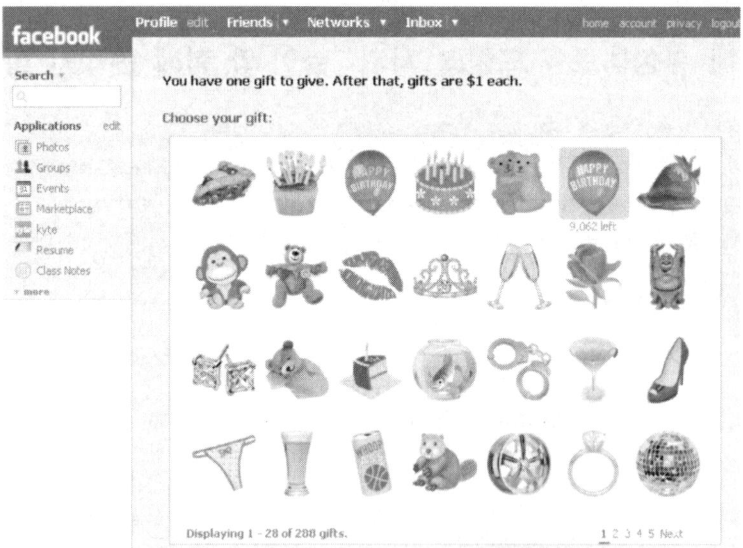

(그림 2-22) 페이스북의 선물코너 화면[3]

페이스북은 2007년 2월 선물 코너를 게시하고 지인들 간에 선물을 주고 받을 수 있는 시스템을 오픈했는데, 가격은 상품당 1달러이며 익명이나 비공개로 선물을 전달할 수 있다. 아바타나 선물, 홈피, 프로필 장식 등의 '디지털 상품'은 자신을 드러내고 다른 사람들과 관계를 맺으며 교류하는 소셜 네트워킹 웹사이트에 적합한 수익모델이다. 실제로 애완견 커뮤니티 도그스터와 소셜 네트워킹 기반의 데이팅 서비스 핫오어낫(HotorNot.com)의 경우에는 광고와 디지털 상품을 결합한 수익모델로 성공을 거두고 있다.

핫오어낫에서는 마음에 드는 데이트 상대에게 온라인에서 꽃을 보내는 데 10달러씩 부과한다. 꽃 그 자체에 대한 가치 지불이라기보다는 온라인 상에서 자신의 감정을 드러내고, 공개된 프로필에서 받은 꽃을 공개해 자신의 인기도를 과시하는 데 대한 댓가로 핫오어낫의 수익 중 40%이상이 바로 이 디지털 상품에서 발생하고 있다.
이처럼 앞으로 더 많은 사람들이 소셜 네트워킹 서비스를 활용해 지인들과 교류하고, 온라인과 오프라인의 아이덴티티의 경계가 희박해 질수록 디지털 상품의 시장 가치는 더욱 높아질 전망이다. 또한, 이런 디지털 상품의 소비가 활발해지면서 자사의 브랜드를 디지털 상품과 결합하여 마케팅 수단으로 활용하려는 목적과 함께 디지털 상품을 통한 대형 브랜드의 스폰서십 마케팅도 활발해질 것으로 예상된다.

2.4.3 기업내 혁신을 위한 SNS

기업 내부 조직의 혁신을 달성하는 데에도 SNS가 이용될 수 있다. 최근 들어 대형 회사를 중심으로 사내 SNS를 도입하는 사례가 증가하고 있다. 이렇듯 기업들이 사내 SNS를 도입하는 이유로는 먼저 사내 아이디어를 효과적으로 반영하기 위해서이다. SNS가 소비자의 니즈파악 등에 효과적이지만, 아이디어라는 것은 사내에서도 충분히 나올 수 있다. 아무리 회의 시간을 효과적으로 이용한다고 하더라도 그때그때 생각 나는 좋은 아이디어를 체계적으로 축적하기에는 쉽지 않은데, 이때 SNS는 아이디어 뱅크로서 중요한 역할을 수행할 수 있게 된다. 또한 아이디어 외에 정보의 흐름이란 차원에서도 SNS가 활용될 수 있다. 기업들이 KMS(Knowledge Management System)와 같은 시스템을 도입하고는 있지만, 딱딱하고 사무적인 KMS보다 훨씬 개인적인 SNS가 정보 흐름에는 훨씬 유리할 수 있다. 또한 사원들끼리 정보 공유 외에도 다양한 개인적인 얘기들을 SNS를 통해 전달할 수 있다면, 조직의 결속력을 한층 더 강화할 수도 있을 것이다.

2.4.4 링크드인 비즈니스 모델

전문 분야의 사람들을 모으고 이 속에서 필요한 사람을 쉽게 만나고 연결해 주는 가치에 과금을 하는 것으로 정액제 기반의 가입비 비즈니스를 성공시킨 사례도 있다.

페이팔(paypal.com) 부사장 출신인 레이드 호프만이 설립해 CEO를 맡고 있는 '링크드인(LinkedIn)'은 150여 개국, 400개 이상의 산업 분야에 종사하는 1,250만 이상의 사용자가 사용하고 있는 비즈니스 전문 소셜 네트워킹 웹사이트이다. 서비스 안에서 사용자들은 자신의 직업과 경력, 전문 분야 중심의 프로필을 올리고, 이를 기반으로 서로 인맥 관계를 맺으면서 지속적으로 연락을 취하면서 비즈니스 관계에 도움을 주고받는다. 지난 7월에만 80만 명이 가입했으며 등록 회원은 2007년 말에 750만 명을 넘어설 것으로 예상된다. 트래픽은 지난 12개월간 15배가 증가해 2007년 7월에는 750만 명이 방문한 것으로 조사되었다.

링크드인의 수익은 지속적으로 상승해 2006년에는 1,000만 달러에서 2008년에는 7500만 달러 이상의 수익을 낼 것으로 예상되는데, 이 중 약 50%는 월정액 기반의 서비스 이용료로 알려져 있다. 대부분의 개인들은 무료 서비스만 사용하지만, 일부 회원들의 경우에는 보다 쉽게 자신을 관계자들에게 알리고 인맥을 맺기 위해 프리미엄 가입으로 업그레이드 하기도 한다. 기업 고객의 경우 영업 대상을 찾거나 채용공고를 내기 위해서 업그레이드 하며, 리크루팅 전문가, 투자자, 컨설턴트들은 1년에 평균 2천 달러를 지불한다. 영업이나 마케팅 리서치를 목적으로 하는 사람들은 약 200달러를 지불한다. 구직자나 인맥을 보다 잘 구축하고 싶은 개인들은 연간 60달러선의 추가적인 가입비를 지불한다.

링크드인 수익 가운데 25%는 기업들의 건별 유료 채용 공고 포스팅에서 창출되며, 나머지 25%는 광고 수익에서 창출된다. 회원의 프로필 페이지에 나오는 배너광고는 회원들의 직업, 나이, 직급 등 여러 가지 요소를 고려하여 최적화된 타겟팅을 하기 때문에 클릭률이 상당히 높은 편이다. 개인의 프로필이나 성향에 따른 타겟 광고의 성장 가능성도 높기 때문에 페이스북에서는 개인의 프로필 정보에 맞춰 광고하는 새로운 시스템을 선보일 계획을 하고 있다. 이러한 시스템에서는 사용자가 무엇을 좋아하는 지 밝히지 않아도 사진 동호회 회원에게 카메라 광고를 전달하는 방식으로 사용자가 선호하는 노래, 영화, 음악, 여행지 등에 맞춘 타겟 광고가 가능하다. 개인정보 노출에 대한 경고의 목소리도 있지만, 이처럼 소셜 네트워킹 웹사이트에서 개인 정보에 기반한 타겟 광고는 일반 광고와 다른 효과를 보일 것으로 예상된다.

2.4.5 UCC를 활용한 비즈니스 모델

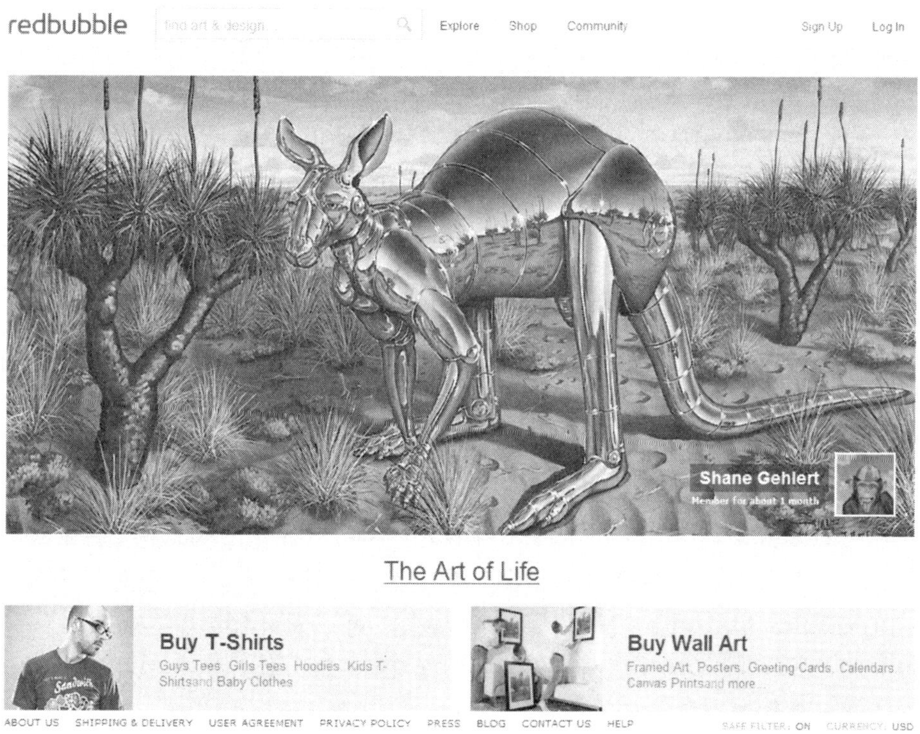

(그림 2-23) 레드버블 사이트

소셜 네트워크의 근간이 되는 UCC를 활용한 비즈니스 모델도 속속 등장하고 있다. 독일에서 시작한 소셜 쇼핑 서비스인 쇼퍼로(shoppero.com)는 사용자 리뷰로 인해 발생한 매출에 대해 수익을 배분하는 모델로 2007년 5월에 런칭해 2달 만에 독일 내 사이트 랭킹 3,000위 안에 진입했으며 2007년 7월에는 미국판을 선보였다. 사용자는 상품 리뷰를 올리고 리뷰와 함께 제공되는 상품 링크와 광고에서 발생하는 수익의 20%를 배분받으며, 애드젯(Adgets)라고 불리는 쇼핑 위젯을 자신의 블로그나 홈페이지에 붙여 이를 통해 수익이 발생하는 경우 수익의 60%를 배분받았다. 서비스 내에서 사용자가 생산한 UCC를 상품화하여 판매할 수 있는 플랫폼을 제공하는 사례도 있다.

이전에도 사용자가 만든 그래픽을 티셔츠나 컵 등으로 상품화 하여 판매할 수 있게 하는 카페프레스(cafepress.com)와 같은 서비스가 있었으나, 최근 런칭한 서비스들은 여기에 소셜 네트워킹의 개념을 도입하여 생산자와 판매자들이 서비스 안에서 적극적으로 드러나고 서로 관계를 맺을 수 있는 기능을 지원해 활발한 거래를 도모하고 있다.
레드버블(redbubble.com)은 아마추어 아티스트들이 자신의 프로필과 작품을 공개하고, 서로 만나서 교류할 수 있는 장을 제공하면서, 사용자의 작품을 티셔츠나 프린트의 형태로 구매할 수 있는 플랫폼을 제공해 소셜 네트워킹의 가치를 높인다(그림 2-23). 제품 구매 요청을 처리하고, 작품을 제품화하여 배송해 주면서 수익을 배분한다.

2.4.6 SNS를 이용한 마케팅 사례[6]

2.4.6.1 10대가 만든 10대 사이트 데일리부쓰

가. 트위터 매쉬업으로 대히트한 10대 서비스

마이스페이스, 페이스북, 트위터, 싸이월드와 같은 세계적인 SNS 서비스를 활용할 경우 다양한 비즈니스 기회를 잡을 수 있다. 몇 천만 명에서 수억 명에 달하는 회원을 전부 자기 회사의 잠재고객으로 바로 이끌어올 수 있기 때문이다. 이들 서비스는 대부분 API가 공개되어 있기 때문에 기획만 좋다면 언제든지 새로운 성장동력으로 활용할 수 있다. 물론 마케팅 타깃으로 활용은 기본이다.
한 예로 아이라이크(iLike)는 페이스북용 아이라이크를 제공하면서 2주 만에 300만 명의 회원을 확보하는 놀라운 성과를 거두었다. 트위터를 이용한 Dailybooth.com은 트위터의 지지자 구조를 이용한 인기투표인데, 트위터 사용자의 인기투표 서비스로 자리 잡으면서 새로운 사람을 사귀고 스타로 발돋움할 수 있는 기회를 잡는 서비스로 인기를 끌고 있다. Dailybooth.com 서비스가 놀라운 점은 서비스 자체도 획기적이지만 이 서비스를 만든 사람이 10대라는 점이다. 이 때문에 이 서비스는 10대에게 폭발적인 반응을 얻고 있다.

나. SNS는 수억 명이 모인 시장, 모든 사업 가능

결국 싸이월드나 페이스북은 사람들이 모이는 시장으로 보고 접근하는 것이 옳다. 최근 급성장하고 있는 매쉬업들은 대부분 SNS를 기반으로 한 매쉬업들이다. 이들 서비스가 과거처럼 독자적으로 고객을 모아서 서비스를 제공하고자 했다면 고객 확보에 적지 않은 비용과 시간을 투자해야 했을 것이다. 그러나 SNS 회원을 대상으로 서비스를 시작한 덕분에 처음부터 수천만 명, 수억 명을 대상으로 서비스를 시작할 수 있게 되었다.

SNS가 일종의 시장이라고 볼 때 신규로 가능한 비즈니스는 거의 모든 분야가 된다. 사이버 애완견이나 사이버 농장을 파는 소셜게임부터 시작해 광고 집행, 음악이나 동영상, 영화, TV드라마 판매 등의 콘텐츠 사업은 기본이다. BMW처럼 자동차를 만들던 기업이 무버셜을 만들어 판매할 수 있는 것처럼 지금까지는 인터넷과 상관없는 기업이 SNS를 통해 새로운 사업을 시작할 수도 있다.

무버셜(Movercial)이란 상업적 영화를 뜻하는 신조어로 BMW가 유행시킨 말이다. BMW는 2001년 〈BMW Films〉를 시작으로 광고용 영화를 만들어 인터넷에서 보여주기 시작했다. 보통 7~8분 분량으로 제작했는데 유명 감독인 오우삼, 이안, 가이 리치 등이 제작을 맡았다. 시즌1은 다섯 편이었는데, 시리즈 이후 BMW의 2001년 판매실적은 12%나 증가했다. 영화는 1100만 번 재생되었다. 심지어 시즌2는 디렉(Direct) TV에 돈을 받고 판매했을 정도로 인기가 있어 무버셜이라는 신조어가 만들어졌다.

물론 진짜 큰 시장을 SNS를 이용해 온라인 뱅킹을 하거나, 주식을 거래하거나, 쇼핑을 하거나, 교육을 하는 경우다. 사람과의 관계를 이용하여 실제 오프라인과 온라인 경제에서 시행하고 있는 각종 사업을 SNS 안으로 옮겨놓거나 접목시킨다면 과거와는 다른 새로운 산업이 무수하게 창조될 것이다. 싸이월드나 페이스북에 가게를 개설하고 옷을 사고 페이스북 안의 계좌를 통해 옷값을 지불하는 시스템을 생각해보라. 오프라인을 SNS 안으로 옮겨놓은 것과 똑같은 경제가 SNS 안에 만들어지는 셈이다. 그러므로 SNS를 이용한 신규 비즈니스, 신산업에는 무엇이 있는가 접근할 때는 기존의 오프라인과 온라인 산업을 플랫폼만 SNS 안으로 이동시키면 다 가능하다는 발상이 필요 할 것이다.

2.4.6.2 벌거벗은 피자집의 트위터 활용기

가. 네이키드피자가 트위터를 활용해 매출 향상

새로운 시장이라는 이유로 트위터는 새로운 PR매체로도 각광을 받고 있다. 〈인터네셔널헤럴드트리뷴(IHT)〉은 기업 홍보 담당자들이 주요 매체의 기자들과 만나는 대신 수백 명에 달하는 트위터 사용자들과 접하는 경우가 늘고 있다고 보도했다. 네이키드피자나 고기비비큐는 트위터를 이용해 마케팅에 성공한 대표적인 사례다. 미국 뉴올리언즈에 있는 네이키드피자 가게는 2006년에 문을 열었다. 원래 이름은 '세상에서 가장 건강한 피자(World's

Healthiest Pizza)'였으나 이름이 길어 바꾸었다. 이름에서 알 수 있는 것처럼 이들은 패스트푸드의 영양성분을 바꾸어 건강한 음식으로 판매하고자 하는 계획을 세웠다.
이 회사의 초기 투자자인 마크 큐번(Mark Cuban)은 네이키드피자의 공동창업자인 제프 리치(Jeff Leach)와 랜디 크로쳇(Randy Crochet)에게 트위터 계정을 만들라고 권한다. 트위터를 통해 건강한 식습관에 대한 커뮤니티를 운영하고, 이를 통해 마케팅 비용 감소와 매출 증대를 꾀할 수 있다고 본 것이다. 전통적으로 피자가게는 주변 지역 고개에게 DM 발송을 통해 피자가게를 홍보했는데, 한 달에 수십만 원이 들어갔다. 트위터는 비용이 0원이므로 마케팅에 효과적이라고 본 것이다.

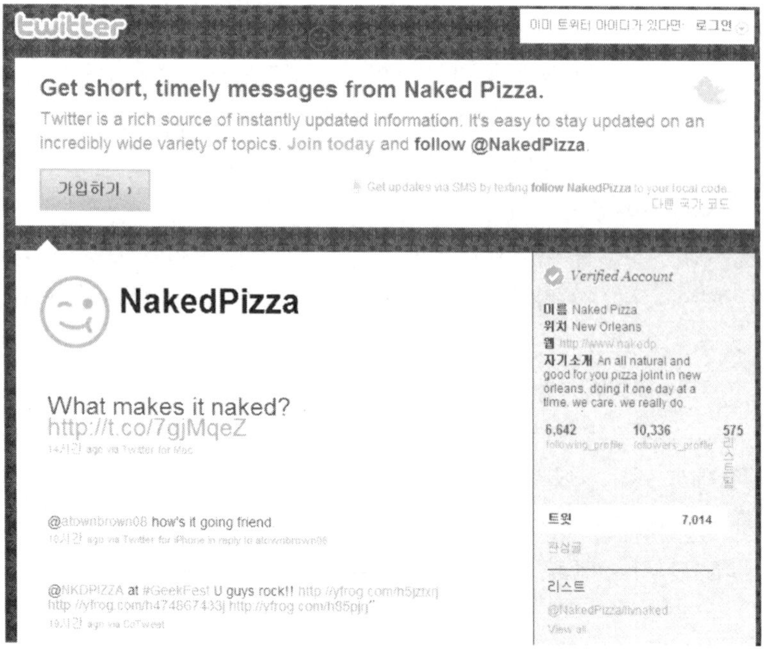

(그림 2-24) 네이키드 피자 트위터 사이트

마크 큐번의 조언대로 둘은 2009년 3월부터 트위터를 운영하기 시작했다.(그림 2-24) 트위터가 자신들의 마케팅에 중요하다고 판단한 제프는 트위터 주소를 넣은 간판을 내걸었다. 가게 간판에는 트위터 주소가 적혀 있고, 그 주소로 접속하면 트위터의 네이키드피자 화면이 나타난다. 가게 안에는 손님들이 트위터를 할 수 있도록 키오스크도 설치했다. 피자를 기다리는 동안 트위터 계정을 만들도록 유도하는 것이다. 이 가게가 트위터 간판을 내세운 이후로 매출이 크게 늘었음은 물론이다. 트위터를 시작한 지 몇 달이 되지 않았지만 그 사이에만 20%의 매출이 트위터를 통해 이루어졌다. 동네 사람들이 인터넷을 하다가 피자를 먹고 싶으면 피자가게의 트위터에 접속해 피자를 주문하면 되기 때문이다.

나. 소셜미디어는 공짜 홍보의 최적의 도구

이전까지 이 가게가 홍보물로 사용한 것은 지역신문 광고나 각종 홍보물, 우편물 등이었다. 그러나 트위터를 시작한 이후로는 효과 면에서 트위터가 최고라고 말한다. 4개월 만에 5000명이 넘는 따르는 이가 네이키드피자 트위터의 소식을 전달받기 시작했다. 따라서 피자가게 주인이 글을 하나 올리면 5000명에게 글이 전달되는 셈이다. 여기에 5000명이 다시 자신과 관계를 맺은 수천 명에게 글을 재전송한다면 순식간에 수십만 명에게 소식이 전달될 수 있다. 네이키드피자가 올린 글은 3000개가 조금 안 된다. 한 시간에 하나꼴로 올린 셈이다 제프는 트위터를 통한 각종 실험을 했는데 5월 29일에는 전체 판매금액 중 68.6%가 트위터를 보고 온 고객들의 주문에 의해 달성될 정도로 트위터의 효과적인 마케팅 툴이 되었다.

트위터는 마음에 드는 사용자의 글을 받아볼 수 있는 기능이 있는데, 잎시 언급한 것처럼 내 트위터를 받아보는 사람들은 나를 '따르는 이(follower)'라고 부르고, 내가 다른 사람의 트위터를 구독할 때는 내가 그 사람을 좋아서 좇는 형태이므로 '붙따르는 이(following)'라고 부르게 된다.

이 가게처럼 오프라인 간판만 가지고 장사를 하는 것보다는 온라인을 겸할 때 경쟁력이 더 추가된다. 동네에서 오프라인 가게만 운영하게 될 경우의 문제점은 마음에 드는 물건이 없을 때 그냥 나가기 미안하다는 점이다. 그래서 꼭 필요한 경우가 아니면 가게를 잘 가지 않게 된다. 온라인의 문제는 대면효과가 없어서 정이 덜 붙는다는 점이다. 그런데 온라인과 오프라인 가게를 같이 운영할 경우에는 온라인에서 둘러보면서 물건을 주문하고 오프라인 가게에서 추가 서비스를 제공받을 수 있어 손님을 단골로 확보하는 효과를 얻을 수 있다. 실제로 국내에서도 온라인을 함께 운영하는 카페와 빵가게, 일식집 등의 고객이 단골로 되는 호응도가 더 높다.

2.4.6.3 소셜미디어로 얻은 수익

가. 블로그와 트위터로 지방에서 쇼핑몰을 운영하는 '도토리 속 참나무'

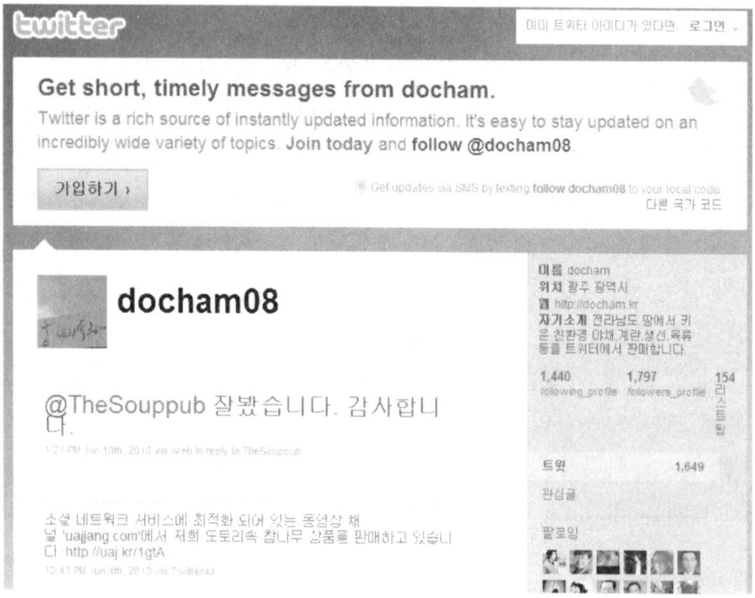

(그림 2-25) 김태진님은 '도토리 속 참나무(docham.com)' 트위터 사이트

mepay라는 필명으로 유명한 블로거인 김태진님은 '도토리 속 참나무(docham.com)' 라는 육가공 쇼핑몰을 운영한다. 김태진님은 광주에서 쇼핑몰을 운영하기 때문에 지방 쇼핑몰 업자가 가지는 단담을 보완하기 위해 쇼셜미디어를 활용하기로 했다. 가장 먼저 중점을 둔 소셜미디어는 블로그다. 블로그를 통해 쇼핑몰 운영 노하우를 하나 둘씩 풀기 시작한 것이다. 나도 블로그 초기부터 그의 구독자가 되어 많은 글을 읽으면서 호감을 가졌는데, 성실한 블로그 운영으로 독자가 빠른 속도로 늘기 시작했다. 2004년부터 쇼핑몰을 하면서 여러 사건을 겪은 그는 다양한 정보와 경험담으로 쇼핑몰을 운영하려는 많은 사람에게 인기를 받는 유명 블로거가 되었고, 블로그와 쇼핑몰인 '도참'을 연결하는 마케팅으로 가시적인 성과를 내고 있었다.

이어서 진출한 곳은 트위터다. '@docham08'(그림 2-25)로 트위터를 통해 온라인 주문을 받기 시작했는데, 따르는이가 적은 초기에는 매출이 많지 않았지만 따르는 이가 1200명으로 늘면서 월 주문액만 2000만 원이 넘는 성공을 거두게 되었다. 덕분에 트위터 주문 판매량과 온라인 쇼핑몰 판매량이 거의 비슷한 수준이라고 한다. 만약 1만 명의 따르는이를 확보한다면 트위터만으로도 사업이 영위될 수 있을 것으로 기대하고 있다.
1~2억 원이 들어가는 키워드 광고, 배너광고까지 할 수 있는 모든 마케팅 수단을 동원해봤다는 그의 말에 의하면 돈 내고 하는 광고보다는 트위터와 같은 소셜미디어가 훨씬 효과적이라고 한다. 10명에게 돼지고기를 나누어주는 행사를 했는데, 트위터에 글을 올린 지 3초만에 신청이 마감될 정도라면서 트위터를 이용한 마케팅이 투자대비 효과에서 최고라고 말한다.

나. 블로그를 통해 인세나 강연, 광고수입 얻어 경제적 독립 가능

현재까지 블로그를 이용한 수입 발생은 첫 번째 블로그를 홍보 마케팅 도구로 활용하면서 기존 사업의 매출을 확대시키는 방향이다. 사례로는 중고책방 주인 할머니가 포털 블로그에서 서점의 중고책 정보를 올리자 검색에 노출되어 매출이 열 배로 증가한 사례를 들 수 있다. 홍보 자체가 불가능한 동네 헌책방이 블로그를 통해 검색에 노출되면서 매출 증기에 도움을 받은 것이다. 마찬가지 이유로 홍천의 한 펜션 주인이 포털 블로그에 펜션 이야기를 올림으로써 홍천 펜션을 검색하던 사람을 고객으로 맞이해 매출을 증가시킨 사례 등 수많은 사례가 있다. 블로그를 통해 홍보 마케팅 효과를 본 사례는 많으며 경제 규모도 작지 않다.
두 번째는 블로그를 통해 개인 브랜드가 성장하면서 발생하는 경제적 효과다. 블로그를 통해 파워블로거라고 하는 유명 블로거가 되면 원고 청탁이나 강연, 책 출간 등의 의뢰를 받게 되면서 수입이 크게 증가한다. 〈미디어2.0〉을 낸 명승은 씨나 〈웹2.0 경제학〉을 출간한 김국현 씨와 같은 파워블로거는 칼럼이나 강연수입이 일반인의 월급과 비교될 정도다. 실제로 〈이노코미〉를 출간한 김태우 씨에 의하면 블로그를 운영하면서 얻은 명성에 기반한 강연과 칼럼, 프로젝트 등의 프리랜서 활동만으로도 생계를 꾸리는데 충분했다고 한다.
세 번째는 광고수입이다. 특히 애드센스와 같은 분산형 광고는 블로그 경제의 확대에 큰 영향을 미치고 있다. 애드센스와 같은 분산형 광고는 거의 모든 블로거에게 수입을 안겨줄 뿐만 아니라 수입의 총액도 세계적으로 수조 원에 달할 정도로 크고, 계속 성장하고 있다는 점에서 가장 주목받고 있는 경제적 효과다.

2.4.6.4 KT에서 올레KT

가. 올레KT도 트위터를 통해 고객 대응

국내 통신사인 KT는 올레KT라는 트위터 계정을 만들고 고객 대응 서비스를 진행했다. 사람들은 올레KT를 하나의 계정으로 인식하지만 실은 다섯 명의 KT 홍보팀 직원이 전담하는 팀 서비스였다. 올레KT는 트위터 사용자 한 명 한 명을 대상으로 소통했는데, 국내에서 트위터를 사용하는 사람은 얼리어답터 계층이었다. 때문에 얼마 지나지 않아 올레KT는 기존의 고객 대응과는 다른 고객 서비스르 제공한다는 천사를 받게 된다. 이메일의 경우에는 한 사람에게 성실히 답을 해도 이런 과정이 다른 고객에게 보이지 않지만, 트위터를 통한 올레KT의 답변은 한 사람에 대해서 성실하게 답을 하는 과정이 따르는이에게 모두 공개적으로 보이는 효과를 얻기 때문에 매일매일 KT가 매우 성실히 고객에게 대응한다는 모습으로 비치는 것이다. 물로 KT에서 전달하고자 하는 홍보성 글도 올레KT의 따르는이를 통해 빠른 시간에 전파될 수 있다.

수많은 사람에게 공개된 계정이다 보니 처리속도도 빨라질 수밖에 없었다. 예를 들어 트위터 사용자가 많이 사용하는 주소단축 서비스인 'bit.ly' 사이트를 KT에서 음란사이트로 분류하여 접속이 되지 않는 사태가 벌어진 적이 있다. 트위터 사용자는 KT 고객센터가 아닌 올래KT에 먼저 이 사실을 제보했고, 곧바로 사이트에 대한 차단 조치가 해제되었다. 반면 LG U+1(LG파워콤)은 한참이 지나도록 해제 조치를 취하지 않아 사람들로부터 비난과 원성을 들어야 했다.

아이폰 개통 전후로는 특히 올레KT의 트위터 계정이 큰 빛을 발했다. 아이폰이 발매되기 전에 개인 개통을 원하는 사용자의 불만이 올라오자 바로 시정하여 온라인으로 개통이 가능하도록 했으며, 아이폰과 관련된 수많은 질의에 응답을 함으로써 아이폰 관련 불만을 누그려뜨렸다. 트위터 아나바다 기부파티에는 와이브로 서비스인 에그를 기증하여 트위터 사용자의 마음을 사로잡기도 했다. KT의 트위터 활용은 고객 대응이 실시간으로 이루어진다는 느낌을 주면서 고객들에게 KT가 달라지고 있다는 이미지를 심는 데 성공을 거두었다.

KT의 트위터는 올레KT(@ollehkt)만 운영하는 것이 아니다. SHOW 트위터(@show-tweet), QOOK 트위터(@helloQOOK), 로컬스토리(@LocalStory), 인사담당 트위터(@hello_olleh) 등 용도에 따라 5개의 트위터 계정을 운영하고 있다. KT의 트위터는 매일 400~500개의 트윗을 올리고 있다. 분당 1~2개꼴인 엄청난 양이다. 이러한 활동 덕에 1만 4000명이 넘는 따르는이를 자랑할 수 있는 것이다. 다음〈표 2-2〉은 국내 기업의 트위터 계정들을 정리한 표이다.

〈표 2-2〉 국내 기업의 트위터 계정

기업	트위터 계정	기업	트위터 계정
HP코리아	@HP_PAVLO	마이크로소프트	@windows7Korea
KT	@ollehkt	미스터피자	@mrpizzalove
KT SHOW	@show_tweet	불고기브라더스	@bulgogibrothers
LGT	@bloglgt	산돌커뮤니케이션	@sandollcomm
LG 전자	@lg_theblog	삼성	@samsungin
LIBRO	@LiBRO_BOOKSTORE	삼성 캠페인	@samsungcampaign
SKT	@SKtelecom_blog	삼성 두모로우	@samsungtomorrow
TU	@tumedia	삼성경제연구소	@seri_org
Yes24	@Yes24Now	삼성이미징	@samsungimaging
구글코리아	@googlekorea	야후코리아	@ydnkr
다음	@daumnet	엔씨소프트	@plaync
대한항공	@KoreanAir_KE	올림푸스	@Olympus_story
윈도우7	@windows7Korea	하나은행	@hanaNbank
이마트	@Emartmal_com		

나. 담당 부서가 아닌 기업문화를 바꾸는 단초가 되는 소셜미디어

올레KT를 비롯한 기업 트위터는 단순하게 소비자 대응 창구로만 작동하지 않았다. KT의 문화 자체를 바꾸는 데 큰 기여를 했다. KT는 복지부동의 대명사로 거론되는 기업 중 하나였다. 혁신과는 거리가 멀고 고객 대응이 늦다는 평을 받았을 뿐만 아니라 직원들 스스로도 혁신에 대한 의지가 약했다. 그러나 아이폰을 발매하고 올레KT를 통해 누구보다 빠르게 고객의 반응에 대응하면서 KT도 혁신이 가능하다는 자신감을 얻기 시작했다. 트위터를 통한 빠른 대응은 각 부서의 빠른 협조 속에서 나오게 되는데 이 과정을 통해 부서 간 소통과 협업이 이전보다 훨씬 빠르게 이루어지면드서 올레 트위터 담당팀뿐만 아니라 다른 부서에도 소통의 문화가 장착하게 된 것이다. 올레KT는 트위터를 통해 제기되는 다양한 이슈를 모은 다음내부 담당 부서와 상의 후 고객의 질의에 대응하는 과정을 거치고 있다. 소셜미디어는 고객 창구의 접점 부분에서만 영향을 미치는 것이 아니라 고객과 접점을 찾기 위한 과정에서 기업 전 분서에 소통망을 새롭게 정비하는 영향을 미치는 것이다. 작은 소셜미디어가 기업문화를 바꾸기도 하는 것이다.

2.4.6.5 기업의 블로그를 이용한 소셜마케팅

가. 기업 블로그의 활성화와 블로그 마케팅의 사업화

기업들은 블로그 운영 및 블로거를 활용한 마케팅을 적극 추진 중이다. 기업 블로그는 기업 이미지 향상과 제춤 마케팅의 두 가지 목표를 중심에 두고 진행되었다. 기업 이미지 쪽 목표는 기업 블로그를 운영하는 것으로 달성하고 있다. 차나 유기농 정보를 제공하는 풀무원 블로그, 사원 근무 모습을 공개한 안철수연구소 등은 기업 이미지를 향상시켰다. 제품 마케팅 쪽은 블로그 관련 마케팅 예산을 늘려 기존 블로거를 활용하는 방법으로 진행되었다. 기업들의 블로그 마케팅은 블로거의 행사 초대 및 체험단, 리부, 소재 제공, 제품 판매의 네가지 유형으로 집행되었다.

인텔이 센트리노2 출시 때 블로거 100명을 초대하여 제품 설명회를 가진 것 외에도 삼성, LG, 소니, 구글, 마이크로소프트 등 굴지의 기업에서 블로거 간담회를 개최했다. 삼성전자는 '햅틱피플' 이라는 블로거 체험단을 통해 부정적이던 햅틱폰에 대한 반응을 긍정적으로 바꾼 것으로 평가받았고, HP는 무려 1215명이라는 사상 최대의 프린터 체험단을 운영해 화제를 모으기도 했다. 비비큐치킨의 제너시스 역시 올리버단이라는 블로거 체험단을 운영하면서 리뷰글을 올리도록 하고 있다. 그 외 기아자동차, SK텔레콤, LG전자, 소니코리아 등 다양한 기업이 블로그를 운영했다.

특히 LG전자의 기업 블로그인 'THE BLOG'는 성실한 운영으로 귀감이 되었다. LG전자는 블로그(http://blog.lge.com)는 꾸준하게 글을 올리는 것에서 그치지 않고 네티즌과 관계 개선에 지속적인 노력을 기울였다. 다른 블로거를 자사 신제품 발표 및 가종 행사에 초청해 참여시키는가 하면 댓글이나 트랙백을 통해 들어온 의견에 귀를 기울이고 침착하게 대응했다. 블로그에 양질의 글을 올림으로써 언론에 기사로 노출되는 성과를 거두기도 했다.

나. 블로거의 리뷰 및 위젯을 이용한 마케팅 증가

돈이나 제품을 주고 블로거들에게 리뷰를 작성하도록 하는 마케팅도 크게 증가했고, 기업과 블로그를 연결해주는 프레스블로그나 태터앤미디어가 새로운 마케팅 회사로 성장했다. 이글루스의 렛츠리뷰와 같은 리뷰 서비스도 급증하기 시작했다. 올블로그의 위드블로그, 블로그코리아의 리뷰룸 등 많은 사이트에서 리뷰 서비스를 시작하면서 블로거 리뷰가 새로운 마케팅 분야로 떠올랐다.

블로거에게 글감이 될 소재를 제공하는 마케팅도 두드러진다. 일본 소프트뱅크의 계역사인 모비다엔터테인먼트가 선보인 AFPBB뉴스(www.afpbb.com)는 AFP 통신사의 취재 사진 및 일본의 시사통신 뉴스, 미국의 스포츠 연예 기사 등을 자유롭고 합법적으로 사용할 수 있는 서비스다. 블로그코리아는 뉴스룸이라는 서비스를 통해 기업의 보도자료를 블로거에게 제공하고 있다. LG U+1(LG파워콤)의 오즈 서비스 역시 블로거들이 필요로 하는 소재거리를 제공하는 방법을 사용했다. 위젯 마케팅을 통해 블로거들이 자신의 블로그에 자발적으로 오즈체조 위젯을 달도록 유도했는데, 성공적인 마케팅으로 평가받았다.

파워블로거 및 주부 블로거의 영향력이 날이 갈수록 커지면서 단순한 홍보나 리뷰를 지나 실제로 판매와 연계하는 사례도 크게 늘었다. 삼성전자가 100명의 드럼세탁기 주부 블로거 체험단을 구성한 것과 주부 블로거 문성실 씨의 오븐 공동구매 성공이 주목받으면서 다양한 연계 마케팅이 실시되었다. 주부 블로거인 베비로즈 현진희 씨가 진행한 몇 차례의 공동구매 이벤트에서는 순식간에 방문객 5000명을 기록하고 판매사의 업무가 마비될 정도로 주문이 폭주하는 성과를 거두었다. 블로거의 파워를 활용한 제품 판매라는 마케팅 분야가 정착하기 시작한 것이다.

2.4.6.6 공공기관의 소셜미디어 도입

가. 정부 차원에서 소셜미디어 활용 및 가이드라인 제시

소셜미디어를 이용한 마케팅은 기업이 아닌 정부기관에서도 활발하게 수행 중이다. 미국의 경우 백악관이 연방정보 IT시스템의 효율성과 투명성 제고, 비용절감을 위해 웹2.0 기술 도입을 하겠다고 공식적으로 발표한 적이 있다. 2009년 8월 24일 백안관의 애니시 초프라 최고기술책임자(CTO)가 〈월스트리트저널〉과의 인터뷰를 통해 설명한 바에 의하면 연방정부가 RSS, 블로그, 위치, SNS 등 웹2.0 기술을 포용하게 될 것이라고 했다. 오바마 대통령은 초프라 외에도 비벡 쿤드라를 최고정보책임자(CIO)로 임명해 소셜미디어와 신기술 도입에 적극 나서고 있으며, 기술 예산으로 약 750억 달러를 사용하고 있다. 또한 소셜미디어 솔루션 기업인 뉴스게이터를 통해 시범적으로 소셜미디어 사업을 전개하기도 했으며, USA.gov 사이트를 통해 소셜미디어 활용 가이드라인과 케이스스터디를 제시하고 있는 수준에 이르렀다.(그림 2-26)

- 미국 정부는 국정 현황과 정책 입안에 다양한 소셜미디어를 활용
- 부처별 마케팅의 비효율성 방지를 위해 가이드라인과 케이스스터디를 제공
- 활용 가능한 모근 소셜미디어를 통해 국민에게 정보를 전달, 국민과 대화에 힘씀
- 정부 관점이 아닌 국민 관점에서 쇼셜미디어 활용에 노력

(그림 2-26) 미국 정부의 소셜미디어 활용 수준

미국 정부의 소셜미디어 활용은 전 세계적으로도 가장 앞선 쪽에 속한다. 이는 오바마가 소셜미디어를 활용하여 당선된 첫 번째 미국 대통령이기 때문이다. 오바마는 대통령이 된 뒤 인수위는 홈페이지를 개설했는데, 3월 25일 오전에는 트위터를 이용해 "경제에 관해서 질문 있나요? 대통령 오바마가 대답해줄께요"라는 글을 올려 네티즌의 질문을 받았고, 다음 날인 3월 26일에는 백악관에서 인터넷을 이용해 국민과 직접 소통하는 실시간 'e-타운홀 미팅'을 가졌다. 인터넷을 통해 국민과 쌍방향 대화를 한 것도 오바마가 처음이다. 온라인 투표에는 무려 360만 명이 참여했다.

나. 트위터 호소문으로 의료보험 개역안을 통과시킨 오바마 대통령

트위터를 비롯한 소셜미디어는 대통령이 된 후에도 어려운 난관을 헤쳐나가는 수단이 되었다. 적지 않은 미국 국민이 의료보험 혜택을 받지 못하고 있기 때문에 오바마는 의료보험 개혁안을 추진하지만 의료 서비스 회사와 의료보험 회사의 로비스트에 의한 로비 활동으로 인해 강한 저항에 직면했다. 그는 소셜미디어를 통해 이를 극복하고자 한다. 먼저 공식 홈페이지(http://www.barackobama.com)를 통해 의료개혁 법안을 설명하고 '이제 의료 개혁을 할 시기가 왔다' 라는 이벤트 페이지를 만들었다. 홈페이지에는 시민들이 자신의 지역구 상원의원에게 의료법을 개혁하라고 트윗 메시지를 날릴 수 있도록 하는 기능과 페이스북에 의료개혁법의 필요성을 역설하는 글을 올리도록 하는 기능, 오바마의 트위터 계정을 팔로잉하는 기능을 제공했다. 시민들이 자신의 지역구 상원의원에게 보낸 트위터 메시지는 구글 지도 위에 표시되면서 사우언의원을 압박했다. 오바마의 따르는이를 240만 명을 넘어갔다.

(그림 2-27) 오바마 대통령의 트위터 사이트

그리고 2009년 10월 14일 버락 오바마는 오바마 대통령의 트위터(@BarackObama)에(그림 27) "의료보험 개혁안이 중요한 발걸음을 내딛었습니다. 그러나 개혁안을 저지하기 위한 로비도 더 강해지고 있습니다. 의료보험 개혁안이 통과될 수 있도록 국회에 호소해주십시오" 라는 짧은 글로 국민에게 지지를 부탁했다. 이 글은 240만 명의 트위터 따르는이에게 퍼졌고, 지지자들의 리트윗(재게시)을 통해 순식간에 수천만 명에게 노출되기 시작했다. 그리고 몇 시간 후 의료보험 개혁안은 미 상원 금융위원회에서 찬성 14표, 반대 9표로 통과됐다. 취임 후 가장 큰 반발에 시달린 의료보험 개혁안을 통과시키는 데 트위터가 큰 도움을 준 것이다. 이 사건은 의료법 개혁의 시작에 불과하지만 미국 정부가 소셜미디어 활용을 통해 시민과 함께 개력을 이끌어낸 의미 있는 일로 평가받았다. 결국 오바마 대통령은 100년 동안 이끌던 의료법 개혁안을 국회에서 통과시키는 쾌거로 연결시켰다.

다. 정보블로그가 파워블로그로 성장

한국 정부의 소셜미디어 도입은 블로그 도입부터 시작되었다. 특히 2008년부터 정부 부처 및 지방자치단체의 블로그 참여 현상이 두드러졌다. 국정홍보처가 사라지고 각 부처별 홍보로 정책이 바뀌면서 비용 대비 효과가 높은 블로그를 전략적으로 채택했기 때문이다. 이에 따라 2008년부터 39개 정부 부처 대부분이 블로그를 운영하는 것으로 변화했으며, 블로그 운영 예산 편성과 전담 인력 및 파워블로거의 영입을 통해 질 높은 콘텐츠를 많이 생산하기 시작했다. 정부 부처 기관 블로그의 정보를 실시간으로 업데이트해주는 위젯 서비스 미니공감(http://widget.go.kr)(그림 2-28)에 의하면 39개 기관별 블로그 담당자 교육을 문화관광부에서 맡으면서 집중적이고 실무적인 블로그 운영 및 가이드라인 공유가 가능해졌고, 이에 따라 만들어놓기만 하는 블로그를 탈피하게 되었다.
그 결과 정부기관 블로그가 파워블로그로 성장하는 기염을 토했다. 보건복지가족부 블로그인 '따스아리(blog.daum.net/mohwpr)'(그림 2-28)은 외부 필진과 대학생 기자들이 블로그에 글을 송고함으로써 1000개가 넘는 글을 생산했고, 주간 30만 명 정도의 방문자를 기록하는 파워블로그로 성장했다. 국방부 블로그인 '동고동락(mnd9090. tistory.com)'은 주부를 포함한 국방부블로거기자단을 발족시키고 만화 및 여성의 시각으로 본 군대 등 다양한 콘텐츠를 생산한 결과 1000만 명이 넘는 방문객을 기록한 블로그로 성장했다. 주부 블로거가 본 군대 급식에 관한 글은 예비역의 찬반논쟁을 일으키며 36만 9321명의 블로거뉴스 조회수와 1587개의 추천을 기록했으며, 약 780개의 댓글이 달리기도 했다.

(그림 2-28) 위젯 서비스 미니공감

(그림 2-29) 보건복지가족부 블로그인 '따스아리'

라. 광주시 블로그는 모범적인 지자체 블로그로 성장

지방자치단체의 블로그 열기도 뜨거웠다. 서울시를 비롯한 지자체는 블로거와 만남, 공무원의 블로그 교육 등을 통해 블로그 활용에 적극 나섰다. 광주시의 공식 블로그인 '빛이 드는 창, 이야기가 흐른다'는 파워블로거들의 잔치라는 '올블로그 어워드 2008'에서 4개 부문 수상자가 되었다.

서울시의 경우에는 시민참여 멀티미디어 홈페이지 WOW서울 외에도 온라인 시정홍보지 〈하이서울뉴스〉, 서울시 공식 블로그인 '서울 마니아', '해치군의 서울 나들이'를 비롯한 다양한 블로그를 운영하고 있으며 서울 시민의 참여를 이끌기 위한 서울 메타블로그 시스템인 솥(SOTT, http://sott.seoul.go.kr)(그림 2-30)을 오픈하여 운영하고 있다.

(그림 2-30) 서울 메타블로그 시스템인 솥

객관적인 지표로 본다면 정부의 홍보전략은 좋은 성과를 내고 있는 것으로 나타났다. '청와대 리포트'와 '국정 리포트'에서 1만 이상의 조회수를 기록한 글이 몇 개 되지 않는 것에 비해 정부 부처 블로그의 글은 10만 명이 넘는 조회수를 기록한 글이 숱하게 생산되었다. 동고동락의 방문객수 1000만 명 돌파도 놀라운 성과라 할 수 있다. 과거의 딱딱한 자료 발표에서 벗어나 생활에 밀착한 감성적 글과 사진, 만화, UCC 동영상을 활용하여 국민과 양방향 소통을 시작한 점도 높이 평가받고 있다.

마. 정치, 사회적 기관들의 소셜미디어 활용은 낮은 편

반면 정치 및 사회운동 분야의 블로그 활용은 여전히 뒤지고 있다. 299명의 국회의원 중에서 블로그를 가진 의원은 90명 정도에 불과하며 그나마 실제로 총선 이후에도 운영되는 블로그는 10여 개, 그 중 의원 자신이 글을 올리는 곳은 2~3개에 불과한 것으로 나타났다. 또한 정부기관보다 소셜미디어 활용에 처진 그룹이 사회적 기관들이다. NGO와 같은 비영리 조직은 소셜미디어 활용도가 낮은 편인데, 이들 기관도 최근에 와서는 조금씩 소셜미디어 활용에 관심을 갖고 발을 내딛기 시작했다.

2.5 SNS의 역기능 및 위험성

아직까지는 서비스 초기이기 때문에 SNS에 대한 전망이 일부 과장된 측면도 없지 않다. 따라서 SNS를 활용하고자 하는 기업들은 트렌드에 휩쓸리지 않도록 유의해야 한다. 특히 수많은 SNS가 유사한 서비스를 제공하고 있어 차별화가 힘들어 지고 있는 가운데, 상당수가 실패하고 일부만이 살아남을 것으로 예상된다. 따라서 기업들은 어떠한 SNS에 주력할 것인가를 선별하는 혜안이 필요하다.

이용자들의 경우 SNS의 역기능에 주의해야 한다. 자신이 모르는 사람과 새로운 네트워크 구축이 가능하다보니 자칫 프라이버시 침해 등의 예기치 않은 사고가 발생할 수 있다. 실제로 마이스페이스의 경우 성희롱 사건이 종종 발생하고 있는데, 마이스페이스측은 성범죄자의 정보를 주정부에 제공하고 해당 가입자의 계정을 없애는 등의 노력을 하고 있다. 그럼에도 불구하고 성희롱을 방시에 최선을 다하지 않았다는 이유로 마이스페이스와 뉴스코퍼레이션측은 민사소송에 휘말린 상태이다. 또한 마구잡이식 퍼오기에 따른 저작권 문제는 UCC 사이트 못지않게 우려된다는 것도 명심해야 한다. 실제로 대형 미디어 업체인 유니버셜은 마이스페이스를 저작권 침해 혐의로 캘리포니아법원에 제소한 바 있다. 이용자 수가 증가할수록 이러한 역기능들은 더욱 증가할 것으로 예상된다. 이에 대해 SNS 사업자들이 얼마나 효과적으로 대응하는가와 이용자들 역시 얼마나 역기능을 줄이기 위해 노력하는가에 따라 SNS의 미래는 달라질 것이다.

2.5.1 온라인에서의 입소문

2.5.1.1 소셜미디어의 입소문

블로그나 트위터를 사용하지 않더라도 인터넷 시대에 소문의 전파속도는 빠르며 파괴력이 크다. 한 네티즌이 올린 '어느 학교의 계란탕' 이라는 글은 우리나라 급식체계를 바꿀 정도로 반응이 컸다. 무라모토 리에코에 의하면 조금 큰 웹소문의 피크는 2주에 불과하고 수명은 5주라고 했는데, 모바일 시대가 되면 전파속도는 더욱 빨라질 것이다. 특정 기업에 대한 문제가 발생할 경우 트위터 및 모바일 SNS를 통해 과거보다 더욱 빠르게 확산될 위험이 크다. 따라서 기업 위험관리 차원에서 기업들은 모바일 서비스를 주시하면서 모니터링을 해야 하는 것이다.

물론 소셜미디어는 기업활동에만 영향을 미치는 것이 아니다. 오바마 대통령의 예에서 볼 수 있는 것처럼 정치활동에서는 더욱 큰 영향을 미친다. 여론조사 및 마케팅에는 결정적인 승패의 원인이 되기도 한다. "만약 인터넷이 없었다면 오바마 대통령은 고사하고 민주당 후보조차 되지 못했을 것이다"라고 아리아나 허핑턴은 말한다. 앞서 말한 것처럼 유튜브에서 오바마와 매케인 채널의 재생수는 10배 이상 차이가 났다. 팬들이 만든 동영상까지 합치면 오바마의 동영상 재생 횟수는 억 단위로 올라간다. 만약 이런 노출을 돈을 주고 광고를 해야 한다면 수백억 원이 소모되었을 것이나 유튜브를 활용했기에 비용은 0원에 수렴한다. 상대적으로 오바마의 경쟁자들이 소셜미디어가 지닌 파괴력을 인지하지 못하고 덜 활용하는 바람에 소셜미디어를 활용한 오바마의 전략이 잘 먹혀들었던 것이다.

무엇보다 소셜미디어를 통한 입소문은 단 몇 시간 만에도 세상을 바뀔 수 있다는 점에서 파괴력이 크다. 한국에서도 하루를 남겨놓고 지지율을 역전시키면서 대통령이 된 노무현 대통령 사례가 있다. 하루도 온라인 세상에서는 세상을 바꿀 수 있는 충분한 시간인 것이다.

또 한 가지 우리들이 염두에 두어야 할 것은 소문은 금방 수그러들지만 완전히 불씨가 사라지는 것이 아니라는 점이다. 구두로 전달되는 과거는 입소문은 한 번 진화되면 다시 나오기가 쉽지 않지만 인터넷에 올라온 소문은 모두 그대로 텍스트와 영상으로 남는다. 따라서 새로운 불씨가 등장하는 순간 다시 활활 타오르는 기폭제가 된다. 이런 이유로 불리한 소문을 진화한 후에도 다시 타오르지 않도록 좋은 검색 결과로 상위권을 차지하는 검색엔진 최적화 마케팅이 필요한 것이다.

2.5.1.2 도구보다는 관계맺기

소셜미디어의 중요성을 깨달은 기업과 기관은 대응책을 마련하기 시작했다. 던킨도너츠 사건을 겪은 던킨도너츠 역시 사건 이후 소셜미디어 모니터링 및 대응방법을 구축했다. 과자 이물질 사건을 겪은 농심은 기업블로그인 '이심전심'을 개설했다. 농심 기업의 마음을 네티즌에게 알리겠다는 의도로 네티즌과 소통의 중요성을 느낀 것이다. 과거에 여러 기업이 소셜미디어를 통해 고객과 관계를 맺고 소통하려 시도했으나 성공적으로 수행되지 않았는데, 그 이유는 단순히 소셜미디어를 만든 것에 만족했기 때문이다. 대부분의 국내 기업은 카페나 블로그를 만들어두고 가끔 홍보글을 올리거나 신상품 소개 이벤트를 공지하는 데만 사용하고 있다. 소셜미디어의 장점인 쌍방향성을 무시하고 여전히 단방향으로 고객에게 정보를 전달하는 용도로만 사용하는 것이다. 테크노라티가 회원 3만 명을 대상으로 실시한 조사에 의하면 제품 정보를 찾아볼 때 가장 신뢰하는 곳으로 다른 사람의 블로그가 62.8%로 1위로

뽑혔다. 반면 기업 홍보자료는 4.8%에 불과했다. 비싼 TV광고나 일방적 홍보가 비효율적임을 보여주는 수치이다.
고객의 칭찬과 불만에 대해 무관심하거나 고객 불만을 감추려는 방법을 취하는 것도 문제다. 불만을 노출시키지 않기 위해 1:1 게시판이나 이메일로만 고객 불만을 받다 보니 회사가 고객의 목소리에 귀를 기울이는 모습이 보이지 않는 것이다. 또한 고객을 상대할 때는 협력사(홍보업체)에게 맡기고 손을 놓는 경우가 많았다. 소셜미디어를 제대로 활용하려면 평상시에 고객의 사용후기와 불만을 듣고 그에 대해 꼼꼼하게 답변을 달고 감성적으로 꾸준하게 대응하는 모습을 보이는 것이 필요하다. 소비자와의 문제는 도구의 문제가 아니라 관계맺기에 대한 노력의 정도에 따른 문제이기 때문이다.

2.5.1.3 네티즌과 관계맺고 친구되기

소셜 네트워크의 영향력은 관계나, 사람이 서로 접속하고 소통하는 방식에 의해 이루어지며 관계 구조가 권력의 이동을 결정한다. 〈그라운드스웰〉에서는 네티즌의 유형을 여섯 가지로 나누고 기업들은 자신이 상대할 네티즌의 유형에 따라서 블로그를 운영하는 것이 나은지, 커뮤니티를 운영할 것인지를 선택해야 한다고 말한다. 또한 협력업체를 선택해 소셜미디어에 대응할 경우에는 현재의 능력 외에도 1~2년 뒤에 바뀔 내용에 대해서도 점검하는 것이 필요하다고 말한다.
이미 인터넷과 모바일로 변화는 진행 중이며, 네티즌의 소셜미디어 활용은 갈수록 확산되고 있다. 정부나 기업이 정보의 흐름을 막거나 통제할 수 없는 수준에 도달한 것이다. 결론적으로 기업이나 정부는 네티즌을 친구로 삼아야 한다. 이를 위해 기업과 기관은 네티즌과 관계를 맺을 준비를 해야 하며, 네티즌을 친구로 삼아야 한다.
웹2.0은 쉬운 웹서비스를 만들어 냈고 훨씬 쉽고 저렴한 비용으로 사용자 참여와 정보 공유를 가능하게 만들었다. 그 결과 네티즌이나 한 기업의 고객집단은 해당 기업에 큰 영향력을 행사하는 일이 훨씬 쉬워졌다. 이제 경제와 사회는 더 이상 기업의 의도대로 흘러가지 않는다는 사실을 깨닫는 것이 중요하다. 네티즌 또는 소비자와 끊임없이 관계를 맺으면서 진실을 담아 소통하려는 노력이 중요해지고 있다. 이 과정에서 소셜미디어 플랫폼은 기업과 소비자를 연결시켜 주는 도구로 갈수록 쓰임새가 중요해지고 있다.

2.5.2 운영상 이슈

소셜 네트워크는 개인의 프로필과 관계에 기반한 서비스이기 때문에 사용자 개인에게 직접적인 영향을 미치며, 그 수준이 심각할 수 있다. 이것은 대부분 대형 서비스에서도 동일하게 겪는 내용이다.(그림 2-31)[3]

- 음란물의 유통, 스팸 및 어뷰즈
  소셜 네트워킹 웹사이트의 영향력이 커지면서 이와 같은 문제가 발생
- 저작권
  사용자들에 의한 데이터 생산과 유통 과정에서 기존 제작물의 저작권을 침해하는 사례가 증가하고 있음.
- 사생활 침해
  개인 프로팔에 기반한 소셜 네트워킹 서비스에서는 사생활 침해의 가능성이 높음.
- 사이버 폭력
  개인과 개인의 커뮤니케이션에서 사이버 폭력, 기타 온라인 범죄의 가능성이 증가함

(그림 2-31) SNS에서 개인이 겪는 영향

2.5.3 비즈니스 이슈

소셜 네트워킹 시장이 레드오션화 되어가고 있다. 사용자들이 여러 곳에 관계를 구축하지 않기 때문에 새롭게 양질의 관계 네트워크를 구축하는 것이 용이하지 않다. 또한, 글로벌화 경향이 심한분야에 이미 많은 서비스들이 진출해 있으며, 대형 업체들도 속속 관련분야 서비스를 내놓고 있기 때문에 치열한 경쟁이 예상된다.

포털 중심의 온라인 소비 경향이 두드러진 한국 시장에서 새로운 플랫폼이 적정 규모의 많은 사용자를 확보한다는 것은 매우 어려운 과제이다[2].

소셜 네트워킹은 사용자들이 웹을 활용하고, 정보를 소비하는 방식을 근본적으로 변화시키고 있음. 소셜화는 인터넷 서비스의 자연스러운 진화 방향이며 대세라고 볼 수 있으며 최적의 전략을 기반으로 한 대응이 필요하다.

이미 큰 규모의 경제를 확보하고 있는 대형 서비스들은 기존의 사용자 관계 정보를 활용하거나 극대화할 수 있는 전략 모색이 필요하며, 소셜 네트워킹 플랫폼을 확보하고 기존의 서

비스들을 소셜 네트워킹이라는 관점으로 재정비하는 전략 검토가 필요하다. 소셜 네트워킹은 메일이나 검색, 블로그 같은 대형 서비스의 필수 서비스 포트폴리오 중 하나로 부상되고 있으며, 점점 이 소셜 네트워킹 플랫폼이 전체 서비스 경쟁력에 중요한 영향을 미치게 될 가능성이 높다.

중소 규모 서비스에서도 소셜화 전략 설정이 필요한데 단, 대형 소셜 네트워킹 웹사이트와 직접 경쟁은 피하고 자사의 핵심 경쟁력을 강화하는 방향으로 소셜화를 도입하는 방식이 필요하다. 기존 대형 소셜 네트워킹 서비스와 연계해 사용자 유입 접점을 늘인다든가, 콘텐츠나 기능을 오픈해 사용자들이 자신이 속한 네트워크에서 해당 콘텐츠나 기능을 자유롭게 유통시키면서 자사의 브랜드와 비즈니스 영향력을 강화하는 것이 방법이 될 수 있다. 특화된 전문 분야에서 서비스를 전개하고 있다면 틈새 성격의 소셜 네트워킹 분야를 공략할 수 있는데, 이와 같은 경우 적정 규모의 사용자를 확보할 수 있는 마케팅 전략 검토가 선행되어야 할 것이다[4].

참고자료

[1] 매튜 프레이저・수미트라 두타, 소셜 네트워크 e혁명, 2010.
[2] 장재현, 'SNS를 이용한 비즈니스 혁신의 가능성', LG경제연구소, 2007. 09. 19
[3] 정유진, 배국진, '소셜네트워킹서비스(SNS)의 동향과 전망', 한국과학기술정보연구원
[4] 송민정, KT경제경영연구소, 'SNS가 문화콘텐츠 제작 및 마케팅에 미치는 영향',
[5] http://blog.naver.com/adinplan?Redirect=Log&logNo=120118172185, 양양, '소셜미디어, SNS 서비스 고객마케팅 활용기업 증가', 2010. 11. 09.
[6] 김중태, '소셜 네트워크가 만드는 비즈니스 미래지도', 2010. 4. 20
[7] http://ebizooks.샤새교.com/631

제 3 장

SNS의 사용

SNS는 소셜네트워킹서비스(Social Networking Service)의 준말로 온라인에서 불특정한 타인과 여러 관계를 맺을 수 있는 일련의 서비스를 말한다. 또한 최근에 한국에서는 카카오톡이라는 해성처럼 등장한 기업에서 카카오스토리나 카카오톡을 연계한 각종 게임을 출시함으로서 SNS범주가 확대되고 있는 추세이다. 요즘 많은 사람들이 SNS의 사용이 급속도로 증가하고 있으며, 오래전부터 사용되어 오던 SNS부터 현재 새로 만들어지거나, 성장하고 있는 SNS들이 많아지고 있다. SNS의 종류에는 카카오스토리, 페이스북, 베보, 비트윈, 포스퀘어, 인스타그램, 핀터레스트, 에버노트, 구글플러스, 프렌즈터, 오르컷, 믹시, 밴드, 트위터, 미투데이, 싸이월드, 토씨, 아이디테일, 링크나우, 세컨트라이프, 유튜브 등 많은 종류들을 많은 사용자들이 사용하고 있다. 이 중 대표적인 몇 가지에 대해 알아보고자 한다.

3.1 SNS 종류 및 활용방법

해외의 대표적인 SNS로는 트위터, 페이스북 등이 있으며, 한국의 대표적인 SNS로는 카카오스토리, 미투데이, 싸이월드 등을 들을 수 있다. 그 중에서도 유명 인사들이 많이 사용한다고 알려지면서 대중들의 참여가 높아지고 있는 것이 바로 트위터이다. 마이크로블로그의 원조라 불리는 트위터는 140자의 단문메시지를 입력할 수 있어, 스마트폰과 같은 모바일로 쉽게 사용할 수 있다는 것이 장점이다. 또한 가입절차가 간단하고, 싸이월드 등과 같은 1촌 신청 수락의 절차 없이도, 소식을 알고 싶은 특정인을 찾아 바로 친구(Follower) 관계를 맺을 수 있다. 트위터에서 버락오바마 미국대통령을 찾거나 작가 이외수를 찾아 친구등록(Following)을 하면 버락오바마 대통령이나 이외수작가가 트위터에 달 수가 있다. 무엇보다 트위터의 가장 큰 특징은 RT(ReTweets) 기능이다. 마음에 드는 글에 RT(ReTweets)를 하면, 여러 다른 팔로워들에게 전파되기 때문에, 메시지의 무한 확산이 가능하다.
국내 최초 마이크로블로그인 미투데이는 150자 내외의 단문 메시지를 미투데이 친구를 맺은 사람들끼리 나눌 수 있도록 서비스를 제공한다. 마음에 맞는 친구들끼리 커뮤니티를 형성하여 소통할 수 있으며, 네이버 블로그와 연계하여 활용할 수 있는 것이 장점이다. 현재까지 주 이용 층이 연예인들의 팬클럽인 학생들과 젊은층, 그리고 여성들이 많이 가입하여 활동하고 있어, 여성층과 학생들을 타겟으로한 쇼핑몰이라면 미투데이를 활용 하는 것이 좋다. 놀라운 상승세를 타고 있는 페이스북은 이미 그 가입자수가 트위터를 넘어섰으며 한국에서도 이용자수가 급증하고 있어, 앞으로 활용도가 더 높아질 것으로 기대되는 서비스이다. 페이스북은 오픈 커뮤니티 형태로 싸이월드와 같이 서로간의 친구 설정이 되어있어야 컨텐츠 공유가 가능하나, 누구나 쉽게 페이지를 만들 수 있고, 싸이월드의 일촌공개와 같은 기능 없이 누구든 개인 정보와 컨텐츠 업데이트 내용을 확인할 수 있는 것이 장점이다. 또한 Like 기능을 통해 등록된 컨텐츠에 대한 호감도를 표시할 수 있어 고객 선호도 파악 및 바이럴 마케팅에 활용하기 좋다.

3.1.1 카카오스토리

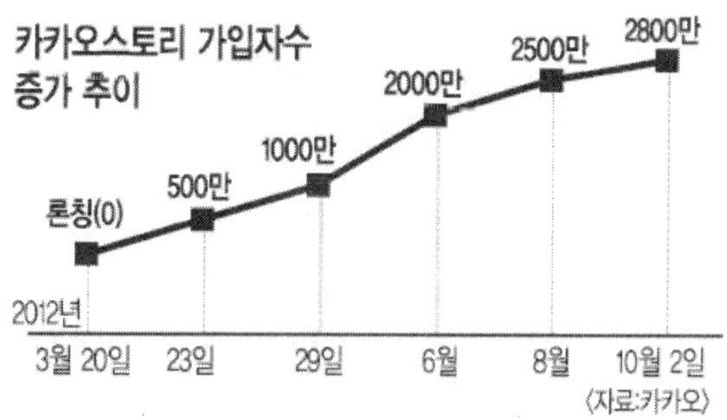

출처 : 카카오

(그림 3-1) 카카오스토리 가입자 수 증가 추이

(그림 3-1)과 같이 카카오스토리(KakaoStory)은 (주)카카오가 2012년 3월 22일 서비스를 시작한 사진 공유 기반 SNS이다. 카카오스토리는 현재 스마트폰 사용자를 대상으로 프리웨어로 제공된다. 안드로이드 모바일 장치 사용자는 구글 플레이에서, 애플의 모바일 장치 사용자는 애플 앱스토어에서 다운 받을 수 있다.

카카오스토리는 지난 3월에 서비스를 시작, 스토리 게시글 수 6억 5000만건, 댓글 수 60억건을 기록하며 빠른 가입자 증가세를 보였다.

요즘 대세인 SNG(소셜네트워크게임) 의 강자 카카오가 곧 카카오스토리와 게임하기 서비스를 연동시켜 점수와 순위 등 게임 결과를 카카오스토리에 올릴 수 있도록 개발 하였고 이러한 서비스는 사용자를 더 증가시키고 SNS 상주율을 높여줄 것이다.

카카오스토리의 특징

- 카카오톡과 연동하여 사용이 가능하다.
- 카카오톡에서는 한 장의 사진만을 프로필로 볼 수 있었던 것과 달리 미니 프로필에 여러 장의 사진을 업로드 하여 공유할 수 있다.
- 전체 공개와 친구공개의 기능이 있다.
- 사진 공유 기반 한국형 SNS이다.

(그림 3-2) 카카오스토리 화면(안드로이드)

싸이월드와 페이스북, 카카오스토리 서비스 간 이용률을 조사한 결과 카카오스토리만 사용하는 비중은 49.2%, 페이스북 8.5%, 싸이월드 2.8%였고, 카카오스토리는 사용자 절반이 다른 SNS를 쓰는데 페이스북과 싸이월드는 사용자 80% 이상이 다른 SNS를 쓰는 것으로 나타났다. 카카오스토리 사용자가 나머지 두 서비스와 비교했을 때 서비스 충성도가 높다고 판단하였다.

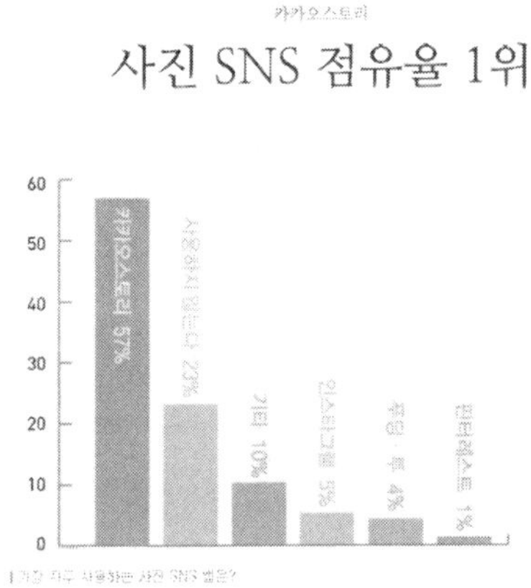

(그림 3-3) 카카오스토리 사진 SNS 점유율

앱스토리에서 2012년 5월 28일부터 6월 10일까지 스마트폰 유저 689명을 대상으로 '가장 자주 사용하는 사진 sns 앱은?' 에 대한 설문조사를 실시해서 sns 사용현황을 알아본바 1위는 과반 이상인 57%의 응답자가 카카오스토리를 선택하였다.

3.1.2 페이스북

(그림 3-4)와 같이 2004년 2월 하버드 대학생들을 연결하는 서비스로 등장한 페이스북은 2012년 5월 전 세계 사용자가 9억명을 넘어섰다. 페이스북은 마이스페이스와는 달리, 싸이월드처럼 친구 등록 시 상호 승인 절차를 거쳐 모르는 사람들의 접근을 제한하고 있다. 이는 하버드 학생들을 대상으로 폐쇄적으로 운영해왔던 초기 컨셉을 반영하고 있는 것으로, 2006년 9월부터 일반 사용자들의 공개 가입이 허용되긴 했지만 전면 개방적인 형태보다는 아는 친구들과의 친목을 형성하는 용도로 많이 활용되고 있다.

(그림 3-4) 페이스북 메인 화면

페이스북은 (그림 3-5)와 같이 2007년 5월, API를 공개하고 페이스북 오픈 플랫폼을 선보이면서 수많은 페이스북 애플리케이션(application)이 제작되었다. 페이스북 플랫폼에 구축된 애플리케이션은 약 2,064만 개에 달하고 있으며 전체 사용자 중 61.3%가 이를 사용하고 있는 것으로 나타났다(comScore, 2008a). 이러한 애플리케이션은 사용자가 제공하고 다른 사용자가 마음껏 활용할 수 있다는 특징을 가진다.

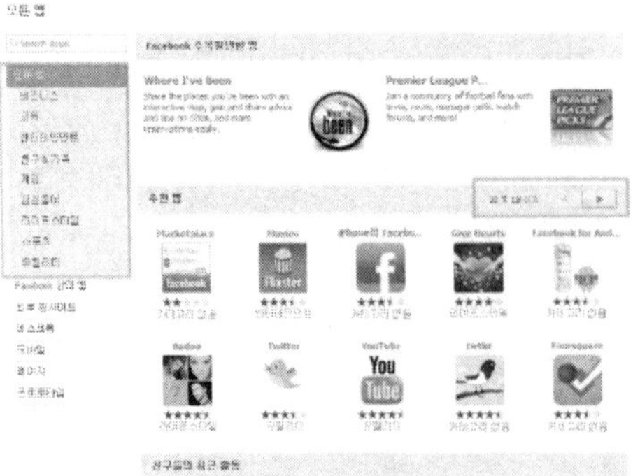

(그림 3-5) 페이스북의 다양한 애플리케이션

또한, (그림 3-6)과 같이 페이스북 역시 프로필 정보에서 자칫 사생활 침해가 우려될 수 있을 정도로 상세한 개인의 정보들을 표시할 수 있도록 제공하고 있다. 지역, 성별, 생일, 사는 곳 등의 기본 정보 외에도 자신의 활동이나 관심사, 좋아하는 책이나 인용 문구 등을 표시할 수 있는 개인 정보, E-mail이나 휴대폰, 주소, 메신저, 웹사이트 등을 나타내는 연락처 정보, 대학이나 직장 경력 등을 기록할 수 있는 학력 및 직장 정보 등 마치 개인의 이력서를 보는 것과 같은 착각을 불러일으킬 정도로 상세한 정보를 확인할 수 있다.

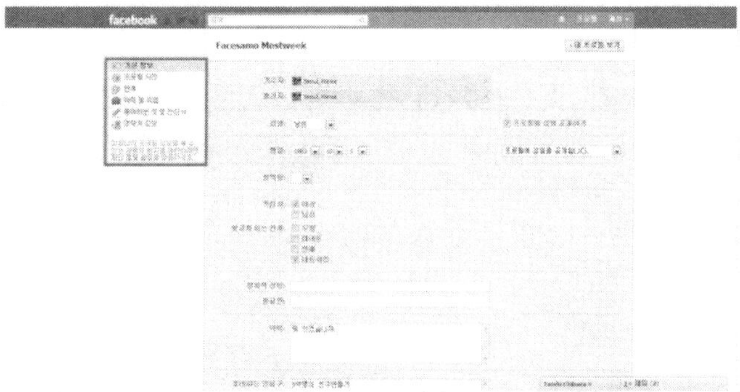

(그림 3-6) 페이스북의 프로필 관리 화면

한편, 페이스북에서는 상단 바 메뉴 중 계정을 클릭 후, 프라이버시 세팅(privacy settings) 메뉴를 선택하여 (그림 3-7)과 같이 사생활 보호 페이지로 접근할 수 있다. 페이스북의 대표적인 콘텐츠로는 프로필 안에 포함되는 정보들과 부가 기능으로 표시되는 노트, 사진, 동영상 등이 있으며 사생활 보호 페이지에서 전체 공개, 그룹과 친구, 친구의 친구, 친구만, 혹은 사용자 지정을 통해 더욱 세밀한 설정하게 공개 설정을 선택할 수 있다.

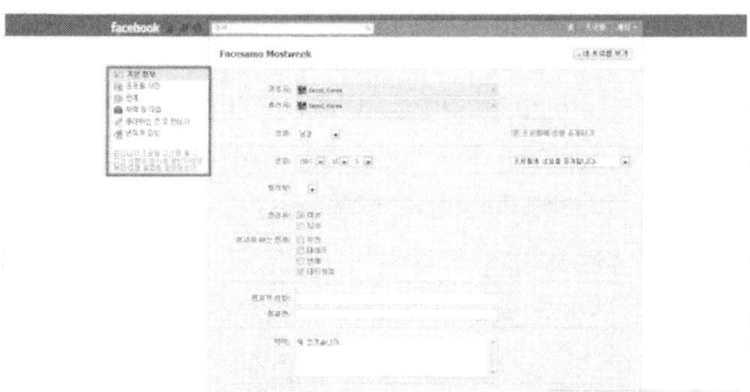

(그림 3-7) 프라이버시 설정 창

3.1.3 트위터

가장 활성화된 SNS로는 (그림 3-8)과 같이 트위터(twitter)를 들 수 있다. twitter라는 명칭은 말 그대로 '가볍게 재잘대는 것'을 의미하는데 일반적인 형태의 SNS와는 달리 140자 이내의 단문 메시지를 지인들과 공유할 수 있는 마이크로 블로깅 형의 모바일 SNS이다.

(그림 3-8) 트위터 사용자 메인 화면

트위터는 2006년 서비스를 시작한 이래 미국 대선에서 오바마 후보가 선거 운동의 도구로 활용하면서 유명세를 타기 시작하였다. 또한, 2008년 2월 기준 47만 5천 명에 불과하던 순방문자가 1년 사이에 무려 1,382% 급증한 703만 8천 명으로 늘어나면서 한때 한국에서 '싸이질'이 유행했던 것처럼 미국에서도 '트위팅(twitting)'이 인기를 끌고 있다(Nielsen, 2009b). 트위터에 대한 관심이 커지면서 구글, 삼성 등 국내 기업들과 이찬진, 김연아를 비롯한 국내 유명인들도 가입하면서 국내의 사용자수도 증가하고 있는 추세이다[10].
트위터는 단문 메시지의 포스팅 뿐 아니라 메시지 창에서 몇 가지 명령 기능을 사용할 수 있다. 예를 들어 메시지 창에서 '@username + 메시지내용'을 입력하면 해당 사용자에게 다이렉트 메시지(direct messages)를 보낼 수 있다. 또한, 'GET username'을 실행하면 해당 사용자의 최근 포스트를 가져올 수 도 있다[11]. 그리고 트위터 내에서는 공식적으로 사진을 올릴 수 있는 기능은 없지만, 트위픽(twitpic) 등의 애플리케이션을 통해 업로드를 할 수 있다[12].

한편, (그림 3-9)와 같이 트위터의 프로필 페이지는 모바일 SNS의 특성상 일반 SNS에 비해 간소화되어 있음을 알 수 있다. 이름과 지역, 블로그나 홈페이지 등을 기재할 수 있는 URL, 최대 160자로 자신에 대한 짤막한 소개를 할 수 있는 정도로 구성되는 것을 볼 수 있다. 프로필 확인은 해당 사용자의 트위터 페이지를 통해서 혹은 메시지 창에서 "WHOIS username" 명령을 통해 확인이 가능하다.

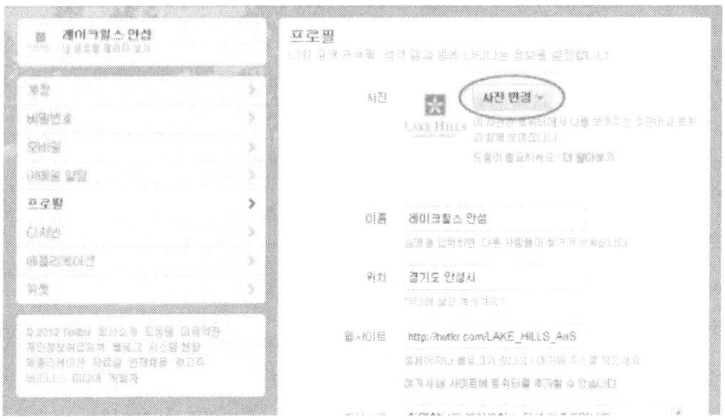

(그림 3-9) 트위터 설정화면

또한, (그림 3-10)과 같이 트위터에서는 자신과 관계를 형성한 사람들을 '팔로잉(following)'과 '팔로어(followers)'로 구분하여 표기하고 있다. '팔로잉(following)'은 자신이 특정 트위터를 사용하는 다른 누군가를 선택해 등록한 것을 말하며 이와 상대적인 개념인 '팔로어(followers)'는 트위터를 사용하는 다른 누군가가 자신을 추가한 것으로 특정 사용자의 메시지를 수신해서 보겠다고 신청한 것을 의미한다. 이들은 싸이월드 일촌의 개념과 유사한 것처럼 보이지만 누군가 자신을 팔로우(follow)한다고 해서 반드시 자신도 그 상대방을 팔로우할 필요는 없으며, 팔로잉(following)했다가 다시 삭제하는 것도 자유롭게 할 수 있다는 것이 특징이다. 대부분 가벼운 메모와 댓글로 개인의 느낌들을 공유하는 양상을 띠고 있어 일반적인 SNS에서의 친밀감보다는 다소 약한 인상을 주고 있다.

(그림 3-10) 트위터 팔로워 화면

트위터는 모바일 SNS의 특성상 웹 사이트에 직접 접속하지 않고도 휴대폰을 통해 손쉽게 글을 전송할 수 있으며 자신과 연결된 팔로우들의 메시지도 휴대폰 화면에서 확인할 수 있다. 또한, 애플 앱스토어(Apple App Store)에서 트위터리픽(twitterrific)과 같은 모바일 애플리케이션을 다운로드 받으면 아이팟 터치 (iPot Touch)를 통해서도 사용이 가능하다.

3.1.4 여러 가지 SNS 비교

3.1.4.1 포스퀘어

(그림 3-11) 포스퀘어

포스퀘어는 위치기반 SNS이다. 자신의 위치를 체크인으로 알리고 공유해서 다른 사용자들과 이야기도 나눌 수 있다. 체크인을 할 때마다 메모나 평가를 하게 되는데 이러한 정보들이 모여서 나중에 다른 사용자들이 그 근처에 왔을 때 그 곳에 해당하는 평가나 정보들을 알 수 있다. 주변 장소에 대한 정보들이 있으면 여러모로 활용하기가 편하다. 특히 포스퀘어가 재미있는건 동일한 장소를 타 사용자보다 많이 체크인하면 그 장소의 시장이 된다는 것이다. 체크인을 할 때마다 점수와 뱃지가 주어져서 그 점수들이 높으면 시장이 된다. 그냥 단순하게 체크인 하는 것보다 이렇게 온라인상에서 한 곳의 시장이 된다는 것이 큰 매력점으로 작용한 것 같다. 아직 국내사례는 없지만 외국에서는 시장에게는 그 장소에 대한 할인혜택이나 부가서비스가 주어진다고 한다. 페이스북과도 연동되서 요즘은 친구들 페이스북에서도 종종 포스퀘어 체크인장소를 확인 할 수 있는 걸 보면 점점 사용자도 늘어나고 있는 추세이다. 오프라인 매장을 가지고 있는 모든 분야에서 마케팅으로 활용하면 좋을 것이다.

3.1.4.2 인스타그램

(그림 3-12) 인스타그램

인스타그램은 사진기반 SNS이다. 최근 페이스북에서 인스타그램을 10억에 인수해서 포스퀘어처럼 페이스북 상에서도 볼 수 있다. 인스타그램은 페이스북과 비슷하게 사진을 등록하면 '좋아해요'를 누르고 댓글을 달 수 있게 되어있다. 쉽게 말해서 사진용 페이스북이라고도 할수 있다. 사용자들이 일상 속에서 사진을 찍고 보정하여 업로드를 하면 그 사진만을 가지고 다른 사용자들과 소통을 할 수 있는 것이다. 조회수가 높은 사진들은 추천이 되기도 하여 더 많은 사람들에게 소개도기도 한한다. 일반 카메라 어플리케이션을 뛰어넘어서 소통이라는 개념을 담아 SNS로 활용되고 있는 서비스입니다.

(그림 3-13) 인스타그램 사진기

'Instagram Socialmatic Camera'이라는 카메라가 있다. 디지털 카메라를 기능을 기본으로 하여 wifi 기능을 넣어 페이스북등과 바로 연동할 수 있도록 해준다. 인스타그램 어플 디자인을 그대로 담은 것을 보면 완전 인스타그램 전용 카메라라고 해도 괜찮을 듯 싶다. 폴라로이드 처럼 즉석 인화가 가능하다.

3.1.4.3 핀터레스트

(그림 3-14) 핀터레스트

핀터레스트는 메모보드 SNS이다. 웹페이지 이미지에 저장되어있는 URL을 이용하여 사진의 출처를 찾아갈 수 있다. 그리고 사진을 스크랩하여 다이어리를 꾸미는 형태로 정보들을 타 사용자들과 공유할 수도 있다. 마음에 드는 메모보드에는 "pin-it"을 할 수 있는데, 페이스북의 '좋아요' 버튼과 비슷한 개념이다. 핀터레스트의 장점은 용량 제한 없이 원본 이미지들을 그대로 업로드 할 수 있다는 것이다. 여기서 저작권 문제가 발생 할 수 있지만 아직까지는 크게 문제가 없는 것으로 보인다. 또한 현재 주요 사용자 층이 젊은 여성이라 여성과 관련된 패션 아이템이나 애완동물들이 자주 등장한다고 한다. 이러한 특성화도 마케팅 활용에 있어 중요한 부분을 차지할 것이다.

3.1.4.4 에버노트

(그림 3-15) 에버노트

에버노트는 뭔가를 기록할 수 있는 메모기반 SNS이다. 노트(note)를 영원히(Ever)기억하자는 의미에서 만들어졌다고 한다. 노트작성, 사진캡쳐, 할일 목록, 음성메모 기능 등을 기반으로 일상에서의 모든 것을 저장 할 수 있도록 해준다. 온라인 수첩, 메모보관함이라고도 불린다. 에버노트는 컴퓨터, 스마트폰, 태블릿 등 기록하고 저장한 내용을 사용할 수 있도록 자동으로 동기화 해준다. 클라우드 서비스라고 볼 수 도 있다. 이것이 에버노트의 정말 큰 장점 이다. 이렇게 에버노트에서 기록한 노트들은 노트북이라는 폴더로 묶을 수 있는데, 자신의 기록으로 하나의 북이 만들어지고 후에 정보를 찾는 것 또한 편리하다. 노트북 개념으로 하나의 글을 연재할 수 있을 것이다. 에버노트는 무료/유료 사용이 있는데 무료 사용 같은 경우는 한 달 사용 제한량이 있다고 한다. 가볍게 메모 정도로만 사용한다면 무료프로그램으로도 충분히 사용할 수 있을 것이다.

3.1.4.5 구글플러스

(그림 3-16) 구글플러스

국내에서는 아무래도 네이버에서 밀리지만 구글에서도 구글플러스라는 SNS 서비스를 제공하고 있다. 구글플러스의 가장 큰 장점은 '서클' 이라는 기능이다. 페이스북이나 트위터에서는 찾아 볼 수 없는 그룹개념인데, 특정 사용자층을 원하는 서클에 몰아넣어 설정해놓으면 나중에 서클에 따라 글을 공개할 수도 있고 안할 수 도 있는 기능이다. 예를 들어, 과제에 대한 불평을 쓰고 싶은 데 교수님들과 관계를 맺고 있다면 교수님들이 모여 있는 서클을 설정하여 그 서클에 글을 공개하지 않으면 교수님들은 과제에 대한 불평을 볼 수가 없는 것이다.
또한 페이스북의 좋아요 버튼 처럼 "+1" 버튼이 있다. 구글플러스의 또 다른 장점은 화상채팅인 '행아웃' 기능이다. 국내에서는 아이돌들의 팬서비스 이벤트의 일환으로 많이 활용되고 있는 기능이다. 최대 10명까지 동시에 대화가 가능하다고 하는데 화질이나 품질 모두 수준급이라 한다.

3.1.5 SNS들의 비교 분석

국내외 대표적인 SNS들의 사례 분석을 통해 얻어낸 결과를 정리하면 다음과 같다.
먼저 서비스 오픈 시기를 살펴보면, 싸이월드는 1999년 9월, 페이스북이 2004년 2월, 마이스페이스가 2004년 4월, 트위터가 2006년 8월, 미투데이가 2007년 2월로 서비스 오픈 시기에서는 싸이월드가 앞서는 것을 알 수 있다. 또한, 2012년을 기준으로 싸이월드는 2,600만 명, 카카오스토리가 2,800만 명, 페이스북이 약 10억 명, 트위터는 약 3억명, 미투데이는 약 500만 명의 회원 수를 보유하고 있어 회원 수 면에 있어서는 페이스북이 가장 우위를 차지하고 있다.

기본적인 형태는 싸이월드의 경우, 팝업 형태의 작은 창 안에서 콘텐츠가 표현되는 반면, 마이스페이스나 페이스북, 트위터, 미투데이의 경우는 웹페이지의 형태로 제공되며 모두 모바일로도 제공된다. 한편, 싸이월드는 개인의 취향에 따라 스킨이나 폰트, 음악 등을 변경하여 꾸밀 수 있지만 유료인 반면, 마이스페이스는 스킨과 음악 등이 변경하여 꾸밀 수 있지만 유료인 반면, 마이스페이스는 스킨과 음악 등이 모두 무료로 제공되고 있었다. 페이스북에는 스킨 등을 꾸밀 수 있는 기능은 없지만 자신의 프로필에 추가할 수 있는 독창적인 애플리케이션을 통해 개인의 아이덴티티를 표현할 수 있으며 트위터에서는 스킨을 꾸밀 수 있는 기능과 다양한 애플리케이션을 제공하고 있고, 미투데이는 기본적인 프로필과 제공되는 스킨 또는 상단이미지를 자신이 제작하여 꾸며서 올릴수 있도록 제공하고 있다.

싸이월드 미니홈피에서는 마이싸이월드 서비스를 통해 간단하게 일촌들의 생일이나 일정, 업데이트 현황 등을 확인할 수 있으며, 페이스북은 커버페이지라고 할 수 있는 월(wall)에서 싸이월드보다 상세하게 자신과 연결된 친구, 친구의 친구가지 업데이트 현황을 파악할 수 있다. 마이스페이스 역시 자신의 활동 현황과 연결된 사용자들의 새로운 활동을 액티비티 스트림(Activity Stream) 메뉴를 통해 통합 피딩되어 지인들과 공유할 수 있다. 트위터는 이중 가장 빠른 실시간 형태로 메인 페이지에서 자신과 관계를 형성한 사용자들의 활동을 텍스트와 링크 형태로 확인할 수 있다. 미투데이는 폰으로 인증을 한 상태이고, 친구관계이면 친구가 글을 올리면 폰으로 문자와 실시간으로 확인할 수 있도록 제공되어 있다.

프로필에는 국내와 국외의 서비스가 확연하게 차이가 있음을 확인할 수 있었다. 싸이월드는 별도의 프로필 메뉴가 존재하고 소개, 키워드, 히스토리 등의 분류가 나뉘어 있지만 대부분 사용자들은 소개 메뉴조차도 제대로 활용하지 않고 빈 상태로 두거나 간단한 글귀만을 입력하는 경우가 많았다. 프로필의 입력 방식 역시 상세하게 구분되어 있지 않고 대부분 자유스럽게 기재할 수 있는 특징을 보인다. 그러나, 마이스페이스나 페이스북의 경우, 프로필 페이지의 입력도 성별, 연령 등의 기본정보를 비롯해 개인의 신상을 나타낼 수 있는 학력, 경력 정보 등이 상세하고 표시되어 있어 형식에 있어서 큰 차이를 보였다. 입력 방식 또한 출신 학교부터 경력에 이르기까지 하나하나 입력할 수 있게 하여 검색과 매칭이 용이하게 구성되어 있다. 반면, 트위터의 경우는 마이크로 블로깅 형의 특성상 이름, 지역, 웹페이지, 최대 160자의 간단한 소개 글정도로 표시할수 있고, 미투데이 또한 마이크블로깅이라 불리며, 150자의 간단한 글로 작성할수 있고, 프로필 페이지에서는 출신학교들을 등록하게 되면 자기가 입학년도에 가입한 친구들이 누가 미투데이를 하고 있는지 그 학교와 관련된 사람까지 나타나게 구성되어 있다. 국외에서는 객관적이고 정량적인 정보들로 프로필을 파악하는 반면, 한국 사회에서는 이러한 개념이 보편화 되지 않았다. 대부분 평소 만나는 사람들이 같은 지역 출신, 혹은 직장 동료, 학교 동창 등 아는 관계로 구성되는 경우가 많았기 때문에 특별히 상세한 프로필을 기재하는 것은 취업을 위한 이력서를 쓸 때 정도에 불과했기 때문이다. 따라서 이렇게 상세한 프로필의 기재는 국내 사용자들에게 일종의 진입장벽으로 작용할 수 있다고 해석할 수 있을 것이다.

인맥 관계를 나타내는 친구 목록은 4가지 서비스 모두 별도로 해당 사용자의 페이지로 이동할 수 있도록 구현하고 있었으나 공개 설정에 있어서는 차이를 보였다. 싸이월드와 페이스북은 개별적인 공개 설정이 가능하지만, 마이페이스는 전체공개와 비공개, 18세 이상으로 제한되고 있으며 트위터는 별도의 공개 설정 없이 기본적으로 전체 공개가 되며 공개를 원하지 않는 경우 다이렉트 메시지(Direct Messages)라는 일종의 쪽지 기능을 통해 개별 사용자와 귓속말 형태로 커뮤니케이션을 할 수 있다. 미투데이는 친구추가를 해야 목록을 볼 수 있으며 환경설정에 프로필 사진, 한줄 소개를 못하게 하면 친구등록이 안되는 기능도 있다.

관계의 형성을 위한 코멘트의 활용에는 4가지 SNS 모두 차이를 보였다. 싸이월드는 방명록의 게시물과 다이어리, 사진첩 등 개별 서비스 게시물 하단의 댓글 형태로 코멘트를 등록할 수 있었으나 메인 페이지에 표시되지는 않는다. 반면, 페이스북은 게시물마다 등록된 코멘트가 메인 페이지에 모두 표시되는 특징을 보였으며 마이스페이스 역시 별도의 코멘트 게시판에 등록된 게시글을 메인 페이지에서 확인할 수 있었다. 한편, 트위터에서는 특정 사용자의 메시지에 @userid의 형태로 답글을 남기면 메인 페이지를 통해 확인할 수 있다.

한편, 싸이월드와 마이스페이스는 도메인 없이 서비스를 사용할 수도 있지만 사용자가 원할 때 별도의 도메인을 설정할 수 있으며, 페이스북은 별도의 도메인을 설정할 수 없고 트위터는 가입할 때 입력하는 사용자명(Username)이 곧바로 도메인으로 설정되는 간편함을 보이고, 미투데이는 생성시 도메인을 제공하고 있으며 지금은 네이버와 제휴관계로 네이버 메일로도 아이디를 만들 수 있다.

싸이월드의 주요 서비스는 크게 3가지로 나눌 수 있다. 첫 번째로는 SNS성격이 강한 기본 서비스로 미니홈피, 블로그, 타운, 클럽 등이 잇다. 두 번째로는 엔터테인먼트 성격이 강한 광장, 동영상, 뮤직, 영화, 뉴스 등이 있다. 세 번째로는 커머스 성격이 강한 선물가게, 운세, 모바일 등으로 구분된다. 마이스페이스의 주요 서비스는 크게 2가지로 구분된다. 첫 번째로는 SNS성격이 강한 기본 서비스로 프로필, 친구, 메일, 블로그 등이 있다. 두 번재는 엔터테인먼트 성격이 강한 유머, 게임, 뮤직, 비디오 등으로 나뉜다. 페이스북 역시 그 성격에 따라 크게 2가지로 주요 서비스를 나눌 수 있다. 첫 번째로는 프로필, 친구, 받은 쪽지함 등의 SNS성격이 강한 기본 서비스가 있으며, 두 번째로는 포토, 노트, 비디오, 그룹, 이벤트, 모바일 등 애플리케이션을 통해 페이스북 사용에서 확장성을 더해주는 서비스로 구분된다. 트위터의 주요 서비스는 크게 2가지로 나눌 수 있는데, 홈(home)의 단문 메시지 입력창, 프로필(profile), 리플라이(replies), 다이렉트 메시지(direct messages) 등이 포함된 SNS 성격의 기본 서비스와 파인드 피플(find people), 팔로잉(following), 팔로어(followers), 업데이트(updates), 트렌딩 토픽(trending topics) 등이 있고, 미투데이 역시 홈(home)의 단문 메시지 입력창, 프로필(profile), 리플라이(replies), 쪽지, 새글 문자 알림, 친구 추가, 친구 찾기 등으로 찾아볼 수 있는 검색 서비스로 구분된다. 앞서 살펴본 국내외 SNS 특성들을 정리하면 〈표 1-1〉과 같다.

〈표 1-1〉 싸이월드, 카카오스토리, 페이스북, 트위터, 미투데이 사례 비교 분석

구분	싸이월드	카카오스토리	페이스북	트위터	미투데이
오픈시기	1999년 2월	2012년 3월	2004년 2월	2006년 8월	2007년 2월
보유회원	약 2,600만명	약 2,800만 명	약 10억 명	약 3억 명	약 500만 명
기본구성	팝업 형태의 작은 사이즈	애플리케이션	웹 페이지	웹 페이지	웹 페이지
꾸미기	스킨, 음악, 폰트 등 변경 가능(유료)	스킨, 사진 변경 가능 (무료)	애플리케이션 설정 (대부분 무료)	간단한 스킨 변경 가능 (무료)	간단한 스킨 변경 가능 (무료)
업데이트 알림	마이싸이월드에서 확인가능.(지인과 공유불가)	실시간 스마트폰 업데이트	메인의 월에서 확인가능.(지인과 공유가능)	실시간으로메인에서 확인가능 (지인과 공유가능)	관심친구 등록시 문자로 확인가능
프로필	자유롭게 기입. 대부분 활용하지 않거나 간단한 문구	간단한 이름 및 사진, 간단한 문구	학력 등의 개인정보를 정형화된 형태로 기입.	이름과 지역, URL, 최대 160 자내의 소개글	학력 등의 개인정보를 정형화된 형태로 기입.
친구목록	마이싸이월드, 상단 미니바의 파도타기로 접근 가능	카카오톡 동기화	프렌즈를 통해 접근 가능	팔로어, 팔로잉을 통해 접근 가능	프렌즈를 통해 접근 가능

공개설정	전체공개, 비공개, 일촌공개, 개별적 일촌 공개 설정 가능	카카오톡 친구들과 친구 추가에 뜬 사람	전체 공개, 그룹과 친구, 친구의 친구, 친구, 사용자 지정 설정 가능	별도의 설정 없이 전체 공개.	미친 (미투데이 친구맺기) 설정
코멘트	방명록 게시글, 사진첩 등 하단 댓글로 게시 (메인에서 내용확인 불가)	사진첩, 게시글 등 하단 댓글로 게시	게시물 하단 코멘트로 게시 (메인에서 내용확인)	특정사용자의 메시지에 @userid 형태로 게시	RT와 Replie
도메인	도메인 별도 설정 가능 (옵션)	도메인 별도 설정 가능 (옵션)	도메인 제공안함.	도메인 제공 (가입 즉시 기본 설정)	도메인 제공 (가입 즉시 기본 설정)
서비스	기본 (미니홈피, 블로그, 티운, 클럽) 엔터테인먼트 (광장, 동영상, 뮤직, 뉴스) 커머스 (선물가게, 운세, 모바일)	기본 (프로필, 사진, 게시글)	기본 (프로필, 프로필, 받은 쪽지함) 확장 (포토, 노트, 비디오, 그룹, 이벤트, 모바일)	기본 (메시지입력창, 프로필, 리플라이 다이렉트 메시지) 검색 (파인드 피플, 팔로잉, 팔로어, 업데이트, 트렌딩 토픽)	기본 (프로필, 마이미투, 프라이버시, 휴대폰 (휴대폰 알림,스킨설정)

이러한 SNS들이 주목을 받는 이유는 자신과 관계된 지인을 중심으로 관계를 형성하면서 기존과는 다른 정체성을 형성을 도와주기 때문이다. 기존의 나와 익명을 기반으로 한 커뮤니티상의 나와는 달리 SNS는 자신과 연결된 지인을 중심으로 한 서비스의 구성이 용이하다는 장점을 가지고 있다. 또한, 대부분의 SNS들이 오픈 API 전략을 추구하면서 플랫폼을 개방하여 다양한 형태의 서비스와 기능을 손쉽게 만들 수 있도록 성장 가능성을 열었다는 측면에서도 의의가 있다.

3.2 스마트폰에서 SNS 사용하기

위에서 설명한 여러 SNS들 중에서 가장 많은 회원수를 자랑하는 페이스북을 대표로 스마트폰에서의 활용방법을 설명 알아보도록 하겠다.

3.2.1 스마트폰에서 페이스북 이용하기

컴퓨터 기능이 있는 휴대폰을 스마트폰이라고 한다. 아이폰이나 안드로이드 계열의 스마트폰으로 페이스북을 이용하는 방법을 알아보겠다.

스마트폰에서 페이스북을 이용하려면 페이스북에서 만든 스마트폰용 앱인 'Facebook'을 설치해야 한다. 여기서는 안드로이드을 위주로 설명하지만 다른 계열의 폰도 사용법은 동일하니 활용해 보자.

1 아이폰은 앱스토어에, 안드로이폰은 구글 플레이 스토어에 접속한다. 검색 창에서 'facebook'을 검색하여 앱을 찾은 뒤 설치한다.(그림 3-17)

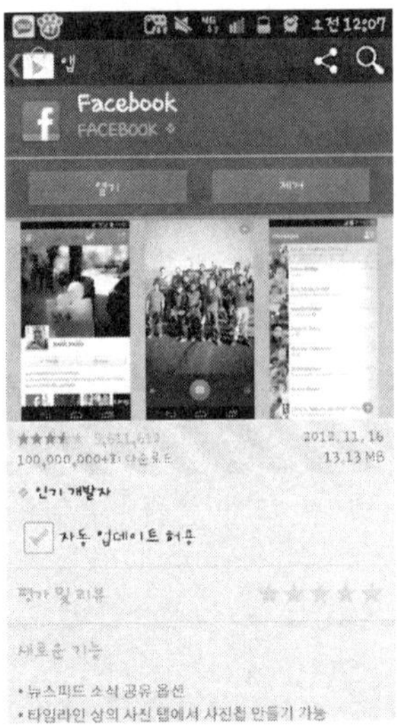

(그림 3-17) 페이스북 설치

2 페이스북 앱을 실행하면 로그인 창이 먼저 나온다. 페이스북 계정으로 쓰는 이메일과 비밀번호를 입력하고 〈로그인〉을 눌러라.

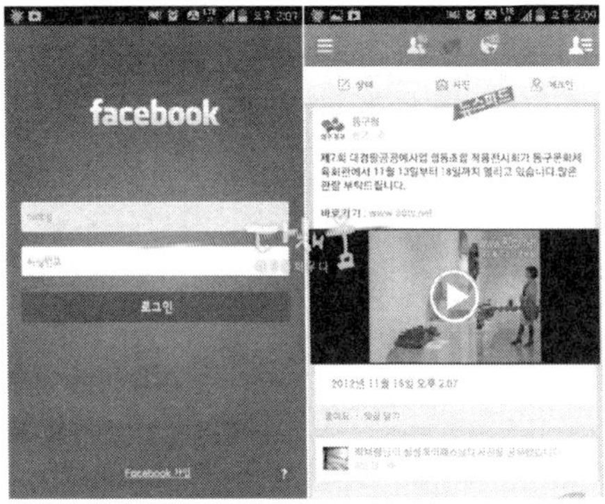

(그림 3-18) 페이스북 접속하기

그러면 (그림 3-18)과 같이 '뉴스피느'가 바로 뜨며, 친구들의 글과 사진을 실시간으로 확인 가능하다. 먼저 맨 위의 왼쪽에 있는 '三' 모양의 아이콘은 메뉴기능으로 개인 프로필, 노트, 메시지, 친구, 그룹 등의 기능을 이용할 수 있다. 그 옆의 사람 상체 모양의 아이콘은 나에게 온 친구요청을 확인할 수 있게 해주고, 바로 옆의 네모모양의 아이콘은 메시지를 가리킨다. 또 지구본 모양의 아이콘은 새 알림을 나타내며, 오른쪽의 마지막 아이콘은 지금 페이스북을 하고 있는 친구들의 목록을 보여준다. 또한 그 아래에 있는 '상태'를 클릭하면 새로운 게시물 쓰기가 가능하고 '사진'을 클릭하면 사진을 업로드 할 수 있다. 사진첩에 있는 것을 올려도 되고, 즉석으로 찍어서 업로드 할 수도 있다. 마지막 '체크인'은 위치태그로 현재 나의 위치를 친구들에게 알려줄 수 있는 기능이다.

(그림 3-19) 게시글 업로드 화면

3 앞서 잠깐 이야기 했듯이, 게시글을 업로드 하기 위해서는 '뉴스피드'에서 '상태'를 클릭하면 된다. 그러면 (그림 3-19)와 같이 나타나며, 쓰고 싶은 글을 쓴 뒤 오른쪽 상단의 '게시'를 클릭하면 된다. 아래에 있는 몇 가지 아이콘도 살펴보면, 맨 왼쪽에 있는 '사람모양+' 아이콘은 이름태그 기능으로 함께 있는 친구 이름을 태그로 달 수 있다. 그 옆에 물방울 모양의 아이콘은 위치태그 기능이며, 카메라 모양의 아이콘은 사진첨부 기능이다. 그것을 클릭하며 오른쪽의 사진과 같이 본인의 사진첩이 뜬다. 맨 아래 왼쪽에 카메라를 다시 한 번 더 클릭하면 카메라 기능이 작동되어 바로 사진을 찍어 올릴 수 있다. 또 마지막에 있는 지구본 모양의 아이콘은 뉴스피드에 있는 지구본 아이콘과는 다른 기능을 한다. 여기서 기능은 새글 알림이 아닌, '게시글 공개여부'를 설정한다. 나만보기, 친구만, 전체공개 등 각 게시글 마다 공개범위를 자유롭게 설정할 수 있다.

4 우선 마음에 드는 친구의 게시글이 있다면, 그 하단을 보면 '좋아요'와 '댓글달기'가 있다. '좋아요'는 단순한 호감과 공감을 표시하는 방법으로 그냥 클릭 한 번만 하면 되고, '댓글달기'는 게시글에 대해 좀 더 적극적인 반응을 나타내는 것으로, 클릭 후에 쓰고 싶은 댓글을 쓰고 옆에 있는 '보내기'를 클릭하면 된다. (그림 3-20)

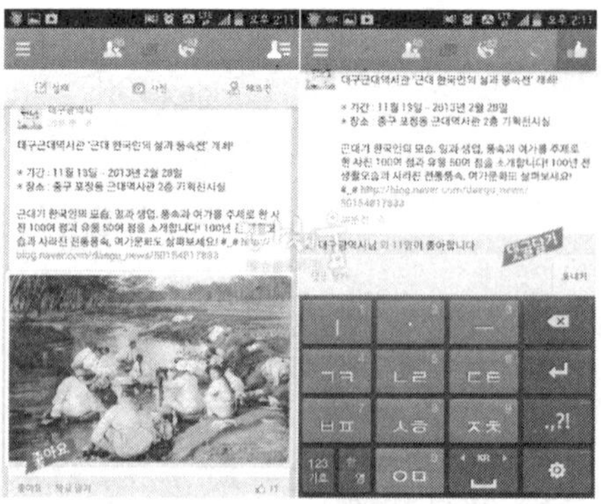

(그림 3-20) 좋아요 및 댓글 남기기 화면

5 페이스북에 접속하면 바로 '뉴스피드'가 뜨는데, 나의 개인 프로필로 가려면 뉴스피드 화면에서 메뉴 기능인 '三' 아이콘을 클릭 한다. 그러면 맨 위에 개인 이름이 뜨게 된다. (그림 3-21)과 같이 이름을 클릭하면 바로 개인 프로필로 접속

된다. 프로필 화면에도 뉴스피드와 같이 상태, 사진, 체크인 아이콘이 있으니 클릭해서 게시글을 업로드 하면 된다. 또한 메뉴기능에는 프로필 가기 외에도 메시지, 친구, 페이지, 그룹, 노트, 이벤트, 계정설정 등 다양한 기능이 있으니 한번씩 클릭해보면서 이용해 보는 것도 좋은 방법이다.

(그림 3-21) 개인 프로필 접속하기

6 친구의 프로필로 접속하고 싶으면, (그림 3-22)와 같이 친구 찾기로 찾아서 접속해도 되고, 또 뉴스피드에 뜬 친구 이름을 바로 클릭하면 된다. 친구 프로필로 접속하면 그 친구에게 메시지를 보낼 수도 있고, 게시물 쓰기도 가능하다. 메시지 보내기와 게시물 쓰기의 큰 차이는 공개여부인데, 메시지는 오직 친구만 확인 가능하지만 친구에게 게시물을 남기면 그 친구의 친구들도 함께 볼 수 있다.

(그림 3-22) 친구 프로필 접속하기

7 마지막으로 로그아웃하기이다. 로그아웃을 하는 방법은 안드로이는폰과 아이폰이 조금 다르다. 안드로이드폰의 경우에는 핸드폰 자체의 메뉴 기능을 터치하면 왼쪽 (그림 3-24)처럼 몇 가지의 아이콘들이 뜨는데, 거기서 '로그아웃'을 선택하면 된다. 아이폰의 경우에는 '三' 모양의 아이콘을 클릭한 후 맨 아래를 보면 '로그아웃' 글씨가 보인다. 그것을 클릭하면 된다. (그림 3-24)
둘 다 방법은 다르지만 어렵지 않은 방법들이다.
스마트폰 페이스북 하는 것을 그 동안 어렵게만 생각했다면, 이번 기회에 차근히 따라 해보면서 즐길 수 있도록 해보자.

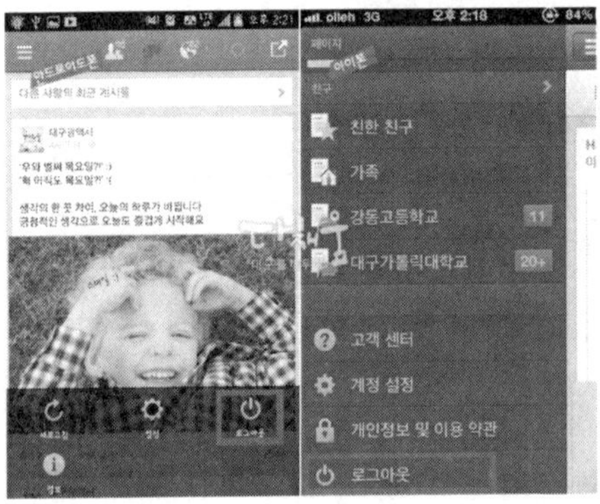

(그림 3-24) 로그아웃하기(오른쪽 안드로이드폰, 왼쪽 아이폰)

3.2.2 스마트폰에서 트위터 이용하기

스마트폰에서 트위터을 이용하려면 트위터에서 만든 스마트폰용 앱인 'Twitter'을 설치해야 한다. 여기서는 아이폰을 위주로 설명하지만 다른 계열의 폰도 사용법은 동일하니 활용해 보자.

1 (그림 3-25)와 같이 어플리케이션을 다운 받을 수 있는 앱스토어나 구글 플레이스토어 등에서 어플리케이션을 내려 받는다. 한글이나 영어로 트위터를 검색하면 된다. 스마트폰에 트위터 아이콘이 생성되었으면, 일단 아이콘을 누른다. 처음 아이디와 패스워드를 입력하라는 창이 나온다. 트위터 계정이 이미 있다면 기존 계정을 통해 로그인 하시고 없다면 가입 절차를 스마트폰을 통해 밟고 트위터 회원이 되면 된다.

(그림 3-25) 다운로드 및 로그인 화면

2 (그림 3-26)과 같이 로그인을 하게 되면 자동으로 위치정보를 허용 할것인지, 기존 이메일에 등록된 연락처를 함께 연동할 것인지 또 트위터로 부터 오는 알람을 받을 것인지 묻는 창이 뜬다. 위치정보를 승인하게 되면 트윗을 작성하실 때 위치정보를 함께 첨부 할수 있다. 버튼을 다 누르고 나면 타임라인이 뜨게 된다.

(그림 3-26) 트위터 초기 화면

3 트위터를 통해 트윗을 쓸 수 있게 되었다. 아무래도 스마트 폰을 통해 트윗을 작성하게 되니 오타도 많이 난다. 어쩔 수 없는 실수지만 트윗을 다 쓰고 한번 더 읽어보는 습관을 들이면 애써 쓴 아까운 트윗을 삭제하는 일이 없을 것이다. (그림 3-27)과 같이 기존 트위터에서 즐길 수 있는 서비스를 즐길 수 있다. 다른 어플리케이션을 사용하시면 URL축소 서비스 등을 받으실 수도 있다.

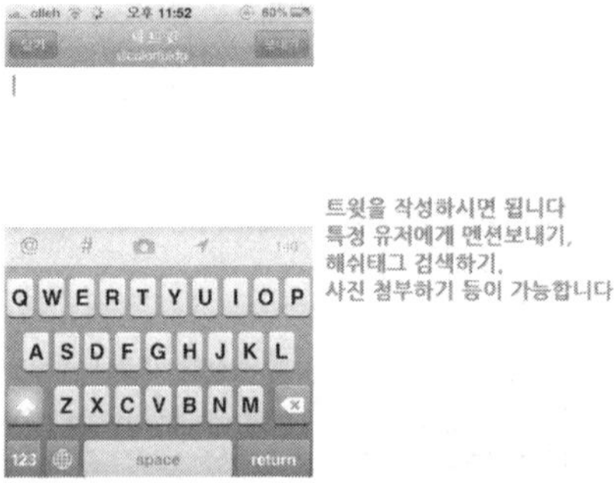

(그림 3-27) 트위터 트윗 작성 화면

4 (그림 3-28)과 같이 특정 유저에게 멘션보내기, 해쉬택 검색하기 또 카메라버튼을 누르면 사진자료를 첨부할 수 있다. 화살표를 누르게 되면 위치정보도 표시 가능하다.

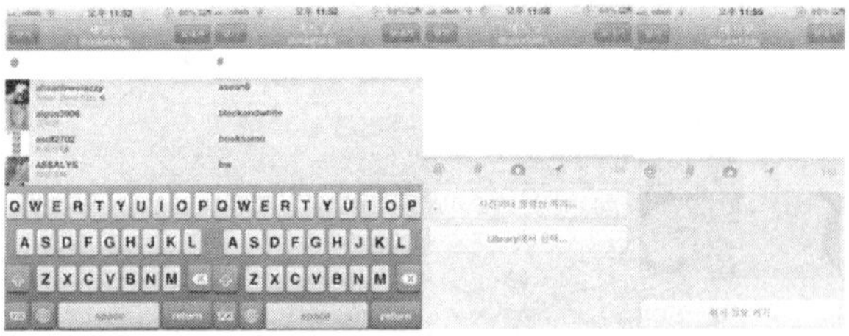

(그림 3-28) 트위터 여러 가지 사용 방법

5 트윗을 다 작성하시고 완료를 누르면 다시 타임라인이 보이는 창으로 돌아오게 된다. (그림 3-29)와 같이 하단 검은 부분에는 나에게 온 멘션 확인하기, DM확인하기, 검색 기능 그리고 '... '버튼은 기타 설정을 바꿀 수 있는 기능들이 있다.

(그림 3-29) 트위터 멘션, 쪽지, 검색 기능

6 특히... 버튼을 누르게 되면 프로필이나 관심 글 편집이 가능하다. (그림 3-30)와 같이 좌측 이미지에서 화면을 드래그 하게 되면 계정 및 설정 버튼이 나온다. 그걸 클릭하게 되면 우측 화면이 나온다. 트위터 계정은 메일 주소만 있으면 여러 계정이 생성 가능한 관계로 여러 계정을 가지고 계신 사람들이 많다.
저 버튼을 클릭하시면 멀티 계정 운영이 가능하다. 플러스 버튼을 누르게 되면 또 다른 계정을 추가 가능하다. 계정을 바꿔 사용하시고 싶으실 땐 해당 계정 버튼을 누르시면 자동으로 로그인 정보가 바뀌게 된다. 트위터 어플리케이션을 사용하면 언제나 트위터에 접속해 있는 것과 마찬가지이다. 멘션이나 DM이 왔을 때 즉각적으로 알 수 있고 언제 어디서나 빠르게 트위터를 사용할 수 있어 실시간으로 대화를 주고받을 수 있는 트위터의 매력을 제대로 느낄수 있을 것이다.

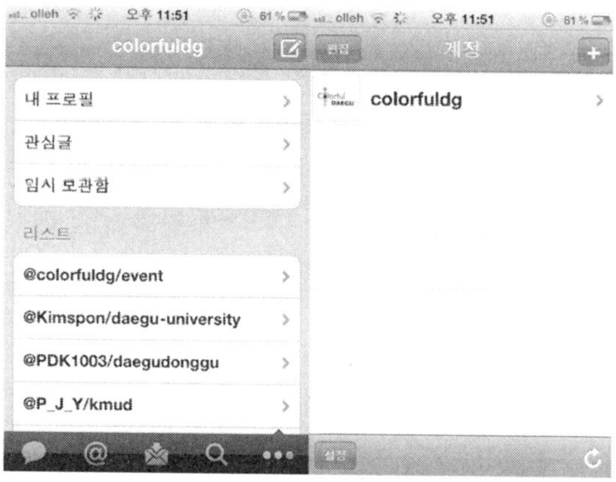

(그림 3-30) 트위터 설정 화면

3.2.3 스마트폰에서 카카오톡 사용하기

카카오톡과 연동이 되기 때문에 많은 사람들에게 사랑받고 있는 카카오스토리는 간단하게 말하면 폰으로 공유하는 미니블로그 같은 개념이다. 카카오톡과는 달리 사진을 올릴 수 있고 친구들과 사진과 글로써 소통을 할 수 있다.

1 어플리케이션을 다운 받을 수 있는 앱스토어나 구글 플레이 스토어 등에서 어플리케이션을 내려 받는다. 스마트폰에 카카오스토리 아이콘이 생성되었으면, 일

단 아이콘을 누른다.(카카오톡에서 연동으로 들어갈 수도 있다.) 처음 아이디와 패스워드를 입력하라는 창이 나온다. 기존에 카카오톡 계정이 있는 사람은 카카오톡 계정으로 로그인을 하면 되고, 없는 사람은 새로만들기를 하여 회원가입을 하면 된다.

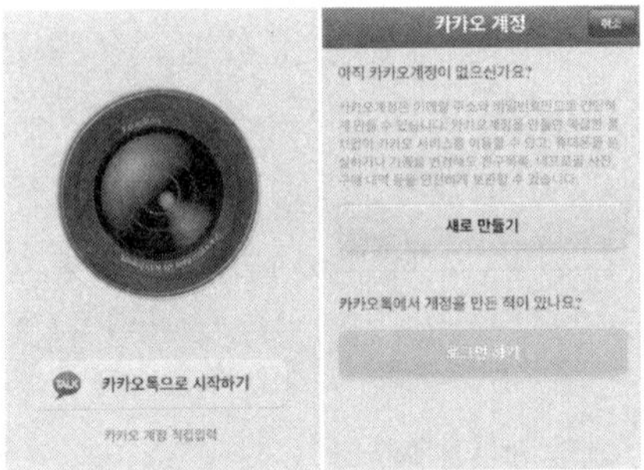

(그림 3-31) 카카오스토리 시작하기

2 (그림 3-31)과 같이 가입이 완료되면 처음으로 보이는 화면이다.
'소식'을 누르면 나와 나의 친구들이 올린 사진과 글들을 한꺼번에 볼 수 있다. '내 스토리'는 카카오톡 프로필 화면에 작게 보이고 기본으로 설정되어 있는 화면이 바탕에 트게 나온다. 아래쪽에 작게 표시된 숫자는 새소식과 숫자, 친구의 숫자를 뜻한다.

(그림 3-32) 카카오스토리 초기화면

3 (그림 3-32)에 3번째 그림을 누르면 '촬영', '앨범에서 선택', '글쓰기' 메뉴가 나와 원하는 것을 선택하면 된다. (그림 3-33)과 같이 사진을 선택하면 '이동 및 자르기' 화면이 나와 원하는 크기로 이동 및 자르기를 한 후 '다음' 버튼을 누르

면 된다. '다음' 버튼을 누르면 여러 가지 필터효과들이 나열된다. 한번씩 눌러보고 원하는 효과를 선택 한 후 '완료' 버튼을 누른다.

(그림 3-33) 카카오스토리 사진

4 (그림 3-34)와 같이 필터 적용 후 스토리 작성 페이지가 뜬다. 원하는 글을 타이핑 하고 '올리기'를 해도 되지만, 필독 친구 선택이나 공개설정을 한 후 '올리기'를 하는 방법도 있다. 전체공개로 하면 누구든지 볼 수 있지만, 친구공개로 하게 되면 내 친구만 사진과 글을 볼 수 있다.

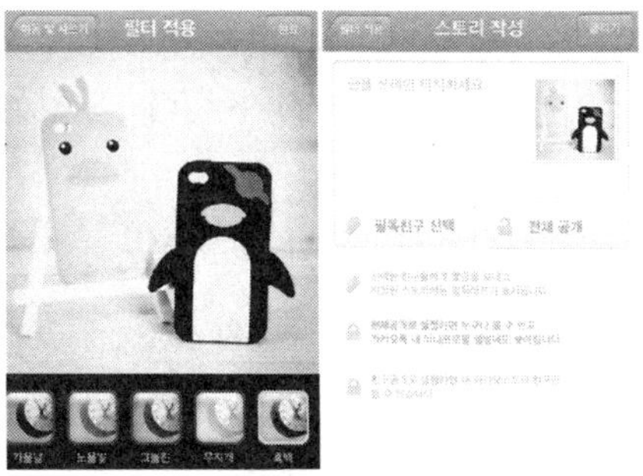

(그림 3-34) 카카오스토리 스토리 작성

5 (그림 3-32)에서 '친구'는 (그림 3-35)과 같이 친구, 친구추천, 받은 신청으로 나누어져 있다.

친구는 나와 친구사이가 된 사람들의 이름이 뜨고, 누르면 그 친구의 카카오 스토리로 갈 수 있다. 친구신청은 내게 친구신청을 누른 사람들의 목록을 보여준다. 친구추천은 스토리 추천 친구, 내 카카오톡 친구, 수락중인 친구가 순서대로 나온다. 스토리 추천 친구는 현재 카카오스토리를 사용하고 있는 친구들의 목록이고, 친구신청을 하면 신청한 친구의 받은 신청에 뜨게 된다. 내 카카오 친구는 카카오톡은 하고 있으나 아직 카카오 스토리를 사용하지 않는 친구들이다. 친구 신청을 누르면 친구의 카카오톡에 친구신청 글과 카카오스토리 다운로드 링크가 메시지로 가게 된다. 수락중인 친구는 내가 친구신청을 했지만, 아직 수작해주지 않은 친구들의 목록이 뜬다.

(그림 3-35) 카카오스토리 친구

6 마지막 '설정'에서는 카카오톡과 거의 흡사하다. (그림 3-36)과 같이 계정에 들어가면 로그아웃과 서비스 탈퇴가 있다. 탈퇴를 누르게 되면 계정과 비밀번호를 쓰고 탈퇴하기를 누르면 탈퇴완료 메시지가 뜬다. 확인을 누르면 탈퇴가 완료된다.

(그림 3-36) 카카오스토리 설정 창

3.2.4 페이스북 친구끼리는 전화 공짜!

페이스북을 이용해서 휴대전화를 공짜로 이용하는 방법이 있다. 미국의 인터넷 전화 사업자인 보지니(Vonage)에서 만든 어플리케이션을 이용하는 사람들끼리는 휴대 전화를 무료로 사용할 수 있다. 아이폰이든 안드로이드폰이든 모든 스마트폰에서 이용할 수 있다.(그림 3-37)

(그림 3-37) 보니지의 초기 화면

3.2.4.1 보지니 프로그램 설치하고 통화해 보기

1 먼저 아이폰의 앱스토어에서 'vonage'를 입력하여 앱을 검색한다. 안드로이드 마켓에서도 다운로드받을 수 있다.
〈vonage mobile for facebook - Phone and iPod touch〉를 선택하여 프로그램을 설치한다. 이 앱은 무료로 제공된다.(그림 3-38)

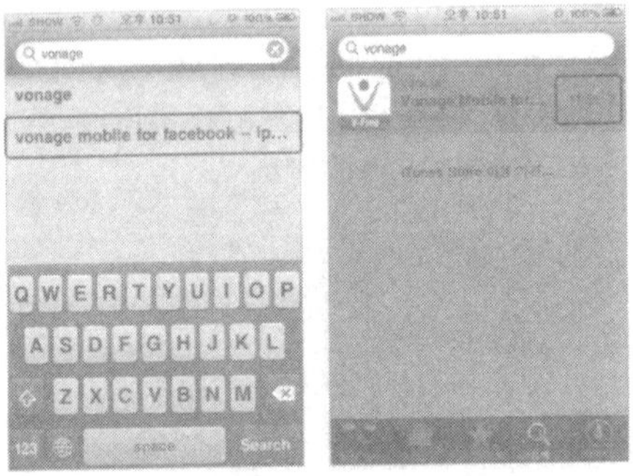

앱스토어 검색　　설치 준비

(그림 3-38)

2 설치된 보니지 앱을 실행한다. 페이스북 아이디로 로그인할 경우 페이스북 친구들과 무료로 통화할 수 있다는 안내문이 나온다. 〈Next〉를 눌러라. 그리고 보니지 서비스에 대한 설명 창이 뜨면 숙지한후 〈Accept〉를 누른다.(그림 3-39,40)

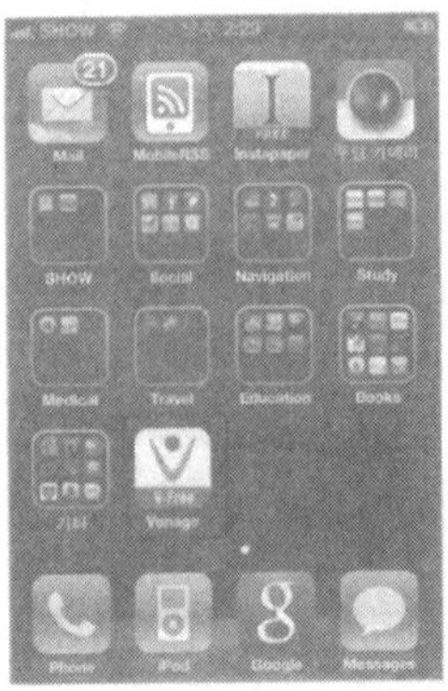

(그림 3-39) 보니지 실행전화면

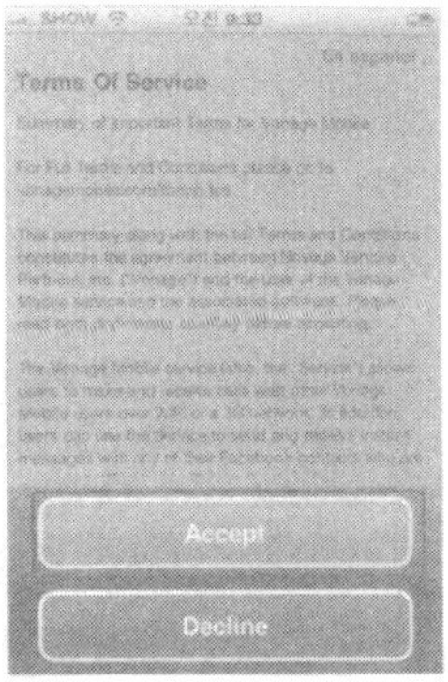

보니지 초기화면　　　　　보니지 안내문

(그림 3-40)

3 보니지 앱을 항상 켜놓지 않아도 친구에게 연락이 오면 언제든지 알림 창으로 알려줄 수 있도록 허가를 요청하는 메시지가 뜬다. 〈Next〉를 누른 뒤 〈OK〉 버튼을 누른다.(그림 3-41)

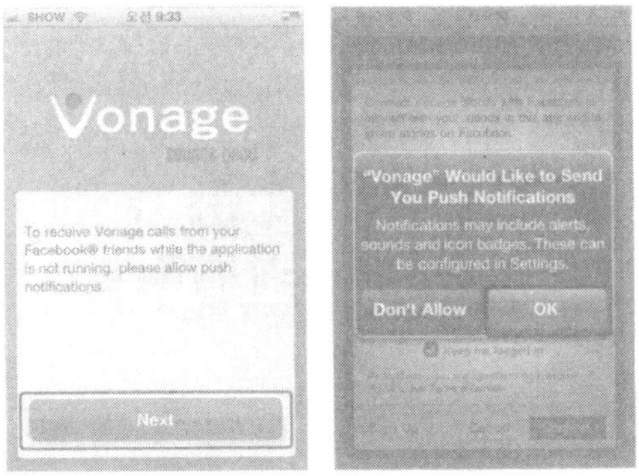

(그림 3-41) 허가요청 승인 화면

4 페이스북의 아이디와 비밀번호를 입력하고 〈Connect〉 버튼을 누른다. 이번에는 페이스북에 있는 나의 정보들과 함께, 보니지를 사용하지 않아도 정보를 받을 수 있도록 하는 허가 요청 메시지가 다시 한 번 나온다. 〈Allow〉를 눌러라. (그림 3-42)

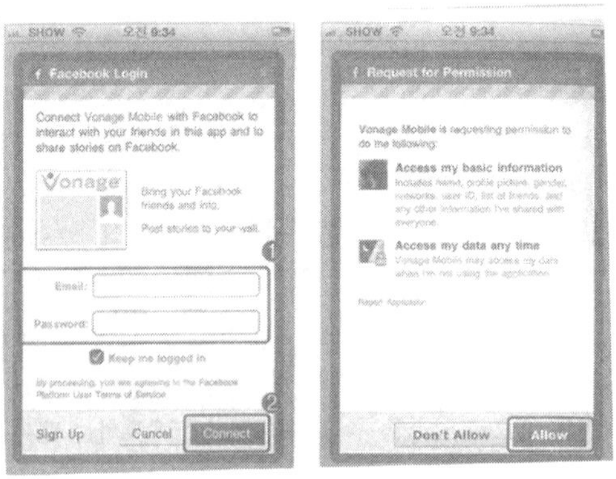

계정 로그인 화면　　　　　실시간 정보 화면

(그림 3-42)

5 페이스북 사이트에서도 보니지와 연결될 수 있도록 허가 요청을 하는 창이 나온다. 〈허가하기〉를 누른다. 이제 보니지와 페이스북이 연결되었다. www.vonage.com/talkfree에서 더 많은 친구에게 무료통화를 하기 위해 초청하라는 메시지가 나온다. 〈Next〉를 누른다.(그림 3-43)

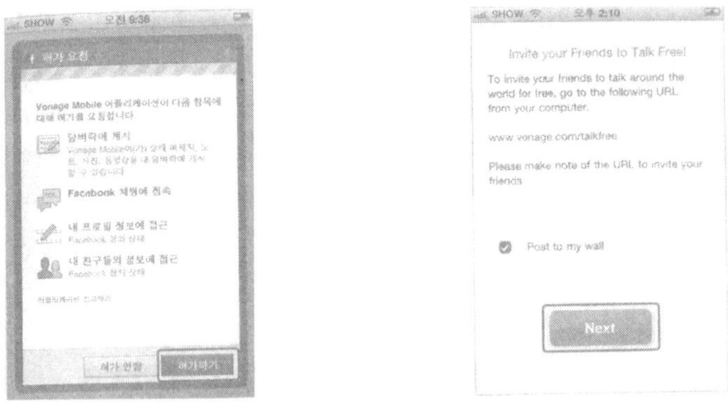

보니지 어플레케이션 요청 하는창　　　　　친구에게 보니지 추천하기

(그림 3-43)

6 친구들의 목록이 보니지를 설치한 친구와 그렇지 않은 친구로 구분되어 화면에 나타난다. 이때 보니지를 설치한 친구는 바로 통화할 수 있고, 그렇지 않은 친구와는 채팅을 할 수 있다. 무선 인터넷(WIFI) 지역에서는 무료통화가 가능하고

3G 지역에서도 옵션을 적용하면 통화할 수 있다. 이름 오른쪽에 있는 화살표 아이콘()을 클릭한다. 통화하고 싶은 친구를 선택하면 전화를 할 것인지, 메시지로 채팅을 할 것인지를 물어본다. 보니지는 무료통화가 가능할 때 의미가 있는 만큼 무선 인터넷 지역에서만 통화하는 것이 좋다.(그림 3-44)

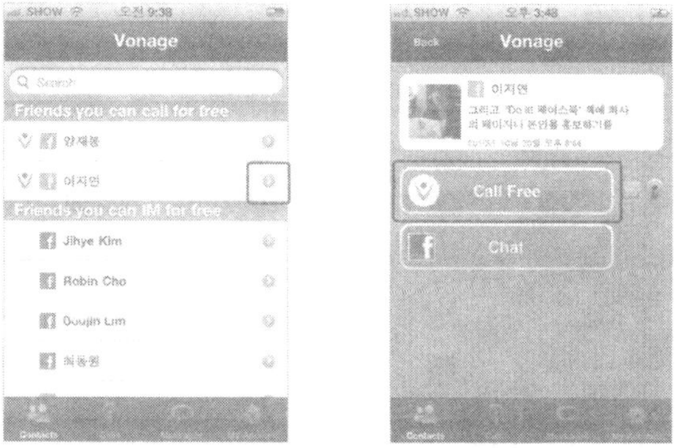

아이콘( )을 클릭 전화연결 시도화면

(그림 3-44)

7 전화가 무료로 연결되었다. 전화를 끊으려면 〈End Call〉을 눌러라.(그림 3-45)

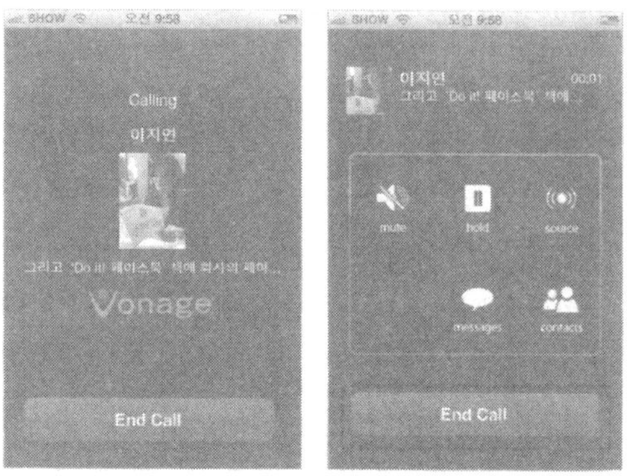

전화연결화면 전화연결된 화면

(그림 3-45)

참고자료

[1] 출처 : 한국인터넷진흥원(2008년 기준), http://isis.nida.or.kr
[2] SK커뮤니케이션즈 연혁 참조
[3] SK커뮤니케이션즈 보도자료 참조(2009.04 기준)
[4] 아이뉴스24(2009.05.11)
[5] 자신과 관계를 맺은 일촌들의 미니홈피를 순회 방문하는 일.
[6] 박지연, 2007, pp10~11
[7] 디지털타임즈, 2003.04.25
[8] ZDNET, 2009.05.13
[9] TechCrunch(2009.01.13)
[10] 파이낸셜뉴스, 2009.05.27
[11] 출처 : 트위터 도움말, http://help.twitter.com/potal
[12] 출처 : 트위픽, http://twitpic.com

제 4 장

스마트폰

2009년 11월 28일, 세계적으로 선풍적으로 각광받는 애플사의 아이폰이 우여곡절 끝에KT를 통해 우리나라에 출시하였다[1]. 출시이후 상당의 고가의 가격에도 불구하고 10일 만에 판매량 10만대를 돌파하였다. 이후 삼성, HTC, Nokia등 세계적인 휴대폰 제조사들이 앞다투어 우리나라에 많은 스마트폰을 출시하여 스마트폰 열풍을 계속 이어나가고 있다.

스마트폰이 어떠한 매력을 가졌기에 우리나라를 포함한 전 세계 사람들에게 열광적으로 보급이 되고 있을까?

스마트폰의 정확한 정의는 없지만 일반적으로 업계에서 정의하는 스마트폰은 기존의 전통적인 휴대전화기의 기능에서 볼 수 있는 음성, 문자 전송 등의 기능에 보다 향상된 성능과 다양한 기능을 제공하는 제품으로 분류한다. 좀 더 기술적으로 접근하면 보다 명확한 설명이 가능한데, Open OS(Operating System)를 사용하여 단말 제조사뿐만 아니라 이동통신사, 협력 업체에서 누구나 쉽게 단말기에 새로운 Application 프로그램을 제공할 수 있도록 만들어진 단말기를 스마트폰이라고 정의할 수 있다.

쉽게 말해 기존의 전통적인 핸드폰은 소비자가 단말기를 구매한 후 단말제조사에서 제공한 정해진 기능만을 이용할 수 있던 것에 비해 스마트폰은 별도의 Application 다운로드 마켓을 통해 새로운 기능의 Application을 필요시 언제든지 소비자가 다운로드하여 자신의 단말기에 설치해 사용할 수 있다. 최근에는 단말기의 특정 기능뿐만 아니라 PC처럼 OS의 버전 업그레이드 통해 출시 후에도 소비자의 불편사항을 개선할 수도 있게 되었다.

스마트폰은 최근 수년간 업체간의 경쟁과 이기종 간의 기능의 컨버전스를 통해 기존의 포터블미디어 기기의 다양한 특화 기능들(HTML(HyperText Markup Language] FullBrowser, 미디어플레이어, Touch GUI(graphical user interface), MP3(MPEG Audio Layer-3), Social Network, Sync, Wi-Fi지원 등)을 흡수하여 기존의 전통적인 휴대 전화기와는 확연한 차이를 두게 되었다[2].

스마트폰이 밀려오면서 철옹성과 같았던 이동통신사들의 '월드가든(walled garden)'이 허물어졌다는 평가가 대세를 이뤘다. 초당요금제를 시작으로 3G망에서의 데이터 무제한 요금제, 데이터공유서비스(OPMD(One Person Multi Device)) 등이 시행됐다. 그러나 정액제 기반의 스마트폰 요금제 등 고가의 데이터 통신료를 통해 수익성을 유지하는 등 새로운 형태의 월드가든이 형성됐다는 분석도 제기됐다.

스마트폰 확산으로 휴대폰 제조사들도 큰 변화를 맞이했다. 스마트폰 대응에 늦었던 국내 제조사들이 애플에 대항하는 모델 출시에 총력을 기울이면서 어느 정도 성과도 올렸다. 특히, 애플 아이폰과 삼성전자 갤럭시S 시리즈의 경쟁은 모바일 시장을 뜨겁게 달궜다. 글로벌 휴대폰 제조사들의 잇단 진출도 올해 두드러지면서 이제 국내 시장은 글로벌 제조사들의 각축장으로 변신했다.

오픈마켓의 개장과 애플리케이션(앱) 확산도 주요 관전 포인트였다. 스마트폰의 확산에 결정적인 역할을 한 모바일 앱은 국내 개발자들에게 희망의 메시지를 전달해줬다. 또, 스마트폰 가입자가 늘어나면서 모바일의 킬러 서비스로 트위터나 페이스북 등 소셜네트워크서비스(SNS) 등이 부상, 새로운 미디어 채널로 자리매김한 것도 올해 두드러진 변화상이다[3]. 각종 센서로 많은 기능을 제공하여 차별화 두는 스마트폰은 기존 휴대폰과 사용법이 달라 스마트폰은 많은 사람들이 사용하기 어렵다고 인식이 되어 있다. 하지만 약간의 학습시간을 가지고 하나씩 하나씩 경험 한다면 스마트폰도 쉽고 편리하게 사용하게 될 것이다.

〈표 4-1〉 스마트폰과 일반폰 비교

	스마트폰	일반폰
어플리케이션	• 대부분의 어플리케이션들이 설치를 통해 사용 가능 • 수백여종의 다양한 어플리케이션이 존재 • 사용자가 직접 어플리케이션 제작 및 설치 가능	• WIPI등을 이용한 제약적 설치 • 기본 시스템 어플리케이션 변경 불가 • 제한되고 게임에 집중된 어플리케이션 • 사용자가 직접 어플리케이션을 제작하기도 어려우며 제작하더라도 설치 불가능
인터넷	• 여러가지 브라우징 프로그램을 이용한 다양한 방법으로 인터넷 접속 가능 • 무선인터넷을 이용한 인터넷 직접접속	• 지원하는 폰에 따라 각각 다르며 부분적인 인터넷만 가능 • 폰 자체 브라우저(SHOW,네이트 등)를 이용한 간접 접속
인터페이스	• 다양한 TODAY 어플리케이션을 이용한 자신에게 맞는 인터페이스 사용 가능.	• 제조사에서 제공한 화면과 기능으로 인한 제약적인 인터페이스 변화만 가능.
벨소리	• 일반 MP3, WAV등의 고음질 사운드를 벨소리로 바로 사용가능 • 사용가능한 벨소리의 양에 제한 없음. 직접 만들어 사용 가능	• 일반 MP3, WAV등의 고음질 사운드를 벨소리로 사용불가 • 다운로드 받은 벨소리와 정해진 벨소리만 제약적으로 사용가능
호환	• 같은 OS의 스마트폰 끼리 어플리케이션의 공유 가능	• 같은 종류의 휴대폰끼리 어플리케이션 전송 및 공유 불가
기능	• GPS, Wi-Fi 등의 기능이 구비되어 무선인터넷 접속 없이 네비게이션 사용이나 인터넷 접속이 가능함.	• 무선 인터넷 접속을 통한 제한적 GPS 및 네비게이션 사용 • Wi-Fi 가 없음

4.1 스마트폰이 만드는 새로운 시장

4.1.1 이동통신 단말기 시장

스마트폰이 이동통신 단말기 시장에 미치는 영향은 스마트폰이 전체 이동통신단말기 시장에서 차지하는 비중으로 가늠할 수 있을 것이다. 스마트폰은 평균판매단가는 일반휴대폰의 평균판매단가보다 약 3배가 높다고 측정 되고 있다. 따라서 시장 전체 매출액에서 스마트가 차지하는 비중은 판매대수에 비해 훨씬 높게 예측이 되고 있다. 예측기관에 따라 다소 차이가 있지만, 2013년 스마트폰이 전체판매대수에서 차지하는 비중은 40%내외로 예측되고 있다. 하지만 매출액을 기준으로 스마트폰이 전체 이동전화단말기 시장에서 차지하는 비중은 70%에 달할 것이라고 예측하고 있다(그림 4-1 참조). 2013년 정도가 되면 매출액 측면에서는 스마트폰이 사실상 이동단말기 시장의 주도권을 쥐게 되는 것이다[4].

(단위: %)

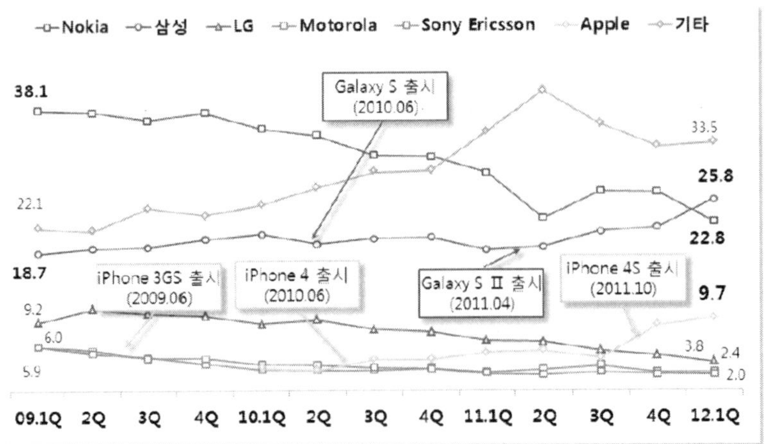

출처 : Strategy Analytics(2009), ABI Research(2012.05)

(그림 4-1) 글로벌 휴대폰 사업자별 점유율 추이

한편, 스마트폰 시장에 새로운 시장질서가 형성되고 있다. 이전까지 휴대폰 제조업체가 스마트폰을 제조하여 선도해왔으나, 지금은 스마트폰을 휴대용 PC로 인식하고 있는 에이서,

아수스, HP, 도시바, 레노보, 델 등 글로벌 PC 제조업체들의 스마트폰 시장공략이 본격화되면 스마트폰 시장에서의 경쟁은 더욱 심화될 것이다. 이처럼, 향후 글로벌 이동통신단말기 시장이 스마트폰을 중심으로 재편되고 스마트폰 시장은 새로운 질서 개편이 진행되고 있어 국내 기업의 적극적인 대응 노력이 필요하다. 특히, 스마트폰은 '휴대용 PC'라는 관점이 유효하다면 향후 글로벌 이동통신단말 시장의 경쟁요소는 기존의 경쟁요소에 콘텐츠 경쟁력이 중요하게 작용될 것이라는 점이다.

4.1.2 모바일 디바이스 시장

스마트폰은 모바일인터넷시대의 하나의 표상이다. 이는 스마트폰과 본질을 함께하는 모바일인터넷 디바이스 시장이 새롭게 성립되거나 기존에 주목받지 못했던 시장이 활성화될 수 있음을 의미한다. 대표적인 예는 애플의 아이패드 출시계획 발표로 인해 다시 주목받고 있는 태블릿PC시장이다. 구글 뿐만 아니라 HP, 델을 비롯한 메이저 PC업체들이 태블릿 PC를 최근에 출시했거나 출시계획을 발표하고 있다.

태블릿 PC는 모바일인터넷 디바이스이기 때문에 넷북, 노트북, e북 기기 등과 경쟁관계를 형성할 것으로 예상된다. 아이패드를 비롯한 태블릿PC도 본질적으로 스마트폰과 동일한 수익모델이라고 할 수 있다. 즉, 태블릿PC가 성공한다면 가장 큰 성공요인은 양질의 컨텐츠를 소비자들이 기꺼이 지불하고자하는 합리적인 가격으로 제공될 수 있는가의 여부가 될 것이다. 애플은 아이팟을 통해 음반 산업계와 협업 수익모델을 이끌어 낸 것처럼 아이패드를 통해 서적, 신문, TV 콘텐츠를 끌어들려고 하고 있다. 애플은 아이패드를 하나의 PC로 보기 보다는 디지털오픈장터와 함께 인식하고 있음을 알 수 있다. 장기적으로는 콘텐츠 중개상(content middleman)으로서의 영향력과 수익을 확대하겠다는 것이다. 또한 애플은 태블릿 PC를 통해 전자교과서 기술을 적용하여 학교로의 진입도 시도할 것으로 예상되고 있다.

4.1.3 게임기 시장

스마트폰은 닌텐도(DS, Wii), 소니(PSP3), MS(Xbox) 등 비디오 콘솔게임기 제조업체들에게도 위협요인이 되고 있다. 2009년 3사분기 현재, 아이폰과 아이터치의 누적 판매량은 5,700만대에 달한다. 이는 닌텐도에 이어 세계 제2위의 게임플랫폼으로 부상했음을 의미한다. 아이튠즈 앱스토어에는 2만1천개 이상의 게임과 엔터테인먼트 어플리케이션이 제공되고 있는데 이는 닌텐도 DS에서 제공하고 있는 게임의 7배, Sony PSP 게임의 35배에 달하는 수치이다. 유사한 게임에 대해서도 평균판매가격은 소니 PSP, Nintendo DS에 비해 낮다. 또한, 게임컨텐츠의 접근성에 있어서도 아이폰과 아이터치는 게임을 직접 다운받으면 되지만,PSP, Nintendo DS는 게임디스크나 카트리지를 구입해야 한다. 3D 구현 역량에서도 동등하거나 그 이상이다. 비디오 콘솔 게임의 경우 패키지당 평균 60달러 정도여서 비용부담이 적지 않다.

스마트폰의 위협에 대해 비디오콘솔게임기 제조업체들도 인터넷접속을 통해 영화나 TV드라마 제공서비스 제공을 추진하고 있다. 닌텐도는 넷플릭스에서 DVD 대여 및 온라인 서비스를 제공하는 업체와 제휴를 통해 서비스를 제공하고 있다. 소니와 MS도 플레이스테이션3와 X박스를 통해 비디오 스트리밍 서비스를 제공하고 있다.

4.1.4 이통통신 서비스 시장

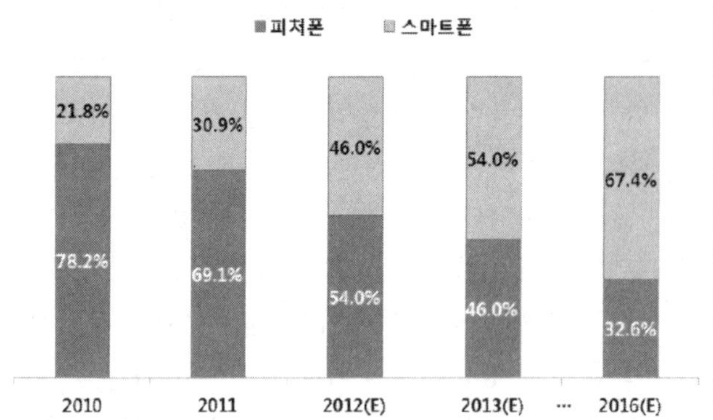

출처 : Oppenheimer(2011), ISuppli(2012.08)

(그림 4-2) 글로벌 스마트폰 가입자 수 추이

국내 스마트폰 가입자는 총 25,718,197명으로 집계되었다. 이는 전체 이동통신 시장의 47.97%에 해당하는 수치이다. 통신사별 점유율은 SKT 48.89%, KT 33.19%, LG U+ 17.91%를 각각 차지했다. 아이폰 효과 때문인지 전체 시장 점유율대비 KT의 스마트폰 가입자가 소폭 높다는 것을 알 수 있다[5].

4.1.5 기타

4.1.5.1 액세서리 시장

스마트폰이 보급 확산에 따라 액세서리 시장이 확대성장 하고 있다. 스마트폰 구입할 경우 대게 액세서리도 함께 구입하는 경우가 많아졌기 때문이다.
스마트폰 액세서리는 일반 휴대폰용 액세서리보다 비싸 관련 시장이 빠르게 성장하는 추세다. '갤럭시S' '아이폰' 등 스마트폰의 인기가 몇몇 제품에 쏠리면서 브랜드와 제품 경쟁력을 갖춘 기업 위주로 시장이 재편돼 액세서리 제품의 질도 점차 향상되고 있다. 앞으로도 스마트폰 보급이 확대 된다면 액세서리 시장도 함께 커진다는 예측이 되고 있다[6].

4.1.5.2 보안시장

스마트폰도 PC가 발전했던 길을 비슷하게 따라가고 있다. 장점을 따라 가는 부분도 있지만 애석하게도 단점도 같이 따라가고 있는 점이 있는데 바로 보안 부분이다.
지금 스마트폰도 PC에서와 같이 악성코드와 바이러스 그리고 트로이목마가 계속해서 발생하고 있다. 중국 같은 경우 바이러스에 감염된 안드로이드 폰 사용자가 많은 상위 10위 이내 성(省)과 직할시는 광동성(15%), 장쑤성, 저쟝성, 베이징시, 랴오닝성, 푸젠성, 쓰촨성, 산동성, 후베이성, 허난성 순으로 나타났다. 광동성은 지난 2분기에 이어 3분기에도 전국에서 가장 높은 이동전화기 바이러스 감염 비중을 보였다[7].

〈표 4-2〉 2012년 제 3분기 이동전화기 바이러스 감염 주요 분포 지역

안드로이드 폰 감염 지역 분포		심비안 폰 감염 지역 분포	
지역	감염 스마트폰 비중	지역	감염 스마트폰 비중
관동성	15.0%	광동성	11.7%
장쑤성	8.1%	베이징시	6.6%
저쟝성	7.0%	랴오닝성	6.2%
베이징시	6.3%	장쑤성	5.9%
라오닝성	5.6%	저쟝성	5.8%
푸젠성	4.8%	쓰촨성	5.8%

쓰촨성	4.6%	푸젠성	5.2%
산동성	3.8%	충칭시	4.6%
후베이성	3.7%	산동성	4.5%
허난성	3.7%	허난동	4.2%
후난성	3.1%	후베이성	3.4%
상하이시	3.1%	광시자치구	3.1%
허베이	3.0%	산시성	3.0%
광시자치구	3.9%	후난성	2.9%
샨시성	2.7%	윈난성	2.6%

출처 : 중국 텅쉰 모바일 보안랩(2012.10)

특히 스마트폰이 모바일 금융 및 기업업무에 활성화 되면서 스마트폰 보안 대책이 시급한 실정이다. 그에 발맞춰 주요 정보보호 업체들이 관련 보안 솔루션을 잇달아 출시하고 시장 공략에 나서고 있다[8].

4.2 스마트폰이 미치는 영향

스마트폰이 모바일 인터넷 대중화 시대를 열고 있다. "스마트 폰으로 하루를 시작하여 스마트폰으로 마감한다"는 사용자가 등장할 정도로 스마트폰의 영향력이 점점 커져 가고 있다. 앞으로 스마트폰의 장점인 실시간(Real-time), 정보·소통의 무한 확장(Reach), 공간 제약을 극복한 실재감(Reality) 등 '3R'을 통해 개인·기업·사회를 변화 시킬 것이다[9].

4.2.1 라이프스타일의 변화

스마트폰 하나로 정보습득, 업무수행, 사회적 관계 형성, 여가활용 등을 해결하는 신세대 모바일족이 증가함에 따라 전통적인 정보. 미디어 소비행태가 디지털 소비 형태로 급격히 변화하고, 역사상 가장 강력한 정보력으로 무장한 세대가 출현한다.

먼저 PC로 처리하던 업무를 스마트폰으로 수행할 수 있게 되면서 Everytime, Everyplace Office 즉 움직이는 사무실 구현이 가능하다. 기본적인 문서편집뿐만 아니라 클라우드 컴퓨팅을 활용한 다재다능한 오피스 환경을 구축하는 것이 용이해질 전망이다. 이는 1인 기업, 소기업인들 에게 활성화 요소로 꼽고 싶다. 1인 역할로 상시 업무처리를 할 수 있을 뿐만 아니라 다중으로 처리되었던 업무를 효율석으로 처리 가능해졌기 때문이다. 게다가 모바일 인터넷 커뮤니티를 통해 실시간으로 소통함으로써 사회적 커뮤니케이션의 저변과 속도가 획기적으로 개선되고 있다. 스마트폰으로 인터넷 커뮤니티에 접속하여 수많은 사람들과 쉽고 빠르게 소통하므로 사회적 이슈가 매우 빠르게 전파되고 있다[10].

4.2.2 소프트웨어의 중요성

스마트폰의 열풍이 시작되면서 가장 큰 변화는 경쟁의 중심을 하드웨어 중심에서 소프트웨어 중심으로 바꾸었다는 점이다. 스마트폰이 보급의 활성화 되기 전 휴대폰 시장은 얼마나 수신이 잘 되는지, 얼마나 다양한 벨소리를 내는지, 화면이 얼마나 큰지 등 하드웨어 기능에 주도 되었다. 하지만 스마트폰이 보급이 활성화 된 지금은 앞서 설명한 하드웨어적인 기능 보다는 얼마나 편리하게 기기를 활용할 수 있는지, 얼마나 다양한 경험을 제공하는지 등 소프트웨어에 의한 차이가 중요하게 되었다.

대표적인 제품이 바로 애플의 아이폰이 대표적인 사례이다. 아이폰은 터치 중심의 UI를 갖춘 OS에 앱스토어를 풍부하게 하여 사용자들에게 편의성을 제공하였다. 특히 이 과정에서 통신사가 누리던 애플리케이션 이용 수익을 개발자와 하드웨어 제조사가 나누는 모델을 선보여 소프트웨어 개발자들이 자발적으로 앱스토어에 모이도록 하는 역할을 하게 된다. 이점은 아이폰 사용자들을 증가시킨 요인이기도 하다. 이전에 휴대폰은 휴대폰 재조업체에서 제공하는 제한된 일부기능을 사용할 수 있지만, 아이폰은 자신이 필요한 기능이 있는 어플리케이션을 설치하여 자유롭게 사용할 뿐만 아니라 보다 편리하게 아이폰을 사용할 수 있게 되었다. 사용자는 아이폰의 편리한 이용을 목적으로 소프트웨어를 구매 후 사용하게 되므로 소프트웨어 개발자들은 어플리케이션만 잘 만들면 그에 대한 보상을 받게 됨으로 새로운 시장을 탄생시켜 수익을 발생 할 수 있는 또 기회를 얻게 된 것이다.

이전의 휴대폰 산업에서 배제되었던 소프트웨어 기업들의 어플리케이션/콘텐츠 시장에 참여할 수 있는 트렌드를 선도했다는 점 및 새로운 시장을 탄생 한 점에 의의를 둘 수 있다 [11].

4.2.3 새로운 시장, 새로운 비즈니스 모델 창출

앞서 아이폰의 사례에서 보았지만, 스마트폰이 확산되고 있는 가장 큰 이유는 앱스토어를 통하여 어플리케이션을 받아 아이폰을 유용하게 사용하게 되었기 때문이다. 이런 어플리케이션 시장은 유용하고 풍부한 제공이 스마트폰 경쟁력의 원천으로 부상하면서 관련 시장이 급성장 하게 되었다. 현재 주요 스마트폰에 모바일 어플리케이션을 제공하면서 단기간에 급성장한 신생기업의 사례가 속속 등장하고 있는 점은 어플리케이션 시장이 급성장을 뒷받침 해주고 있다. 현재 모바일 게임 및 책 분야의 비중에 가장 크지만, 향후 소셜 네트워크 서비스(SNS)와 모바일 쇼핑 분야 등이 성장할 것으로 전망 되고 있다.

스마트폰이 보급이 됨으로 모바일 수익모델도 크게 성장할 것이다. 모바일에서 수익모델은 크게 광고, 유료 아이템 판매, 유료 서비스로 이러한 수익모델들과 SNS, 위치기반, 개인맞춤, 영상·3D 등이 결합되어 보다 다양한 비즈니스 모델의 발굴이 진행 중이다. 특히 인터넷 소셜 네트워크 서비스(SNS) 기업은 폭 넓은 회원을 바탕으로 모바일 기반의 수익 모델에 확충에 적극적이다.

또한 자동차, 교육, 소매, 광고 등의 산업분야에서 스마트폰을 활용함으로 이들 산업에서 새로운 가치와 비즈니스 기회를 창출하였다. 대표적으로 자동차산업에서는 자동차와 스마트폰을 연계하여 정보·엔터테인먼트 및 텔레매틱스 서비스를 제공함으로서 운전자에게 새로운 가치를 제공 하고 있다. 이외에도 교육 분야에서는 스마트폰과 태블릿PC 등을 통한 모바일 교육이 활성화 되는 중이며, 스마트폰을 활용해 소매업 서비스를 제공함으로 매장에서 주문하기 위해 줄을 서는 번거로움을 해소 하며, 위치기반과 증강현실 서비스와 광고를 결합한 비즈니스 모델도 활성화 될 전망이다[12].

4.2.4 기타

스마트폰의 확산과 함께 진정한 개인화도 함께 되고 있다. 스마트폰은 기존PC와 달리 개인이 혼자 사용할 수 있다. 그렇기 때문에 개인을 대상으로 하는 서비스가 요구되고 있다. 이에 우리나라 유명 포털사이트(네이버, 다음 등)에서는 이러한 사용자의 요구를 위해 모바일 포털사이트를 통해 주소록, 문자메시지, 쪽지, 메일, SNS 등을 유기적으로 연결해주는 공간인 '개인화 웹'을 제공 하고 있다. 개인화 웹을 통해서 많은 서비스들을 개인 사용자가 자신이 원하는 서비스를 유기적으로 받아 볼 수 있다. 그리고 모바일 금융도 확산될 전망이다. 기존 휴대폰으로 모바일 뱅킹을 위해서는 정보이용료나 데이터 요금처럼 추가 요금을 따로 내야 했고 서비스도 은행계좌 조회 및 이체 등 제한적인 수준에 불과하여 확산에는 한계가 있었다. 그러나 스마트폰을 활용한 모바일 뱅킹은 인터넷 뱅킹에서 할 수 있는 모든 서비스가 가능하게 되었다. 이는 사용량에 제한이 없는 모바일 인터넷 기반인 스마트폰의 장점을 이용하면 가능하다. 또한 신용카드도 스마트폰을 만나면서 큰 파장을 불러 올 것이다. 수십 장의 플라스틱 카드가 제공하는 서비스를 스마트폰의 내장 칩에 담아 편리성을 제공한다면 플라스틱 카드를 수년 내에 볼 수 없는 전망도 예측된다.

4.3 | 스마트폰 종류 - OS별 분류

4.3.1 아이폰

iPhone(아이폰)은 2007년 1월 9일에 애플이 미국 샌프란시스코에서 열린 맥월드 2007에서 발표한 터치스크린 기반의 아이팟, 휴대전화, 모바일 인터넷이라는 세 가지 주요 기능을 가진 스마트폰이다. 2007년 6월 29일 오후 6시 미국 AT&T 대리점과 애플 매장에서 판매가 시작되었다. 출시 초기에는 4GB 모델과 8GB 두 가지 모델이 출시되었으나, 2007년 9월 5일부터 4GB 모델이 단종 되고 8GB 모델이 99달러에 판매되었다. 2008년 7월 11일, 기존 아이폰에 비해 가격이 저렴해지고, 용량이 커진 3세대 통신망에 대응하는 '아이폰 3G'가 미국에서 발매되었다. 그 뒤 2009년 6월 8일, 더 빠른 CPU와 아이폰 OS 3.0을 기본으로 채용한 '아이폰 3GS'가 미국 WWDC에서 발표되었으며, 2010년 6월 8일, iOS 4를 채용해 멀티태스킹 기능 등을 탑재한 '아이폰 4'가 정식으로 발표되었다. 2011년 10월 4일 Siri기능이 추가된 '아이폰 4S'가 발표 되었고, 2012년 9월 12일 iOS 6를 탑재한 '아이폰 5'가 발표되어 한국에는 같은 해 12월 7일에 출시가 되었다.

아이폰은 2010년 현재 미국, 한국을 비롯, 캐나다, 프랑스, 독일, 일본, 타이완, 러시아등 80여개국에 진출해 있으며, 지속적으로 개통 국가가 추가되고 있다. 이 중 일부 국가에서는 통신사에 관계없이 사용자가 기계를 별도로 구매, 선호하는 통신사의 SIM 카드를 넣어 사용할 수 있는 무약정 기기가 애플의 정식 유통 하에 판매되고 있다. 대한민국에서는 KT를 중심으로 도입이 지속적으로 추진되어 왔으며 출시가 연기되다가 2009년 11월 28일 정식 출시되었다. 아이폰과 아이폰에 탑재된 모바일 전용 iOS는 아이콘 형식의 인터페이스를 갖고 있으며, 이는 이전까지의 스마트폰과 크게 다른 형태로서 구글의 안드로이드와, 마이크로소프트의 윈도우 폰 7등 다른 스마트폰과 모바일 OS에도 영향을 주었다고 평가받고 있다.
아이폰은 대한민국을 비롯해 전세계적으로 선풍적인 인기를 끌었다. 아이폰이 처음 출시된 2007년 이후 9000만대 이상이 팔렸으며, 애플은 아이폰으로만 450억달러 이상을 벌어들였다 [13].

4.3.1.1 아이폰의 특징

가. iOS 버전별 특징

1) iOS 1

iOS의 탄생, 아이폰 출시와 함께 "아이폰에 맥 오에스를 넣었다"라며 공개하였다. 당시는 메인 화면 아이콘을 꾹 눌러서 위치 배열하는것도 안되고 앱스토어 물론 없었다. 아이팟 터치 지원, 당시 아이팟 터치는 날씨나 시계 등 기본어플도 '폰이 아니다' 라는 이유로 빠져있었다. 우리나라에서 이때부터 아이팟 터치가 인기 있었음, 그러나 한글 키보드가 미지원하였으나 탈옥을 통해서 사용 가능하였다.

2) iOS 2

앱스토어 지원을 혁신으로 생각하였다. 아이폰 3g , 한글 키보드, 캡쳐를 지원하였고 아이팟 터치 2세대 출시와 함께 공개 되었다. 사파리 디자인이 지금처럼 변경되었다. (이전에는 주소창만 있었다.)

3) iOS 3

아이폰 3gs와 함께 공개하였고, 푸시 알림 지원,복사 붙여넣기,Spotlight 검색,음성메모, 음성 명령 등 지원하였다. iOS3.2 버전은 아이패드 1과 함께 출시, 아이패드용 iOS(아이폰은 3.1.3까지 출시하였다.)

4) iOS 4

멀티태스킹, 배경화면, 빨라진 사파리, 레티나 디스플레이,개인용 핫 스팟을 지원하였다. (아이폰 4와 함께 공개, 멀티태스킹과 배경화면은 3세대와 3GS부터 지원) 카메라 구동속도가 매우 빨라졌고, 아이패드와 os가 통합되었다.

엄청난 최적화 펌웨어를 마지막으로 아이팟 터치 2세대, 아이폰 3G 지원 중단되었다[14].

5) iOS 5

Notification Center, 아이메세지, 미리알림, 트위터 연동 이 지원되었고, 좀더 구체적으로 카메라 앱은 줌 인/아웃 기능과 볼륨버튼으로 셔터버튼 역할과 락스크린 상태에서도 카메라 버튼이 추가되어 찍을수 있다. 사진 앱은 사진 편집기능이 추가 되었고 폴더별로 분류할수 있다. 사파리 앱에서는 특정 웹페이지를 체크해 두었다가 나중에 한번에 모아서 볼 수 있도록 도와주는 Reading list 기능과 탭 브라우징, 그리고 복잡하게 구성된 웹페이지를 읽기 쉽게 Reader 기능이 추가되었다. 또한 이제 더의상 컴퓨터가 없어도 iOS5를 사용하는 기기에서는 iCloud를 이용하여 무선으로 동기화 및 백업, 그리고 업데이드를 할 수 있다[15].

6) iOS 6

iOS 6에 탑재되는 기능은 다음과 같다.

- **SIRI 한국이 지원 / 업그레이드** : iOS를 공개하면서 새로 추가되거나 업그레이드 된 기능은 10가지, 그 중 국내 유저들을 가장 설레게 한 것은 시리(SIRI)의 한국어 지원으로 보고 있다.
- **페이스북 기본 탑재** : 기존의 트위터처럼, 페이스북도 기본탑재 된다, 사진/음악/앱을 페이스북 친구와 더욱 쉽게 공유할 수 있다.
- **기본 전화앱 / 포토스트림 리뉴얼** : iOS6에서는 보다 다양한 전화 기능이 추가 되었다. 그 중 가장 큰 기능으로는 오는 전화에 바로 메시지로 답할 수 있고, 방해받고 싶지 않을 때 사용할 수 있는 'Do Not Disturb(방해하지 마시오)' 기능도 추가 되었다고 한다.
- **지도 서비스 – 구글맵 안녕** : 이번 iOS6에서는 소문대로 애플이 기존의 구글맵을 벗어나 자체적인 맵을 준비했다. 애플의 지도는 벡터 기반으로 만들어져 확대해도 그림이나 문자가 깨지지 않는 것이 가장 큰 특징이라고 한다.
- **PASSBOOK – 영화/항공/카페 티켓/발권 관리** : 패스북(PASSBOOK)으로 영화/항공/카페 등 각종 티켓등을 하나의 앱으로 쉽고 편하게 관리할 수 있다. 패스북은 일종의 발권서비스인데요, 실제로 앱스토에는 이와 비슷한 기능을 하는 여러 가지 앱들이 많이 있긴 하지만, 더욱 다양한 정보를 한꺼번에 담을 수 있어 최종판이라고 보여진다. 또한 기존에는 이러한 전자티켓을 각각의 앱과 앱 개발사에서 보관하고 발

권하는 것까지 개발을 하였지만, 이제부터는 개발사에 PASSBOOK API만 제공하면, 쉽고 안정적으로 구현할 수 있을 듯 합니다. 그리고 주변의 할인권이 있는 음식점이나 편의점을 알려주는 깨알같은 기능도 제공하고 있다[16].

나. 공동 제원

- 손가락을 사용하고 멀티터치를 지원하는 3.5 인치 정전식 터치 스크린으로 Retina 디스플레이 사용(아이폰 5는 4인치)
- iOS 사용
- 사파리 웹 브라우저
- 카메라[아이폰 2G, 3G, 3GS는 후면 카메라, (4, 4S5는 전후면 카메라)]
- 스크린 키보드(QWERTY 자판)
- iPod 음악, 동영상 재생
- H.264 동영상 재생
- EGPRS/GPRS 패킷 통신 방식
- 내장 배터리
- Siri(아이폰 4s, 5만 가능)
- 영상통화 다른 FaceTime 지원기기와 가능(4는 Wi-Fi 연결)
- 30핀 커넥터 사용(아이폰 5는 6핀 커넥터 사용)[17]

4.3.1.2 아이폰의 다양한 기능[18]

가. 전화/메시지/이메일/스케줄

1) 전화

(가) 전화하기

전화 화면의 하단에 있는 버튼으로 즐겨찾기, 최근 통화, 연락처, 직접 전화번호를 누를 수 있는 숫자 키패드를 바로 사용 가능하다.(그림 4-3)

(그림 4-3) 전화 화면 하단 버튼

① 부재중 전화 수
② 확인하지 않은 음성 사서함 메시지 수

(그림 4-4) 전화걸기 방법

(나) 전화 받기

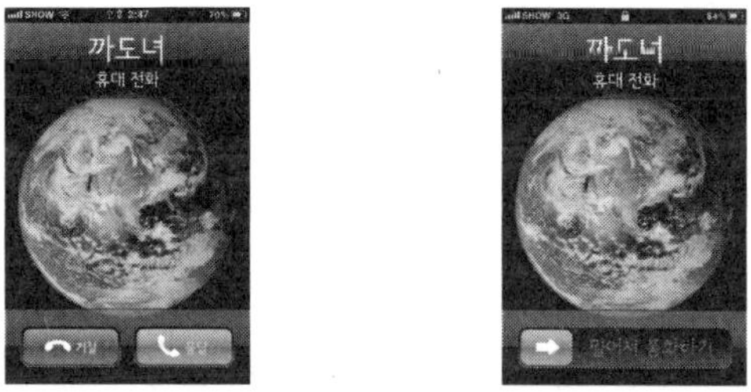

(그림 4-5) 전화받기 방법

전화를 받으려면 응답을 누른다. 아이폰이 잠겨 있으면 슬라이더를 드래그 해야 한다. 아이폰 이어폰에서 중앙 버튼을 눌러 전화를 받을 수도 있다.(그림 4-5)

(다) 통화 중 옵션

통화 중인 경우 화면에 통화 옵션이 나타난다.(그림 4-6)
사용 중인 아이폰에 따라 통화 옵션이 다를 수 있다.

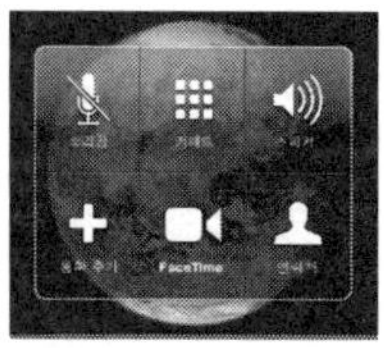

(그림 4-6) 통화 중 통화 옵션 메뉴

2) 메시지

(가) 메시지 아이콘

홈 화면에 있는 메시지 아이콘이 아직 읽지 않은 메시지 수를 표시한다.(그림 4-7)

(그림 4-7) 읽지 않은 메시지 수

(나) 메시지 보내기

메시지 보내기는 ☑을 누르고 전화번호나 이름을 입력한 다음 ⊕을 누르고 연락처 목록에서 원하는 연락처를 선택한다. 키보드 위에 있는 텍스트 필드를 살짝 누르고 메시지를 입력한 다음 보내기를 누른다.

대화 상대가 메시지 목록에 저장된다. 읽지 않은 메시지가 있는 대화 상대 옆에는 파란 점이 있다. 목록에서 원하는 대화 상대를 살짝 눌러 해당 대화 내용을 보거나 대화를 추가하면 된다.(그림 4-8)

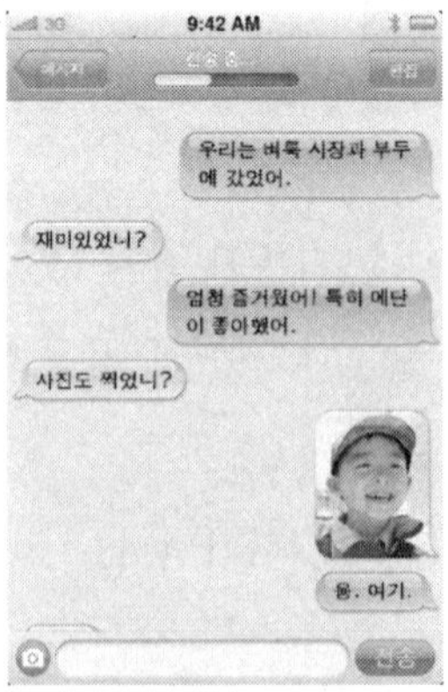

(그림 4-8) 아이폰 메시지 대화 내용

아이폰은 대화 내용에 50개의 가장 최신 메시지를 표시한다. 이전 메시지를 보려면 상단으로 스크롤하여 이전 메시지 로드를 살짝 누른다.

MMS가 가능한 경우 메시지에서 문자 메시지에 제목을 포함할 수 있다. 메시지 설정에서 이 기능을 켜거나 끌 수 있다. 이것은 기본적으로 켜져 있다.

(다) 사진 및 비디오 공유하기

메시지 내에서 사진을 찍거나 비디오를 녹화(아이폰 3GS 이상)하여 다른 MMS 지원 장비와 대화중에 추가할 수 있다. 메시지로 수신한 사진 또는 비디오를 카메라 롤 앨범에 저장할 수 있다.

(라) 대화 내용 편집하기

전체 내용이 아닌 대화 내용의 일부를 저장하려면 원하지 않는 부분을 삭제할 수 있다. 메시지 목록에서 전체 대화 내용을 삭제할 수도 있다.(그림 4-9)

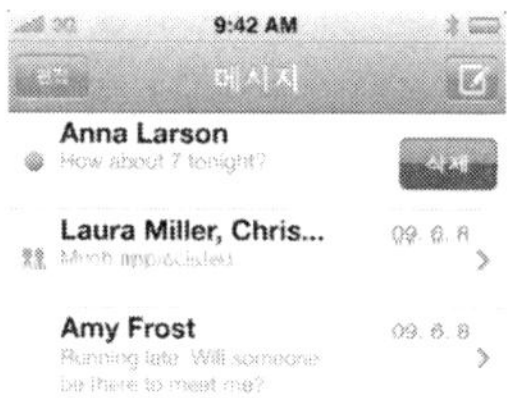

(그림 4-9) 아이폰 메시지 편집

삭제 버튼을 보려면 메시지 위에 손가락을 살짝 대고 왼쪽 또는 오른쪽으로 쓸어 넘겨야 한다.

(마) 미리보기 및 알림 관리하기

기본적으로, 아이폰이 잠겨 있거나 다른 응용 프로그램을 사용 중일 경우 아이폰은 새로운 메시지의 미리보기를 표시한다. 설정에서 이 미리보기 설정을 켜거나 끌 수 있다. 문자 메시지에 대해 알림을 사용할 수도 있다.

3) 이메일

(가) 이메일 계정 설정하기

야후, 구글 등 계정을 소유하고 있다면, 아이폰의 이메일 기능을 사용할 수 있다. 계정 설정방법은 각 사이트의 설정방법을 읽는 것이 좋다. 이는 변경되는 내용들이 있기 때문이다.

(나) 이메일 확인 및 읽기

(그림 4-10) 읽지 않은 메일 수

홈 화면에 있는 Mail 아이콘은 받은 편지함에 있는 읽지 않은 메시지의 수를 표시한다. 다른 메일상자에 읽지 않은 메시지가 있을 수 있다.(그림 4-10)

Mail에서, 메일상자 화면은 모든 받은 편지함과 다른 메일상자로의 빠른 접근을 제공한다. 한 계정에 대해 받은 편지함을 살짝 누른다. 메시지를 보면 모든 계정에 대해 받은 메시지를 보려면, 모든 받은 편지함을 살짝 누른다. 하나의 메일 계정만을 설정했고 켜져 있다면, 메일상자 화면에서 하나의 받은 편지함만을 볼 수 있을 것이다.

메일상자를 열면, Mail은 가장 최근 메시지를 검색하여 표시하고, 화면의 상단에 읽지 않은 메시지 수를 표시한다. 읽지 않은 메시지 옆에는 파란색 점이 있다. 검색된 메시지의 수는 Mail 설정에 따라 결정된다.(그림 4-11)

(그림 4-11) 메일 상자 화면 및 구성

스레드로 메시지를 구성하면, 관련 메시지가 메일상자의 단일 항목으로 나타난다. 메시지 스레드는 오른쪽 화살표 옆에 숫자가 있고, 이것은 스레드에 있는 메시지의 수를 의미한다. 파란 점은 스레드에 하나 이상의 메시지가 읽지 않은 상태임을 표시한다. 표시된 메시지는 가장 오래 읽지 않은 메시지이거나 모든 메시지를 읽은 경우 가장 최신 메시지이다.(그림 4-12)

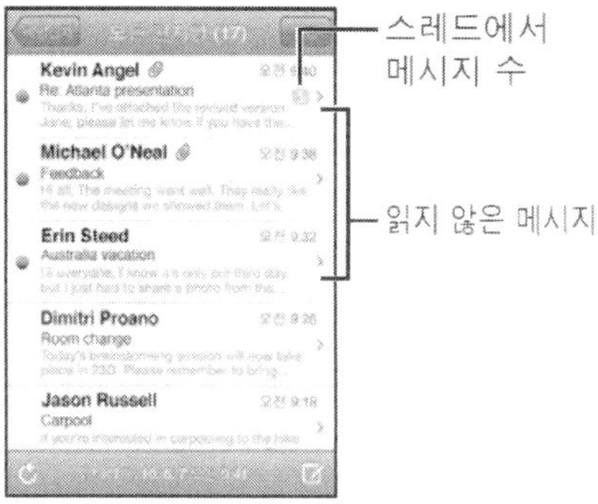

(그림 4-12) 모든 편지함 화면 및 구성

하나 이상의 계정을 설정했고 켜져 있다면, 메일상자 화면의 계정 부분은 계정으로의 접근을 제공한다. 계정을 살짝 눌러 해당 폴더와 받은 편지함을 포함하여 메일상자를 볼 수 있다. 하나의 메일 계정만을 설정했고 켜져 있다면, 해당 계정에 대한 폴더와 메일상자가 메일상자 화면에 나타난다.(그림 4-13)

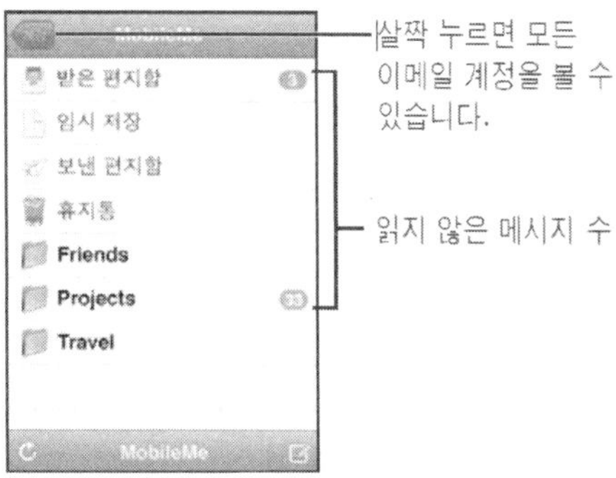

(그림 4-13) 각 계정 상세 편지함 화면 및 구성

(다) 첨부 파일 보기

아이폰은 많이 사용되는 포맷(JPEG, GIF 및 TIFF)의 이미지 첨부 파일을 이메일 메시지에서 텍스트와 나란히 표시한다. 아이폰은 MP3, AAC, WAV 및 AIFF와 같은 많은 유형의 오디오 첨부 파일을 재생할 수 있다. 수신한 메시지에 첨부된 파일(PDF, 웹페이지, 텍스트, Pages, Keynote, Numbers, Microsoft Word, Excel 및 PowerPoint 문서)을 다운로드하고 볼 수 있다.(그림 4-14)

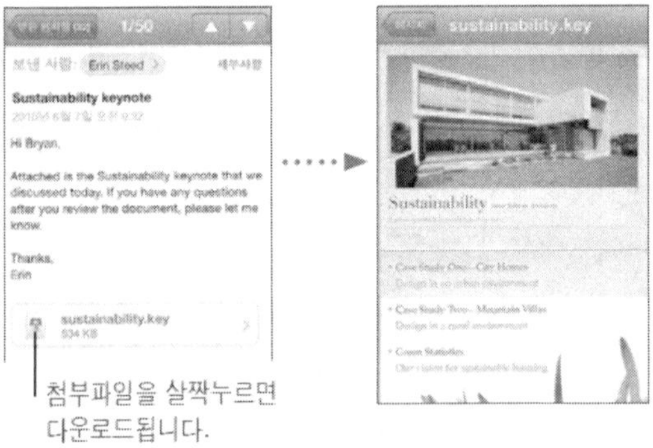

(그림 4-14) 본문에 첨부된 파일 확인

위와 같은 화면에서 가로 또는 세로 화면 방향으로 첨부 파일을 볼 수 있다.
첨부된 파일의 형식이 아이폰에서 지원되지 않는다면, 파일 이름은 볼 수 있지만 열 수는 없다.

(라) 이메일 작성 및 보내기

1. 을 살짝 누른다.
2. 받는 사람 필드에 이름이나 이메일 주소를 입력하거나 을 살짝 눌러 연락처로부터 이름을 추가한다.
3. 메시지를 다른 사람에게 참조 또는 숨은 참조로 보내거나, 메시지를 보내는 계정을 변경하려면 참조/숨은 참조/보낸 사람을 살짝 눌러라. 하나 이상의 이메일 계정이 있거나 MobileMe 계정에 대한 이메일 별명이 있다면, 보내는 사람 필드를 살짝 눌러 보내는 메일 계정이나 별명을 변경할 수 있다.
4. 제목을 입력하고 메시지를 입력한다. Return(다음문장)을 살짝 눌러 한 필드에서 다른 필드로 이동할 수 있다.
5. 보내기를 살짝 눌러라.

(바) 이메일 구성하기

메일상자, 폴더 또는 검색 결과 윈도우에서 메시지를 구성할 수 있다. 한 번에 하나의 메시지를 삭제하거나 아니면 그룹을 선택하여 한 번에 모두 삭제할 수 있다. 또한, 메시지를 같은 계정 또는 서로 다른 계정 간에 하나의 메일상자나 폴더에서 다른 곳으로 이동할 수 있다.(그림 4-15)

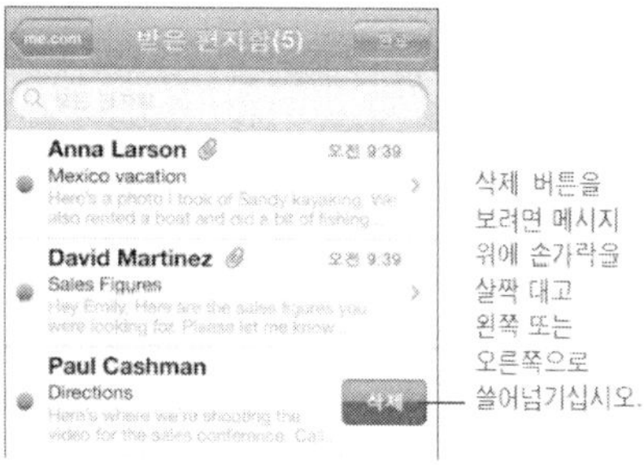

(그림 4-15) 받은 편지함에서 메일 삭제

4) 켈린더

캘린더는 사용자의 캘린더와 이벤트에 접근할 수 있도록 도와준다. 개별 캘린더 또는 여러 캘린더를 동시에 볼 수 있다. 이벤트를 날짜별, 월별 또는 목록으로 볼 수 있다. 이벤트의 제목, 참석자, 위치 및 메모를 검색할 수 있다. 연락처에 대한 생일을 입력했다면, 캘린더에서 이 생일들을 볼 수 있다.

(가) 캘린더 보기

1 단일 캘린더, 선택된 캘린더 또는 모든 캘린더를 동시에 볼 수 있다.(그림 4-16)
- **보려는 캘린더 선택하기** : 캘린더를 살짝 누른 다음, 보려는 캘린더를 살짝 눌러 선택해야한다. 모든 캘린더를 빠르게 선택하거나 선택 해제하려면, 모든 캘린더 보기 또는 모든 캘린더 가리기를 눌러라.

2 선택된 모든 캘린더에 대한 이벤트가 아이폰에서 하나의 캘린더에 나타낸다. 캘린더 이벤트를 목록이나 날짜별, 월별로 볼 수 있다.

- **보기 전환하기** : 목록, 일 또는 월을 살짝 누른다.
- **목록 보기** : 모든 일정과 이벤트가 스크롤 가능한 목록에 나타낸다.
- **일 보기** : 위/아래로 스크롤하여 하루 내 이벤트를 볼 수 있다. 또는 ◀를▶ 살짝 눌러 이전 또는 다음 날짜의 이벤트를 볼 수 있다.
- **월 보기** : 날짜를 살짝 누르면 해당 날짜의 이벤트가 보인다. 또는 ◀를▶ 살짝 눌러 이전 또는 다음 월을 볼 수 있다.

(그림 4-16) 캘린더 화면 및 기능구성

(나) 아이폰에 이벤트 추가 및 업데이트하기

아이폰에서 캘린더 이벤트를 직접 생성하고 업데이트할 수 있다.

1. 이벤트 추가하기 : ✚를 살짝 누르고 이벤트 정보를 입력한 다음, 완료를 살짝 눌러라.
2. 이벤트 업데이트하기 : 편집을 누른 후 이벤트 정보를 변경하고 완료하면 완료를 누른다.
3. 이벤트 삭제하기 : 해당 이벤트를 누르고, 편집을 누른 다음, 아래로 스크롤하여 이벤트 삭제를 누른다.

(다) 알림

1. 캘린더 알림 설정하기 : 설정에서 사운드를 선택한 다음 캘린더 알림을 켜야한다. 캘린더 알림이 꺼져 있을 경우, 이벤트가 막 생성되어도 아이폰에서 메시지만 표시되고 사운드는 재생되지 않는다.
2. 초대에 대한 알림음 : 설정에서 "Mail, 연락처, 캘린더"를 선택하고 캘린더 아래에 있는 새로운 초대 알림을 살짝 눌러 켜야한다.

나. 카메라/사진/동영상

1) 사진

(가) 사진 및 비디오를 컴퓨터와 동기화하기

iTunes는 사진과 비디오를 다음 응용 프로그램과 동기화할 수 있다. 컴퓨터에서 이미지가 포함되어 있는 모든 폴더의 사진과 비디오를 동기화할 수도 있다.
아이폰은 AAC 오디오를 포함한 H.264 및 MPEG-4 비디오 포맷을 지원한다. 비디오를 아이폰과 동기화하는데 문제가 있다 면, iTunes를 사용하여 아이폰 버전의 비디오를 생성할 수 있다.

(나) 사진 및 비디오 보기

1 사진에서 사진 앨범을 살짝 누른다. 화면 하단의 버튼을 눌러 앨범, 이벤트, 얼굴 또는 장소별로 사진과 비디오를 볼 수 있다. 그러면 사진이 생성일로 정렬된다. 장소를 누르면, 지도는 사진에 포함된 각 위치를 보여준다. 핀을 누른 다음, 을 눌러 해당 위치에서 사진과 비디오를 본다.

2 사진 또는 비디오를 전체 화면으로 보려면 축소판을 살짝 누른다.(그림 4-17)

(그림 4-17) 카메라 롤에서 동영상 실행

- 제어기 보기 또는 가리기 : 제어기를 보려면 전체 화면 사진 또는 비디오를 살짝 누른다. 제어기를 가리려면 다시 살짝 누른다.
- 동영상 재생하기 : 화면의 중앙에 있는 ▶을 살짝 누른다.

- 사진 또는 비디오를 가로 화면 방향으로 보기 : 아이폰을 가로로 회전해야한다. 사진 또는 비디오가 자동으로 회전하고, 와이드스크린 포맷의 경우, 화면에 맞추기 위해 확장된다.
- 사진의 일부 확대하기 : 확대하려는 부분을 살짝 두 번 누른다.
  축소하려면 다시 살짝 두 번 누른다. 확대하거나 축소하려면 손가락을 화면에 오므렸다 펼 수도 있다.
- 비디오를 전체 화면으로 보거나 비디오를 화면에 맞추기 : 화면을 두 번 살짝 눌러 비디오를 화면에 맞게 크기 조절한다. 다시 두 번 살짝 눌러 비디오를 화면에 맞춘다.
- 사진 주변을 팬 이동하기 : 사진을 드래그한다.
- 다음 또는 이전 사진이나 비디오 보기 : 왼쪽이나 오른쪽으로 쓸어넘긴다. 또는 제어기를 표시하기 위해 화면을 살짝 누른 다음, → 또는 ← 을 살짝 누른다.

(다) 사진 및 비디오 삭제하기

1. 화면의 오른쪽 상단 모서리에 있는 을 살짝 누른다.
2. 살짝 눌러 삭제할 사진이나 비디오를 선택한다. 삭제 버튼은 선택한 항목의 수를 표시한다.
3. 삭제를 살짝 누른다.

(라) 사진 및 비디오 공유하기

1. 이메일 또는 MMS 메시지로 사진 또는 비디오 보내기
   - 사진이나 비디오를 선택하고 을 살짝 누른다. 을 볼 수 없다면, 화면을 살짝 눌러 제어기를 표시한다.
   - 사진/비디오 이메일을 살짝 누른다. 사진이나 비디오가 새로운 메일 메시지 윈도우에 나타낸다.
   - 메시지를 작성하고 보내기를 살짝 누른다.
   - 사진을 보내고 있다면, 이미지 크기를 조절하여 메시지 크기를 줄이는 메시지가 나타날 수 있다. 사용할 크기를 살짝 누른다. 첨부 파일의 크기 제한은 네트워크 사업자에 의해 결정된다. 필요한 경우, 아이폰은 사진 또는 비디오를 압축할 수 있다.

2 사진 및 비디오 복사하기 및 붙이기

사진에서 사진 또는 비디오를 복사하여 이메일 또는 MMS 메시지에 붙일 수 있다. 일부 다른 업체 응용 프로그램에서 사진 및 비디오 복사 및 붙이기를 지원할 수도 있다.

3 이메일 메시지, MMS 메시지 및 웹 페이지의 사진 및 비디오 저장하기

- 이메일 메시지의 사진을 카메라 롤 앨범에 저장하기 : 사진을 살짝 누른 다음 이미지 저장을 누른다. 사진을 아직 다운로드하지 않았다면 먼저 다운로드 알림을 살짝 누른다.
- 이메일 메시지의 비디오를 카메라 롤 앨범에 저장하기 : 첨부 파일을 길게 누른 다음 비디오 저장을 살짝 누른다. 비디오를 아직 다운로드하지 않았다면 먼저 다운로드 알림을 살짝 누른다.
- 웹 페이지의 사진을 카메라 롤 앨범에 저장하기 : 해당 사진을 터치한 상태에서 이미지 저장을 살짝 누른다.
- MMS 메시지의 사진 또는 비디오를 카메라 롤 앨범에 저장하기 : 대화 내용에서 이미지를 살짝 누르고 을 누른 다음, 이미지 저장 또는 비디오 저장을 누른다. 을 볼 수 없다면, 화면을 살짝 눌러 제어기를 표시한다. 아이폰을 컴퓨터에 연결하여 카메라 롤 앨범의 사진과 비디오를 컴퓨터의 사진 응용 프로그램으로 다운로드할 수 있다.

4 사진을 연락처에 지정하기

사진을 연락처에 지정할 수 있다. 해당 연락 상대가 전화를 하면 아이폰에서 해당 사진을 표시한다.

5 배경화면

사진을 잠금 화면에 대한 배경화면으로 설정할 수 있다. 아이폰 3GS 이상에서는 홈 화면에 대한 배경화면을 설정할 수도 있다. 잠금 화면의 배경화면은 연락처 사진을 지정하지 않은 사람에게 전화가 걸려왔을 때에도 나타난다.

2) 카메라

(가) 사진 찍기 및 비디오 녹화하기

아이폰으로 사진을 찍고 비디오를 녹화하는 것은 선택하고 누르는 것만큼 간단하다. (그림 4-18)

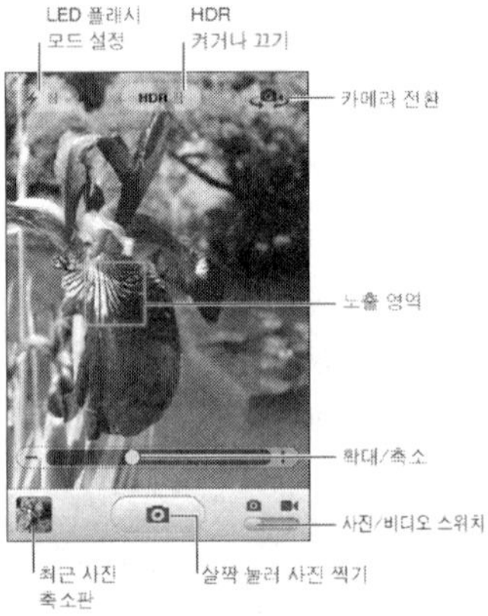

(그림 4-18) 카메라 화면 구성 및 기능설명

(나) 사진과 비디오 보기

카메라로 찍은 사진 및 비디오는 아이폰의 카메라 롤 앨범에 저장된다. 카메라 또는 사진에서 카메라 롤 앨범을 볼 수 있다.
카메라 롤 앨범에서 사진 또는 비디오를 볼 때 화면을 살짝 눌러 제어기를 표시한다. 일반 버전 및 HDR 버전의 사진 모두를 저장하는 경우, HDR은 HDR 사진의 상단 왼쪽 모서리에 나타난다(제어기가 보이는 경우).

(다) 비디오 다듬기

방금 녹화한 비디오 또는 카메라 롤 앨범에 있는 다른 비디오에서 처음과 끝의 프레임을 잘라낼 수 있다. 원본 비디오를 대체하거나 다듬은 버전을 새로운 비디오 클립으로 저장할 수 있다.(그림 4-19)

(그림 4-19) 비디오 다듬기 화면

(라) 사진 및 비디오를 컴퓨터에 업로드하기

카메라로 찍은 사진 및 비디오를 Mac의 iPhoto와 같은 컴퓨터의 사진 응용 프로그램에 업로드할 수 있다.

- **컴퓨터에 사진과 비디오 업로드하기** : 아이폰을 컴퓨터에 연결한다. 김퓨터에 업로드할 때 아이폰에서 사진 및 비디오를 삭제하면 카메라 롤 앨범에서 사진이 제거된다. iTunes의 사진 설정 패널을 사용하여 사진 및 비디오(Mac과 동기화 가능한 비디오만)를 아이폰의 사진 응용 프로그램으로 동기화할 수 있다.

다. 웹서핑/지도

1) Safari(웹서핑)

(가) 웹 페이지 보기

웹 페이지를 가로 또는 세로 화면 방향으로 볼 수 있다. 아이폰을 회전하면 웹 페이지도 회선하넌서 화민에 및게 페이지를 자동으로 조절한다.(그림 1-20)

(그림 4-20) Safari 웹페이지 보기

(나) 웹 페이지 열기

1 웹 페이지 열기 : 주소 필드(제목 막대의 왼쪽에서)를 누른 다음 웹 주소를 입력하고 이동을 누른다. 주소 필드가 보이지 않는다면 화면 상단에 있는 상태 막대를 살짝 누르면 웹 페이지의 상단에 있는 주소 필드로 빠르게 스크롤 이동할 수 있다.

2 주소 필드에 있는 텍스트 지우기 : 주소 필드를 누른 다음, ⊗을 누른다.

(다) 확대/축소 및 스크롤하기

확대 또는 축소하기: 웹 페이지에서 원하는 열을 살짝 두 번 눌러 해당 열을 확장해야 한다. 축소하려면 다시 살짝 두 번 누른다. 수동으로 손가락을 오므리거나 펴서 확대 또는 축소할 수도 있다

(라) 웹 페이지 탐색하기

웹 페이지상의 링크는 일반적으로 웹상의 다른 곳으로 연결된다.

- 웹 페이지상의 링크 따라가기 : 링크를 살짝 누른다. 또한 웹 링크를 사용하여 전화를 걸거나, 지도에서 위치를 표시하거나, 스트리밍 오디오를 재생하거나, 미리 주소가 지정된 Mail 메시지를 생성할 수도 있다. 링크를 다른 응용 프로그램에서 연 후에 Safari로 돌아가려면 홈 버튼을 누르고 Safari를 누른다.

1 링크의 대상 주소 보기 : 링크를 길게 터치하고 있다. 그러면 손가락 옆에 주소가 나타낸다. 이미지를 길게 터치하고 있으면 링크가 있는지 알 수 있다.

2 웹 페이지의 로딩 중단하기 : ✖를 살짝 누른다.

3 웹 페이지 다시 로드하기 : ↻을 살짝 누른다.

4 이전 또는 다음 페이지로 돌아가기 : 화면의 하단에 있는 ◀ 또는 ▶를 살짝 누른다.

5 최근에 본 페이지로 돌아가기 : 🕮을 누르고 방문 기록을 누른다. 방문 기록 목록을 지우려면 지우기를 살짝 누른다.

6 주소가 미리 지정된 Mail 메시지 생성하기 : 이메일 웹 링크를 누른 다음 새로운 메시지를 살짝 누른다.

7 새로 생성하거나 기존 연락처에 추가하기 : 연락처 정보를 포함한 웹 링크를 누른 다음 새로운 연락처 생성 또는 기존의 연락처에 추가를 살짝 누른다.

8 이메일로 웹 페이지 URL 보내기 : ✉을 누르고 “링크를 메일로 보내기”를 누른다.

9 이미지 또는 사진을 카메라 롤 앨범에 저장하기 : 해당 이미지를 터치한 상태에서 이미지 저장을 살짝 누른다

(마) 여러 페이지 열기

한 번에 최대 8개의 페이지를 열어 둘 수 있다. 일부 링크는 현재 페이지를 대치하는 대신 자동으로 새로운 페이지를 연다.(그림 4-21)
화면의 하단에 있는 안의 숫자는 현재 열려 있는 페이지 수를 표시한다. 안에 숫자가 없다면 한 페이지만 열려 있는 것이다.

1 새로운 페이지 열기 : ⧉을 누르고 새로운 페이지를 누른다.

(그림 4-21) Safari 페이지 이동

2 다른 페이지로 이동하기 : ⧉을 살짝 누르고 왼쪽 또는 오른쪽으로 넘긴다.보려는 페이지를 살짝 누른다.
3 페이지 닫기 : ⧉을 누르고 ⊗을 누른다.

(바) 텍스트 입력 및 양식 기입하기

일부 웹 페이지에는 기입해야 하는 텍스트 필드 및 양식이 있다. Safari는 방문했던 웹 페이지와 텍스트 필드에 입력했던 이름 및 암호를 연락처 정보와 함께 자동으로 기억한다.

(사) 검색하기

검색 필드를 사용하여 웹 및 현재 웹 페이지에서 검색하기 위해 단어 및 구문을 입력한다. 입력하면 추천 및 최근 검색이 나타난다.

3) 지도

지도는 세계 여러 국가와 지역에서의 거리지도, 위성사진, 지도+위성 및 장소의 스트리트 뷰를 제공한다. 교통 정보와 자세한 운전, 대중 교통 또는 도보 방향을 얻을 수 있다. 현재의 대략적인 위치를 찾아 추적하고 다른 장소로 또는 다른 장소에서의 주행 방향을 위해 현재 위치를 사용한다. 내장 디지털 나침반이 현재 향한 방향을 표시한다.(아이폰 3GS 이상).

지도를 열었을 때 위치 서비스가 꺼져 있다면, 서비스를 켤 지를 묻는다. 위치 서비스를 켜지 않고도 지도를 사용할 수 있다.

(가) 위치 검색 및 보기

위치를 검색하고, 현재 위치 정보를 얻고, 핀 지정으로 위치를 표시하고 위성 사진과 Google Street View를 얻을 수 있다.

(나) 위치 검색하기

1 위치 검색 및 지도 보기

① 검색 필드를 살짝 눌러 키보드를 표시한다.

② 주소나 다른 검색 정보를 입력한다.

③ 검색을 누른다. 핀이 위치를 표시한다. 위치 이름이나 설명을 보려면 핀을 살짝 누른다.(그림 4-22)

(그림 4-22) 지도 활용 위치 확인

위치에는 Google My Maps 사용자가 추가한 관심 있는 장소("사용자 제작 콘텐츠") 및 특정 아이콘으로 표시되는 스폰서 링크가 포함될 수 있다.
이런 방식으로 주소를 찾으려면, 연락처에 최소한 하나의 주소가 포함되어 있어야 한다. 연락처에 하나 이상의 주소가 있다면, 찾을 주소를 선택한다. 연락처에서 주소를 바로 살짝 눌러 주소의 위치를 찾을 수도 있다.

(다) 현재 위치 찾기

1 현재 위치를 찾고 추적 모드 켜기 : 을 살짝 누른다.

(그림 4-23) 지도 : 현재 위치

현재 위치는 파란 표시자로 표시된다. 위치가 정확하지 않는 경우 파란색 원이 표시 주위에 나타난다. 원의 크기는 위치가 얼마나 정확하냐에 따라 달라진다. 원의 크기가 작을수록 정확성이 높아진다.(그림 4-23)
여러분이 움직이면 아이폰이 현재 위치를 업데이트하여 위치 표시기가 화면의 중앙에 유지되도록 지도를 조절한다. 더 이상 반전되지 않을 때까지 을 다시 살짝 누르거나 지도를 드래그하면, 아이폰은 지속적으로 현재 위치를 업데이트 하지만 중앙 유지는 중단되어 위치 정보가 화면 바깥으로 이동될 수도 있다.
아이폰은 위치를 결정하기 위해 위치 서비스를 사용한다. 위치 서비스는 셀룰러 네트워크 데이터, 로컬 Wi-Fi 네트워크(Wi-Fi가 켜져 있는 경우) 및 GPS(모든 위치에서 사용 가능한 것은 아님)로부터 사용 가능한 정보를 사용한다. 응용 프로그램이 위치 서비스를 사용한다면 ➚이 상태 막대에 나타낸다.
위치 서비스가 꺼져 있다면 켜도록 요청된다. 위치 서비스가 꺼져 있으면 현재 위치를 찾고 추적할 수 없다. 배터리 수명을 절약하려면 위치 서비스를 사용하지 않을 때는 꺼둔다.

2. **현재 위치에 대한 정보 얻기** : 파란색 표시를 살짝 누른 다음 ⊙을 살짝 누른다. 아이폰은 사용 가능한 경우 현재 위치의 주소를 표시한다.
3. **현재 방향 표시하기(아이폰 3GS 이상)** : ➚을 다시 살짝 누른다. (아이콘이 으로 변경된다.) 지도는 현재 향한 방향을 결정하는 내장 디지털 나침반을 사용한다. 각도는 나침반 읽기의 정확성을 표시한다. 작은 각일수록 높은 정확성을 의미한다.(그림 4-24)

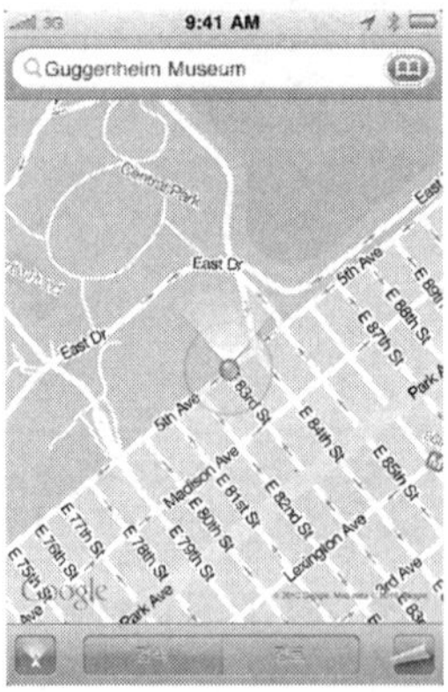

(그림 4-24) 지도 : 현재 방향 표시

(라) 핀 지정으로 위치 표시하기

1. **위치 표시하기** : 지도에서 위치를 터치한 상태로 있어야 한다. 지도에서 터치하고 있는 곳에 핀 지정이 나타난다.
2. **핀 지정 이동하기** : 터치하고 있는 상태에서 핀을 새로운 위치로 드래그하거나, 새로운 핀이 드롭 될 때까지 새로운 위치를 터치하고 있으면 이전 것을 대치한다.

(마) 위치 정보 공유하기

찾은 위치를 연락처 목록에 추가할 수 있다. Google Maps 위치에 대한 링크를 이메일이나 MMS를 사용하여 보낼 수도 있다.

(사) 책갈피에 위치 추가하기

나중에 다시 찾고자 하는 위치를 책갈피에 추가할 수 있다.

1. 위치를 책갈피에 추가하기 : 위치를 찾고 위치를 가리키는 핀을 누른 다음, 이름이나 설명 옆의 ⊙을 누른 후, 정보 화면의 하단에 있는 "책갈피에 추가"를 살짝 누른다.
2. 책갈피한 위치 또는 최근에 본 위치 보기 : 검색 필드에서 ▢을 누르고 책갈피나 최근 검색을 누른다.

가. iPod

1) 음악, 비디오 등을 가져오기

음악, 비디오 및 기타 콘텐츠를 아이폰으로 가져오려면 다음 두 가지 방법이 있다.

- 컴퓨터의 iTunes에서 콘텐츠를 동기화하여 음악, 비디오 및 기타 콘텐츠를 아이폰으로 가져올 수 있다. 모든 미디어를 동기화하거나 특정 노래, 비디오, podcast 및 iTunes U 모음을 선택할 수 있다.
- 아이폰에서 iTunes Store를 사용하여 노래, 앨범, TV 프로그램, 동영상,뮤직 비디오, 벨소리 및 오디오북을 구입하여 아이폰에 직접 다운로드할 수 있다. 오디오 및 비디오 podcast를 iTunes U 콘텐츠와 같이 스트림하거나 다운로드할 수도 있다. Podcast를 듣거나 TV 프로그램을 본 후 내장 링크를 살짝 눌러 iTunes Store에서 더 많은 에피소드를 가져올 수 있다.

2) 음악 및 기타 오디오

고해상도 멀티터치 화면을 통해 아이폰에서의 노래 감상을 풍부한 시각적 체험으로 바꿀 수 있다. 사용자는 재생목록을 스크롤하거나, Cover Flow를 사용하여 앨범 사진으로 탐색할 수 있다.

3) 노래 및 기타 오디오 재생하기

재생목록, 아티스트, 노래, 비디오 및 기타 카테고리별로 아이폰의 콘텐츠를 탐색하거나 Cover Flow를 사용하여 앨범 사진을 탐색할 수 있다. iTunes에서 동기화할 수 있는 재생목록 폴더는 재생목록 그룹을 구성한다.

4) 오디오 재생 제어하기

노래를 재생할 때, 지금 재생 중 화면이 나타낸다.(그림 4-25)

(그림 4-25) iPod 화면 및 각 버튼 기능

• 다른 응용 프로그램이나 잠금 화면에서 오디오 재생 제어기 표시 : 홈 버튼을 이중 클릭한 다음 화면 하단에서 왼쪽에서 오른쪽으로 쓸어 넘긴다.(그림 4-26)
제어기는 현재 재생 중인 응용 프로그램 또는 오디오가 일시 정지되어 있는 경우 재생했던 가장 최신 응용 프로그램과 동작한다. 활성 응용 프로그램 아이콘이 오른쪽에 나타난다. 아이콘을 살짝 눌러 해당 응용 프로그램을 열 수 있다.
아이폰이 잠겨 있고 음악이 재생 중인 경우 홈 버튼을 이중 클릭한다.

(그림 4-26) iPod 오디오 재생 제어기

5) 추가 오디오 제어기

추가 제어기를 표시하려면 지금 재생 중 화면에서 앨범 사진을 살짝 누른다.
반복, Genius 및 임의 재생 제어기가 이동 막대와 함께 나타낸다. 재생한 시간 및 남은 시간, 노래 번호를 확인할 수 있다. iTunes에서 가사를 노래에 추가한 경우에는 노래 가사도 나타낸다.
이동 막대를 사용하여 타임라인의 어느 지점으로나 이동할 수 있다. 이동 막대를 따라 재생헤드를 드래그하면서 손가락을 아래로 밀어 고속에서 정밀 속도까지 재생 속도를 제어할 수 있다.(그림 4-27)

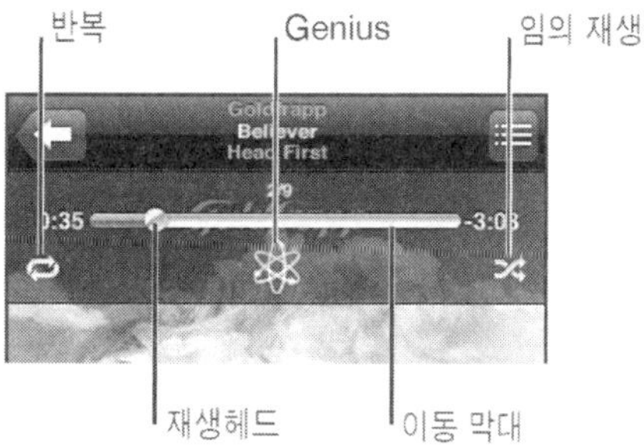

(그림 4-27) iPod 추가 오디오 제어기 각 기능

6) Cover Flow에서 앨범 사진 탐색하기

음악을 탐색할 때, 아이폰을 옆으로 회전하여 Cover Flow로 iTunes 콘텐츠를 보고 앨범 사진으로 음악을 탐색할 수 있다.(그림 4-28)

(그림 4-28) cover flow 화면

1 앨범 사진 탐색하기 : 왼쪽이나 오른쪽으로 드래그 한다.

2 앨범의 트랙 보기 : 앨범 사진 또는 ⓘ을 살짝 누른다.(그림 4-29)

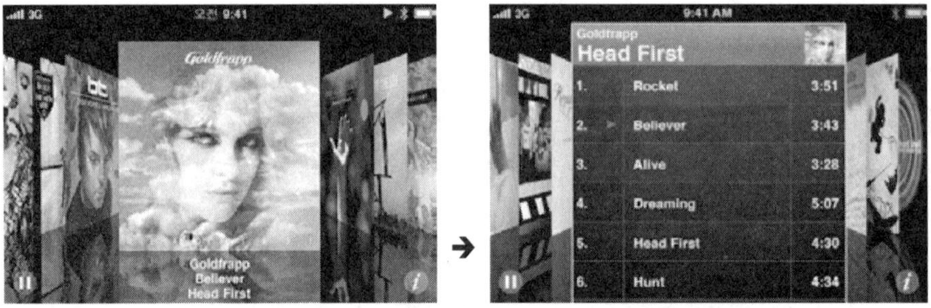

(그림 4-29) cover flow에서 앨범 하나 선택 후(좌)
그 앨범에 대한 리스트가 나옴(우)

3 트랙 재생하기 : 트랙을 살짝 누른다. 트랙을 스크롤하려면 위, 아래로 드래그한다.

4 앨범 사진으로 돌아가기 : 제목 막대를 살짝 누른다. 또는 ⓘ을 다시 누른다.

5 현재 노래를 재생 또는 일시 정지하기 : ▶또는 ❚❚을 누른다. 아이폰 이어폰의 중앙 버튼을 누를 수도 있다.

(가) 앨범의 모든 트랙 보기

1 현재 노래가 포함된 앨범의 모든 트랙 보기 : 지금 재생 중 화면에서 ☰을 살짝 누른다. 재생하려면 트랙을 살짝 누른다. 지금 재생 중 화면으로 돌아가려면 앨범 사진 축소판을 살짝 누른다.(그림 4-30)

(그림 4-30) 선택앨범 리스트 및 각 설명

2 노래에 선호도 설정 : 선호도 막대를 손가락으로 드래그하여 0~5개의 별로 노래에 선호도를 지정한다.

7) 재생목록 생성

아이폰에서 자신의 재생목록을 생성하고 편집할수 있다. 또한 컴퓨터의 iTunes에서 동기화된 재생목록을 편집할 수도 있다.

8) 비디오

아이폰에서 동영상, 뮤직 비디오 및 비디오 podcast와 같은 비디오 콘텐츠를 볼 수 있다. 비디오에 장이 포함된 경우, 다음 또는 이전 장으로 건너뛰거나, 목록을 표시하여 선택한 장을 재생할 수 있다. 비디오에서 다른 언어 기능을 제공하면, 오디오 언어 또는 자막 표시를 선택할 수 았다.

(가) 비디오 재생하기

1. 동영상 재생하기 : 비디오를 살짝 누른 다음(비디오가 보이지 않는 경우 기타를 살짝 누름) 비디오를 누른다.
2. 재생 제어기 표시 : 제어기를 보려면 화면을 살짝 누른다. 제어기를 가리려면 다시 살짝 누른다.

(나) 동영상 재생 제어하기

비디오는 와이드스크린 화면의 이점을 100% 활용하기 위해 가로 화면 방향으로 재생된다.(그림 4-31)

이동 막대를 사용하여 타임라인의 어느 지점으로나 이동할 수 있다. 이동 막대를 따라 재생헤드를 드래그하면서 손가락을 아래로 밀어 재생 속도를 조절할 수 있다.

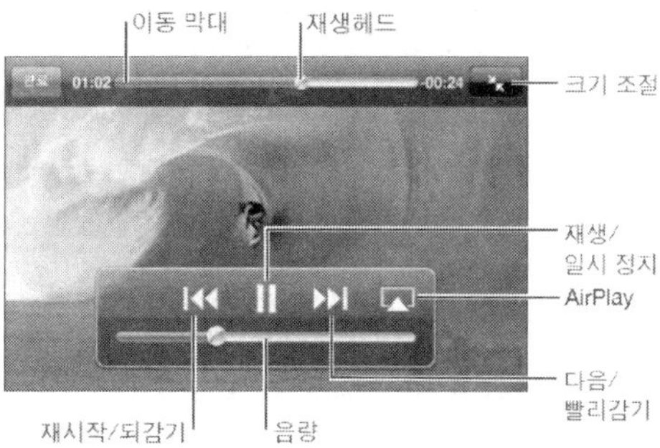

(그림 4-31) 동영상 제생화면 및 각 버튼 설명

(다) 아이폰용으로 비디오 변환하기

Mac의 iMovie에서 생성하거나 인터넷에서 다운로드해서 iTunes에 추가한 비디오와 같이 iTunes Store에서 구입하지 않은 비디오도 아이폰에 추가할 수 있다. iTunes에서 아이폰으로 비디오를 추가하려고 했을 때 해당 비디오를 아이폰에서 재생할 수 없음이라는 메시지가 뜬다면, 사용자는 비디오를 변환할 수 있다.

(라) 아이폰에서 비디오 삭제하기

비디오 목록에서, 해당 비디오를 왼쪽 또는 오른쪽으로 쓸어넘긴 후 삭제를 누른다. 아이폰에서 비디오(대여한 동영상이나 TV 프로그램 제외)를 삭제하더라도 iTunes 보관함에서 비디오가 삭제되지 않는다. iTunes에서 비디오를 동기화하도록 설정한 경우 아이폰에 다시 나타날 수 있다.

마. iTunes

1) 음악, 비디오 등을 찾기

1 콘텐츠 탐색하기 : 화면 하단에서 음악이나 비디오와 같은 콘텐츠 카테고리 중 하나를 살짝 누른다. 또는 기타를 살짝 눌러 다른 콘텐츠를 탐색해야한다. 화면 상단에서 정렬 방법을 선택해야한다(예를 들어 새로운 릴리즈 또는 장르별(카테고리가 다를 수 있음).(그림 4-32)

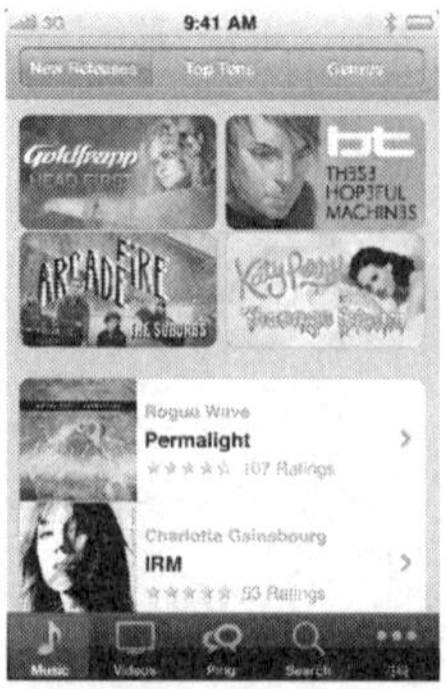

(그림 4-32) iTunes 실행화면

2 콘텐츠 검색하기 : 검색을 살짝 누르고(검색이 보이지 않는 경우 먼저 기타를 살짝 누름), 검색 필드를 누르고 하나 이상의 단어를 입력한 다음 검색을 누른다. 검색 결과는 Movies, Albums, Podcasts와 같은 카테고리별로 그룹지어 나타낸다. 목록의 항목을 살짝 눌러 정보 화면에서 추가 정보를 보면 리뷰를 읽고 리뷰를 작성하거나 항목에 대한 링크를 친구에게 이메일로 전송할 수 있다. 항목에 따라서 구입, 다운로드 또는 대여할 수도 있다.(그림 4-33)

(그림 4-33) iTunes 콘텐츠 검색 결과

2) 벨소리 구입하기

iTunes Store에서 벨소리를 미리 듣고 구입할 수 있으며 아이폰으로 다운로드할 수 있다.

- 벨소리 탐색하기 : 벨소리를 살짝 누르거나(벨소리가 보이지 않는 경우 먼저 기타를 살짝 누름) 검색을 사용하여 iTunes Store에서 특정 노래를 찾는다.

3) 음악 또는 오디오북 구입하기

iTunes Store에서 원하는 노래, 앨범 또는 오디오북을 찾으면, 구입하여 아이폰으로 다운로드할 수 있다. 항목을 구입하기 전에 미리 보고 확인할 수 있다.

4) 다운로드 상태 확인하기

다운로드 화면을 확인하여 미리 주문한 것을 포함한 다운로드 진행 상태 및 예약 상태를 볼 수 있다.

1 **다운로드 중인 항목의 상태 보기** : 다운로드를 살짝 누른다(다운로드가 보이지 않는 경우 기타를 살짝 누름).
- 다운로드를 일시 정지하려면 **II**을 살짝 누른다.
- 다운로드가 중단된 경우 나중에 아이폰에서 다운로드를 다시 시작하려면 인터넷에 연결되어 있어야 한다. 또는 컴퓨터에서 iTunes를 연 경우 iTunes가 iTunes 보관함으로 다운로드를 완료한다.

2 **미리 주문한 항목의 상태 보기** : 다운로드를 살짝 누른다(다운로드가 보이지 않는 경우 기타를 살짝 누름). 미리 주문한 항목이 발매될 때까지 목록에 나타낸다. 발매 날짜 정보를 보려면 항목을 살짝 누른다. 항목이 다운로드가 가능하면, ⊕이 다운로드 옆에 나타낸다.

3 **미리 주문한 항목 다운로드하기** : 해당 항목을 누른 다음, ⊕을 살짝 누른다. 미리 주문한 항목은 발매시 자동으로 다운로드 되지 않는다. 다운로드를 시작하려면 다운로드 화면으로 돌아간다.

5) 구입한 콘텐츠 동기화하기

아이폰이 컴퓨터에 연결되면 iTunes는 아이폰에서 다운로드 또는 구입한 모든 항목을 iTunes 보관함에 자동으로 동기화하다. 이것은 컴퓨터에서 다운로드한 항목에 접근할 수 있으며 아이폰에서 구입한 콘텐츠를 삭제한 경우 백업을 제공한다.
구입한 콘텐츠는 "〈사용자의 아이폰 이름〉에서 구입함" 재생목록에 동기화된다. 해당 재생목록이 없다면 iTunes가 생성하다. 또한, 구입함 재생목록(컴퓨터의 iTunes에서 사용되는 구입 재생목록)이 있고 아이폰과 동기화하도록 설정된 경우, iTunes는 구입 항목들을 이 재생목록으로도 복사한다.
다운로드한 podcast는 iTunes 보관함에서 Podcast 목록과 함께 동기화된다.

바. 설정(고급설정)

설정을 사용하여 아이폰 응용 프로그램을 사용자화 하고 날짜와 시간을 설정하며 네트워크 연결을 구성하거나, 아이폰용 기타 환경설정을 입력할 수 있다.

1) 에어플레인 모드

에어플레인 모드는 항공기 운항 및 기타 전자 장비의 잠재적인 방해를 줄이도록 아이폰의 무선 기능을 비활성화한다.

에어플레인 모드가 켜져 있으면, 화면의 상단에 있는 상태 막대에 이 나타난다. 아이폰으로부터 전화, 라디오, Wi-Fi, 또는 Bluetooth 신호가 방출되지 않으며 GPS 수신이 꺼지므로, 아이폰의 많은 기능이 비활성화 된다.

2) Wi-Fi

Wi-Fi 설정은 아이폰에서 로컬 Wi-Fi 네트워크를 사용하여 인터넷에 연결할지 여부를 결정한다. 사용 가능한 Wi-Fi 네트워크가 없거나 Wi-Fi를 껐다면, 가능할 때 아이폰이 셀룰러 데이터 네트워크를 통해 인터넷에 연결한다. 셀룰러 데이터 네트워크 연결을 통해서 Mail, Safari, YouTube, 주가, 지도, 날씨, iTunes Store 및 App Store를 사용할 수 있다.

3) VPN

아이폰에 VPN이 구성된 경우 이 설정이 나타나서 VPN을 켜거나 끌 수 있게 한다.

4) 알림

(그림 4-34) 알림 : 알림소식이 있는 Game Center 아이콘 모습

이 설정은 Game Center와 같은 애플 푸시 알림 서비스를 사용하는 응용 프로그램을 열 때 나타난다.(그림 4-34)
푸시 알림은 응용 프로그램이 실행 중이지 않더라도 새로운 정보를 알려줍니다. 알림은 응용 프로그램에 따라 다르지만 텍스트 또는 사운드 경고음이 포함되며 홈 화면의 응용 프로그램 아이콘에 숫자가 표시될 수 있다. 알림을 받지 않거나 배터리 수명을 절약하려면 알림을 끌 수 있다.

5) 네트워크 사업자

이 설정은 사용자가 현재 네트워크 사업자의 네트워크 범위 밖에 있고 다른 로컬 네트워크 사업자의 데이터 네트워크를 전화 통화, Visual Voicemail 및 셀룰러 네트워크 인터넷 연결에 사용할 수 있을 때 나타난다. 해당 네트워크 사업자와 로밍 계약을 체결한 네트워크 사업자의 서비스로만 전화를 걸 수 있다. 별도의 비용이 적용될 수 있다. 선택한 네트워크의 네트워크 사업자가 로밍 비용을 사용자의 네트워크 사업자를 통해 사용자에게 청구할 수 있다.

네트워크 외 범위 및 로밍 활성화에 대한 정보를 보려면 해당 네트워크 사업자에게 연락하거나 해당 네트워크 사업자의 웹 사이트로 이동하는 것이 좋다.

6) 사운드 및 벨소리/무음 스위치

벨소리와 무음 모드 사이 전환하기

1. 아이폰의 옆면에 있는 벨소리/무음 스위치를 밀면 된다.
2. 무음 모드로 설정되어 있으면 아이폰에서 벨소리, 알림음 또는 효과음을 재생하지 않는다. 하지만, 시계를 사용하여 설정한 알람 소리는 재생된다.
3. 전화가 걸려오면 아이폰이 진동하도록 설정하기 : 사운드를 선택해야한다. 아이폰을 무음 모드에서 진동시킬 것인지를 설정하려면, 무음 아래에 있는 진동을 켜거나 꺼야한다. 아이폰을 벨소리 모드에서 진동시킬 것인지를 설정하려면, 전화벨 아래에 있는 진동을 켜거나 꺼야한다.
4. 벨소리 및 알림음 음량 조절하기 : 사운드를 선택하고 슬라이더를 드래그하는 것이 좋다. 또는 "버튼을 사용하여 변경"이 켜져 있는 경우 아이폰의 옆면에 있는 음량 버튼을 사용하는 것이 좋다. 노래 또는 동영상이 재생되고 있거나 통화 중인 경우 음량 버튼으로 벨소리 및 알람 음량을 변경할 수 없다.
5. 음량 버튼으로 벨소리 또는 알람 음량을 변경하도록 허용 : 선택하고 "버튼을 사용하여 변경"을 켜야한다.
6. 벨소리 설정하기 : 사운드 > 벨소리를 선택해야한다.
7. 알림음 및 효과음 설정하기 : 사운드를 선택하고 전화벨 아래에 있는 항목을 켜거나 꺼야한다. 벨소리/무음 스위치가 벨소리로 설정되어 있으면 아이폰에서 켜져 있는 알림음과 효과음을 재생한다.

7) 밝기

화면 밝기는 배터리 수명에 영향을 줍니다. 아이폰을 충전하기 전에 화면을 어둡게 하여 사용 시간을 연장하거나, 자동 밝기를 사용하는 것이 좋다.

8) 배경화면

배경화면 설정에서 이미지 또는 사진을 잠금 화면에 대한 배경화면으로 설정할 수 있다. 아이폰 3GS 이상에서는 홈 화면에 대한 배경화면을 설정할 수도 있다.

9) 일반

일반 설정에는 네트워크, 공유, 보안 및 기타 iOS 설정이 포함되어 있다. 아이폰에 관한 정보를 찾고 다양한 아이폰 설정을 재설정할 수도 있다.

10) 정보

일반>정보를 선택하여 아이폰에 관한 정보를 얻을 수 있나.

11) 사용 내용

- **배터리 잔량 표시 보기(아이폰 3GS 이상)** : 일반 > 사용 내용을 선택하고 배터리 잔량 표시를 켜야한다.
- **사용 통계 보기** : 일반 > 사용 내용을 선택해야한다. 그러면 다음을 볼 수 있다.
- **사용 통계 재설정하기** : 일반 > 사용 내용을 선택한 다음 통계 재설정을 눌러 데이터 및 누적 시간 통계를 지우십시오. 아이폰이 잠금 해제 상태이고 대기 모드였던 시간에 대한 통계는 재설정되지 않는다.

12) 네트워크

네트워크 설정을 사용하여 VPN(Virtual Private Network) 연결을 구성하거나 Wi-Fi 설정에 접근하거나, 또는 데이터 로밍을 켜거나 꺼둘수 있다.

13) Bluetooth

아이폰은 헤드셋, 헤드폰 및 차량용 키트와 같은 Bluetooth 장비에 무선으로 연결하면 음악을 듣고 핸즈프리 통화가 가능하다. Bluetooth를 통해 애플 Wireless Keyboard에 연결할 수도 있다.

- **Bluetooth 켜거나 끄기** : 일반 > Bluetooth를 선택하고 Bluetooth를 켜거나 꺼야한다.

14) 위치 서비스

위치 서비스를 통해 지도, 카메라, 나침반 및 다른 업체의 위치 기반 응용 프로그램과 같은 응용 프로그램에서 위치를 나타내는 데이터를 모으고 사용할 수 있다. 애플이 수집하는 위치 데이터는 개인 정보를 담지 않는 형태로 수집된다. 셀룰러 네트워크 데이터, 로컬 Wi-Fi 네트워크(Wi-Fi가 켜져 있는 경우) 및 GPS(모든 지역에서 사용 가능하지 않을 수 있다) 정보를 사용하여 사용자의 대략적인 위치가 결정된다.

응용 프로그램이 위치 서비스를 사용한다면 이 상태 막대에 나타난다.

위치 서비스를 사용하는 모든 응용 프로그램은 위치 서비스 설정 화면에 나타나며, 위치 서비스가 해당 응용 프로그램에 대해 켜져 있거나 꺼져 있는지를 표시한다.

은 지난 24 시간 내에 위치를 요청한 각 응용 프로그램에 대해 표시된다. 일부 또는 모든 응용 프로그램에 대해 이 기능을 사용하지 않으려면 위치 서비스를 끌 수 있다. 위치 서비스를 끄면 다음에 응용 프로그램에서 이 기능을 사용하려고 할 때 다시 켜도록 요청된다.

15) 홈 버튼

홈 버튼 설정(아이폰 3G 전용)에서 홈 버튼을 이중 클릭하면 발생하는 동작을 지정할 수 있다. 다음에 설명된 "Spotlight 검색" 설정은 아이폰 3G의 홈 버튼 아래에서도 사용 가능한다.

홈 버튼을 이중 클릭하면 수행되는 동작 설정

- 일반 > 홈 버튼을 선택하고 해당 동작을 설정하는 것이 좋다. 홈 버튼을 이중 클릭하면 다음으로 이동하도록 설정할 수 있다.
- 홈 화면, 검색 화면, 전화 즐겨찾기, 카메라 응용 프로그램, iPod 응용 프로그램
  - 음악을 재생할 때 홈 버튼을 이중 클릭하면 iPod 제어기를 표시할 것인지 설정하기: 일반 > 홈 버튼을 선택한 다음 스위치를 살짝 눌러 iPod 제어기를 켜거나 끌 수 있다. 이 기능은 홈 버튼을 이중 클릭할 때 설정된 동작을 무시하고 수행되며 화면이 꺼져 있거나 아이폰이 잠겨 있는 경우에도 동작한다.

16) 자동 잠금

아이폰을 잠그면 모니터가 꺼져 배터리가 절약되며 의도하지 않은 아이폰의 동작을 막을 수 있다. 여전히 문자 메시지와 전화를 수신할 수 있으며, 음악을 듣거나 통화 중일 때도 음량을 조절하고 아이폰 이어폰에 있는 마이크 버튼을 사용할 수 있다.

- 아이폰을 잠그기 전 시간 설정하기 : 일반 > 자동 잠금을 선택하고 시간을 선택해야 한다.

17) 암호 잠금

기본적으로, 아이폰은 잠금 해제하기 위해 암호를 입력하지 않아도 된다.
아이폰 3GS 이상에서 암호를 설정하면 데이터를 보호할 수 있다.

18) 차단

아이폰에 있는 일부 응용 프로그램의 사용 및 iPod 콘텐츠에 대한 차단을 설정할 수 있다. 예를 들어, 부모가 재생목록에서 유해한 음악이 보이지 않도록 제한하거나 YouTube에 대한 접근을 완전히 끌 수 있다.

19) 날짜와 시간

이 설정은 화면 상단의 상태 막대에 표시된 시간, 세계 시계 및 캘린더에 적용된다.

20) 키보드

- **자동 대문자 켜거나 끄기** : 일반 > 키보드를 선택하고 자동 대문자를 켜거나 꺼야한다. 기본적으로, 아이폰은 문장의 마침표를 입력한 후나 줄바꿈 문자 뒤에 입력되는 단어를 대문자화한다.
- **자동 수정을 켜거나 끄기** : 일반 > 키보드를 선택하고 자동 수정을 켜거나 꺼야한다. 일반적으로, 선택한 언어에 대한 기본 키보드에 사전이면, 입력할 때 아이폰이 추천 단어나 완성된 단어를 제안한다.
- **영문 철자 검사를 켜거나 끄기** : 일반 > 키보드를 선택하고 영문 철자 검사를 켜거나 꺼야한다.
- **Caps Lock 활성화 여부 설정하기** : 일반 > 키보드를 선택하고 Caps Lock 활성화를 켜거나 꺼야한다.
- **"." 단축키 켜거나 끄기** : 일반 > 키보드를 선택하고 "." 단축키를 켜거나 꺼야한다. "." 단축키는 space(간격)를 두 번 살짝 누르면 빈 칸 뒤에 마침표가 입력되게 해 줍니다. 이것은 기본적으로 켜져 있다.

21) 손쉬운 사용

손쉬운 사용 기능을 켜려면(아이폰 3GS 이상), 손쉬운 사용을 선택하고 원하는 기능을 선택해야한다.

22) 프로파일

이 설정은 하나 이상의 프로파일이 아이폰에 설치된 경우 나타난다. 설치된 프로파일에 관한 정보를 보려면 프로파일을 살짝 눌러라.

23) 아이폰 재설정하기

- **모든 설정 재설정하기** : 일반 > 재설정을 선택하고 '모든 설정 재설정'을 살짝 눌러라. 그러면 모든 환경설정 및 설정이 재설정된다. 정보(연락처 및 캘린더와 같은) 및 미디어(노래 및 비디오와 같은)에는 영향을 주지 않는다.
- **모든 콘텐츠 및 설정 지우기** : 아이폰을 컴퓨터나 전원 어댑터에 연결하는 것이 좋다. 일반 > 재설정을 선택하고 "모든 콘텐츠 및 설정 지우기"를 살짝 눌러라. 이렇게 하면 모든 설정 값이 기본 값으로 재설정되며 모든 정보 및 미디어는 지워진다.
- **네트워크 설정 재설정하기** : 일반 > 재설정을 선택하고 네트워크 설정 재설정을 살짝 눌러라. 네트워크 설정을 재설정하면 구성 프로파일에 의해 설치되지 않은 VPN 설정 및 이전에 사용한 네트워크 목록이 제거된다. 연결되어 있는 네트워크에서 연결을 해제하고 Wi-Fi는 꺼졌다가 다시 켜집니다. Wi-Fi 및 "네트워크에 연결 요청" 설정은 켜져 있다. 구성 프로파일로 설치한 VPN 설정을 제거하려면 설정 > 일반 > 프로파일을 선택한 다음 해당 프로파일을 선택하고 제거를 살짝 눌러라.
- **키보드 사전 재설정하기** : 일반 > 재설정을 선택하고 키보드 사전 재설정을 살짝 눌러라. 입력할 때 아이폰이 권장하는 단어를 거부하여 키보드 사전에 단어를 추가할 수 있다. 단어를 살짝 눌러 교정 단어를 거부하고 키보드 사전에 해당 단어를 추가하는 것이 좋다. 키보드 사전을 재설정하면 추가한 모든 단어가 지워진다.
- **홈 화면 레이아웃 재설정하기** : 일반 > 재설정을 선택하고 홈 화면 레이아웃 재설정을 살짝 눌러라.
- **위치 경고 재설정하기** : 일반 > 재설정을 선택하고 위치 경고 재설정을 살짝 눌러라.

24) Mail, 연락처, 캘린더

Mail, 연락처, 캘린더 설정을 사용하여 아이폰에 대한 계정을 설정하고 특정 계정 서비스(메일, 연락처, 캘린더, 책갈피 및 메모 등)를 켤 수 있다.

25) 전화

전화 설정을 사용하여 걸려오는 전화를 전달하거나 통화 중 대기를 켜거나 끄고, 암호를 변경하는 등의 설정을 구성할 수 있다. 별도의 비용이 적용될 수 있다. 비용 및 이용 여부는 네트워크 사업자에게 문의하는 것이 좋다.

26) Safari

Safari 설정을 통해 인터넷 검색 엔진을 선택하고 보안 옵션을 설정하며 개발자를 위해서는 디버깅을 켤 수 있다.

27) 메시지

메시지 설정을 사용하여 SMS 및 MMS 메시지에 대한 설정을 조절할 수 있다.

28) iPod

iPod 설정을 사용하여 iPod에서 음악과 비디오 재생을 위한 설정을 조절할 수 있다.

29) 사진

(가) 슬라이드 쇼

슬라이드 쇼 설정을 사용하여 슬라이드 쇼가 사진을 표시하는 방법을 지정하는 것이 좋다.

(나) HDR

HDR 설정(아이폰 4 전용)에서 HDR이 켜져 있을 때 일반 노출 사진 외에 HDR 버전의 사진을 저장할지 여부를 선택할 수 있다.

30) 메모

메모 설정을 사용하여 메모에 표시되는 데 사용되는 서체를 변경하고 아이폰에 추가하려는 메모에 대한 기본 계정을 설정한다.

31) Store

Store 설정을 사용하여 애플 ID를 변경 또는 생성한다. 기본적으로 컴퓨터와 아이폰을 동기화할 때 로그인된 애플 ID가 Store 설정에 나타난다. 아이폰의 애플 ID를 변경하여 다른 애플 ID를 사용하여 음악 또는 응용 프로그램을 구입할 수 있다. 애플 ID가 없는 경우 Store 설정에서 생성할 수 있다.

32) Siri

(그림 4-35) 시리 실행 화면

시리(Siri)는 iOS용 개인 단말 응용 소프트웨어이다. 질문에 답변하고, 권고하며, 동작을 수행하는 자연 언어 처리를 이용한다. 시리는 원래 앱스토어에서 iOS 애플리케이션으로 존재하였다. 시리는 2010년 4월 28일 애플에 인수되었다. 시리는 이 소프트웨어가 블랙베리와 안드로이드 폰에도 사용할 수 있을 것이라 발표하였으나 애플의 인수 이후 비 애플 플랫폼에 대한 개발은 모두 취소되었다. 시리는 iOS 5 이상의 iOS에 포함되어 있으며, 아이폰 4S 이상 기기에서 사용할 수 있다[19].

사. App Store

App Store에서 응용 프로그램을 검색, 탐색, 검토, 구입하여 아이폰에 직접 다운로드할 수 있다. 아이폰에서 App Store로부터 다운로드 및 설치한 응용 프로그램은 다음에 아이폰을 컴퓨터와 동기화할 때 iTunes 보관함에 백업된다. 아이폰과 동기화할 때 컴퓨터의 iTunes Store에서 구매하거나 다운로드한 응용 프로그램을 설치할 수도 있다.

1) 탐색 및 검색하기

1. 응용 프로그램 탐색 : 추천 항목, 카테고리 또는 인기 항목 25를 살짝 눌러라. 카테고리를 선택하거나 목록으로 탐색하기 위해 화면 상단에 있는 New, What's Hot, Genius, Top Paid 또는 Top Free와 같은 정렬 방법을 선택한다.(그림 4-36)

(그림 4-36) App Store : 메인화면

2 **Genius를 사용하여 탐색** : Genius를 살짝 눌러 응용 프로그램 모음에 이미 있는 항목을 기반으로 권장 응용 프로그램 목록을 봅니다. Genius를 켜려면 화면상의 지침을 따르는 것이 좋다. Genius는 무료 서비스지만 애플 ID가 필요하다.

3 **응용 프로그램 검색** : 검색을 살짝 누르고 김색 필드를 살짝 누른 다음, 한 개 이상의 단어를 입력하고 검색을 살짝 눌러라.(그림 4-37)

(그림 4-37) App Store : 검색결과

2) 정보 화면

목록 내의 아무 응용 프로그램이나 눌러 해당 응용 프로그램의 가격, 스크린샷 및 등급과 같은 추가 정보를 볼 수 있다.(그림 4-38)

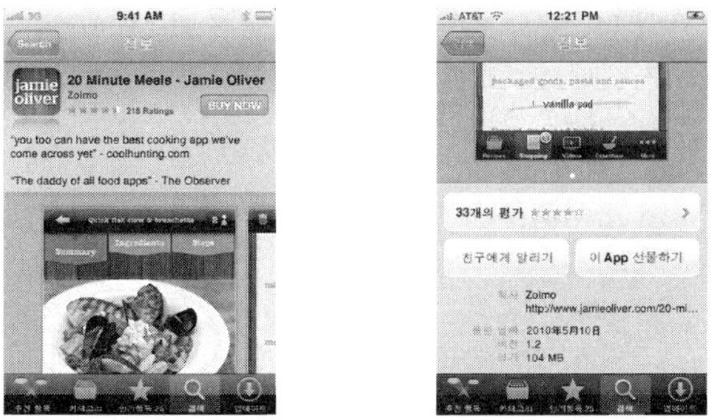

(그림 4-38) 선택 어플리케이션 정보

이미 응용 프로그램을 설치했다면 정보 화면에 가격 대신에 "설치됨"이 나타난다.

3) 응용 프로그램 다운로드하기

App Store에서 원하는 응용 프로그램을 찾으면 해당 응용 프로그램을 구입하여 아이폰에 다운로드할 수 있다. 응용 프로그램이 무료인 경우 결제하지 않고 다운로드할 수 있다.

(가) 응용 프로그램을 다운로드하면 아이폰에 즉시 설치된다.

(나) 응용 프로그램 구입 및 다운로드

1 가격을 누르고(또는 Free(무료)를 누르고) Buy Now(지금 구입)을 눌러라.

2 요청하면 애플 ID를 사용하여 로그인한 다음 승인을 살짝 눌러라. 다운로드 항목에 대한 구입비는 애플 ID로 청구된다. 15분 내에 추가 다운로드를 하면 암호를 다시 입력하지 않아도 된다.

- 일부 응용 프로그램은 응용 프로그램 내에서 구입하는 것을 허용한다. 설정에서 응용 프로그램 내에서 구입하는 것을 차단할 수 있다.
- 일부 응용 프로그램은 푸시 알림을 사용하여 응용 프로그램이 실행되고 있지 않을 때에도 새로운 정보를 알려줍니다. 알림은 응용 프로그램에 따라 다르지만 텍스트 또는 사운드 경고음이 포함되며 홈 화면의 응용 프로그램 아이콘에 숫자가 표시될 수 있다.
- iTunes Store gift cards, gift certificates 또는 기타 프로모션 코드를 사서 구입할 수 있다. 로그인하면 남은 스토어 사용 금액이 대부분의 App Store 화면의 하단에 애플 ID 정보와 함께 표시된다.

3 **응용 프로그램의 다운로드 상태 보기** : 응용 프로그램을 다운로드하기 시작하면, 아이콘이 홈 화면에 표시되며 진행 표시기가 나타난다.(그림 4-39)

(그림 4-39) 응용프로그램 다운로드 아이콘 상태

다운로드가 중단된 경우 나중에 아이폰에서 다운로드를 다시 시작하려면 인터넷에 연결되어 있어야 한다. 또는 컴퓨터에서 iTunes를 연 경우 iTunes가 iTunes

보관함으로 다운로드를 완료한다(컴퓨터가 인터넷에 연결되어 있고 동일한 애플 ID를 사용하여 로그인되어 있는 경우).

4) 응용 프로그램 삭제하기

App Store에서 설치한 응용 프로그램을 삭제할 수 있다. 응용 프로그램을 삭제한 경우, 응용 프로그램을 다시 설치하고 백업에서 데이터를 복원하지 않는 한 응용 프로그램과 연관된 데이터를 더 이상 아이폰에서 사용할 수 없습니다.
응용 프로그램을 다시 설치하고 컴퓨터에서 iTunes와 함께 아이폰을 백업하면 데이터를 복원할 수 있다. (컴퓨터에 백업하지 않은 응용 프로그램을 삭제하려고 하면 경고가 나타난다.) 응용 프로그램 데이터를 다시 보려면 이 데이터를 포함한 백업으로부터 아이폰을 복원해야 한다.

App Store 응용 프로그램 삭제

1. 홈 화면 아이콘이 흔들리기 시작할 때까지 아무 아이콘이나 눌러라.
2. 삭제할 응용 프로그램 모서리의 ✖을 살짝 눌러라.
3. 삭제를 누른 다음 홈 버튼을 눌러라. 응용 프로그램 아이콘에 ✖가 표시되지 않은 경우 App Store에서 구입한 응용 프로그램이 아니거나 응용 프로그램을 삭제할 수 없도록 제한되어 있기 때문이다. 응용 프로그램을 삭제한 경우, 아이폰 사용자 인터페이스를 통해 데이터에 더 이상 접근할 수 없지만 아이폰에서 지워지지는 않습니다. App Store에서 무료로 구입한 모든 응용 프로그램을 다시 다운로드할 수 있다.

5) 응용 프로그램 업데이트하기

App Store에 연결할 때마다 설치된 응용 프로그램에 대한 업데이트를 확인한다. App Store는 매주 업데이트를 자동으로 확인한다. App Store 아이콘은 총 사용 가능한 응용 프로그램 업데이트 수를 표시한다.(그림 4-40)

(그림 4-40) 응용프로그램 업데이트 알림상태

업데이트가 있을 때 사용자가 App Store에 연결하면 업데이트 화면이 즉시 나타난다. 응용 프로그램 업데이트를 선택하면 다운로드되어 자동으로 설치된다.
응용 프로그램 업그레이드는 아이폰에서 App Store를 통해 또는 컴퓨터의 iTunes Store를 통해 구입 또는 다운로드할 수 있는 새로운 릴리즈이다.

6) 구입한 응용 프로그램 동기화하기

아이폰을 컴퓨터에 연결하면 iTunes는 아이폰에서 다운로드하거나 구입한 응용 프로그램을 iTunes 보관함과 동기화한다. 이렇게 하면 컴퓨터에서 다운로드한 항목에 접근할 수 있으며 아이폰에서 응용 프로그램을 삭제한 경우 백업을 제공할 수 있다.
다운로드한 응용 프로그램은 다음 번에 iTunes와 동기화 할 때 백업된다. 그 후로는 iTunes와 동기화할 때 응용 프로그램 데이터만 백업된다.
응용 프로그램들은 iTunes 보관함의 응용 프로그램 목록에 동기화된다. 해당 목록이 없다면 iTunes에서 목록을 생성한다.

4.3.1.3 아이폰의 어플 활용

가. 필수 응용 프로그램

1) 스팸전화 차단 : TheCall

아이폰으로 걸려오는 전화 중 스팸으로 신고 된 전화 파악 후 방지한다. (그림 4-41)[20]

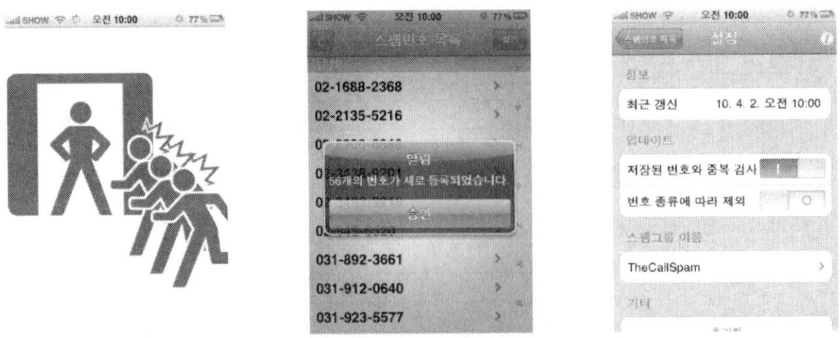

(그림 4-41) The cell 응용프로그램 실행화면

나. 라이프 스타일

1) 개운한 아침을 들게 하는 알람 : sleep clycle alarm clock(유로)

잠잘 때 머리 근처에 아이폰을 두고 이 어플을 사용 한다. 아이폰 센서로 사용자가 깊은 잠을 자는지 아닌지 판단 후 적절한 시간과 상태일 때 알람 울린다.(그림 4-42)[21]

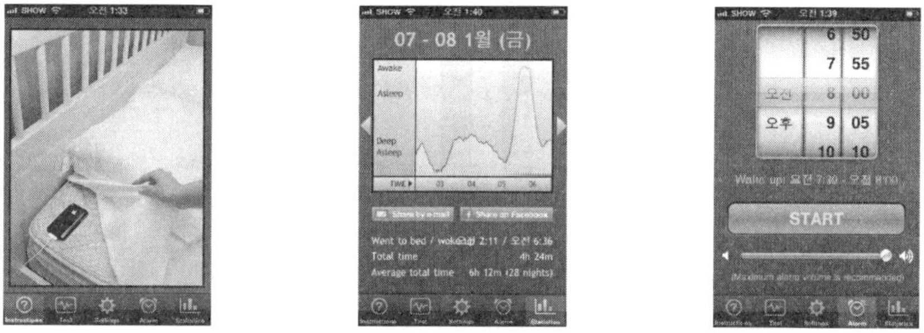

(그림 4-42) sleep clycle alarm clock 응용프로그램 실행화면

2) 지하철 노선 : 하철이

지하철 노선도로 원하는 역 사이의 최단 거리 정보 등을 제공하며, 역 주변 지역을 지도로 확인, 각 지하철의 시간표도 열람할 수 있다.(그림 4-43)[22]

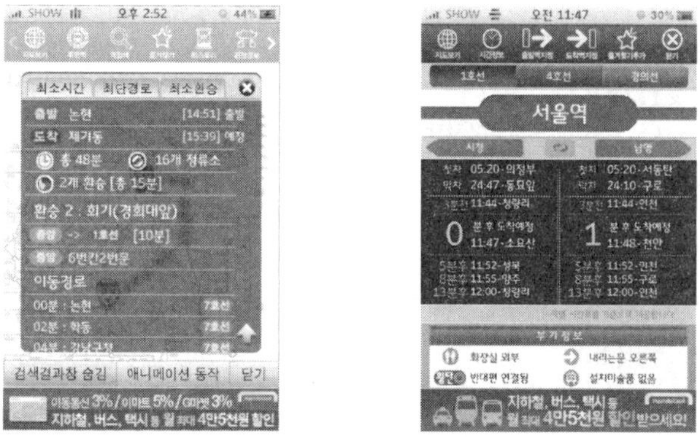

(그림 4-43) 하철이 응용프로그램 실행화면

3) 살 빼는데 활용하기 : 칼로리 다우너

각 음식에 대한 칼로리를 기준으로 아이폰의 센서를 이용해 줄넘기나 런닝 할 때 해당 정보와 칼로리를 계산해 주는 응용 프로그램이다.(그림 4-44)[23]

(그림 4-44) 칼로리 다우너 응용프로그램 실행화면

다. 비즈니스

1) 스케줄 관리 : Awesome Note(무료,유료)

모든 스케줄 체크하고 수정하고, 매일의 이벤트를 메모로 남길 수 있어 일정관리 도움 된다.(그림 4-45)[24]

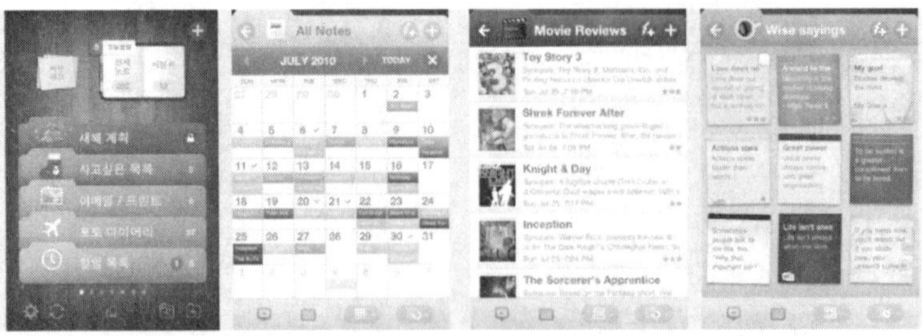

(그림 4-45) Awesome Note 응용프로그램 실행화면

2) MS 오피스 문서 읽기/작성하기 : office2 plus(무료, 유료)

MS 오피스 문서를 아이폰에 담아 언제 어디서든 열람 가능 하며, MS 워드와 MS 엑셀 문서 작성 가능하다.(그림 4-46)[25]

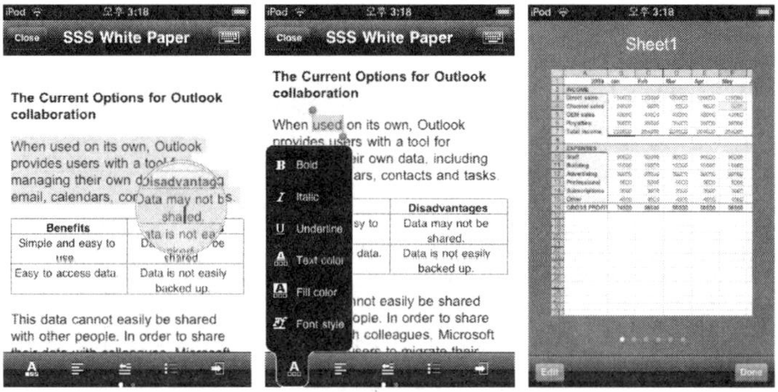

(그림 4-46) office2 plue 응용프로그램 실행화면

라. 교육

1) 깜빡이로 영어 단어 쉽게 외우자! : 단어암기도우미(유로)

외국어 단어를 외우는 데 가장 효과적인 방법인 깜박이 기능을 아이폰에 쉽게 사용가 능하며, 추가로 원하는 단어를 사용자가 추가 가능 하다.(그림 4-47)[26]

(그림 4-47) 단어암기도우미 응용프로그램 실행화면

마. 카메라

1) 셀카 찍기 : Selfphoto

전면카메라가 없는 아이폰을 위하여 얼굴인식기능을 이용해 자동으로 얼굴 촬영 한다.(그림 4-48)[27]

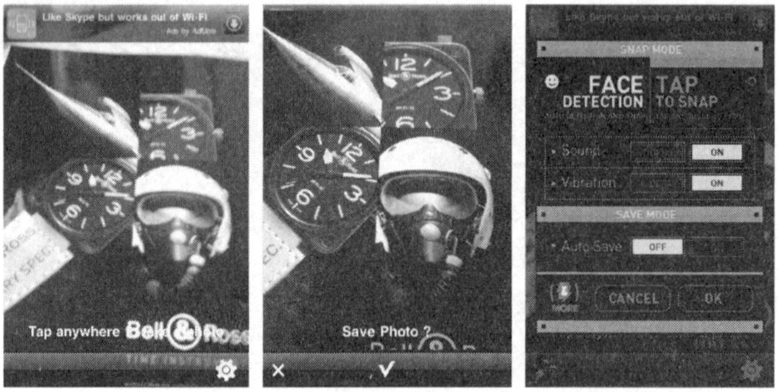

(그림 4-48) Selfphoto 응용프로그램 실행화면

바. 사진

1) 사진 보정 문제 없어 !!! : PhotoShop Express

그래픽 툴로 유명한 어도비 포토샵을 아이폰에서 이용 할 수 있다.(그림 4-49)[28]

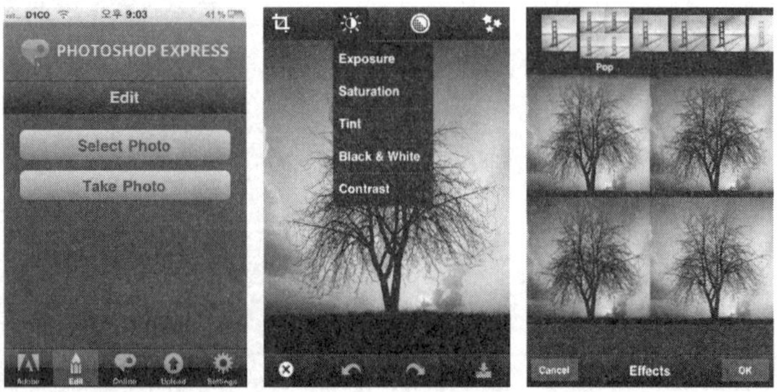

(그림 4-49) PhotoShop Express 응용프로그램 실행화면

사. 증강현실

1) 주변 사물 스캔 정보 : ScanSearch

아이폰 카메라로 스캔하면 증강현실을 이용해 다양한 주변정보 제공 (그림 4-50)[29]

(그림 4-50) ScanSearch 응용프로그램 실행화면

4.3.1.4 아이폰 탈옥

아이폰 탈옥(jailbreak)은 해킹의 일종이지만 크래킹과는 의미가 조금 다르다. 크래킹은 적법한 권한을 갖지 않고 다른 사람의 데이터 정보에 접근해 이를 가져가거나 수정하는 행위를 말한다. 탈옥은 크래킹과 달리 제조사가 막아둔 하드웨어의 기능 제한을 푼다는 의미다. 이른바 탈옥 폰 사용자들은 탈옥이 불법이 아니라고 주장하는데 이는 논란의 여지가 있다. 불법은 아니지만 편법인 것은 사실이다.

가. 탈옥의 장점

- **통화목록 편집** : 아이폰은 출시됐을 때부터 통화목록을 전체삭제는 가능하지만 편집할 수 없다. 하지만 탈옥을 한다면 통화목록을 수정하는 기능과 통화목록 정렬 및 카테고리도 지정가능하다.
- 인터넷 전화 어플리케이션 Wi-Fi 모드 지원
- **유로 어플리케이션 무료로 사용** : 탈옥을 선호하는 가장 큰이유기도 하다. 탈옥 폰 커뮤니티 사이트에 가면 수천가지 크랙 어플리케이션이 올라와 있어 이를 아이튠즈를 통해 옮겨

담는 것만으로도 간단히 설치가 끝난다. 하지만 정식으로 구입하지 않은 어플리케이션을 사용하는 한 명백한 불법이다.

나. 탈옥의 단점

- **전원문제 발생** : 탈옥 폰은 정품 폰과 달리 많은 탈옥 관련 어플리케이션들을 사용해 배터리 소모가 더 많아져 신경써야 될 부분 중 하나이다.
- **A/S 불가** : 애플은 탈옥을 불법이라고 규정하고 있어 탈옥된 아이폰은 애프터서비스 자체 안 된다.
- **인터넷 뱅킹 관련 어플리케이션 사용불가** : 탈옥한 아이폰은 인터넷 뱅킹도 차단된다. 우회경로로 사용 가능하지만 불편함을 감수해야 한다.
- **보안의 취약** : 탈옥한 아이폰은 보안에 취약하다. 자유롭게 크랙 어플리케이션을 설치할 수 있지만 까다롭기로 소문난 애플의 검증 절차를 통과하지 않았기 때문에 앱스토어에 등록된 원본과 같다고 확신하기 어렵다. 크랙된 어플리케이션은 올린사람이 고의로 치명적인 바이러스나 악성 코드가 들어있을 가능성을 배제할 수 없다. 일부 어플리케이션은 와이파이로 데이터가 유출될 가능성이 있다고 지적했다. 탈옥을 하면서 비밀번호를 바꾸지 않는 것은 매우 위험하다.

탈옥 자체는 법적으로는 불법이 아니지만 크랙된 유료 어플리케이션을 내려 받아 쓰는 건 불법이다. 대부분의 탈옥 폰 사용자들이 불법을 저지르고 있다. 그러나 굳이 불법 어플리케이션이 아니라 씨디아의 스토어의 합법적인 어플리케이션과 다양한 부가기능을 이용하는 것만으로도 아이폰의 성능을 극대화할 수 있다. 물론 이런 어둠의 경로를 드나들려면 어느 정도 보안 위험은 감수해야 한다.

탈옥은 또한 앱스토어에서 막대한 수익을 챙기고 있는 애플에게는 치명적인 위협이 된다. 그러나 열 사람이 한 도둑 못 막는다고 아무리 펌웨어를 업데이트 한다고 해도 어떻게든 뚫릴 수밖에 없을 거라는 게 전문가들의 지적이다. 애플은 최근 일부 해커들의 앱스토어 접근을 차단하는 등 경고 수위를 높여가고 있다. 아이폰을 서비스하고 있는 KT 역시 탈옥 폰의 음성통화를 막겠다고 밝히는 등 탈옥수를 둘러싼 치열한 신경전이 전개되고 있다 [30].

4.3.2 안드로이드폰

안드로이드(Android)는 휴대 전화를 비롯한 휴대용 장치를 위한 운영 체제와 미들웨어 그리고 핵심 응용 프로그램을 포함하고 있는 소프트웨어 스택이다. 안드로이드는 개발자들이 자바 언어로 응용 프로그램을 작성할 수 있게 하였으며, 컴파일된 바이트코드를 구동할 수 있는 런타임 라이브러리를 제공한다. 또한 안드로이드 SDK를 통해 응용 프로그램을 개발하기 위해 필요한 각종 도구들과 API를 제공한다.

안드로이드는 리눅스 커널 위에서 동작하며, 다양한 안드로이드 시스템 구성 요소에서 사용되는 C/C++ 라이브러리들을 포함하고 있다. 안드로이드는 기존의 자바 가상 머신과는 다른 가상 머신인 달빅 가상 머신을 통해 자바로 작성된 응용 프로그램을 별도의 프로세스에서 실행하는 구조로 되어 있다.

2005년에 안드로이드 사를 구글에서 인수한 후 2007년 11월에 안드로이드 플랫폼을 휴대용 장치 운영 체제로서 무료 공개한다고 발표한 후 48개의 하드웨어, 소프트웨어, 통신 회사가 모여 만든 OHA(오픈 핸드셋 얼라이언스)에서 공개 표준을 위해 개발하고 있다. 구글은 안드로이드의 모든 소스 코드를 오픈 소스 라이선스인 아파치 라이선스로 배포하고 있다[31].

4.3.2.1 안드로이드폰의 특징

가. 안드로이드 버전별 특징[32]

• 안드로이드(1.0~1.2)

첫 안드로이드는 이름이 없이 1.0이었다. 두 번째부터 코드명을 붙이기 시작했는데 프티푸르(Petit Four)라는 이름의 버전 1.1/1.2 였다.

• 컵케이크(버전1.5)

세 번째는 컵케이크(Cupcake)라는 이름의 버전 1.5입니다. 외형적, 능적으로 많은 변화가 일어났으며, 홈스크린과 음성인식, 한국어 기능 지원이 시작되었다. 이때부터가 정식 버전 이다.

- 도넛(버전 1.6)

  네 번째는 도넛(Donut)이라는 이름의 버전 1.6이다. 이때부터 WVGA 해상도가 지원되기 시작했으며 속도가 개선되었다. 또한 멀티 터치 기능이 추가되었다.

- 이클레어(버전 2.0, 2.1)

  다섯 번째는 이클레어(Eclair:초콜릿을 얹은 길쭉한 빵)라는 이름의 버전 2.0/2.1이다. WXGA(16:9) 이상의 해상도가 지원되었고, UI디자인이 변경되었다.

- 프로요(버전 2.2)

  여섯 번째는 프로요(Froyo, 얼린 요구르트)라는 이름의 버전 2.2이다.
  용량이 큰 앱을 외장메모리(SD-Card)에 옮기는 기능이 추가되었으며, 어도비 플래시 10.1을 지원하기 시작했다.

- 진저브레드(버전 2.3)

  일곱 번째는 진저브레드(Gingerbread, 생강빵)라는 이름의 버전 2.3이다.
  SIP Voip(인터넷통화)지원 webM/VP8 비디오 플레이, 다양한 오디오 효과를 지원하게 되었다.

- 허니콤(버전 3.0)

  태블릿 전용 허니콤(Honeycomb) 이다.

- 아이스크림 샌드위치(버전 4.0)

  여덟 번째는 아이스크림 샌드위치(ICS: Ice Cream Sandwich)라는 이름의 버전 4.0이다. 다양한 디바이스에 대응하여 폰용, 태블릿용(허니콤)을 따로 지원하던 것과 달리 4.0에서는 폰과 태블릿에서 공통적으로 사용 가능하다. 얼굴 인식 기능(Face unlock) 안드로이드빔(휴대폰을 서로 맞대어 정보교환)이 가능하다.

- 젤리빈(버전 4.1)

  락스크린등 다양한 UI가 변경되었고, 가장 기대감이 컸던 부분은 바로 버터 프로젝트 이다. 버터 프로젝트란 아이폰과 비교하여 터치감 혹평을 받았던 안드로이드의 터치감도를 버터같이 부드럽게 업그레이드 되었고 그밖에도, 오프라인 음성입력 및 NFC 지원 확대, 오디오 처리관한 개발자 API확대등을 지원하게 되었다.

• 젤리빈(버전 4.2)

포토 스피어 카메라, 제스쳐 타이핑, 태블릿을 위한 다중 이용자 계정, 무선 디스플레이, 빠른 설정, 잠금 화면의 위젯 활성, 구글 나우 카드 추가 기능들이 추가되었다[33].

나. 주요 기능[34]

구글의 안드로이드는 아래와 같은 기능을 제공하고 있다.

1) 프레임워크(framework) 제공

일정한 모양의 틀, SDK에서는 틀을 만들 수 있는 마법사를 제공한다.

2) Dalvik 가상 머신(Virtual Machine)

자바 가상 머신(Java Virtual Machine)과 같은 일종의 가상 머신을 지칭한다. 안드로이드 어플리케이션(Application)들은 자바 프로그래밍 언어로 작성해야 하며, 가상머신 'Dalvik' 위에서 실행된다.
Dalvik은 Bornstein이라는 사람의 조상들이 고향인 아이슬란드의 'Dalvik'에서 살았기 때문에 명명했다.

3) 그래픽(Graphic) 제공

2D 그래픽 라이브러리 제공, OpenGL ES 1.0 스펙에 기반한 3D 그래픽 라이브러리 제공한다.

4) SQLite 데이터베이스 사용

안드로이드에서 제공하는 데이터베이스 시스템이다.

5) 미디어(Media)

일반적인 오디오, 비디오, 정지 이미지 포맷들을 지원(MPEG4, H.264, MP3, AAC, AMR, JPG, PNG, GIF 등)한다.

6) GSM 테크놀로지, 블루투스, EDGE, 3G, Wi-Fi, 카메라, GPS, 나침판, 가속도계 지원

7) 개발 환경

디바이스 에뮬레이터, 디버깅 도구, 메모리 및 성능 프로파일링, Eclipse IDE를 위한 플러그인을 제공

8) 통합 브라우저 제공(구글의 웹브라우저)

다. 각양 각색한 안드로이드

안드로이드를 배포하고 있는 구글은 직접 스마트폰을 생산하지 않는다. 다만 휴대폰 전문업체들에게 안드로이드를 배포만 지원 해줄 뿐이다. 애플에서 나온 아이폰처럼 단일 모델에 단일 공급이 아닌 세계 여러 휴대폰 제조업체에서 다양한 안드로이드 스마트폰을 제조하여 공급하고 있다. 아이폰과 다르게 각자의 개성에 맞추어 원하는 안드로이드 스마트 폰을 구입하여 사용할 수 있다.

1) 갤럭시 S III

삼성 갤럭시S III(Samsung Galaxy S III, Samsung I9300)는 삼성전자에서 출시한 안드로이드 스마트폰으로, 갤럭시S2의 후속 기종이다. 출시 당시 안드로이드 4.0.4 아이스크림 샌드위치를 탑재하였다. 약 150개국 300여곳의 이동통신사에서 판매하고 있다. 출시에 앞서 표준모델의 페블블루모델은 배터리커버의 결함으로 인하여 이미 생산되었던 약 60만개의 배터리 커버를 폐기처분하였다. 그래서 페블블루모델을 예약한 사람의 배송이 지연되었다. 영국에서 발표이후 실시한 예약판매에서 약 1000만대가 팔렸으며, 2012년 5월 29일 전세계 28개국에서 표준모델의 판매가 시작되었다. 그 이후 표준모델 판매국가를 늘려가며 판매하고, LTE모델도 계속해서 각 통신사에 맞게 제조하여 판매하고있다. 2012년 9월 6일 삼성전자는 "갤럭시 S III가 판매량이 2000만대를 돌파했다고 발표했으며", 11월 4일에는 3000만대를 돌파했다고 발표하였다.(그림 4-51, 좌)

2) 옵티머스 G

LG 옵티머스 G(LG Optimus G)는 LG전자에서 2012년 9월 18일에 출시한 안드로이드 스마트폰이다. 출시 전 구본무 LG그룹 회장이 개발을 지휘했다고 하여 일명 회장님폰(구본무폰)이라고 불리었다.(그림 4-51, 우)

3) 베가 레이서 2

스카이 베가 레이서 2(SKY Vega Racer 2)는 팬택이 2012년 5월 10일에 출시한 스마트폰이다. 안드로이드 4.0.3 아이스크림 샌드위치를 탑재하였다. 차세대 스냅드래곤인 MSM8960을 탑재 하였으며, 베터리는 기존보다 많은 2,020 mAh의 배터리를 사용한다. FLUX UI 1.5를 탑재하였다. 하얀색 배터리커버는 세라믹 증착 기술을 이용하여 세라믹으로 제조한다[35].

(그림 4-51) 다양한 안드로이드 스마트폰 : 갤럭시 S III, 옵티머스 G, 베가 레이서 2(왼쪽부터)

4.3.2.2 안드로이드폰의 다양한 기능[36]

안드로이드 스마트폰은 동일한 기능이라 해도 공급업체마다 차별성을 위해 인터페이스가 조금씩 다르다. 이 부분에서는 구글에서 제시한 표준 안드로이드 인터페이스로 설명할 것이다. 현재 출시된 안드로이드 스마트폰과 다소 화면이 차이가 있지만 표준 인터페이스를 기반으로 하고 있어 어떤 안드로이드 스마트폰이라도 사용할 수 있다.
현재 이 부분에서는 안드로이드 2.2 기준으로 설명 하였다.

가. 전화/메시지/이메일/스케줄

1) 전화

(가) 전화 걸기 및 종료하기

1 휴대전화 열기

① 홈 화면의 전화기 아이콘( ) 또는 실행기나 홈 화면의 휴대전화 어플리케이션 아이콘( )을 터치해야 한다.

② 주소록이나 통화기록에서 이미 작업 중이라면 휴대전화 탭을 터치하면 된다.

2 번호를 눌러 전화 걸기

① 휴대전화를 실행한다.

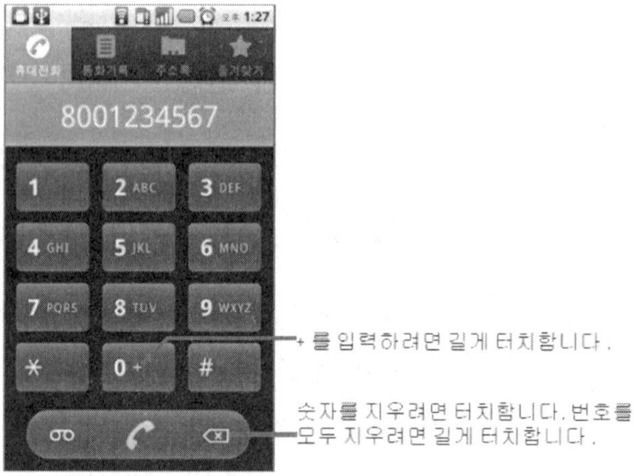

(그림 4-52) 전화통화 다이얼패드

② 휴대전화 탭의 키를 터치하여 전화번호를 입력해야 한다.(그림 4-50)

- 잘못된 번호를 입력했으면 ⌫를 터치하여 숫자를 하나씩 지운다.

(그림 4-53) 전화상태화면 및 각 화면 설명

③ 입력한 번호로 전화를 걸려면 녹색 전화기 아이콘( )을 터치해야 한다.(그림 4-53)

- 통화 도중 다른 작업을 할 수도 있다. 예를 들어, 브라우저를 열어 검색하는 것이 가능하다. 이 때, 통화 중이라는 표시로 상태 표시줄에 녹색 전화기 아이콘이 나타난다.
- 통화 볼륨을 조절하려면 볼륨 크게 / 작게 버튼을 누른다. 터치 버튼을 사용하여 현재 통화를 대기 상태로 전환하거나 다른 사람을 추가하는 등의 옵션을 사용할 수 있다.

3 통화 종료하기 : 종료( )를 터치한다.(그림 4-53)

4 전화 통화 사용 중지(비행기 모드)

휴대전화의 모바일, Wi-Fi 및 블루투스 무선 연결을 꺼야 하는 장소도 있다. 휴대전화를 비행기 모드로 설정하면 한 번에 모든 무선 연결을 해제할 수 있다.

① 전원 버튼을 길게 누른다.

② 비행기 모드를 터치해야 한다.

설정 어플리케이션을 사용하여 비행기 모드를 설정하거나 해제하고 다른 모바일 및 네트워크 설정을 구성할 수 있다.

(나) 전화 받기 또는 거부하기

1 전화 받기(그림 4-54)

① 초록색 전화기 아이콘을 오른쪽으로 드래그해야한다.

- 이미 통화 중인 경우에는 새 전화를 받는 동안 기존 통화가 대기 상태가 된다.
- 전화를 받기 전에 벨소리가 나지 않게 하려면 볼륨 작게 버튼을 누른다.

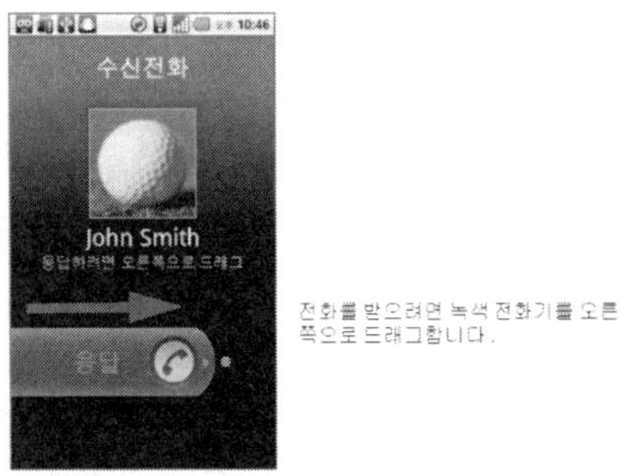

(그림 4-54) 전화받기 여부화면 : 응답한 경우

2 통화를 거부하고 음성사서함으로 전환하기

빨간색 전화기 버튼을 왼쪽으로 드래그 해야한다. 발신자가 곧바로 음성사서함으로 안내되어 메시지를 남길 수 있게 된다.(그림 4-55)

(그림 4-55) 전화받기 여부화면 : 수신거부 한 경우

(다) 통화기록 사용하기

1 통화기록 열기

통화 버튼을 누른다.

통화는 최근 통화가 맨 위에 오는 방식으로 나열된다. 같은 전화번호로 연속으로 주고받은 통화는 그룹화된다. 이전 항목을 보려면 화면을 스크롤 한다.(그림 4-56)

(그림 4-56) 통화기록 화면의 구성요소

2 통화기록에서 전화 걸기

항목(그림 4-56) 오른쪽의 녹색 전화기 아이콘( )을 터치해야 한다. 항목을 길게 터치하여 다른 방법으로 연락하는 옵션이 있는 메뉴를 열 수도 있다.

3 주소록에 번호 추가하기

① 항목을 길게 터치해야 한다.

② 메뉴가 열리면 주소록에 추가를 터치해야 한다.

③ 주소록이 열리면 맨 위의 새 연락처 만들기를 터치하거나 번호를 추가할 기존 연락처를 스크롤하여 찾아 터치해야 한다.

4 통화기록 항목에 대한 기타 작업

① 연락처로 다시 전화하거나, 메시지를 보내거나, 주소록에 추가하거나, 걸려온 통화에 대한 자세한 정보를 볼 수 있는 화면을 열려면 통화기록 항목을 터치해야 한다.

② 연락처로 전화하거나, 연락처 정보를 보거나, 재발신하기 전에 번호를 수정하는 등의 작업을 할 수 있는 메뉴를 열려면 통화기록 항목을 길게 터치한다.

5 통화기록 삭제하기

통화기록이 표시되어 있을 때 메뉴( )를 누르고 통화기록 지우기를 터치해야 한다.

(라) 연락처에 전화 걸기

1 전화 받기연락처로 전화 걸기

① 주소록을 실행한다.

- 예를 들어 실행기의 주소록 아이콘( )을 터치해야 한다.
- 또는 홈 화면의 휴대전화 아이콘( )을 터치한 다음 주소록 탭을 터치해야 한다.

② 통화할 연락처를 터치해야 한다.

③ 사용할 전화번호를 터치해야 한다.

2 전화 받기즐겨찾는 연락처로 전화하기

① 즐겨찾는 연락처 목록을 실행한다.

② 즐겨찾는 연락처를 터치해야 한다.

③ 사용할 전화 번호를 터치해야 한다.

(마) 음성사서함 듣기

새 음성사서함 메시지가 있으면 상태 표시줄에 음성사서함 아이콘()이 나타납니다. 음성사서함 번호를 설정하지 않았거나 변경해야 하는 경우에는 통화 설정을 사용한다.

음성사서함 듣기

① 알림 패널을 열고 새 음성사서함을 터치해야 한다.

② 휴대전화를 열고 휴대전화 탭에서 음성사서함 아이콘()을 터치한다.

(바) 통화 중 옵션

통화를 대기 상태로 전환하기

대기 아이콘()을 터치해야 한다.(그림 4-57)

(그림 4-57) 통화중 대기화면

2) 메시지

(가) 메시지 열기

1 메시지 열기

① 홈 화면 또는 실행기에서 메시지 아이콘을 터치해야 한다. 메시지 창이 열리고 여기에서 새 메시지를 작성하거나 현재 진행 중인 메시지 대화목록을 열 수 있다.(그림 4-58)

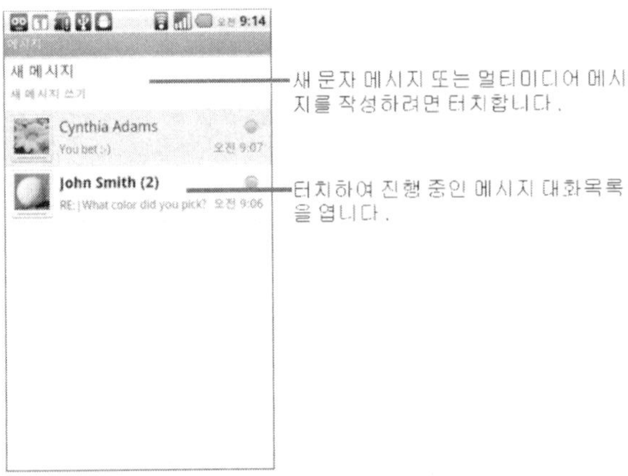

(그림 4-58) 메시지 목록

② 새 문자 메시지나 멀티미디어 메시지를 시작하려면 새 메시지를 터치해야 한다.

③ 기존 메시지 대화목록을 터치하여 실행한다.

2 메시지 창에서 메시지 대화목록 삭제

① 메시지 대화목록을 길게 터치해야 한다.

② 메뉴가 열리면 대화목록 삭제를 터치해야 한다. 창에서 모든 메시지 대화목록을 삭제하려면 메뉴(☰)를 누르고 대화목록 삭제를 터치한다.

(나) 메시지 교환

다른 휴대전화로 최대 160자의 문자(SMS) 메시지를 보낼 수 있다. 이 한도를 넘어서 계속 입력하면 메시지가 여러 메시지로 전송된다.
멀티미디어(MMS) 메시지에는 문자와 사신, 녹음된 음성, 오디오 파일, 동영상 또는 사진 슬라이드쇼가 포함될 수 있다.
메시지를 휴대전화 번호 대신 이메일 주소로 보내거나 제목을 추가하거나 미디어 파일을 첨부하면 메시지가 자동으로 멀티미디어 메시지로 변환된다.

1 문자 메시지 보내기

아래의 화면(그림 4-59)에서 작성 후 보낼 수 있다.

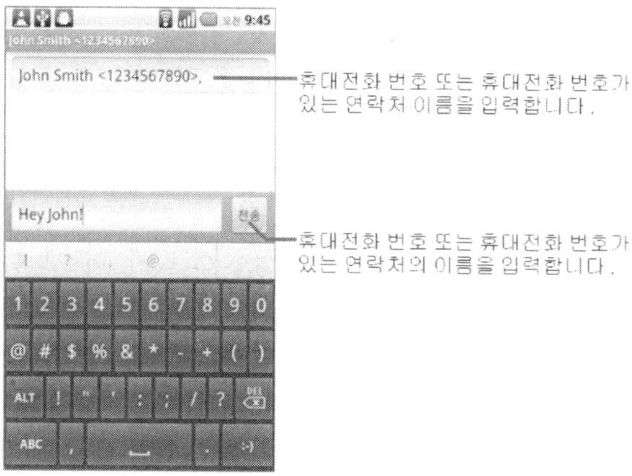

(그림 4-59) 보내는 메시지 편집 화면

아래의 화면은 메시지를 받은 화면인데, 각 보낸 사람마다 정렬하여 아래와 같은 화면(그림 4-60)처럼 받은 메시지를 볼 수 있다.

(그림 4-60) 상대방과 주고 받은 대화목록

2 멀티미디어 메시지 작성 및 보내기

① 메시지 화면에서 새 메시지를 터치해야 한다.

② 받는사람 입력란에 휴대전화 번호나 이메일 주소를 입력해야한다. 입력하는 동안 일치하는 연락처가 나타납니다. 추천된 연락처를 터치하거나 입력을 계속할 수 있다. 휴대전화 번호가 있는 연락처 이름을 입력할 수도 있다.

③ 입력란을 터치하여 메시지를 입력해야한다.

④ 메시지 제목을 추가하려면 메뉴(☰)를 누르고 제목 추가를 터치해야 한다.

⑤ 메뉴(☰)를 누르고 첨부를 터치하여 메시지에 첨부할 미디어 파일의 종류를 터치할 수 있는 메뉴를 실행한다. 메시지 쓰기 화면의 버튼을 사용하여 멀티미디어 첨부파일을 미리 보거나 제거한다.

⑥ MMS 전송을 터치해야 한다.

3 받은 메시지에 회신하기

메시지 창에서 작업 중일 경우, 수신되는 메시지가 창에 표시된다. 그렇지 않은 경우에는 새 메시지 알림이 표시되고 상태 표시줄에 새 메시지 아이콘이 나타난다. 새 메시지 알림을 터치하면 메시지에 회신할 수 있는 메시지 창이 열린다. 자동 수신을 선택하지 않은 경우 메시지를 보려면 다운로드를 터치해야 한다. 메시지에 멀티미디어 파일이 포함된 경우에는 재생을 터치하여 이를 보거나 들을 수 있다. 미디어 파일을 길게 터치하면 메시지를 SD 카드에 저장할 수 있는 옵션이 있는 메뉴가 열린다.

메시지를 길게 누르면 메시지로 작업할 수 있는 다양한 옵션과 발신자에 대한 정보가 있는 메뉴가 열린다.

(다) 메시지 설정 변경하기

다양한 메시지 설정을 변경할 수 있다.

메시지 설정을 변경하려면 메시지 창을 열고 메뉴( )를 누른 다음 설정을 터치해야 한다. 이곳에서는 저장소 설정 ,문자 메시지(SMS) 설정, 멀티미디어 메시지(MMS) 설정, 알림 설정을 상세하게 설정할 수 있다.

3) 이메일

(가) 이메일 및 계정 화면 열기

이메일 어플리케이션을 사용하여 Gmail 이외의 이메일 서비스로 메일을 읽을 수 있다.

(나) 이메일 열기

홈 화면이나 실행기에서 이메일 아이콘( )을 터치해야 한다.

- 이메일을 처음 열면 설치 마법사가 열려 이메일 계정을 추가할 수 있다.
- 초기 설정을 마치면 사용자가 마지막으로 사용한 화면에 이메일이 열리거나, 최근에 이메일을 사용한 적이 없는 경우 받은편지함의 내용(계정이 한 개만 있는 경우) 또는 계정 화면(계정이 여러 개인 경우)을 표시한다.

(다) 계정 화면 열기

계정 화면에는 모든 받은편지함과 각 이메일 계정이 표시된다. 계정에 중요편지함이나 임시보관함, 보내지 않은 메일이 있는 경우 해당 항목에 대한 모든 계정의 폴더도 표시된 (그림 4-61)

• 폴더 화면에서 메뉴(☰)를 누르고 계정을 터치해야 한다.

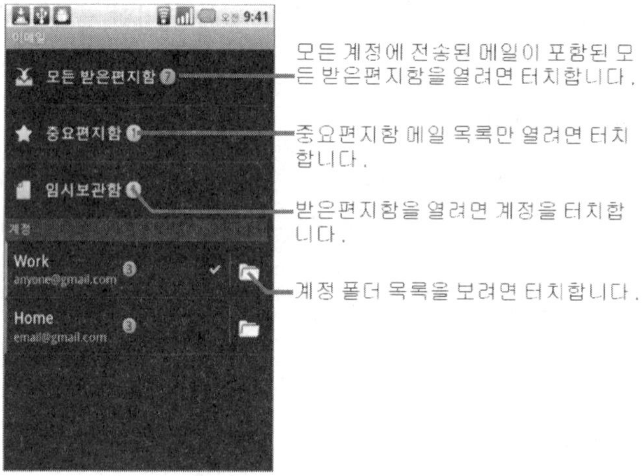

(그림 4-61) 이메일 메인 화면

계정 화면의 각 폴더와 계정에서 읽지 않은 메일 수는 녹색으로, 총 메일 수는 회색으로 표시 된다.
모든 받은편지함 폴더와 같은 통합 폴더를 터치하여 해당 폴더에 포함된 메일을 볼 수 있다. 또한 계정을 터치하여 받은편지함을 보거나, 계정의 폴더 아이콘을 터치하여 해당 계정 폴더의 목록을 볼 수 있다.
기본 이메일 계정은 체크로 표시되어 있다.

(라) 모든 받은편지함 열기

둘 이상의 계정에서 이메일을 주고받도록 이메일을 설정한 경우 모든 계정의 메일을 모든 받은편지함에서 볼 수 있다.(그림 4-62)

1 계정 화면을 실행 한다.

2 모든 받은편지함을 터치해야 한다. 모든 받은편지함의 메일은 계정 화면에서 각 계정에 설정된 색과 같은 색을 사용하여 왼쪽에 색상별로 분류되어 있다.

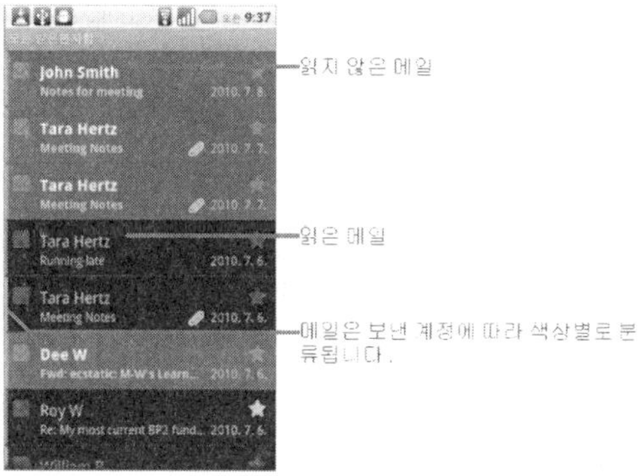

(그림 4-62) 모든 받은편지함

최근에 받은 이메일 중 일부만 휴대전화에 다운로드 된다. IMAP 또는 POP3 계정의 이전 메일을 일괄적으로 다운로드하려면 이메일 목록 아래쪽에 있는 더 많은 메시지 로드를 터치한다.

(마) 메일 읽기

1. 모든 받은편지함이나 계정의 받은편지함 또는 다른 메일 폴더를 실행한다.
2. 읽을 메일을 터치해야 한다.(그림 4-63)
   메일이 열리면 화면 상단에 보낸 사람 및 보낸 날짜 정보 및 관련 정보가 표시되고, 그 다음에 메일의 내용이 표시된다.

(그림 4-63) 메일 내용 상세 보기

Google 토크 온라인 상태는 각 메일 발신자의 이름 옆에 표시된다. 상태 표시기를 터치하여 빠른 주소록을 열 수 있다.

(바) 답장 쓰기

1 답장 쓰기 또는 전달하기
- 메일을 읽으면서 답장 또는 전체답장을 터치해야 한다.
- 메뉴(☰)를 누르고 답장, 전체답장 또는 전달을 터치해야 한다. 주소(답장할 때)와 제목, 받은 메일의 복사본이 입력된 상태로 메일 쓰기 창이 열린다.

2 메일을 읽지 않음으로 표시하기
읽은 메일을 읽지 않음 상태로 되돌릴 수 있으며, 이 기능은 읽은 메일을 나중에 다시 읽으려고 표시하고자 할 때도 사용할 수 있다. 여러 개의 메일을 읽지 않음으로 표시할 수도 있다.
메일을 읽는 동안 메뉴(☰)를 누르고 읽지 않음으로 표시를 터치한다.

3 메일 삭제하기
메일을 폴더에서 삭제할 수 있다. 여러 개의 메일을 삭제할 수도 있다.
- 메일을 읽는 동안 삭제를 터치한다.
- 메뉴(☰)를 누르고 삭제를 터치한다.
대부분의 계정에서 삭제한 메일은 휴지통 폴더로 이동되므로 실수로 삭제한 메일을 다시 불러올 수 있다.

(사) 메일 쓰기 및 보내기

1 메뉴(☰)를 누르고 편지쓰기를 터치해야 한다.
2 메일 주소를 입력해야 한다.
3 메뉴(☰)를 누르고 참조 / 숨은 참조 추가를 터치하여 참조 또는 숨은 참조의 주소를 지정한다.
4 메일 제목을 입력해야한다.
5 메일의 텍스트를 입력해야 한다.
6 메일과 함께 사진을 보내려면 메뉴(☰)를 누르고 첨부를 터치한다.
7 보내기를 터치한다.

(아) 계정 폴더 사용하기

계정의 폴더 보기

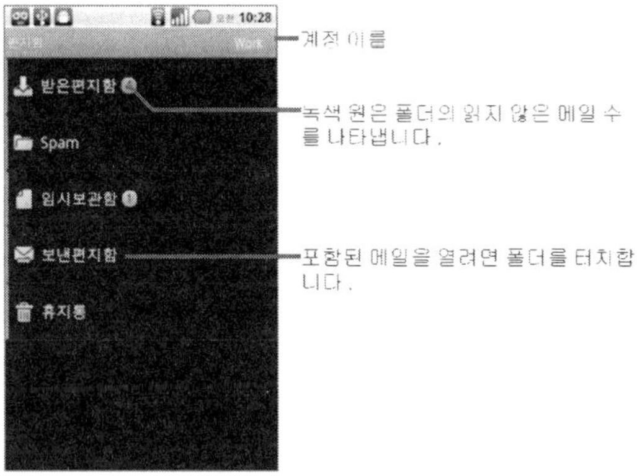

(그림 4-64) 각 계정별 편지함

① 계정 화면을 실행한다.

② 계정의 폴더 아이콘을 터치해야 한다. 메뉴(☰)와 폴더를 차례로 터치하여 계정의 받은 편지함이나 기타 폴더를 보는 동안 계정의 폴더를 열 수도 있다. 계정의 폴더 화면이 열리면 계정 내 폴더 목록이 표시된다. 폴더에 포함된 메일 목록을 보려면 폴더를 터치해야 한다.(그림 4-64)

(자) 메일에 서명 추가하기

계정에서 보내는 모든 메일에 이름이나 연락처 정보, 'Android에서 보냄'과 같은 텍스트를 한 줄 이상 추가할 수 있다.

(차) 이메일 계정 추가 및 수정하기

처음 이메일을 열면 이메일 계정을 설정하라는 메시지가 표시된다. 이미 메일 계정을 설정한 경우, 다른 계정으로 이메일을 주고 받도록 추가 이메일을 설정할 수 있다. 설정한 계정이 계정 화면에 표시된다.

이메일 설정 마법사는 IMAP 및 POP3 기반 이메일 시스템을 포함한 유명 이메일 시스템의 계정을 설정할 수 있도록 해주어 사용자가 컴퓨터(Thunderbird, Mac Mail), 웹 브라우저 및 기타 이메일 어플리케이션에서도 동일한 방식으로 메일을 읽고 작업할 수 있도록 도와준다. 서비스 제공업체에서 추가 설정을 요구하거나 이메일이 서비스 제공업체를 인식하지 못하는 경우 필요한 세부정보를 직접 입력할 수 있지만, 일반적으로 계정을 올바로 설정하려면 이메일 서비스 제공업체에 문의하는 것이 좋다.

(카) 이메일 계정 설정 변경하기

이메일 계정을 만들 때 또는 그 이후에 각 계정에 대해 다음 설정을 변경할 수 있다. 이러한 설정은 작업 중인 계정에만 적용된다. 다른 이메일 계정의 설정을 변경하려면 계정을 전환해야 한다.

1. 수신 서버 설정 : 계정의 수신 설정은 이메일 서비스의 종류에 따라 다릅니다.
2. 발신 서버 설정 : 이메일 수신에 IMAP이나 POP3 계정을 사용하는 경우, 대개 그 계정에서는 SMTP 서버를 사용하여 이메일을 보냅니다.

3) 캘린더(스케줄)

(가) 캘린더 및 일정 보기

1. 캘린더 열기

   홈 화면이나 실행기에서 캘린더 아이콘( )을 터치해야 한다.
   휴대전화에 추가하고 캘린더를 동기화하도록 구성한 각 계정의 일정이 캘린더에 표시된다. 각 캘린더의 일정은 다른 색상으로 표시된다.

2. 캘린더 보기 변경

   - 메뉴( )를 누르고 일정목록이나 일, 주, 월을 터치해야 한다. 각 보기에 지정한 기간의 캘린더 일정이 표시된다.
   - 일정목록 보기에서 일정에 대한 자세한 정보를 보려면 일정을 터치해야 한다.
   - 월간 보기에서 특정 일자의 일정을 보려면 해당 일자를 터치해야 한다.

(나) 일정목록 보기 사용하기

일정목록 보기는 일정 목록을 시간 순서대로 표시한다. 종일 일정과 며칠에 걸친 일정은 해당일의 맨 위에 표시된다.

1. 일정목록 보기로 전환

   메뉴( )를 누르고 일정목록을 터치한다.

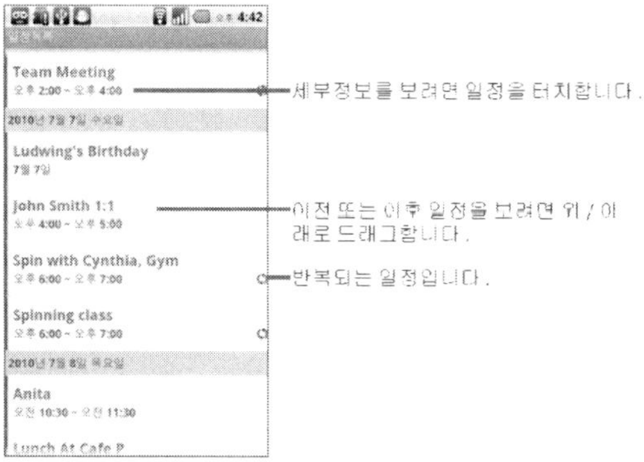

(그림 4-65) 일정목록

2 일정목록 보기(그림 4-65)의 일정에 대해 자세히 알아보기

일정을 터치해야 한다. 일정에 대한 세부정보가 포함된 화면이 열린다.

(다) 일별 보기 사용하기

일별 보기는 하루 일정의 차트를 한 시간/행 단위의 표로 표시한다. 빨간색 행은 현재 시간을 나타냅니다. 종일 및 며칠에 걸친 일정은 맨 위에 표시된다. 각 일정 제목의 일부가 일정 발생 시간에 해당하는 행에 표시된다.

1 일별 보기로 전환

메뉴(☰)를 누르고 일을 터치해야 한다.

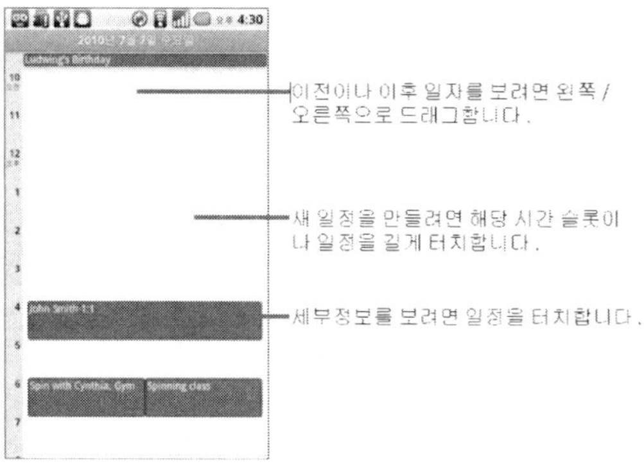

(그림 4-66) 일별 스케줄 목록

2 일별 보기의 일정에 대해 자세히 알아보기(그림 4-66)

- 세부정보를 보려면 일정을 터치해야 한다.
- 일정을 보거나 수정, 삭제하는 옵션과 해당 시간에 새 일정을 만드는 옵션이 포함된 메뉴를 열려면 일정을 길게 터치한다.

3 일별 보기에 일정 추가

해당 시간에 새 일정을 만드는 옵션이 포함된 메뉴를 열려면 해당하는 날의 빈 곳이나 일정을 길게 터치해야 한다.

(라) 주간 보기 사용하기

주간 보기는 한 주간의 일정 차트를 표시한다. 종일 및 며칠에 걸친 일정은 맨 위에 표시된다.

1 주간 보기로 전환

메뉴(☰)를 누르고 주를 터치해야 한다.

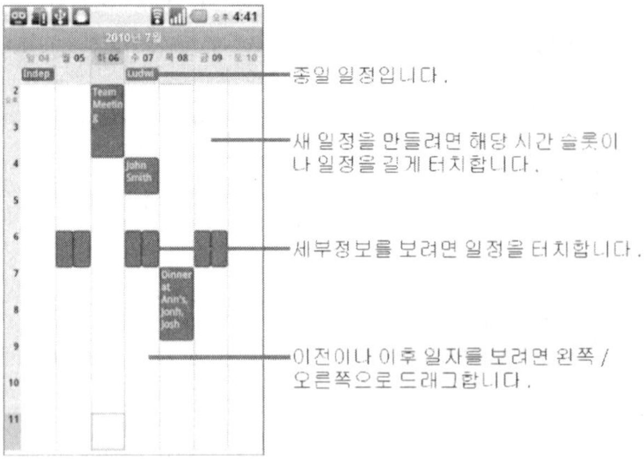

(그림 4-67) 주별 스케줄 목록

일정이 많이 적혀 있는 주 보기에서는 트랙볼을 사용하여 일정을 선택한 다음 화면 아래쪽에 표시되는 미리보기를 보는 것이 더 편리할 수 있다.

2 주간 보기의 일정에 대해 자세히 알아보기(그림 4-67)

- 세부정보를 보려면 일정을 터치해야 한다.

- 일정을 보거나 수정, 삭제하는 옵션과 해당 시간에 새 일정을 만드는 옵션이 포함된 메뉴를 열려면 일정을 길게 터치한다.

3 주간 일정 보기에 일정 추가

해당 시간에 새 일정을 만드는 옵션이 포함된 메뉴를 열려면 해당하는 주의 빈 곳이나 일정을 길게 터치해야 한다.

(마) 월간보기 사용하기

월간보기는 월간 일정 차트를 표시한다. 각 날짜에서 예약된 일정이 있는 부분은 해당 날짜의 세로 막대에 파란색으로 표시된다.

1 월간 보기로 전환

메뉴(☰)를 누르고 월을 터치해야 한다.

(그림 4-68) 월별 스케줄 목록

2 월간 보기의 일정에 대한 자세한 정보 보기

일별 보기에서 일정을 보려면 일자를 터치해야 한다.

(바) 일정 세부정보 보기

일정에 대한 자세한 정보는 현재 보기에 따라 다양한 방법으로 볼 수 있다.

- 일정목록이나 일별 또는 주간 보기에서 자세한 내용을 보려면 일정을 터치해야 한다.
- 월간 보기에서 일별 보기로 전환하려면 일자를 터치해야 한다. 그런 다음 일정을 터치하여 세부정보를 볼 수 있다.(그림 4-69)

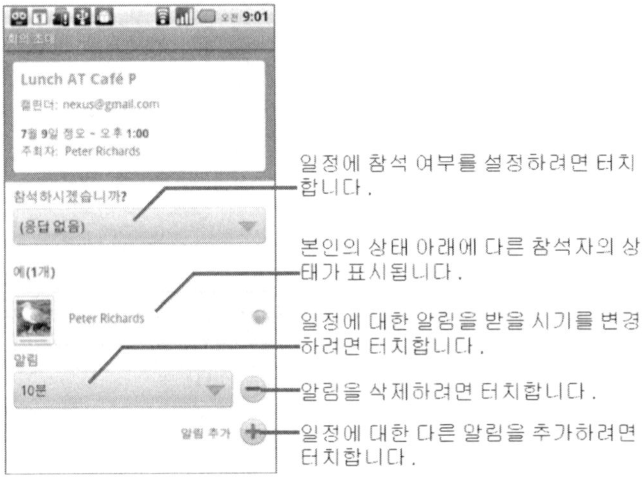

(그림 4-69) 세부 일정 정보

(사) 일정 만들기

1. 캘린더 보기에서 메뉴(☰)를 누르고 새 일정을 터치하여 새 일정의 일정 세부정보 화면을 실행한다. 일별, 주간 또는 월간 일정 보기에서 한 곳을 길게 터치하여 화면을 열 수도 있다. 메뉴(☰)가 열리면 새 일정을 터치하여 이미 입력된 일자와 시간이 있는 일정 세부정보 화면을 실행한다.
2. 일정에 대한 세부정보를 추가한다.
   - 일정의 이름과 시간, 그리고 선택적으로 추가 세부정보를 입력해야 한다.
   - 캘린더가 둘 이상인 경우 일정을 추가할 캘린더를 선택할 수 있다.
   - 알림을 추가하려면 더하기(✚) 버튼을 터치해야 한다.
3. 일정에 참석자를 초대해야한다. 일정에 초대하려는 사람의 이메일 주소를 참석자 입력란에 입력해야 한다. 주소가 여러 개인 경우 쉼표 (,) 로 구분해야한다. 초대를 받는 사람이 Google 캘린더를 사용하는 경우 캘린더와 이메일로 초대장을 받게 된다.
4. 메뉴(☰)를 누르고 나머지 옵션 표시를 터치하여 일정에 대한 세부정보를 추가해야한다.
5. 일정 세부정보 화면의 아래로 스크롤하고 완료를 터치한다. 일정이 캘린더에 추가 된다.

(아) 일정 수정 또는 삭제하기

1 일정 수정

- 일정 요약을 실행 한다.
- 메뉴(☰)를 누르고 일정 수정을 터치해야 한다. 일정 세부정보 화면이 열린다.
- 메뉴(☰)를 누르고 나머지 옵션 표시를 터치하여 일정 세부정보를 추가하거나 수정해야한다.
- 일정을 변경해야한다.
- 화면 아래로 스크롤하고 완료를 터치해야 한다.

2 일정 삭제

- 일정은 여러 가지 방법으로 삭제할 수 있다.
- 일정목록 보기에서 일정을 터치하여 세부정보를 표시해야한다. 그런 다음 메뉴(☰)를 누르고 일정 삭제를 터치해야 한다.
- 일별 또는 주간 보기에서 일정을 길게 터치하고, 메뉴(☰)가 열리면 일정 삭제를 터치해야 한다.
- 일정을 수정하는 동안 일정 세부정보 화면의 아래로 스크롤하고 삭제를 터치해야 한다.

  일정이 반복되는 경우 캘린더에서 일치하는 해당 항목만 삭제할지, 해당 항목과 이후에 일치하는 모든 항목을 삭제할지 또는 이전과 이후의 일치하는 항목을 모두 삭제할지 묻는 메시지가 표시된다.

(자) 일정 알림 설정하기

1 일정 알림 설정

① 일정 요약을 실행 한다.
② 알림이 이미 설정되어 있는 경우 더하기 버튼을 터치하여 알림을 추가한다.
③ 알림 시간을 터치하고, 대화상자가 열리면 일정이 시작되기 전에 알림을 받을 시간을 터치해야 한다. 시간이 되면 일정에 대한 알림이 전송된다.

웹에서 Google 캘린더를 사용하여 추가 알림 설정을 구성할 수 있다.

2 일정 알림 삭제

① 일정 요약을 실행 한다.
② 알림의 빼기 버튼(-)을 터치해야 한다.

(차) 일정 알림 확인 방법

1 상태 표시줄에 알림이 표시되면 상태 표시줄을 아래로 드래그하여 알림 패널을 실행 한다. 그런 다음 일정 알림을 터치하여 캘린더 알림 목록을 실행한다.
2 알리미가 포함된 알림을 받으면 캘린더 알림 목록이 열려 사용자의 응답을 기다리는 모든 알림을 표시해야한다.
3 일정에 대한 자세한 정보를 보려면 캘린더 알림 목록에서 해당 일정을 터치해야 한다.
4 5 분간 모든 일정 알림을 중지하려면 캘린더 알림 목록에서 모든 알람 일시 중지를 터치해야 한다.
5 목록의 모든 알림을 삭제하려면 캘린더 알림 목록에서 모두 해제를 터치해야 한다.
6 알림을 대기 상태로 유지하려면 캘린더 알림 목록이 표시된 상태에서 뒤로(↩)를 누른다. 이렇게 하면 아이콘은 상태 표시줄에 남아 있고 알림은 알림 패널에 남는다.

(카) 캘린더 표시 및 동기화

캘린더 서비스를 포함하는 Google 계정이나 다른 계정을 휴대전화에 추가하고 캘린더 일정을 휴대전화와 동기화하도록 계정을 구성한 경우, 휴대전화의 캘린더에 해당 캘린더의 일정이 추가되고 새로운 일정이 계속 업데이트 된다.

'설정' > '계정 및 동기화' 화면에서 특정 계정에 대해 휴대폰 캘린더와 Google 또는 다른 캘린더 서비스의 일정 변경사항을 동기화할지 여부를 선택할 수 있다 빠른 액세스를 위해 휴대전화에 저장할 캘린더와 이 중 휴대전화의 캘린더에서 표시하거나 숨길 일정을 구성할 수 있다.

나. 카메라/사진/동영상

1) 카메라

(가) 카메라 열기 및 사진 촬영하기

1 카메라 열기

실행기 또는 홈 화면에서 카메라 아이콘(●)을 터치한다.

카메라가 가로 모드로 열리면서 사진을 찍거나 동영상을 촬영할 준비가 된다.(그림 4-70)

(그림 4-70) 카메라 실행 화면

2 사진 찍기

① 필요한 경우 컨트롤을 카메라 위치로 드래그 한다.(그림 4-71)

(그림 4-71) 카메라 모드 설정

② 원하는 경우 노출, 플래시 및 기타 설정을 조정한다. 또는 자동으로 둡니다. 설정 변경에 맞게 미리보기 이미지가 변경된다.

③ 화면 프레임에 대상을 배치해야한다. 확대 / 축소 아이콘 1x을 터치하고 확대 / 축소 수준을 터치하여 확대하거나 축소할 수 있다.

④ ㉿화면의 셔터(◎)아이콘을 터치하거나 트랙볼을 누른다. 카메라가 이미지에 초점을 맞춥니다. 이미지에 초점이 맞춰지면 각 모서리의 초점 표시기가 녹색으로 바뀌고 카메라가 사진을 찍는다.

- 사진을 찍기 전에 셔터 아이콘을 길게 터치하거나 트랙볼을 길게 눌러 먼저 초점을 맞추고, 손가락을 들어 올려 초점이 맞춰진 사진을 빠르게 찍는다.
- 사진 찍기를 취소하려면 손가락을 셔터 아이콘 쪽으로 밀면 된다.
- 찍은 사진은 잠시 표시된 다음 오른쪽 위에 미리보기 이미지로 표시된다.

⑤ 미리보기 이미지를 터치하여 갤러리에서 사진을 보고, 공유하고, 그 외 다른 작업을 할 수 있다.

3 디지털 줌을 사용하여 사진 찍기

- 화면의 확대/축소 아이콘 1x을 터치한 다음 원하는 확대/축소 배율을 터치해야 한다.
- 최대한 확대 / 축소하려면 화면을 두 번 누른다.
- 디지털 줌을 사용하여 찍은 사진은 사진 크기로 설정한 사진보다 작을 수 있다.(픽셀 기준)

(나) 동영상 촬영

1 필요한 경우 컨트롤을 동영상 위치로 드래그 해야 한다.(그림 4-72)

(그림 4-72) 동영상 모드 설정

2 원하는 경우 화질 , 색상 효과 , 플래시 및 기타 설정을 조정해야한다. 또는 자동으로 둡니다. 설정 변경에 맞게 미리보기 이미지가 변경된다.

3 렌즈를 이동하여 시작할 장면을 프레임에 배치해야한다.

4 동영상 시작(◉) 아이콘을 터치하거나 트랙볼을 누른다. 캠코더가 동영상 촬영을 시작한다. 왼쪽에 남은 촬영 시간이 카운트 다운되며, 1분 미만이 남으면 카운트다운이 빨간색으로 바뀐다.

5 촬영을 중지하려면 동영상 중지(◉) 아이콘을 터치하거나 트랙볼을 누른다. 가장 최근 동영상의 이미지가 오른쪽 위에 미리보기 이미지로 표시된다.

6 미리보기 이미지를 터치하여 갤러리에서 동영상을 보고, 공유하고, 그 외 다른 작업을 할 수 있다.

2) 갤러리

(가) 갤러리 열기 및 앨범 보기

1 실행기 또는 홈 화면에서 갤러리 아이콘(🖼)을 터치한다.

2 오른쪽 위에 있는 미리보기 이미지를 터치하여 카메라에서 갤러리를 실행한다.

3 메뉴(☰)를 누르고 갤러리를 터치하여 카메라에서 갤러리를 실행한다. 갤러리에서는 카메라로 찍은 사진과 웹 또는 다른 위치에서 다운로드한 사진을 포함해 SD 카드에 있는 사진과 동영상을 표시해야한다. SD 카드 또는 Picasa 웹 앨범에 사진이나 동영상이 많은 경우, 갤러리를 열어 사진이나 동영상을 찾고 정리하는데 몇 분이 소요될 수 있다.(그림 4-73)

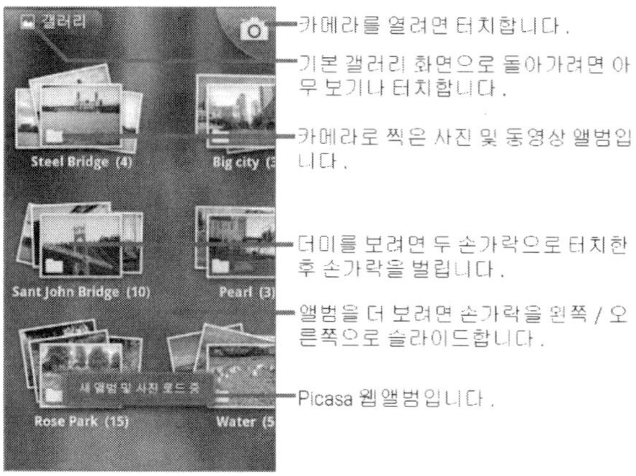

(그림 4-73) 갤러리 화면 1

4 앨범을 열고 내용을 보려면 앨범을 터치해야 한다. 앨범에 있는 사진과 동영상은 시간 순으로 표시된다.

5 두 손가락으로 터치한 후 손가락을 벌려서 앨범 더미를 봅니다.

6 앨범에 있는 사진이나 동영상을 보려면 사진이나 동영상을 터치해야 한다.

7 기본 갤러리 화면으로 돌아가려면 언제든지 화면 왼쪽 상단의 아이콘()을 터치한다.

(나) 앨범 관리하기

1 앨범 열기 및 내용 보기

- 갤러리를 열고 내용을 보려는 앨범을 터치해야 한다. 앨범이 열리면 사진과 동영상이 시간 순으로 격자에 표시된다. 앨범 이름이 화면 맨 위에 표시된다. 사진이나 동영상을 터치하여 볼 수 있다.(그림 4-74)

(그림 4-74) 갤러리 화면 2

- 한 번에 한 화면씩 이미지를 스크롤하려면 화면 아래의 스크롤 도구에 있는 화살표를 터치해야 한다.
- 더 빠르거나 느리게 스크롤하려면 스크롤 도구를 왼쪽이나 오른쪽으로 드래그해야 한다. 보고 있는 이미지는 날짜가 표시되므로 날짜별로 스크롤할 수 있다.
- 또한 왼쪽이나 오른쪽으로 스와이프하여 앨범을 스크롤할 수도 있다.

2 앨범의 내용이 표시되는 방식 변경하기

앨범의 이미지와 동영상을 시간 순으로 격자나 더미로, 찍은 날짜와 위치별로 정렬하여 볼 수 있다. 화면 오른쪽 상단의 앨범 보기 전환을 사용하여 앨범 보기를 전환한다.

- 앨범 내용을 더미로 보려면 앨범 보기 전환( )을 오른쪽으로 드래그 한다.(그림 4-75)

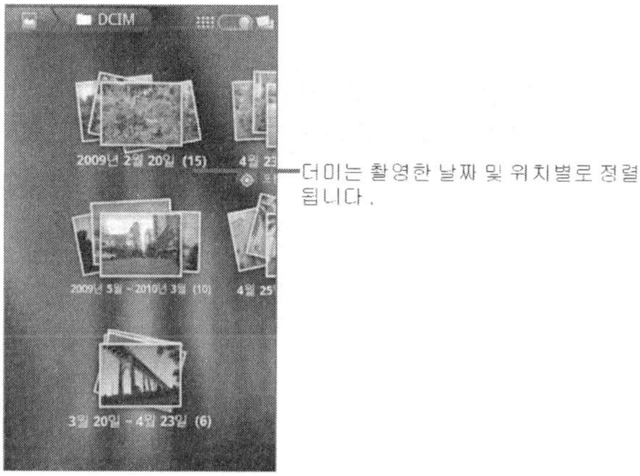

(그림 4-75) 갤러리 표시방식 - 더미

- 앨범 내용을 다시 시간 순서로 된 격자로 보려면 앨범 보기 전환( )을 왼쪽으로 드래그 한다.

3 사진 또는 동영상 일괄 관리하기

전체 앨범 및 개별 사진 관리 외에도, 앨범에 있는 사진이나 동영상을 하나 이상 선택하여 일괄 관리할 수 있다.

4 앨범 삭제하기

SD 카드에서 앨범과 해당 콘텐츠를 삭제할 수 있다.

① 기본 갤러리 창을 실행 한다.

② 메뉴( )를 두 번 누른다.

③ 삭제할 앨범을 선택하거나 선택 취소해야 한다.

④ 화면 아래에서 삭제를 터치해야 한다. 대화상자가 열리면 삭제 확인을 터치해야 한다.

(다) 사진 관리하기

1 사진 보기 및 찾아보기

갤러리 앨범을 열고 사진을 터치한다.(그림 4-76)

(그림 4-76) 사진 보기 화면

2 사진의 슬라이드쇼 보기

- 사진을 터치하여 컨트롤을 표시한 다음 슬라이드 쇼를 터치해야 한다.
- 슬라이드 쇼를 종료하려면 사진을 터치해야 한다.

3 사진 회전하기

① 사진을 터치하여 컨트롤을 표시한 다음 메뉴(☰)를 터치 한다

② 추가 작업을 터치한다. 사진 관리 도구 메뉴가 열린다.(그림 4-77)

(그림 4-77) 사진 추가 작업

③ 왼쪽으로 회전 또는 오른쪽으로 회전을 터치해야 한다. 새 방향으로 사진이 저장된다.

4 연락처 아이콘 또는 홈 배경화면으로 사진 사용하기

① 사진을 터치하여 컨트롤을 표시한 다음 메뉴를 터치해야 한다.

② 추가 작업을 터치해야 한다.

③ 다음으로 설정을 터치해야 한다. 연락처 아이콘을 터치하면 사진을 저장할 연락처를 선택한 다음 사진을 자르라는 메시지가 표시된다. 배경화면을 터치하면 사진을 자르라는 메시지가 표시된다.

5 사진 자르기

사진을 잘라 사진의 확대된 부분을 저장할 수 있다. SD 카드에 있는 사진만 자를 수 있다.

① 사진을 터치하여 컨트롤을 표시한 다음 메뉴를 터치한다.

② 추가 작업을 터치해야 한다.

③ 자르기를 터치해야 한다. 화면 맨 위에 자르기 직사각형이 표시된다.

④ 자르기 도구를 사용하여 자를 부분을 선택해야한다.(그림 4-78)

- 이동하려면 자르기 도구의 내부에서 드래그 해야 한다.
- 임의 비율로 크기를 조정하려면 자르기 도구의 가장자리를 드래그해야 한다.
- 고정 비율로 크기를 조정하려면 자르기 도구의 꼭지점을 드래그해야 한다.

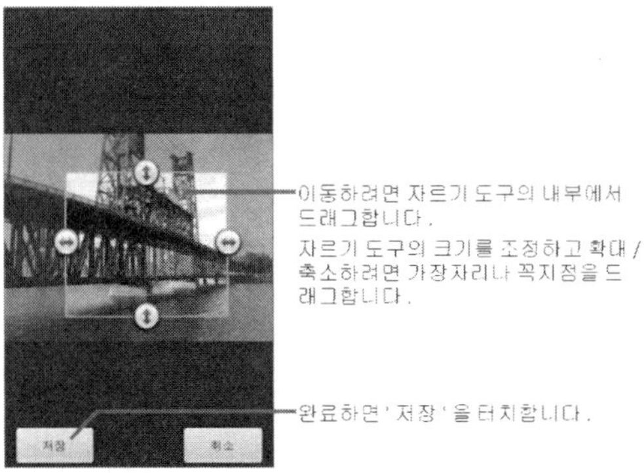

(그림 4-78) 사진 자르기 화면

⑤ 자른 사진의 복사본을 저장하려면 저장을 터치해야 한다. 자르지 않은 원본 버전은 SD 카드에 그대로 유지된다.

6 Google 지도에서 사진 위치 보기

사진에 위치 데이터를 저장하도록 카메라를 설정한 경우, Google 지도에서 사진을 찍은 위치를 볼 수 있다.

① 사진을 터치하여 컨트롤을 표시한 다음 메뉴를 터치한다

② 추가 작업을 터치해야 한다.

③ 지도에 표시를 터치해야 한다. 사진이 저장된 위치를 중심으로 하여 Google 지도가 표시된다.

7 사진 삭제하기

SD 카드에서 사진을 삭제할 수 있다.

① 사진을 터치하여 컨트롤을 표시한 다음 메뉴를 터치한다

② 삭제를 터치해야 한다.

③ 대화상자가 열리면 확인을 터치한다.

(라) 동영상 관리하기

1 동영상 재생하기

- 갤러리 앨범을 열고 동영상을 터치해야 한다. 동영상은 촬영한 방향(가로 또는 세로)으로 재생된다.(그림 4-79)

(그림 4-79) 동영상 재생 화면

- 컨트롤을 보려면 동영상을 터치해야 한다.

2 동영상 공유하기

동영상을 이메일이나 멀티미디어(MMS) 메시지로 보내어 공유할 수 있다. MMS 메시지는 일반적으로 3MB 또는 고화질 동영상의 경우 대략 1분 또는 저화질의 경우 2분 정도의 크기 제한이 있다. 동영상을 YouTube 웹사이트에 업로드하여 공유할 수도 있다.

·선택한 어플리케이션이 열리면서 선택한 앨범 또는 링크의 사진이 새 메일에 첨부된다. YouTube를 선택한 경우 업로드 할 동영상에 대한 세부정보를 입력하라는 메시지가 표시된다.

3 동영상 삭제하기

① 앨범을 보는 동안 메뉴(☰)를 두 번 누른다.
② 삭제할 동영상이나 사진을 선택해야한다.
③ 삭제를 터치해야 한다.
④ 삭제 확인을 터치해야 한다.

다. 웹서핑/지도

1) 지도

(가) 지도 열고 위치 확인하기

지도에서 탐색 및 검색할 때 자신의 위치에 대한 정보를 사용하려면 위치 서비스를 켜야 한다. 그런 다음 지도를 열고 자신의 위치를 확인한다.

1 지도에서 위치 서비스 사용하기

지도에서 내 위치를 확인하고 내 위치를 사용하여 주변 정보를 찾으려면 위치 서비스를 켜야 한다.

① 홈(⌂), 메뉴(☰)를 차례로 누르고 설정 > 위치 및 보안을 터치해야 한다.
② 사용할 사용자 위치 옵션을 선택해야한다.
- Wi-Fi 및 모바일 네트워크를 사용하여 휴대전화에서 내 위치를 대략적으로 파악하게 하려면 무선 네트워크 사용을 선택해야한다.
- 휴대전화가 거리 수준의 정확도로 내 위치를 파악하도록 하려면 GPS 위성 사용을 선택한다. GPS는 하늘이 맑을 때 가장 잘 작동해야한다.

③ 홈(⌂), 메뉴(☰)를 차례로 누르고 설정 > 개인정보 보호를 터치해야 한다. 검색할 때 내 위치를 사용하려면 Google과 공유를 선택한다.

2 지도 열고 위치 확인하기

① 실행기 또는 홈 화면에서 지도( )아이콘을 터치해야 한다. 또는 내비게이션( )아이콘을 터치하여 지도의 내비게이션 기능을 직접 실행한다.

② 메뉴(☰)를 누르고 내 위치를 터치해야 한다. 지도 가운데에 현재 위치를 나타내는 파란색 점이 나타납니다. 점 주위의 파란색 원은 사용자의 실제 위치가 원 안에 있음을 의미한다.(그림 4-80)

(그림 4-80) 지도 실행 화면

3 지도 이동하기

지도를 손가락으로 드래그해야한다.

4 지도 확대 및 축소하기

- 확대 / 축소 컨트롤(⊖ ⊕)의 더하기나 빼기 쪽을 터치해야 한다.
- 한 손가락으로 지도의 위치를 두 번 탭하여 해당 위치를 확대하거나, 두 손가락으로 두 번 탭하여 축소해야한다.
- 한 번에 두 손가락으로 영역을 터치한 다음 손가락을 벌려 확대하거나, 가까이 좁혀 축소해야한다.

5 검색결과 지우기

지도에서 길을 찾거나 검색한 결과로 생성된 아이콘을 지울 수 있다.

- 지도가 표시된 상태에서 메뉴를 누르고 더보기 > 지도 위치정보 지우기를 터치한다.

(나) 위치에 대한 세부정보 보기

지도의 특정 영역에 대한 주소 및 기타 정보를 볼 수 있다. 정보는 위치에 따라 다르다.

위치에 대한 주소 및 추가 세부정보 보기

- 지도에서 위치나 별표 또는 라벨이 지정된 지형지물을 길게 터치해야 한다. 위치 위에 풍선이 열리고 사용 가능한 경우 주소와 스트리트 뷰의 미리보기 이미지가 표시된다.(그림 4-81)

(그림 4-81) 지도 : 주소 보기

- 풍선을 터치하면 위치에 대한 자세한 정보를 볼 수 있는 도구가 열린다.(그림 4-82)

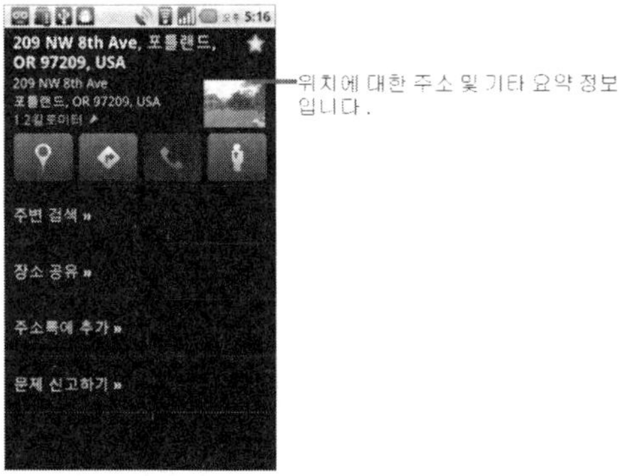

(그림 4-82) 지도 : 상세정보

(다) 지도 레이어 변경하기

Google 지도는 처음에는 거리지도 상태로 표시되지만 위성 이미지를 보고 교통 상황을 확인하며 거리에서 있는 것처럼 살펴볼 수도 있다. 또한 웹에서 Google 지도에 만들었던 지도를 볼 수도 있다. Google 지도에서는 여러 레이어를 사용할 수 있다.

지도, 위성 또는 교통 레이어 보기

메뉴(☰)를 누르고 레이어를 터치한 다음 원하는 레이어를 터치해야 한다.

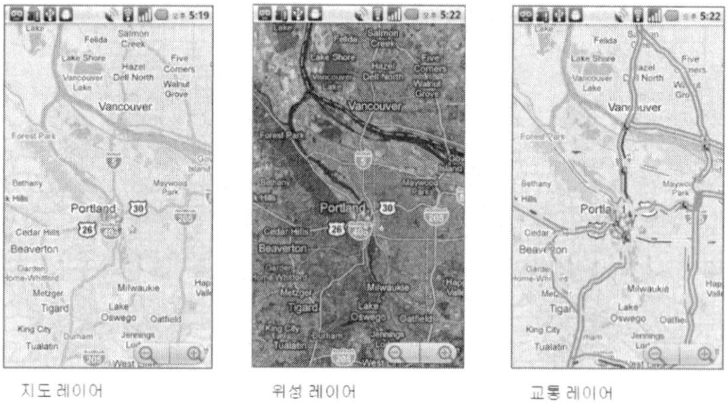

(그림 4-83) 지도 : 레이어 종류별 화면

기본값은 지도 레이어이다. 이 레이어에는 거리, 강, 호수, 산, 공원 및 기타 지형지물의 이름이 있는 거리 지도가 표시된다.(그림 4-83)

위성 레이어는 Google 어스와 동일한 위성 데이터를 사용해야한다. 위성 이미지는 실시간이 아니다. Google 어스는 사용 가능한 최상의 이미지를 사용하며 대부분 1~3년 전에 확보한 것이다. 교통 레이어는 실시간 교통 상황을 녹색부터 검은색까지의 색상 선으로 도로 위에 표시한다.

(라) 위치 및 지역 정보 검색하기

위치를 검색하여 지도에서 볼 수 있으며 보고 있는 지도에서 지역 정보를 검색할 수도 있다.

위치 검색하기

① 지도가 표시된 상태에서 메뉴(☰)를 누르고 검색을 터치한다. 또는 검색(🔍)버튼을 누른다.

② 검색창에 찾고자 하는 위치를 입력한다. '부산 시립 미술관'처럼 주소, 도시 또는 업체나 시설의 유형을 입력할 수 있다. 정보를 입력하면 이전 검색어 및 인기 검색어로부터 추천 검색어가 검색창 아래의 목록에 나타낸다. 추천 검색어를 터치하여 이를 검색할 수 있다. 추천 검색어에는 휴대전화 및 웹에서 검색한 기록의 항목이 포함된다.

③ 검색 아이콘을 터치해야 한다. 검색결과가 문자 라벨이 있는 아이콘으로 지도에 표시된다.(그림 4-84)

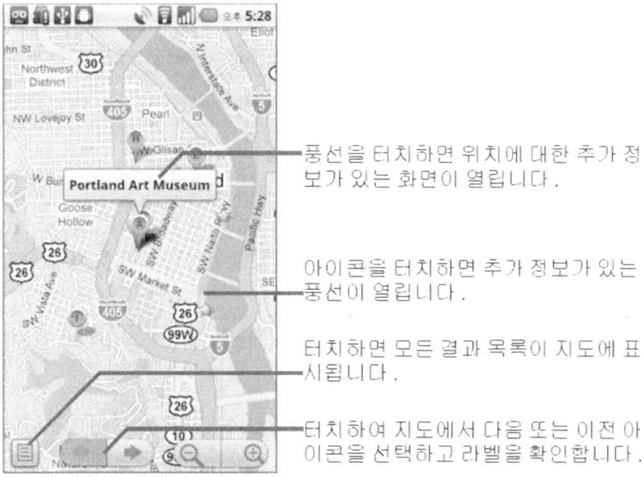

(그림 4-84) 지도 : 위치 검색 후 결과

아이콘을 터치하여 라벨이 포함된 풍선을 실행한다. 풍선을 터치하면 위치에 대한 자세한 정보와 길을 찾기 위한 옵션이 있는 화면이 열린다.

2) 인터넷

(가) 브라우저 열기

1 브라우저 열기

홈 화면에서 인터넷 아이콘( )을 터치하거나 실행기 또는 홈 화면에서 인터넷 어플리케이션 아이콘( )을 터치해야 한다.

이메일이나 문자 메시지에서 웹 링크를 터치해도 브라우저가 열린다. 브라우저를 열면 마지막에 본 웹페이지가 표시된다. 최근에 브라우저를 사용한 적이 없는 경우 홈페이지가 열린다.

모바일 사이트에서 URL 표시줄을 화면 위쪽에서 다른 곳으로 스크롤(이 경우 페이지를 아래로 드래그하면 URL 표시줄을 볼 수 있음) 하지 않는 한 창의 맨 위에 현재 페이지의 URL이 표시된다.

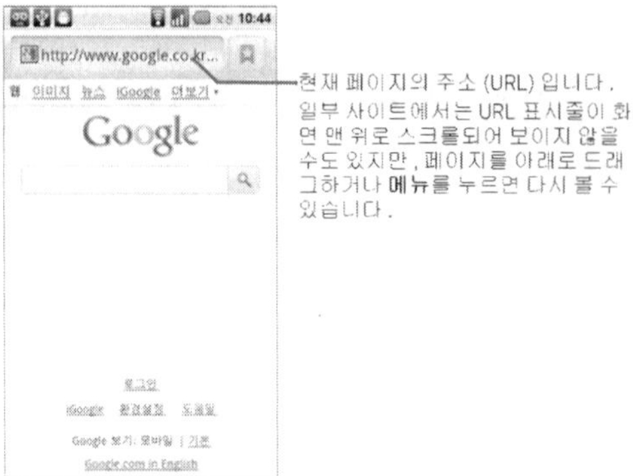

(그림 4-85) 브라우저 실행 화면

2 웹페이지로 이동하기

① 브라우저 화면 맨 위의 URL 입력란을 터치해야 한다. URL 입력란이 표시되지 않으면 보일 때까지 페이지를 아래로 드래그 해야한다.

(그림 4-86) 검색 및 URL 입력 부분 화면

① 웹페이지 주소(URL)를 입력해야한다.(그림 4-86) 주소를 입력하는 동안 Google 웹 검색에서 웹페이지와 검색어를 추천한다. 또는 마이크 아이콘을 터치하여 음성으로 검색해야한다.

② 추천 검색어를 터치하거나 주소를 입력하고 화실표 아이콘(→)을 터치해야 한다. 추천 페이지를 터치하거나 주소를 입력하고 화살표 아이콘(→)을 터치하면 웹페이지가 열린다. 추천검색어를 터치하면 검색결과와 함께 Google 웹 검색이 열린다.

3 현재 페이지 새로고침하기

메뉴(☰)를 누르고 새로고침을 터치해야 한다. 웹페이지가 새로 로드되며 변경된 콘텐츠가 업데이트 된다.

4 페이지 열기 중지하기

웹페이지가 열리는 데 시간이 오래 걸리거나 도중에 마음이 바뀔 경우 페이지 열기를 중지할 수 있다.

- URL 오른쪽에 있는 취소 아이콘(×)을 터치해야 한다.
- 메뉴(☰)를 누르고 중지를 터치해야 한다.

5 홈페이지 설정하기

새 브라우저 창을 열거나, 휴대전화를 다시 시작한 후 또는 한동안 사용하지 않다가 브라우저를 시작하면 홈페이지가 열린다.

① 홈페이지로 설정할 페이지로 이동해야한다.

② 메뉴를 누르고 더보기>설정>홈페이지 설정을 터치한다.

③ 현재 페이지 사용을 터치해야 한다. 또는 다른 페이지의 주소(URL)를 입력해야 한다.

③ 확인을 터치한다

기본적으로 웹페이지를 열지 않고 새 브라우저 창을 열고 싶으면 이 입력란을 비워둡니다. 이렇게 하면 새 브라우저 창이 더 빨리 열릴 수 있다.

(나) 웹페이지 내에서 탐색하기

모바일 기기에 맞춰 최적화된 웹페이지는 대개 휴대전화에 알맞은 크기로 열린다. 페이지의 콘텐츠를 확대/축소하거나 스크롤조차 할 수 없는 경우가 많습니다.

모바일 기기에 맞춰 특수하게 만들어지지 않은 웹페이지는 대개 전체보기 모드로 열린다. 즉, 전체를 볼 수 있도록 페이지가 축소된다.

1 웹페이지 스크롤하기

손가락으로 화면 위를 슬라이드 한다.

2 웹페이지 확대 / 축소하기

휴대기기용으로 디자인된 웹페이지를 확대/축소할 수 없는 경우가 있다.

① 이 경우 손가락을 화면 위로 미끄러지듯 약간 슬라이드하면 확대 / 축소 컨트롤()이 나타낸다.

② 확대 / 축소 컨트롤 옆에 있는 더하기나 빼기 표시를 터치하여 확대 / 축소해야한다.

3 웹페이지의 한 섹션을 빠르게 확대하기

휴대기기용으로 디자인된 웹페이지를 확대/축소할 수 없는 경우가 있다.

- 보려는 웹페이지 섹션을 두 번 누른다. 위 / 아래로 스크롤하여 해당 섹션의 텍스트를 모두 읽을 수 있도록 웹페이지를 확대한다. 해당 페이지에 있는 동안 브라우저가 현재 적용된 확대 / 축소 수준을 기억한다.
- 기본 확대 / 축소 수준으로 돌아가려면 다시 두 번 누른다.
- 두 손가락으로 동시에 한 영역을 터치한 다음 손가락 간격을 좁혀서 축소하고 간격을 넓혀서 확대한다. 이렇게 확대 / 축소한 후에 두 번 탭하면 텍스트 열이 화면에 맞게 재배열된다.

4 웹페이지에서 텍스트 찾기

① 메뉴를 누른 다음 더보기>페이지에서 찾기를 터치해야 한다.

② 찾고 있는 텍스트를 입력해야 한다. 입력하는 동안, 일치하는 글자가 있는 첫 번째 단어가 화면에 강조 표시되고 다음으로 일치하는 결과는 상자 안에 표시된다.

③ 이전 또는 다음 일치하는 단어로 스크롤하고 강조표시하려면 왼쪽 / 오른쪽 화살표를 터치한다.

5 웹페이지에서 텍스트 복사하기

① 웹페이지를 열고 복사하려는 텍스트의 시작점으로 스크롤해야한다.

② 메뉴를 누르고 더보기 〉 텍스트 선택을 터치해야 한다. 손가락을 사용하여 복사할 텍스트를 전체 드래그한다.

(다) 여러 브라우저 창 사용하기

최대 8개의 브라우저 창을 동시에 열고 서로 전환할 수 있다.

1 새 브리우저 창 열기

- 메뉴(☰)을 누르고 새 창을 터치해야 한다.

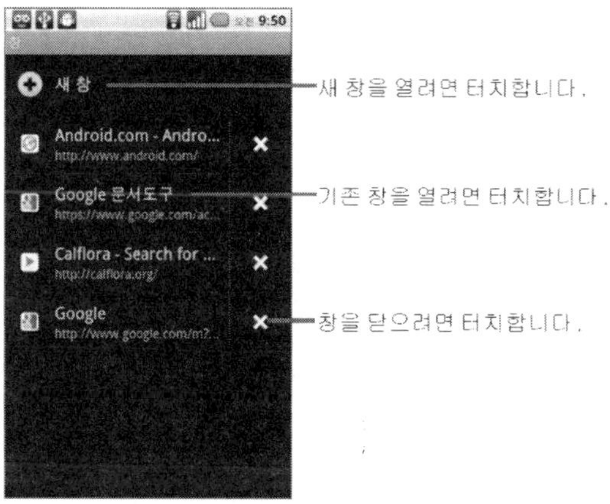

(그림 4-87) 브라우저 관리 화면

- 메뉴(☰)를 누르고 창을 터치해야 한다. 화면(그림 4-87)이 열리면 새 창을 터치해야 한다. 새 창이 열리며 홈페이지가 표시된다.

(라) 파일 다운로드하기

웹페이지에서 파일과 어플리케이션을 다운로드할 수 있다. 다운로드한 파일은 내부 메모리에 저장된다.

1 웹이나 이메일에서 어플리케이션 설치 허용하기

기본적으로 휴대전화는 사용자가 어플리케이션을 웹에서 다운로드하거나 이메일로 받아 설치하지 못하도록 설성 된다.

① 홈(⌂)과 메뉴(☰)를 차례로 누른 다음 설정>어플리케이션을 터치해야 한다.
② 알 수 없는 소스를 선택한다.
③ 대화상자에서 확인을 터치하여 마켓 이외의 소스에서 어플리케이션 다운로드를 허용할 것을 확인한다.

2 파일 다운로드하기

웹페이지에 따라 그림과 문서, 어플리케이션, 기타 파일을 다운로드하는 데 서로 다른 방식을 제공한다.

이미지나 파일 또는 다른 웹페이지에 대한 링크를 길게 터치한다. 메뉴가 열리면 저장을 터치해야 한다. 파일이 휴대전화의 어플리케이션에서 지원하는 형식인 경우 SD 카드로 다운로드 된다.

3 다운로드 취소하기

파일을 다운로드하다가 마음이 바뀌거나 실수로 다운로드를 시작한 경우 진행 중인 다운로드를 취소할 수 있다.

① 메뉴를 누르고 더보기>다운로드를 터치해야 한다.

② 목록에서 항목을 길게 터치한 다음 메뉴가 열리면 다운로드 취소를 터치한다. 또는 메뉴(☰)를 다시 누르고 모든 다운로드 취소를 터치해야 한다.

4 다운로드한 파일 보기

메뉴(☰)를 누르고 더보기>다운로드를 터치해야 한다. 다운로드한 파일은 순서대로 표시된다. 파일을 터치하여 실행한다.

5 다운로드한 파일 삭제하기

① 메뉴(☰)를 누르고 더보기>다운로드를 터치해야 한다. 다운로드한 파일은 순서대로 표시된다.

② SD 카드에서 삭제할 파일을 길게 터치해야 한다.

③ 삭제를 터치해야 한다.

④ 확인을 터치해야 한다.

파일이 SD 카드에서 영구적으로 삭제된다.

휴대전화와 함께 제공된 USB 케이블을 사용하여 휴대전화를 컴퓨터에 연결한 뒤 SD 카드의 파일을 삭제하고 다른 작업을 수행할 수도 있다.

(마) 브라우저 설정 변경하기

개인정보 보호 관리 설정을 비롯하여 여러 브라우저 설정을 구성할 수 있다.

- 브라우저 설정 화면을 열려면 메뉴(☰)를 누르고 더보기>설정을 터치한다.

라. 멀티미디어

1) 음악

(가) 휴대전화로 음악 파일 전송하기

음악은 휴대전화의 SD 카드에 저장된 오디오 파일을 재생하므로 음악을 열기 전에 오디오 파일을 컴퓨터에서 SD 카드로 복사해야 한다.
음악은 다양한 오디오 파일 형식을 지원하므로 온라인 상점에서 구입한 음악, CD 컬렉션에서 복사한 음악 등을 재생할 수 있다.
음악은 MP3, M4A(iTunes 어플리케이션 AAC, DRM 비적용), AMR , MIDI 및 OGG Vorbis를 포함한 여러 형식의 오디오 파일을 지원한다.

(나) 음악 열기 및 라이브러리 사용하기

음악을 SD 카드로 복사하거나 다른 소스에서 음악을 다운로드한 후에 음악 어플리케이션을 열고 네 가지 방법 중 하나로 정렬된 음악 파일 라이브러리를 볼 수 있다.

(다) 음악 열기 및 라이브러리 보기

- 실행기 또는 홈 화면에서 음악 아이콘(◉)을 터치해야 한다.

(그림 4-88) 라이브러리 화면

음악을 SD 카드에 복사하면, 음악 어플리케이션이 SD 카드에서 음악 파일을 검색하여 파일 자체에 저장된 각 파일에 대한 정보를 참조하여 음악의 카탈로그를 작성해야한다. SD 카드에 복사한 파일 수에 따라 이 작업에는 몇 초에서 몇 분이 걸릴 수 있다.

카탈로그가 완성되면 터치하여 아티스트, 앨범, 노래 또는 재생 목록별로 구성된 음악 라이브러리를 볼 수 있는 탭이 있는 음악 라이브러리 화면이 열린다.(그림 4-88) 메뉴(☰)를 누르고 라이브러리를 터치하면 음악 어플리케이션의 다른 대부분의 화면에서 기본 라이브러리 화면으로 돌아갈 수 있다.

(라) 라이브러리에서 음악 검색

1. 기본 라이브러리 화면을 열고 검색 버튼을 누른다.
2. 찾고자 하는 아티스트, 앨범 또는 트랙의 이름을 입력해야 한다. 일치하는 노래가 검색창 아래의 목록에 표시된다.
3. 일치하는 곡을 터치하면 재생된다. 또는 일치하는 앨범 또는 아티스트를 터치하면 관련된 노래의 목록이 표시된다.

(마) SD 카드에서 노래 삭제

메모리 카드에서 음악을 삭제할 수 있다.

1. 라이브러리 목록에서 노래를 길게 터치해야 한다. 메뉴가 열리면 삭제를 터치해야 한다.
2. 재생 화면에서 메뉴(☰)를 누르고 삭제를 터치해야 한다.

2) 음악 재생

(가) 음악 재생

1. 라이브러리의 노래를 들으려면 터치해야 한다.
2. 앨범의 트랙 목록이 표시된 상태에서 음악(☰)을 누르고 모두 재생을 터치해야 한다. 재생 화면이 열리고 앨범이나 기타 재생 목록의 첫 번째 노래 또는 터치한 노래가 재생되기 시작한다. 현재 재생 목록의 트랙이 재생 목록 끝에 도달할때까지 순서대로 재생된다(반복 옵션을 선택한 경우 제외). 어플리케이션을 전환하거나 걸려오는 전화를 받더라도 사용자가 중지할 때만 재생이 중지된다.(그림 4-89)

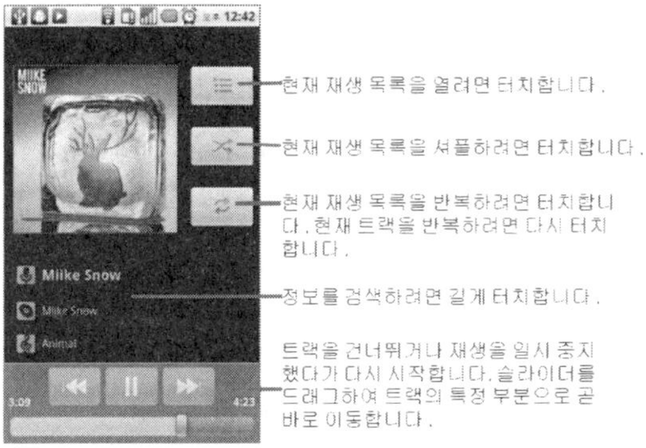

(그림 4-89) 음악 재생 화면

3. 메뉴(☰)를 누르고 재생을 터치하면 음악 어플리케이션의 다른 대부분의 화면에서 재생 화면으로 돌아갈 수 있다.
4. 알림 패널을 열고 진행 중인 음악 알림을 터치하여 다른 어플리케이션에서 재생 화면으로 돌아갈 수 있다.

(나) 재생 볼륨 조절

음악 어플리케이션에서 음악의 볼륨을 조절할 수 있다.

휴대전화의 볼륨 크게 / 작게 버튼을 누른다. 현재 미디어 볼륨을 표시하는 패널이 열리고 볼륨을 조절함에 따라 표시기가 이동해야 한다.

(다) 노래를 벨소리로 사용

휴대전화에서 기본 제공되는 벨소리 대신 노래를 휴대전화 벨소리로 사용할 수 있다.

- 라이브러리 목록에서 노래를 길게 터치해야 한다. 메뉴가 열리면 휴대전화 벨소리로 사용을 터치해야 한다.
- 재생 화면에서 메뉴(☰)를 누르고 벨소리로 사용을 터치해야 한다.

마. 설정

설정 어플리케이션을 사용하여 휴대전화의 배경화면과 벨소리 / 진동, 통신 방식, 개인정보 보호 방식 등 여러 가지 작동 방식을 구성할 수 있다.

1) 설정 열기

설정 어플리케이션에는 휴대전화를 맞춤설정하고 구성하기 위한 대부분의 도구가 있다.

- 홈(⌂)과 메뉴(☰)를 차례로 누른 다음 설정을 터치해야 한다.
- 홈 화면이나 실행기에서 설정 아이콘(◉)을 터치해야 한다.

2) 무선 및 네트워크

Wi-Fi, 블루투스 및 모바일 네트워크를 사용하여 네트워크 및 장치 연결을 구성하고 관리하려면 무선 및 네트워크 설정을 사용한다. 또한 무선 및 네트워크 설정을 사용하여 휴대전화와 VPN 간의 연결을 구성하고, 휴대전화를 통해 컴퓨터를 인터넷에 연결하며, 비행기 모드로 모든 무선 기능을 끌 수도 있다.

3) 통화 설정

통화 설정을 사용하여 착신전환, 통화중 대기 및 통신업체에서 제공하는 기타 특수 기능 등의 휴대전화 통화 설정을 구성한다. 또한 통화 설정을 사용하여 지정한 전화번호로만 발신할 수 있도록 설정할 수도 있다.

4) 소리

소리 설정을 사용하면 전화벨이 울리거나, 알림을 받거나, 알람이 울리거나, 음악 또는 기타 오디오 미디어를 재생할 때 전화벨 방식과 볼륨 크기, 진동 또는 트랙볼 빛 깜박임 방식을 비롯한 관련 설정을 구성할 수 있다.

5) 디스플레이 설정

디스플레이 설정을 사용하면 밝기 및 기타 화면 설정을 구성할 수 있다.

- 밝기, 자동 화면 회전, 애니메이션, 화면 시간제한

6) 장소 및 보안

장소 및 보안 설정을 사용하여 정보를 검색하고 지도와 같은 위치 인식 어플리케이션을 사용할 때 내 위치의 사용 및 공유에 관한 환경설정을 지정한다. 휴대전화와 데이터를 보호하는 데 도움이 되는 설정도 구성할 수 있다.

7) 어플리케이션 설정

어플리케이션 설정을 사용하여 휴대전화에 설치된 어플리케이션에 대한 세부 정보를 보고, 데이터를 관리하고 중지하며, 웹사이트와 이메일에서 받은 어플리케이션의 설치를 허용할지 여부를 설정할 수 있다.

8) 계정 및 동기화 설정

계정 및 동기화 설정을 사용하여 Google 및 기타 지원되는 계정을 추가, 제거 및 관리할 수 있다. 또한 이 설정을 사용하면 어플리케이션이 자체 일정에 따라 데이터를 보내고 받고 동기화할지 여부와 그 방법, 그리고 어플리케이션이 사용자 데이터를 자동으로 동기화할 수 있을지 여부를 제어할 수 있다.
Gmail, 캘린더 및 기타 어플리케이션에 데이터를 동기화하는 방법을 제어하는 자체 설정이 있을 수도 있다.

9) 개인정보 보호

개인정보 설정을 사용하여 개인 정보를 관리할 수 있다.

10) 저장공간 설정

SD 카드 및 휴대전화 저장공간 설정을 사용하면 휴대전화와 SD 카드의 사용된 공간 및 사용 가능한 공간을 확인하고 SD 카드를 관리할 수 있다.

11) 검색 설정

휴대전화에서 검색하려는 데이터를 설정하는 등 Google 검색을 구성할 수 있다.

12) 언어 및 키보드 설정

언어 및 키보드 설정을 사용하여 휴대전화의 텍스트 언어를 선택하고 사전에 추가한 단어를 비롯한 터치 키보드 구성을 위한 언어를 선택한다.

13) 접근성 설정

접근성 설정을 사용하여 휴대전화에 설치한 모든 접근성 플러그인을 구성할 수 있다.

14) 도킹 설정

차량용 도크나 탁상용 도크가 있는 경우 도킹 설정을 사용하여 휴대전화와 도크의 상호작용 방식에 대한 환경설정을 구성할 수 있다.

15) 날짜 및 시간 설정

날짜가 표시되는 방식에 대한 환경설정을 지정한다. 모바일 네트워크에서 현재 시간을 가져오지 않고 나만의 시간 및 시간대를 설정할 수도 있다.

16) 휴대전화 정보

휴대전화 정보에는 휴대전화에 대한 정보가 들어 있다.

바. 구글 플레이

1) Android 구글 플레이 열기 및 어플리케이션 사용

(가) Android 구글 플레이 열기

실행기 또는 홈 화면에서 마켓 아이콘을 터치한다.

(나) 앱 탐색/검색 및 구매하는 법

1 앱 탐색/검색

홈 화면에서 플레이 스토어 아이콘을 눌러 실행하면 맨 처음 [추천] 페이지 화면이 나타난다. 그리고 화면을 오른쪽으로 밀면 [카테고리], 왼쪽으로 밀면 [인기 유료 항목], [인기 무료 애플리케이션], [최고 매출 앱], [새 인기 유료 항목], [신규 인기 무료 앱], [핫이슈] 페이지를 순서대로 열 수 있다. 처음 앱 설치를 하는 경우 [추천] 페이지에서 제공하는 앱을 참고하면 많은 도움을 얻을 수 있다. 장르별 앱 검색을 하려면 [카테고리] 페이지를, 나머지 페이지에서는 인기있는 앱을 찾아 볼 수 있을 것이다. 앱 이름으로 검색하고 싶을 경우에는 오른쪽 상단에 위치해 있는 검색 아이콘을 누르면 나타나는 검색창에 검색할 앱 이름을 입력해서 검색할 수 있다.

(그림 4-90) 어플리케이션 페이지(좌), 앱을 검색을 위한 상단바 아이콘(우)

(다) 앱 목록 분석

앱 목록에는 앱 이름과 개발자 이름, 구매 비용 정보뿐만 아니라 에디터 선정 및 인기 개발자를 아이콘으로 표시되어 있어, 인기 앱을 한 눈에 알아볼 수 있다. 인기 개발자인 경우 개발자 이름 오른쪽에, 에디터 선정 앱은 앱 목록 왼쪽 하단에, 각각 특징 있는 아이콘을 함께 표시해두었다.

(그림 4-91) ① 인기 개발자 표시 아이콘, ② 에디터 선정 앱 아이콘

(라) 앱 구매 가격

앱 목록에서 오른쪽 하단에 가격이 표시되어 있는데 무료 앱은 '무료', 유료 앱은 원화로 금액이 표시되고 이미 설치되어 있는 앱은 '설치된 항목'이라고 표시된다.

플레이 스토어는 앱 구매 비용이 원화로 표시되는데 실제로 결제를 실행하면 달러(USD)로 결제되는 것을 확인할 수 있다. 아직 구글이 국내 결제 사업을 허가 받지 못해, 결제 시 설정한 신용카드로 해외 결제되기 때문이다. 원화는 환율 등을 감안해 어림 잡은 금액으로, 보통 실제 결제액은 처음 표기된 원화보다 조금 높은 가격으로 결제된다.

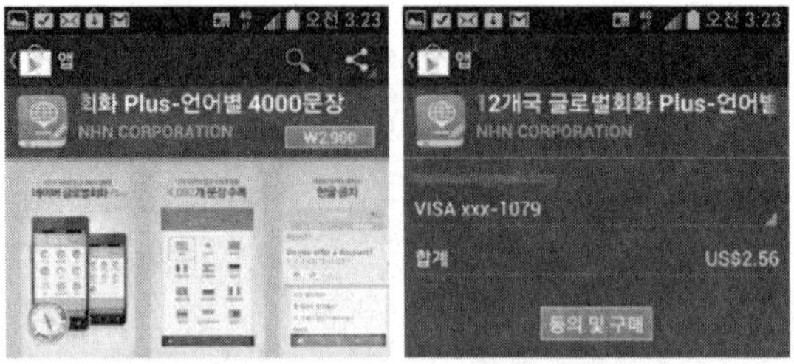

(그림 4-92) 국내 결제 사업을 허가받지 못해 해외 결제하는 모습

(마) 앱 구매 환불 처리

앱 소개 페이지에서 [설치] 또는 금액이 적혀 있는 버튼을 누르면 나타나는 페이지에서 [동의 및 구매] 버튼을 누르면 앱 설치가 진행된다. 정상적으로 앱 설치가 완료되면 [열기] 버튼이 있는 페이지가 나타나는데 앱 설치 후 15분 이내에 [환불] 버튼을 누르면 환불 처리를 할 수 있다. 15분이 지나면 [환불] 버튼이 [제거] 버튼으로 바뀐다.

(바) 앱 업데이트 및 구매 내역 보기

플레이 스토어를 실행한 상태에서 스마트폰의 [메뉴] 버튼을 누르면 관련 메뉴가 나타난다. 여기서 [내 애플리케이션]을 누르면 내가 구매한 애플리케이션 목록을 보여준다. [설치됨] 페이지에는 현재 기기에 설치되어 있는 구매한 앱 목록이 표시되는데 업데이트가 필요한 앱 정보도 함께 표시된다. 각 앱 목록을 누르고 [업데이트] 버튼을 누르거나 페이지 상단에 표시되어 있는 [업데이트] 버튼을 눌러 모든 앱을 한 번에 업데이트 시킬 수 있다.

화면을 왼쪽으로 밀면 [전체] 페이지가 나타나는데 이곳에는 그동안 구매했던 모든 앱 목록이 표시된다. 구매한 후 삭제한 앱도 함께 표시되며 유료 앱도 언제든지 무료로 재설치를 할 수 있다. 구매 내역에 한 번 기록된 앱 목록은 정상적인 방법으로 삭제할 수 없다.

2) 플레이 스토어 환경 설정하는 방법

플레이 스토어를 실행한 다음 스마트폰의 [메뉴] 버튼을 누르면 관련 메뉴가 나타난다. 이때 [환경 설정]을 누르면 플레이 스토어에 대한 다양한 속성을 설정할 수 있다. 여기서는 유용한 속성 설정하는 방법에 대해서 알아보자.

(가) 자동 업데이트

[앱 자동 업데이트] 항목을 체크하면 앱이 업데이트가 될 경우 자동으로 업데이트가 실행된다. 만일 데이터 과금을 막기 위해서 와이파이로 무선 연결되어 있을 때만 업데이트를 실행하려면 [Wi-Fi로만 업데이트] 항목을 꼭 체크해두도록 한다.

(나) 검색 기록 지우기

검색 아이콘을 누르면 검색창으로 검색했던 검색 목록이 나타난다. 만일 이러한 내용들을 지우고 싶다면 [검색기록 지우기] 항목을 체크해둔다.

(다) 폭력과 선정성있는 앱 차단하기

만일 스마트 기기를 아이들과 함께 사용한다면 폭력과 선정성 있는 앱으로 부터 보호가 필요할 것이다. 이러한 앱으로 부터 아이들을 보호하려면 [콘텐츠 필터링] 항목을 체크한 후 콘텐츠 수위를 조절한다. 콘텐츠 수위는 전체 이용가, 하, 중, 상으로 분류되어 있다.

(라) 앱 설치할 때 비밀번호 설정하기

플레이 스토어는 앱 설치할 때 별도로 비밀번호를 묻지 않기 때문에 스마트 기기를 분실하면 낭패를 당하기 쉽다. 만일 다른 사람들이 무분별하게 앱 설치를 막기 위해서 암호를 설정하려면 [PIN(Personal Identification Number) 설정 또는 변경] 항목을 눌러 비밀 번호를 설정한다. 그런 다음 [구입 시 PIN 사용] 항목을 체크하면 앱 설치할 때마다 PIN 암호를 묻는 메시지창이 나타난다[37].

4.3.2.3 안드로이드폰의 어플 활용

가. 필수 관리 프로그램

1) 파일관리 : 아스트로 파일 관리자

PC에 있는 Windows 탐색기와 같은 역할, 안드로이드 폰에 있는 각종파일 쉽게 관리가능[38].(그림 4-93)

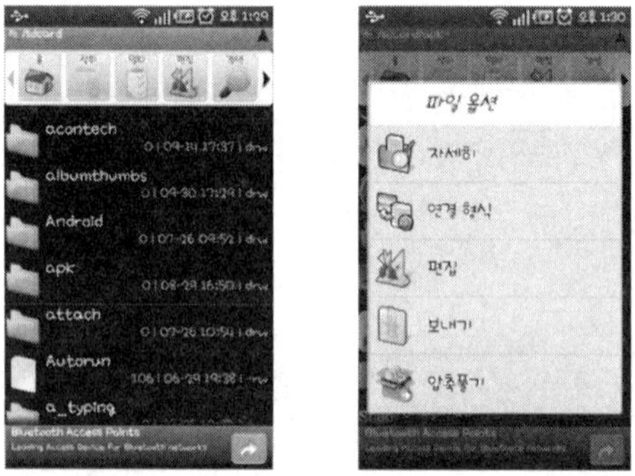

(그림 4-93) 아스트로 파일 관리자 실행화면

2) 실행파일 관리 : Advanced Task Killer

현재 자신의 안드로이드폰 내에서 실행 중인 어플리케이션 종료, 메모리를 효율적 관리가능[39].(그림 4-94)

(그림 4-94) Advanced Task Killer 관리자 실행화면

3) 통화 사용량 확인 : 도돌 폰 사용량

문자, 데이터 사용량을 빠르고 쉽게 체크, 요금제에 따라 계획적으로 사용할 수 있다[40].(그림 4-95)

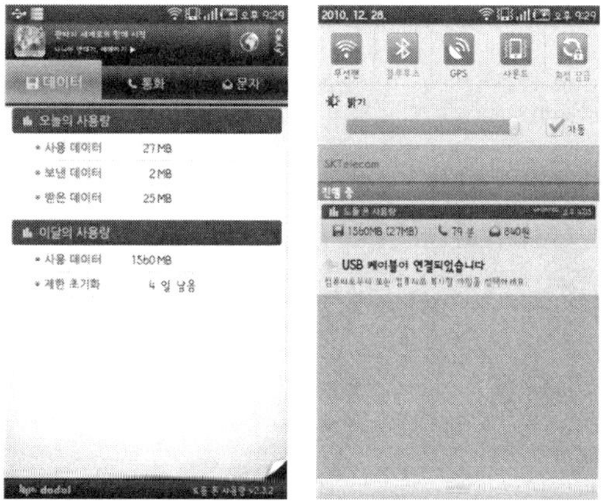

(그림 4-95) 도돌 폰 사용량 관리자 실행화면

4) 보안관리 : Lookout Mobile Security

백업과 바이러스 검사, 폰 분실시 위치추적 가능(GPS 활성화 시 사용 가능[41][42]).(그림 4-96)

웹 사이트로 스마트폰 추적

(그림 4-96) Lookout Mobile Security 관리자 실행화면

나. 라이프 스타일

1) 나의 모바일 의사선생님 : 마이닥터(T스토어 전용, 무료)

병원정보, 각종치료정보 열람가능, 의학백과 메뉴에서 각종 질병에 대한 정보 확인 가능[43].(그림 4-97)

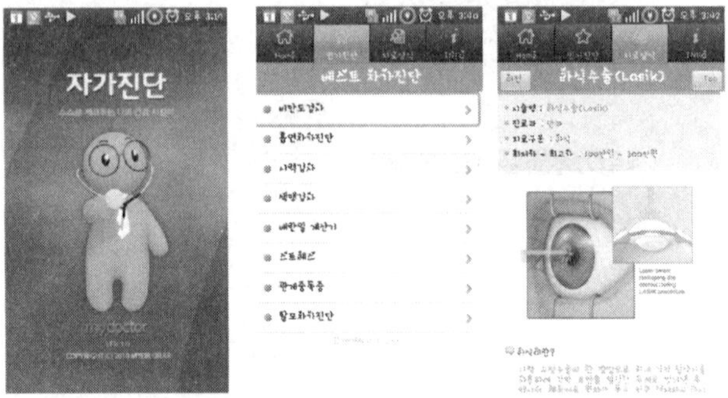

(그림 4-97) 마이닥터 관리자 실행화면

2) 실시간 지하철 정보 : 지하철 정보

전국 지하철의 노선도를 볼 수 있으며 하루의 시간표 열람할 수 있다[44].(그림 4-98)

(그림 4-98) 지하철 정보 실행화면

다. 멀티미디어와 학습

1) 동영상 플레이어 : Soul Movie(무료, 유료)

각종 동영상파일을 재생할 수 있다. 별도 변환 없이 디양한 동영상 재생, 영화자막(.smi) 지원한다[45].(그림 4-99)

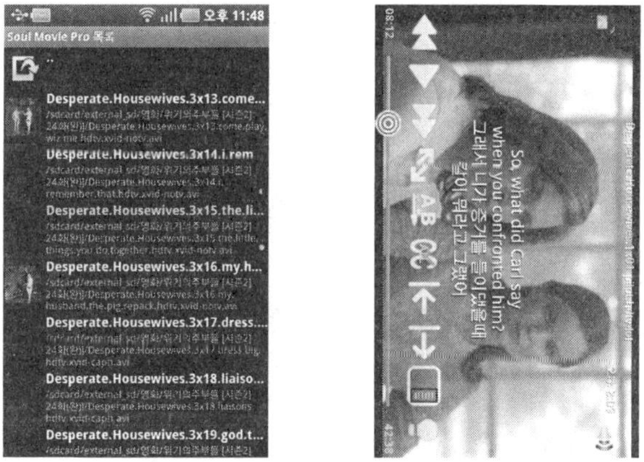

(그림 4-99) Soul Movie 실행화면

2) 별자리 확인 : Google Sky Map

별자리를 확인할 수 있는 증강현실 어플, GPS와 중력센서로 자신이 있는 위치에서 별자리를 인식한다[46][47].(그림 4-100)

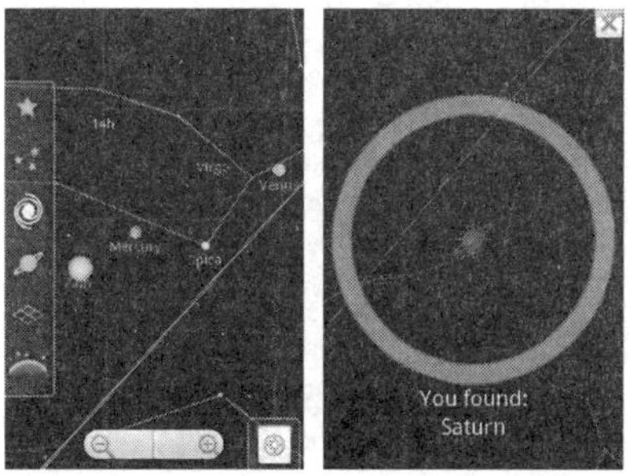

(그림 4-100) Google Sky Map 실행화면

라. 카메라와 사진편집

1) 합성사진 만들기 : PhotoFunia

얼굴인식 기능을 활용하여 기본적으로 제공되는 합성 틀에 친구들의 얼굴을 합성 할 수 있는 재미있는 어플, 측면보다 정면 얼굴 제대로 인식한다[48].(그림 4-101)

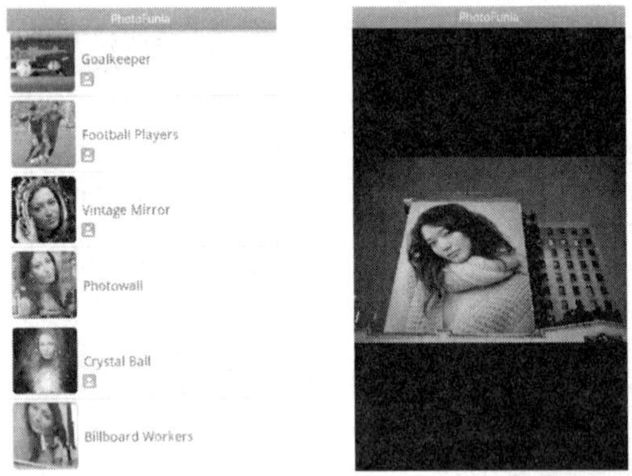

(그림 4-101) PhotoFunia 실행화면

마. 엔터테인먼트

1) 포켓 만화책 : Droid Comic Viewer

JPG나 JPG파일을 ZIP파일로 묶은 만화책 그림파일을 볼 수 있다. 속도가 빠르고, 한 페이지씩 볼 수 있다[49].(그림 4-102)

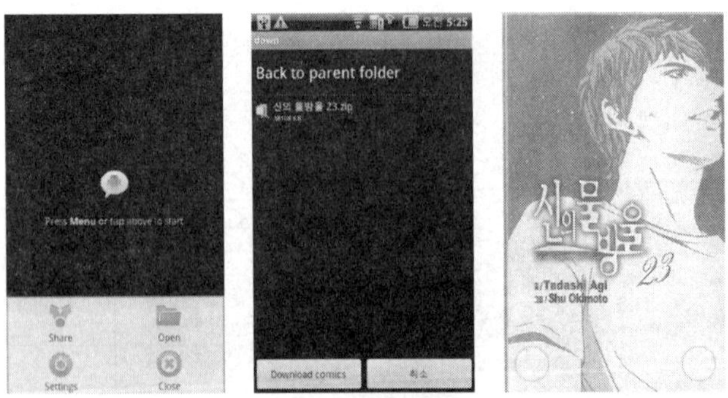

(그림 4-102) Droid Comic Viewer 실행화면

2) 스마트폰 끼리 무료 메시지 주고받기 : 카카오톡

무선 인터넷이 되는 곳이라면 어느 곳에서나 친구들과 무료 메시지를 주고받을 수 있다[50].(그림 4-103)

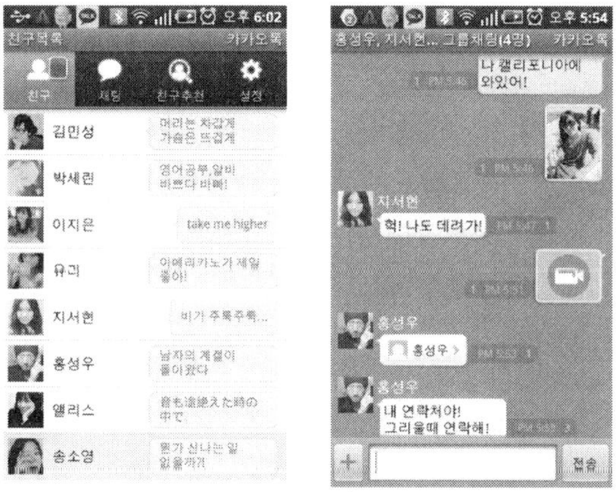

(그림 4-103) 카카오톡 실행화면

4.3.2.4 안드로이드 루팅

루팅이란 안드로이드 운영체제의 관리자 권한을 얻어내는 것을 말한다. 관리자 권한을 획득해 휴대폰 업체 및 구글에서 제한한 다양한 기능을 조정할 수 있다. 휴대폰 업체에서 제공하는 불필요한 어플리케이션 삭제, 휴대폰 성능 및 베터리 최적화, 받아놓은 어플리케이션 파일 추출, 멀티터치 사용가능 및 제한된 어플리케이션 설치 공간에서 용량이 많은 외부메모리에 어플리케이션 설치(휴대폰 제조사 마다 정책 다름) 등 이러한 기능들 때문에 많은 사람들이 루팅을 선호하게 된다[51].

아이폰의 탈옥의 목적과 비슷하지만 근본적인 방법과 컨셉, 안드로이드는 불법적으로 유출된 어플리케이션도 자유롭게 설치된다는 점은 다르다고 할 수 있다.

루팅은 장점도 많지만 안드로이드 휴대폰 제조사들은 아이폰의 탈옥처럼 루팅행위를 불법으로 정의하여 루팅 후 고장이 나면 A/S서비스를 받지 못하며, 특히 루팅 후 아이폰의 탈옥의 문제점에서 거론한 보안문제가 아이폰 보다 더 심각한 것을 알 수 있다.

4.3.3 윈도 폰

윈도 폰(Windows Phone)은 마이크로소프트의 스마트폰을 위한 임베디드 모바일 운영 체제이다. 본디 포켓 PC 운영 체제인 윈도 모바일 시리즈를 계승하는 운영 체제로 코드네임 포톤(Photon)으로 시작하였으며 과거 노선을 포기한 새로운 운영 체제로 이를 탑재한 스마트폰들이 출시 대기 중이다. 초기 이름은 윈도 폰 시리즈(Windows Phone)였으나, 2010년 4월 공식 명칭에서 "시리즈"를 제외하였다. 개발자용 도구는 2010년 9월 16일(한국시간 9월 17일)에 출시되었으며 10월 11일 발표회를 통해 전반적인 내용들을 공개하였다. 유럽에는 10월 21일, 북미는 11월에 출시되었고, 대한민국을 포함한 아시아권은 2011년 에 출시되었다

4.3.3.1 윈도 폰의 특징

가. 윈도 폰의 특징

1) 허브를 통한 통합된 서비스의 제공

윈도 폰의 핵심 기능 중 하나로 통합된 경험(Integrated experience)의 제공을 내세우고 있다. 기존의 응용 소프트웨어 위주의 스마트폰 UI 환경에서 탈피하여 허브(Hub)를 통해 응용 프로그램들의 수많은 기능을 통합하도록 사용자 경험 디자인을 하였다.

2) 라이브 타일을 통한 한눈에 들어오는 초기화면

다른 스마트폰과 차별화 되는 사용자 경험으로는 한눈에 들어오는 초기화면(Glance-and-Go)이 있다. 다른 스마트폰과 달리 윈도 폰에는 바탕화면에 아이콘 대신 라이브 타일(Live Tile)이라는 UI가 배치되어 다른 스마트폰에서 보이는 바탕화면 아이콘의 기능을 대신하고 있다. 이 특징을 활용한 여러 가지 애플리케이션들이 개발되었으며, 그중 일부는 날씨상태, 교통상태, 시세정보, 주식변동 등을 바로바로 알아볼 수 있게 하였다. 또한 이 UI는 마이크로소프트나 애플의 직원이 아닌 외부 개발자들에 의해 iOS에도 이식되었다. 이 기능은 더욱 발전되어 차기버전에 딥 링크(Deep Link)라는 기능을 추가하여 애플리케이션의 특정 부분부터 실행할 수 있도록 업데이트 한 기능이 MIX11(매년 4월에 개최되는 마이크로소프트의 콘퍼런스)을 통해 공개되었다.

3) 엑스박스 라이브

윈도 폰 7에는 게임기능으로 엑스박스 라이브가 탑재되어 있다. XNA(마이크로소프트 XNA)를 기반으로 개발하게 되어 있으며, 기존의 엑스박스 기반의 콘솔 서비스를 윈도 폰 7에서도 사용할 수 있게 하였으며, 기본 허브로 탑재되어 있다[52].

나. 윈도우폰 버전별 특징

1) 포켓 PC 2000

포켓 PC 2000의 코드명은 "라피어(Rapier)"로 불렸으며, 2000년 4월 19일 출시되었고, 윈도 CE 3.0 인터페이스를 기준으로 두었다. 포켓 PC 2000은 320×240 해상도의 QVGA(Quarter Video Graphic Array)만 지원한다.

2) 포켓 PC 2002

포켓 PC 2002의 코드명은 "멀린(Merlin)"으로 불렸으며, 2001년 10월에 출시되었다. 역시 포켓 PC 2000의 윈도 CE 3.0 인터페이스를 기반으로 하였다. 사양은 포켓 PC 2000과 크게 다르지 않다.

3) 윈도 모바일 2003

윈도 모바일 2003의 코드명은 "오존(Ozone)"으로 불렸으며, 2003년 6월 23일 출시되었다. 이것은 "윈도 모바일 2003 포켓 PC 프리미엄 에디션", "윈도 모바일 2003 포켓 PC 프로페셔널 에디션", "윈도 모바일 2003 스마트폰", "윈도 모바일 2003 포켓 PC 폰 에디션"의 4가지 에디션으로 존재한다. 이것은 윈도 CE 4.2에 기반하였다.

4) 윈도 모바일 2003 SE

2004년 3월 24일 출시되었으며, 외형상 윈도 모바일 2003과 별반 다를 게 없다. 그러나 RAM대신 플래시롬을 기억 장치로 사용할 수 있도록 하여, 종래 윈도 모바일에서 전원이 차단될 경우 데이터가 사라지는 심각한 문제점을 해소하였으며, 320×240의 QVGA(Quarter Video Graphic Array)에서 벗어나 VGA(640×480)을 지원한다. 참고로 SE는 Second Edition의 약자이다.

5) 윈도 모바일 5

윈도 모바일 5의 코드명은 "마그네토(Magneto)"로 불렸으며, 2005년 5월 12일 출시되었다. 발색 수를 256색(8비트)에서 65536색(16비트)로 높이고, 윈도 CE 5.0을 기반으로 하여 이후 윈도 모바일이 윈도 모바일 5의 아키텍처를 기반으로 제작하게 된다. 윈도 모바일 5는 "윈도 모바일 5 포켓 PC 폰에디션", "윈도 모바일 5 포켓 PC", "윈도 모바일 5 스마트폰"의 3가지 에디션으로 구성되어 있다.

6) 윈도 모바일 6

윈도 모바일 6의 코드명은 "크로스보(Crossbow)"이며, 2007년 2월 12일 출시되었다. 윈도 모바일 6은 세가지 에디션으로 구성되어 있는데, 공식적으로 포켓PC의 표기를 포기한 최초의 버전으로, 터치스크린이 없는 스마트폰용인 "윈도 모바일 6 스탠다드"와 전화 기능이 있는 포켓 PC용 "윈도 모바일 6 프로페셔널". 그리고 전화 기능이 없는 포켓 PC용 "윈도 모바일 6 클래식" 이 있다.

7) 윈도 모바일 6.1

윈도 모바일 6.1 은 2008년 4월 1일 릴리즈 되었다. 이것은 윈도 모바일 6의 마이너 업그레이드(윈도 CE 5.2: 빌드 넘버 5자리)로, 메모리 사용과 관련한 성능 향상과, 내부 프로그램 배치에 변동이 있었다. 또한 윈도 모바일 6.1.4에는 인터넷 익스플로러 모바일 6가 내장되어, 종래 포켓PC에서 누릴 수 없었던 인터넷 사용도 가능하다.

8) 윈도 모바일 6.5

윈도 모바일 6.5는 2009년 5월 11일에 RTM이 OEM에게 배포되었다.(윈도 CE 5.2: 빌드 넘버 5자리) 원래는 예정에 없던 OS였지만, 윈도 폰 7의 개발이 늦어짐에 따라 미봉책으로 내놓은 OS로, 출시 당시 "윈도 폰(영어: Windows Phone)"으로 불릴 것이라는 발표도 있었다. 여기선 터치스크린에 맞게 UI가 상당수 변경되었으며, 기존에 지원했던 클래식 포켓 PC 버전과 잘 사용되지 않는 해상도의 버전이 삭제되었고, 윈도 모바일 6.1.4에서보다 더 강화되고 간편해진 인터넷 익스플로러 모바일 6가 기본 내장되어 있다. 윈도 모바일 6.5와 함께 마이크로소프트는 마이 폰(My Phone)이라는 새로운 클라우드 포켓 컴퓨팅 서비스를 발표했다[53].

8) 윈도 모바일 8

윈도 모바일 8에서는 큭 6가지 특징이 있다. 고성능 하드웨어 지원, 더 작은 타일, NFC 결제, 인터넷 익스플로러 10, 노키아맵과 스카이프 내장, 윈도우8과 Windows

Core 공유, 윈도우폰7 계열은 업그레이드 불가 이다. 윈도우폰8을 위해 만들어진 앱이 윈도우폰7에서 돌아가지 않는다는 점을 고려해 보면 현재 나와 있는 윈도우폰7 계열 제품의 미래는 어둡다고 볼 수 있다[54].

다. 윈도 폰 제원

- ARM v7 기반의 프로세서
- 다이렉트X API를 지원하는 하드웨어 가속기
- 정전식 멀티터치 스크린
- 5백만 화소 이상의 디지털 카메라
- 블루투스 지원
- 와이파이
- FM 리디오 수신기
- A-GPS
- 가속도 측정기, 지자기 센서, 조도 센서, 소형 조명

4.3.3.2 윈도 폰의 다양한 기능

가. 시작 화면 Live Tile

(그림 4-104)시작 화면의 Live Tile 상태

사용자의 관심 항목에 대한 실시간 자동 업데이트를 제공한다.

나. 어린이 코너

(그림 4-105) 어린이 코너

어린이 코너는 사용자가 선택한 앱, 게임, 동영상 및 음악에만 제한적으로 자녀의 액세스를 허용하는 기능이다. 이 기능을 사용하면 자녀는 어린이 코너만 열 수 있고 시작 화면과 다른 앱에는 액세스할 수 없다. 또한 모든 정보는 사용자가 설정한 비밀번호로 보호된다. 이제 자녀에게 보이지 않고 싶은 내용은 차단한 상태로 안심하고 휴대폰을 사용하게 할 수 있다.

다. 피플

(그림 4-106) 피플

1) 피플 허브

피플 허브는 단순히 주소록의 역할만 하는 것이 아니라 친구의 최신 게시물, 트윗, 사진을 확인하고 바로 댓글을 달 수 있는 공간이다.

2) 방

방에서는 사용자가 초대한 사람들과 일정, 메모, 사진, 그룹 채팅을 개인적으로 공유할 수 있다.

라. 사진+카메라

사진을 촬영한 후 신속하게 편집하여 이를 문자 메시지, 이메일, 소셜 네트워킹 또는 NFC로 공유하는 일련의 모든 과정이 카메라 앱 하나로 가능하다. 뿐만 아니라 촬영한 모든 사진을 SkyDrive에 자동으로 백업하여 클라우드에서 안전하게 보관할 수 있다.

1) 필터

사진 앱, 이미지 재작성 됨. 스토어에서 다운로드할 수 있는 필터를 사용하여 카메라의 뷰파인더를 통해 창의력을 마음껏 발휘할 수 있다.

2) 사진 허브

사진 허브는 온라인 앨범을 포함한 컬렉션을 보관하며, 친구의 최신 사진 피드도 표시한다.

마. 음악+동영상

음악+동영상 허브에서 음악 및 동영상을 감상하고, 팟캐스트를 구독하고, 즐겨 듣는 음악으로 구성된 Smart DJ 재생 목록을 사용해 볼수 있다. Xbox Music Pass에 가입할 경우 휴대폰에 다운로드하거나 클라우드에서 스트리밍할 수 있는 수백만 트랙에 무제한으로 액세스할 수 있다. 또한 iTunes 라이브러리와 휴대폰을 동기화할 수도 있다.

바. Office 허브

PC에서 시작한 Word 문서 또는 Excel 스프레드시트를 SkyDrive에 동기화해 볼 수 있다. 외출 시에도 택시 안이든 해변이든, 장소에 상관없이 휴대폰에서 Office Mobile을 통해 추가로 작성하거나 편집할 수 있다. SkyDrive에서는 다른 사람과 문서를 공유하고 편집하기도 아주 쉽다. 또한 OneNote Mobile을 사용하면 탭 두 번으로, 또는 사용자의 음성으로 빠른 노트를 작성할 수 있다.

사. 앱+게임

1) Windows Phone 스토어

100,000개 이상의 앱을 보유하고 있고 지금도 그 수는 계속 증가하는 중이며, 모든 앱은 Microsoft에서 맬웨어 및 바이러스로부터 안전하다는 인증을 받았다. 또한 사용자가 원하는 대로 앱 제안을 개인 설정할 수 있다.

2) 게임 허브

게임 허브는 On-The-Go 아케이드이다. 뿐만 아니라 아바타의 의상을 갈아 입히고, Xbox 친구에게 메시지를 보내고, 점수와 도전 과제 등을 확인할 수 있는 공간이다.

아. 이메일+메시지

Gmail, Hotmail, Outlook.com 등, 여러 계정을 하나의 연결된 편지함에서 플래그가 지정된 메일, 긴급 메일 또는 읽지 않은 메일로 각각 구분하여 볼 수 있다. 메시지는 대화목록을 통해 동일한 대화에서 문자 메시지와 채팅 간을 원활하게 전환하고, 사진, 음성 메모, 자신의 위치 등을 첨부할 수 있다.

자. Bing 검색

스시를 좋아하세요? 스테이크 하우스는 싫어하세요? 사용자가 좋아하는 것과 싫어하는 것을 휴대폰이 학습하게 하여 지역 특가 상품을 판매하는 레스토랑, 커피숍, 쇼핑 센터 등에 대한 추천을 받을 수 있다. 또한 주변 검색을 페이스북에 연결하여 친구가 좋아할 만한 결과를 찾거나, 리뷰, 영업 시간 및 기타 유용한 정보를 확인할 수도 있다.

차. 기타

잠금화면, 키보드, 전자지갑, Internet Explorer 10, 편리한 전송, 탭하여 공유, 내휴대폰 찾기, 비즈니스용[55].

4.4 스마트폰 종류 - 크기별

4.4.1 스마트폰

앞에서 얘기한 것과 같이 휴대전화에 인터넷 통신과 정보검색 등 컴퓨터 지원 기능을 추가한 지능형 단말기로서 사용자가 원하는 애플리케이션을 설치할 수 있는 것이 특징이며 현재 이 책에서 4장 전체에서 다루고 있다[56].

4.4.2 패블릿

'패블릿(phablet)'이란 폰과 태블릿이 합쳐진 말로 스마트폰의 화면이 점차 커지면서 태블릿 용도로 기능이 확장된 제품을 일컫는 말이다. 예를 들어 삼성 갤럭시 노트나 LG 옵티머스 뷰가 대체적인 패블릿이라 보이고 있다.

4.4.2.1 패블릿 종류

가. 갤럭시 노트 II

삼성 갤럭시 노트 II(Samsung Galaxy Note II)는 2012년 8월 29일 런던에서 개최된 삼성 모바일 언팩행사에서 발표되고, 9월 26일 출시한 안드로이드 스마트폰이다. 갤럭시 노트의 후속 기종으로, 갤럭시 노트와 마찬가지로 S펜이 탑재되었으며, 세계 최초로 구글의 레퍼런스 기기를 제외하면 최초로 안드로이드 4.1 젤리빈이 탑재되었다[57].

기능

① Multi Window : 화면에 두 개의 영상을 띄워 여러 작업을 빠른 화면 전화은로 처리할 수 있고 대화면을 두 개로 나누어 동시에 실행할 수도 있으며 연관 동영상을 작게 띄워 보는 것도 가능하다.

② 한눈에 보기 : 슬리핑 모드에서 근접 센서위에 손을 가져가면 터치 없이도 시간, 날짜, 부재중 전화, 문자 메시지, 잔여배터리 용량 등을 한눈에 확인할 수 있다.

③ Best Face : 한 번에 최대 5장까지 생생한 표정을 담아주는 베스트 포토 기능으로 베스트 단체 사진을 찍었을 때 모두 잘나온 사진을 얻기 위해 여러 번 사진을 찍던 것을 한번만 찍으면 가능하다.
④ 한눈에 쉽게 보는 앨범 : 갤러리에 담긴 소중한 이미지를 한눈에 더 많이 보고 편리하게 찾을 수 있도록 직관적인 앨범 생성 및 관리가 가능하다.
⑤ Paper Artist : 인기 Application인 Paper Artist가 기본 탑재되어 있어 촬영한 사진에 수채화, 디테일, 솜사탕, 파스텔 스케치 등의 다양한 필터 효과를 적용해 재미난 창작물을 만들 수 있다.
⑥ Android 4.1 Jellybean : 안드로이드 플랫폼 최신 버전인 4.1 젤리빈을 국내 최초로 재해 더욱 빠르고 부드러운 사용자 경험을 제공한다[58].

나. 옵티머스 뷰 II

LG 옵티머스 뷰 II(LG Optimus Vu II)는 LG전자에서 2012년 9월 28일에 출시한 안드로이드 스마트폰이다.

기능

① Q슬라이드 : 서로 다른 두 개의 화면을 동시에 띄울 수 있다. 예를들어 DMB나 영화를 보면서 카카오톡을 할 수 있다.
② 뷰톡 : 통화 중에 실시간으로 손 글씨, 그림을 그리면서 감성대화를 나눌수 있고 상대방과 같이 그린 그름을 따로 저장해서 필요할 때 꺼내 볼 수도 있다.
③ Q트랜스레이터 : 43개의 언어를 카메라 스캔으로 인식해서 최대 64개의 언어로 번역해 주는 기능으로 단어나 문장까지 번역이 가능하다.
④ Q메모 : Q메모를 바로 실행할 수 있는 버튼을 별도로 외부에 두어서 활용도를 높이고 겹쳐 사용하기 모드가 추가되어 어느 화면에서나 작성한 메모를 보며 동시에 다른 기능을 할 수가 있다[59].

다. 베가 S5

스카이 베가 S5(SKY Vega S5, IM-A840S)는 팬택이 2012년에 7월에 출시한 스마트폰이다. 2012년 5월에 출시한 베가 레이서 2의 후속 기종으로, SK텔레콤 전용 모델이다.

기능

① **13M 해상도** : 13M 카메라를 국내 최초 탑재하였다. 기존에서는 촬영한 사진을 출력 할 경우 낮은 해상도로 인하여 사진의 픽셀이 깨지는 현상이 있었는데 이제 최고 해상도의 사진을 깨짐 없이 출력할 수 있다.

② **제로 셔터 랙** : 셔터를 누른 후, 대기시간이 발생하였으나 제로 셔터 랙이 적용된 베가S5에서는 움직임이 있는 사물 및 인물을 기다림 없이 촬영할 수 있다. 또한 촬영 버튼을 길게 누르면, 최대 300장까지 연속 촬영이 가능하다.

③ **스크린 링크** : 스크린 링크를 통해 여러 명의 친구들과 같은 화면을 보고, 이야기하며 같은 시간을 즐길 수가 있다. 스크린 링크는 폰과 폰, 폰과 TV를 링크하여 사용하고 있는 폰의 화면을 쉽게 공유 할 수 있다.

④ **미니 윈도우** : 미니 윈도우를 통하여 불편했던 멀티 태스킹을 혁신적으로 개선하였다. 모바일 메신저, 웹 서핑 등을 사용 중에 동영상, 뮤직, 노트패드, 전자사전, 통화 기능의 미니 윈도우를 실행하면 화면 전환 없이 한 화면에서 2개의 프로그램을 동시에 사용할 수 있다.

⑤ **스마트 보이스** : 자주 사용하는 프로그램을 대화형 한국어 음성인식 기능과 결합하여 스마트 보이스를 탄생시켰다. 지원 가능한 기능으로는 전화부 검색, 통화 송신, 메시지, 발신, 인터넷 검색, 메모, 노트, 알람, 이메일, 구글 맵, 캘린더가 있다.

⑥ **스마트 빔** : 스마트 빔을 사용하면 뒷면을 맞대는 것만으로 폰에서 폰으로 컨텐츠를 전송할 수 있다. 지원 범위로는 웹페이지, YouTube동영상, 개인주소록, 캘린더(일정), 갤러리의 사진/동영상 파일, 음악 파일, 오피스 파일, 노트패드가 있다.

⑦ **심플 모드** : 심플모드는 전화, 인터넷, 날씨, 메시지 등 자주 사용하는 기능들을 홈화면에 보여주어 빠른 접근성을 제공한다. 이 모드를 통해 홈 화면, 잠금 화면, 메뉴 화면, 글꼴 크기를 크고 쉽게 변경하여 사용할 수 있다[60].

(그림 4-107) 갤럭시 노트 II(좌), 옵티머스 뷰 II(우), 베가 S5(왼쪽부터)

4.4.3 태블릿

태블릿 이란 손가락이나 터치 펜으로 쉽게 조작할 수 있는 소형의 휴대형 컴퓨터로 갤럭시 탭, 아이패드, 아이패드 미니, 삼성 갤럭시 노트 10.1 등 여러 종류가 있다. 태블릿에 관한 내용은 다음 5장에서 상세하게 다루도록 하겠다.

참고자료

[1] 위키백과, 대한민국의 아이폰 출시
[2] 세살병직, 스마트폰 시장과 모바일OS 동향, 반도체 산업협회 2010 5,6월 기고문
[3] 전자신문, 2010.12.27
[4] http://www.smart4n.com/
[5] http://mobizen.pe.kr/1167, 모바일 컨텐츠 이야기
[6] 파이낸셜 뉴스, 2010.10.24
[7] http://blog.daum.net/saschajin/14648, 제로 라이프
[8] 아주경제, 2010.05.27.
[9] 권기덕, '스마트폰이 열어가는 미래', 삼성경제연구소 CEO Information 741호
[10] 김윤지, 'IT산업 지각변동의 축, 스마트폰', 한국수출입은행 해외경제연구소 산업투자조사실 Vol. 2010-14
[11] 정현우, '스마드폰과 미래의 변화', 한국콘텐츠학회 제8권 2호
[12] 오정현, '스마트폰이 업계에 미치는 영향과 향후 정책방향', 한국정보화진흥원 IT정책연구시리즈 제5호
[13] 위키백과, 아이폰
[14] http://cafe.naver.com/appleipodtouch/265783, iOS 버전 별 특징
[15] http://blog.naver.com/7he0ne?Redirect=Log&logNo=110110696690, iOS5 기능
[16] http://www.apple.com/kr/ios/, iOS6 기능
[17] http://www.apple.com/kr/iphone/compare-iphones/, 아이폰
[18] 김태용, 김현철, 임희석, 도와주세요 아이폰4가 생겼어요, 한빛미디어, 2010
[19] 위키백과, Siri
[20] http://neoskin.tistory.com/1926, 껍데기, TheCall, 2010.04.03
[21] http://blog.naver.com/h22ksks/130101325297, 뿡, Sleep Cycle alarm clock,2011.01.21
[22] http://www.cyworld.com/yumezinn/3675697, 먼지잼, 하철이, 2011.01.06
[23] http://blog.naver.com/ninasmoon/80103071373, 비피, 칼로리 다우너, 2010.03.03
[24] http://blog.naver.com/shycat23/110100195470, 알라, 어썸노트, 2011.01.03
[25] http://blog.daum.net/ssaultouch/288, 루로리, Office2 Plus, 2010.02.20

[26] http://codebyhoon.tistory.com/7, 훈, EasyStudy, 2010.05.13

[27] http://blog.naver.com/lunch4me/, 점심먹기, SelfPhoto, 2010.01.13

[28] http://d1co.blog.me/, 디원, 포토퍼니아, 2010.11.22

[29] http://yemundang.tistory.com/, 예문당 이야기, ScanSearch, 2010.03.24

[30] 미디어오늘, 2010. 3. 5

[31] 위키백과, 안드로이드

[32] http://choijiho.tistory.com/4, 안드로이드 버전별 특징

[33] http://thebloger.kr/go/42981, 안드로이드 버전 젤리빈(4.2) 특징

[34] http://developer.android.com/guide/basics/what-is-android.html

[35] 위키백과, 삼성 갤럭시 S III, 넥서스 7, 옵티머스 G, 베가레이서 2

[36] google, AUG-2.2.0-100-KO Android 사용자 가이드

[37] 네이버캐스트, 구글 플레이

[38] http://blog.naver.com/smart2phone/130094916521, 어플 세상, 아스트로 파일 관리자, 2010.10.04

[39] http://psfriendy.tistory.com/135, 평산아빠, Advanced Task Killer, 2010.12.07

[40] http://blog.naver.com/pikuk/30099650019, 주산지, 도돌 폰 사용량, 2010.12.29

[41] http://cafe.naver.com/smartphoneforum/9754, genetics, Lookout Mobile Security, 2010.10.23

[42] http://cafe.naver.com/bjphone/1185028, Opportunity, Lookout Mobile Security, 2010.08.31

[43] http://cafe.naver.com/itststore/, 수다알, 마이닥터, 2010.10.02

[44] http://cafe.naver.com/cafeclip/67514, 카라, 지하철 실시간 정보, 2010.05.30

[45] http://cafe.naver.com/soulmovieuser/184, 볼레로, Soul Movie, 2011.01.06

[46] http://cafe.naver.com/mcfs19/118124, 탱탱볼, Google Sky Map, 2010.12.29

[47] http://cafe.naver.com/omosin/688, 자유로운, Google Sky Map, 2010.02.22

[48] http://mygarret.tistory.com/210, s디자이너, PhotoFunia, 2010.08.24

[49] http://blog.mms.kr/120115757843, 메모리즈, Droid Comic Viewer, 2010.09.28

[50] http://blog.naver.com/hello_ssongs/110092597232, Vicky, 카카오톡, 2010.08.23

[51] 전자신문, 2010.03.17.

[52] 위키백과, 윈도 폰

[53] 위키백과, 윈도우 모바일

[54] http://lazion.com/2512435, 윈도우 모바일 8 특징

[55] http://www.windowsphone.com/ko-kr, 윈도 폰 기능
[56] 네이버 지식백과, 스마트폰, 패블릿, 태블릿
[57] 위키백과, 삼성 갤럭시 노트 II, LG 옵티머스 뷰 II, 베가 S5
[58] http://www.howtolivesmart.com/galaxynote2, 삼성 갤럭시 노트 II 기능
[59] http://blog.naver.com/hilander?Redirect=Log&logNo=40170197199, LG 옵티머스 뷰 II 기능
[60] http://www.ivega.co.kr/prt/productInfo.do?intprdseq=902, 스카이 베가 S5 기능

제 5 장

태블릿 컴퓨터

태블릿 컴퓨터는 사람들에게 '태블릿' 혹은 '태블릿 PC'로 잘 알려져 있다. 하지만 태블릿 컴퓨터와 태블릿 PC는 다른 낱말이다. 태블릿 PC는 터치스크린을 주 입력 장치로 장착한 휴대용 PC이며 개인이 직접 갖고 다니며 조작할 수 있게 되어있다. 이 용어는 2001년에 마이크로소프트사가 발표한 제품으로 인하여 잘 알려지게 되었지만 이제 태블릿 PC는 운영체제의 구별 없이 태블릿 크기의 개인용 컴퓨터를 가리키는 말이 되었다. 태블릿 컴퓨터는 자판이나 마우스가 아닌 스타일러스, 디지털 펜, 손가락을 주된 입력 장치로 사용하는 평평한 터치스크린이 완전히 장착된 컴퓨터를 가리킨다. 간단하게 웹 검색, 동영상 감상, E-Book을 이용한 독서, 게임 등의 목적으로 사용되는 경우가 많지만 일부 교육시설에서는 교과서를 대신해서 사용하기도 한다[1].

(그림 5-1) 대표적인 태블릿 PC들

결국 태블릿 컴퓨터란 넓은 의미로 따지면 크기나 형태와 상관없이 터치스크린을 갖춘 컴퓨터 전체를 가리키는 말이다. 다만 터치스크린을 갖춘 데스크 탑 형태의 컴퓨터는 판매량이 미미하다. 또한, 터치스크린은 입력 장치와 출력 장치의 기능을 겸할 수 있어 본체 크기를 줄여야 하는 휴대용 기기에 주로 적용되고 있다. 이러한 이유로 최근 들어 태블릿 컴퓨터(혹은 태블릿 PC)라고 한다면 주로 휴대용 컴퓨터를 지칭하고 있다[2]. 이 책에서는 독자들의 이해를 쉽게 도우기 위하여 태블릿 컴퓨터라는 말 대신 태블릿 PC로 사용할 것이다.

5.1 | 태블릿 PC 역사

2000년, 세계 최대의 컴퓨터 관련 전시회인 컴덱스(COMDEX)에서 빌 게이츠 MS회장이 펜으로 입력하는 A4 종이 크기의 신개념 휴대용 PC를 선보였다. 이때 '태블릿 PC(Tablet PC)' 라는 용어가 처음 사용되기 시작되었다. 본체도 없는 액정화면만을 갖고 "이 얇은 판(Tablet)이 PC"라고 한 것은 그 당시 PC 개념을 바꾼 혁명이었다. 빌 게이츠는 태블릿 PC를 '끝없는 노트' 라고 표현했다.

(그림 5-2) 윈도우XP 태블릿 PC 에디션은 2002년 컴덱스 전시회 최우수상 (2002 Best of COMDEX)을 수상

- 2002년 - 태블릿PC의 대거 등장

MS사에서 '윈도우XP 태블릿 PC 에디션'을 야심차게 발표하면서, 윈도우XP를 기반으로 한 태블릿 PC들이 출시되기 시작했다. 태블릿 PC도 기존의 PC와 같은 환경에서 편리하게 이용할 수 있게 된 것이다.

초창기의 태블릿PC는 슬레이트(slate) 방식으로서, 하나의 판 형태로 구성되어 얇고 가볍다는 강점이 있었지만 외부 압력에 의해 액정이 쉽게 파손되는 단점이 있었습니다. 키보드가 없는 것이 불편하여서 대중화하는 것에 실패를 하였다.

이에 이어, 키보드를 뗐다 붙였다 할 수 있는 '하이브리드(hybrid)'형 태블릿PC와, 필요할 땐 노트북처럼 키보드를 사용하다가 화면을 180도 회전시켜 접으면 슬레이트 형처럼 사용할 수 있는 '컨버터블(Convertible)'형 태블릿PC가 등장했다.

(그림 5-3) 태블릿PC 초기 출시 모델(2002)

당시의 태블릿PC는 2백50만~3백만 원 선이었다. 태블릿PC들은 놀라울 정도의 기술로 많은 관심을 얻었지만 비싼 가격과 노트북에 비할 수 없는 성능으로 눈길을 끄는 정도에만 그치고 말았다.

• 2003년 ~ 2005년 - PC경기 침체기

PC사용자들은 태블릿PC보다 성능이 더 뛰어난 노트북을 더 선호하였고, 태블릿 겸용 노트북PC가 출시되었다. 태블릿PC 시장은 기대만큼 결과가 좋지 않았다. 태블릿PC는 의료시장 공략에 나섰고, 사람들의 관심은 받지 못했지만 점점 좋아지는 성능으로 새로운 모델들이 출시되었다.

• 2006년 ~ 2009년 - 스마트폰 시장 부상

스마트폰 시장의 성장에 이어 침체되어있던 태블릿 PC 시장에 새 신호탄 이였다. 2007년에는 윈도우 Vista 태블릿 PC의 출시와, 국내 LG전자가 'X-Note C1'을 출시하면서 다시 한 번 태블릿 PC 시장에 열기를 불어 넣었다.

• 2010년 - 태블릿PC 시대

국내에서 스마트폰의 열기가 뜨거운 가운데 태블릿 PC가 큰 관심을 받고 있다. 2010년 KT에서 국내 최초 안드로이드 태블릿 PC인 '아이덴티티 탭'을 출시했다. 그에 이어 SK텔레콤 에서는 '갤럭시 탭'을 선보였으며 11월경에 '아이패드'도 국내 출시되었다[3].

• 2011년 - 태블릿 PC의 공격적인 출시

구글이 2010년 12월에 스마트폰용 안드로이드 2.3 버전(진저브레드)과 2011년 1월에 태블릿 PC에 최적화된 안드로이드 3.0 버전(허니콤)으로 나누어 안드로이드 OS를 공개 · 제공하면서, 안드로이드 OS가 스마트폰과 태블릿 PC용으로 구분되어 적용되기 시작했다.4) 그리고 태블릿 PC용으로 수정 된 안드로이드 3.0 버전의 업그레이드 버전(3.1)도 함께 제공하고 있다. 따라서 모토로라, 삼성전자, LG전자 등 주요한 태블릿 PC 제조사들은 안드로이드 3.0·3.1(허니콤)을 탑재한 태블릿 PC를 출시하게 되었다. 삼성전자의 경우 안드로이드 2.2 버전(프로요)을 갤럭시 탭에 탑재하여 출시하였다. 이후 애플이 2011년 3월에 '아이패드 2'를 출시하자 삼성전자는 안드로이드 3.0을 적용한 '갤럭시 탭 10.1', '갤럭시 탭 8.9'의 2종을 발표하며 애플에 대한 추격에 나섰으며, 모토로라도 안드로이드 3.0을 적용한 XOOM(줌)을 출시하였다.

2011년 5월에 구글은 I/O 개발자 컨퍼런스에서 향후 안드로이드 운영체제인 아이스크림 샌드위치(Ice-Cream Sandwich)에 대한 계획을 발표하였다. 아이스크림 샌드위치는 스마트폰용 버전과 태블릿 PC용 버전으로 나누어진 안드로이드 운영체제를 하나로 합치는 것으로, 기기에 따라 안드로이드 버전을 구분하지 않아 스마트 폰 및 태블릿 PC 모두에서 사용할 수 있는 운영체제이다. 즉, 이는 진저브레드와 허니콤을 통합한 차기 버전으로 분석할 수 있다. 이와 같이 아이스크림 샌드위치로 대표되는 안드로이드 차세대 버전은 스마트폰과 태블릿 PC 모두에 적용할 수 있어, 애플이 스마트폰인 아이폰과 태블릿 PC인 아이패드에서 동일한 iOS를 사용하는 것과 같은 모습을 보이고 있다[4].

5.2 태블릿 PC의 경쟁

(그림 5-4) 태블릿 PC의 다양화

글로벌 IT기업들의 태블릿PC 대전(大戰)이 치열하다. 그동안 스마트폰 시장에서 불꽃 튀던 경쟁이 태블릿PC 시장으로 옮겨 붙는 모양새다. 삼성전자, 마이크로소프트(MS), 애플은 각각 ATIVE Smart PC (아티브 스마트 PC), Surface RT (서피스 RT), iPad mini (아이패드 미니) 등 '신무기'를 선보이고 시장 선택을 기다리고 있다.

저마다의 속내는 조금씩 다르다. 삼성은 구글로부터의 독립을, MS는 소프트웨어 개발과 하드웨어 제작의 수직통합을, 애플은 태블릿 PC 시장 수성(守成)을 이루겠다는 전략이다.

신무기를 가장 먼저 빼든 곳은 삼성. 2012년 10월 24일 ATIVE Smart PC라는 새로운 유형의 태블릿 PC를 출시했다. ATIVE Smart PC는 기존 태블릿PC에 키보드를 탈·부착할 수 있는 '컨버터블(Convertible)형' 제품. 스크린과 키보드가 버튼 하나로 분리되고 분리된 스크린은 그대로 태블릿 PC처럼 활용할 수 있게 했다. 평소에는 키보드와 결합해 노트북처럼 쓰다가 외출 시에는 키보드를 분리해 태블릿 PC로 휴대할 수 있어 편리하다. 그동안 갤럭시S2/3, 갤럭시 노트 등으로 스마트폰 시장에서는 강자로 군림해왔지만 유독 태블릿 PC에서는 애플의 아이패드에 밀렸던 삼성이 준비한 '회심의 역작'이다.

삼성은 이번 ATIVE Smart PC를 통해 MS와 손잡고 애플과 구글을 동시에 견제했다는 평을 듣는다. ATIVE Smart PC에 탑재한 운영체제(OS)가 구글의 '안드로이드 4.1 젤리빈'이 아닌 MS의 '윈도우 8'이기 때문이다. 이는 삼성전자의 올 3분기 영업이익 중 스마트폰 사업부가 포함된 IM 부문의 비중이 69%에 이를 만큼 '심한 쏠림 현상'을 나타내는 데 대한 삼성전자의 위험 분산 행마로 풀이된다. 업계 한 관계자는 "안드로이드 운영체제에 너무 의존하면 제조업체로서 대(對)구글 협상력이 떨어질 수밖에 없다"고 설명했다.

MS는 삼성전자가 ATIVE Smart PC를 출시한 지 이틀 만인 10월 26일 역시 태블릿PC 제품인 Surface RT를 선보였다. MS가 그동안 노키아, HTC 등의 제조사와 제휴해 '윈도우폰'이라는 스마트폰을 만든 적은 있지만 스마트패드 제품을 내놓은 건 이번이 처음이다. 그동안 애플, 삼성, 구글의 스마트패드 경쟁을 부러운 눈으로 바라보던 MS이었기에 Surface RT에 거는 기대가 남다르다.

MS는 Surface RT 디자인을 직접 제작했다. 그동안 윈도우 등 운영체제(소프트웨어)만 만들어 온 MS가 단말기(하드웨어)를 만든 것은 이번이 처음이다. 업계에서 "MS가 수직통합형 IT기업으로 거듭나고 있다"는 얘기가 흘러나오는 배경이다.

삼성과 MS의 이런 공격에 애플은 로 맞불을 놓는다. 2012년 11월 11일 시장에 모습을 드러낸 아이패드 미니는 7.9인치 크기의 태블릿 PC다. 사실 애플이 7인치 대의 태블릿 제품을 내놓는다고 했을 때 업계는 뜻밖이라는 반응이었다. 애플의 창업주인 스티브 잡스가 생전에 "7인치 태블릿 PC는 시장에 출시되면 모두 DOA(Dead On Arrival : 환자가 병원에 도착했을 때 이미 사망한 상태)가 될 것"이라며 7인치 태블릿 PC를 신랄하게 조롱했기 때문이다.

그럼에도 애플이 이번에 7인치 대 태블릿PC를 내놓은 것은 그동안 선점해온 태블릿PC 시장에 경쟁 제품들이 속속 등장하는 데 위기의식을 느낀 때문이다. 애플 측은 "7.9인치는 그동안 아이패드용으로 개발된 앱들을 설계 수정 없이 그대로 옮겨 사용할 수 있는 최소한의 크기"라며 더 이상 작은 태블릿PC는 만들지 않을 것임을 분명히 했다. 하지만 애플이 그동안 부정해온 7인치 대 태블릿PC의 시장성을 인정하고 아이패드 미니i를 내놓은 만큼, 앞으로도 제품 크기의 다양성에 대한 소비자들의 요구를 마냥 무시할 수는 없을 것이라는 업계 관측이다[5].

5.3 태블릿 PC의 전망

2012년 전 세계 태블릿 PC 판매량은 전년 대비 98% 증가한 1억 1,888만대에 달할 전망이다.(Gartner, 2012.04)

태블릿 PC 시장의 OS별 점유율을 살펴보면, 애플(Apple)의 아이패드가 2012년 점유율 61.4%로 2011년에 이어 1위를 차지할 것으로 전망되며 애플의 시장 주도는 2016년까지 지속될 것으로 전망된다. 한편 안드로이드(Android) OS의 태블릿 PC 시장 점유율은 2011년 28.8%, 2012년 31.9%, 2013년 33.8%, 2016년 27.3%로 꾸준히 증가할 것으로 전망되며, 2012년 전 세계 태블릿 PC 판매량은 전년 대비 98% 증가한 1억 1,888만대에 이를 것으로 전망되며 또한 , 2013년에는 약 1억 8,246만대, 2016년에는 3억6,926만대로 증가해 2011년부터 연평균 84.5%의 성장률을 나타낼 것으로 예상된다.

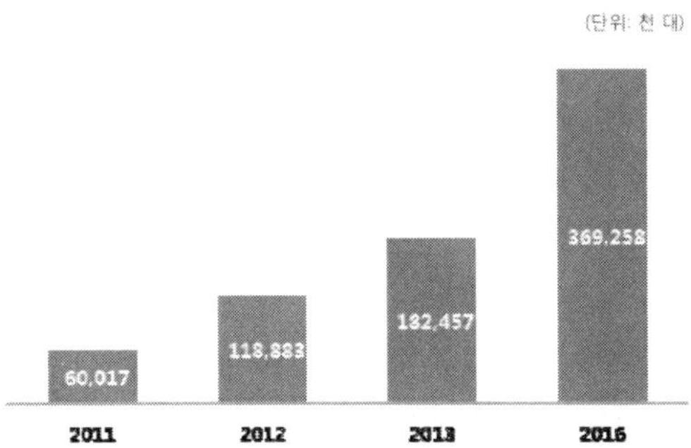

(그림 5-5) 글로벌 태블릿 PC 판매량 추이

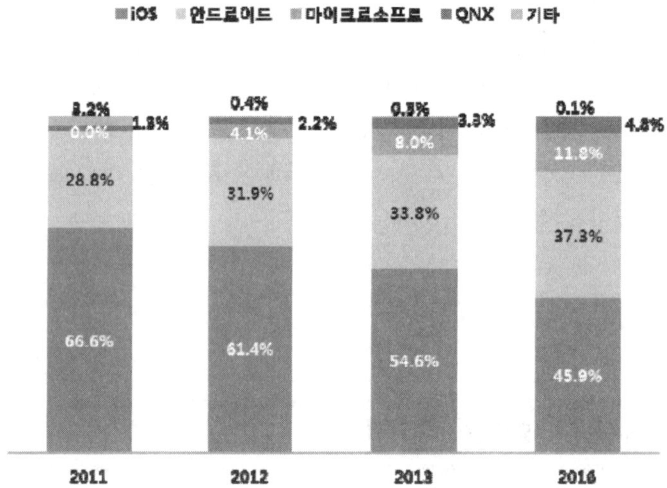

(그림 5-6) OS별 태블릿 PC 판매 비중 추이

2012년 글로벌 태블릿 PC 판매량, 1억 1,900만대 전망 또한 스마트폰 시장에 이어 2012년 태블릿 PC 시장진출도 앞두고 있는 마이크로소프트(MS)의 경우, 2012년 점유율 4.1%, 2013년 8.0%, 2016년 11.8%로 빠르게 시장을 확대할 것으로 전망된다. - 2012년 출시될 마이크로소프트 OS 기반 태블릿 PC의 판매량은 2012년 486만 3,000대를 기록, 전체 태블릿 PC 판매량 중 4.1%를 차지할 것으로 예상된다. - 향후 마이크로소프트 태블릿 PC의 판매량은 2013년 1,454만 7,000대, 2016년 4,364만 8,000대로 성장할 것으로 예측된다.

View Point 2011년까지 애플이 주도하던 글로벌 태블릿 PC 시장의 경쟁 구도가 점차 스마트폰 OS 시장 경쟁구도와 같이 '애플-안드로이드-MS' 3강 체제로 전환될 것으로 전망된다. - 여전히 시장 선점 사업자인 애플의 아이패드가 글로벌 태블릿 PC 시장을 주도할 것으로 전망되나 아이패드의 영향력은 점차 감소하는 반면 안드로이드와 MS의 점유율은 향상될 것으로 전망 - 특히 2012년 MS의 태블릿 PC 시장 진입 및 아마존의 킨들 파이어(Kindle Fire) 확대 등 태블릿 PC 시장의 경쟁이 더욱 치열해질 것으로 전망된다. - 후발주자들은 '뉴 아이패드' 벤치마킹 및 마이크로소프트의 'Windows 8' 탑재 등을 통해 태블릿 PC 시장 경쟁에 참여할 것으로 예상된다.

한편, 마이크로소프트 태블릿 PC는 기존에 마이크로소프트의 제품을 주로 사용하던 기업 고객에게 친숙한 UI로 접근할 것으로 예상되며, 기업 고객을 중심으로 태블릿 PC 시장을 확대해나갈 것으로 분석된다[6].

2013년 태블릿PC 시장은 애플의 7인치 대 모델인 아이패드미니와 삼성전자의 갤럭시 노트 10.1이 성장을 주도할 전망이다. 그 동안 9.7인치 제품만 판매해오던 애플은 2012년 10월 7.9인치 아이패드미니를 출시해 4분기에만 7.3백만 대를 판매할 전망이다. 삼성전자는 갤럭시 노트 10.1의 수요가 예상보다 강하게 나타나고 있어 2013년에는 애플의 점유율을 일부 가져올 전망이다. 2013년에는 태블릿PC 시장에서 애플과 삼성전자의 지배력이 더욱 강화되어 두 기업의 점유율은 78%로 예상된다.
2012년 태블릿PC 출하량은 1억3백만 대, 2013년에는 45% 증가한 1억4천9백만 대로 전망된다.

2013년에 예상되는 태블릿PC 시장의 주요 특징은
① 디스플레이 사이즈 7인치대의 중저가 모델 비중이 높아지고, ② 이로 인해 관련부품업체에 대한 단가인하 압력이 커지며, ③ 윈도8 OS의 점유율이 10%로 높아지는 반면 iOS의 점유율은 57%로 하락할 것으로 예상된다는 점이다.

태블릿PC 부품 중 가장 원가비중이 높은 디스플레이와 터치패널 등 관련 부품 업체에게 태블릿 PC 수요증가는 새로운 기회요인이 될 것이다. 터치패널에서는 정전식 터치패널이 선전할 것으로 예상해 원가 경쟁력과 양산성을 검증 받은 일진디스플레와 에스맥이 가장 큰 수혜를 받을 전망이다. 태블릿 PC의 성장에도 디스플레이 패널의 수급개선 효과는 크지 않을 전망이다. 기술적 진입장벽이 있는 애플향 COG(Chip on Glass) Driver IC를 생산하는 실리콘 웍스를 디스플레이부문에서 수혜업체로 추천한다[7].

5.4 태블릿 PC의 종류

5.4.1 iPad(아이패드)

iPad(이하 아이패드)는 미국 애플사에서 만든 휴대용 태블릿 PC이다. 아이폰과 PC의 중간 성격을 가지고 있어 완벽한 PC라고 부르기엔 한계가 있지만, PC에 준하는 성능과 기능을 겸비하고 있어 '태블릿 PC'라고 불리고 있다.

(그림 5-7) 9.7인치 아이패드 시리즈

9.7인치의 레티나 디스플레이(아이패드 3세대, 4세대) 및 LCD 디스플레이(아이패드 2)를 탑재하였으며, 아이폰과 같은 운영 체제로 작동되기 때문에 아이폰에서 구동되는 모든 응용 프로그램(애플리케이션)을 사용할 수 있고, 더불어 전차책(iBooks)과 맥용 오피스 프로그램인 아이워크(iWork)를 사용할 수 있다. 〈표 5-1〉은 아이패드의 하드웨어 사양을, 〈표 5-2〉는 아이패드 기능의 장/단점을 보여주고 있다.

〈표 5-1〉 아이패드 하드웨어 사양

구분	아이패드 2 (iPad 2)	아이패드 4세대 (New iPad)
OS	iOS 6.01(2012년 기준)	iOS 6.01(2012년 기준)
프로세서	듀일코어 A5 프로세서	듀얼쿠어 A6X 프로세서 (쿼드코어 그래픽 탑재)
해상도	1024×768	2048×1536
디스플레이	LCD 디스플레이 (IPS 9.7인치 LED 백라이트)	Retina(레티나) 디스플레이 (IPS 9.7인치 LED 백라이트)
이동 통신 및 무선 네트워크	• Wi-Fi 사용 가능 • WCDMA 사용 가능	• Wi-Fi 사용가능 • WCDMA & LTE 사용 가능
블루투스	블루투스 2.1 + EDR	블루투스 4.0
커넥터	30Pin 커넥터	Lightning 커넥터
카메라	• 전면 : 30만 화소 • 후면 : 90만 화소	• 전면 : 120만 화소 • 후면 : 500만 화소
동영상촬영	720p HD 동영상 촬영	1080p HD 동영상 촬영
Siri 지원	×	○
크기	• 세로 : 241.2mm • 가로 : 185.7mm • 두께 : 8.8mm	• 세로 : 241.2mm • 가로 : 185.7mm • 두께 : 9.4mm
무게	• Wi-Fi 모델 : 601g • 3G + Wi-Fi 모델 : 613g	• Wi-Fi 모델 : 652g • 3G/4G + Wi-Fi 모델 : 662g
출시시기	2011년 4월	2012년 11월

5.4.1.1 아이패드의 특징

아이패드(iPad)는 9.7인치 디스플레이에 두께 1.2cm로 휴대하기 간편하며 기본적으로 다이어리나 특화된 노트에 간단히 끼워 들고 다닐 수 있게 되어 있다. 여기에 한 달 정보 대기모드가 가능하고, 10시간 연속 사용이 가능한 배터리는 그 동안 넷북이나 노트북이 가지고 있던 한계를 극복했다는 평가다, 아이패드는 기존 태블릿 PC의 한계를 극복한 모바일 융·복합 기기로써 아이폰과 동일한 OS를 기반으로 애플의 앱 스토어 내 모든 어플리케이션과 음악, 동영상, 웹서핑, 메일 이용이 가능하다. 여기에 iWork와 iBooks 기능이 추가된 것이 아이패드라고 볼 수 있다.

가. 구동 소프트웨어

아이패드는 사파리, 메일, 사진, 비디오, YouTube, Face Time, 아이튠즈, 앱스토어, 아이북스, 지도, 노트, 달력, 연락처와 같은 응용 프로그램이 내장되어 있다. 기본적으로 아이폰과 유사하지만, 아이패드만의 넓은 스크린과 기능향상에 맞추어 확장된 기능을 제고하고 있다. 아이패드는 기존에 개발된 아이폰 기반 응용 프로그램도 추가적인 수정 없이 확대모드(2배 확대)나 기본 모드(아이폰과 동일)를 통해 이용할 수 있다. 이는 iOS 시스템 개발 도구를 공유하여 개발할 수 있기 때문인데 향후 같이 발표된 iWork 같은 아이패드 전용의 소프트웨어 개발도 같은 시스템 개발 도구로 만드는 것이 가능하다.

나. 뉴 아이패드의 6가지 핵심 기능

2010년 4월 이후로 태블릿 PC를 주도해왔던 애플이 2011년에는 아이패드2, 2012년 3월 7일 샌프란시스코에서 '뉴 아이패드(3세대)'를 발표하였으며 그해 10월 23일 미국 새너제이 캘리포니아 시어터에서 '아이패드 4세대'를 발표했다.

아이패드 3세대와 4세대의 차이점이라면 CPU의 차이만 있을 뿐 나머지는 동일한 사양이기 때문에 핵심적인 기능에는 차이가 없다. 따라서 '뉴 아이패드(3세대)'와 '아이패드 4세대'의 핵심 기능 6가지를 간추려본다.

아이패드의 핵심기능 중 첫 번째는 두 배로 선명한 레티나 디스플레이를 들 수 있다. 애플과 삼성전자 중 누가 먼저 대화면 레티나급 태블릿 PC를 선보일지 번번이 비교되었다. 드디어 대화면 레티나 디스플레이가 뉴 아이패드에 채택되었다. 그동안 기술 구현 문제, 수율 문제 등이 9인치 이상 레티나 디스플레이 채택이 어려울 것이라는 소문이 많았다. 특히 이 때문에 애플이 레티나 디스플레이 대신 듀얼LED 백라이팅 시스템을 적용할 것으로 일부 외신에서는 보도하기도 했다.

뉴 아이패드에서는 9.7인치 스크린의 2048×1536 해상도를 지원함으로써 1인치 당 264픽셀을 지원하는데, 산술적으로 계산보면 아이패드2보다 310만개 많은 픽셀을 지원한다. 사진이나 그래픽 관련 앱 등 선명한 해상도를 활용하는 앱들이 대거 쏟아질 것으로 기대된다. 이날 애플의 마케팅 수석 부사장인 필 쉴러는 "어떤 모바일 단말기도 이러한 해상도를 구현한 적이 없다"며 강조했다.

두 번째로 GPU의 A5X 프로세서(3세대 기준, 4세대는 A6X)이다. 레티나 디스플레이는 최초지만 쿼드코어 탑재는 아수스텍이 한발 빨랐다. 봄에 발표되는 애플 아이패드3 에서 쿼드코어 프로세서 탑재는 큰 관심을 모아 왔다. 2012년 봄 아이패드 신제품에서 쿼드코어 프로세서를 탑재한다는 것은 6월 열리는 애플의 연례 행사인 전 세계 애플 개발자 콘퍼런스(WWDC)에서 쿼드코어 프로세서 탑재 아이폰 신제품을 볼 수 있다는 희망을 주기 때문이다. 그러나 아이폰4S가 2011년 가을에 발표되면서 가칭 아이폰5 발표 역시 8월 이후가 될 것이라는 전망이 제기되고 있다. 또한 뉴 아이패드(3세대)는 GPU는 쿼드코어지만 애플리케이션 프로세서는 듀얼코어다. 하지만 애플의 필 쉴러 수석 부사장은 "뉴 아이패드에서 채택한 A5X 프로세서가 엔비디아 테그라3보다 4배 빠르다"고 자부했다. 엔비디아 테그라3는 업계 첫 쿼드코어 프로세서 탑재 태블릿PC인 아수스 트랜스포머 프라임에서 탑재하고 있다. 듀얼코어로도 더 빠른 성능을 제공한다는 것이 애플의 주장이다.

뉴 아이패드의 쿼드코어 GPU 프로세서는 아이무비(iMovie)와 같은 프로세서 집약적인 앱이나 게이밍에는 절대적으로 환영받을 만하다. 또한 고해상도 디스플레이, LTE 지원 기능과 결합해 고속의 비디오 스트리밍 서비스도 더욱 빠르고 실감나게 즐길 수 있다.

세 번째로 iSight 카메라이다. 뉴 아이패드(3세대)는 500만 화소의 후방 카메라를 채택했다. 아이폰4S에서 선보였던 옵틱(Optic) 시스템을 활용한 것이다. 하지만 전면 카메라는 VGA 품질 이미지를 촬영할 수 있는 아이패드2의 30만 화소 카메라를 유지하고 있어 사용자들이 실망을 했었다. 하지만 2012년 11월에 발표 된 아이패드 4세대에서는 전면 카메라까지 120만 화소로 업그레이드를 실시해서 Face Time 시에도 고화질의 영상출력이 가능해졌다.

네 번째로는 1080p 동영상 녹화가 가능하게 되었다는 것이다. 뉴 아이패드(3세대)에서는 드디어 풀 HD 동영상 리코딩 기능을 구현했다. 비디오 안정화(Video Stabilization, 손 떨림 보정)와 노이즈 제거 기능이 지원된다. 이제 720p 해상도는 과거 이야기가 되었다.

다섯 번째로 4G LTE의 이용이 가능해졌다는 것이다. 뉴 아이패드(3세대)의 4G LTE 지원은 미국에선 우선 AT&T와 버라이즌에서 사용 가능하다. 최대 73Mbps의 다운로드가 가능하다. 뉴 아이패드의 미덕은 4G 지원 제품을 내놓으면서 이전과 비슷한 가격대를 적용했다는 것이다. 뉴 아이패드의 와이파이 전용 모델은 499달러지만 4G 모델은 최고 829달러(64GB)에 판매된다. 아이패드2 역시 3G 지원 모델의 가격은 629~829달러였다. 하지만 다섯 번째의 핵심 기능은 뉴 아이패드(3세대)를 출시할 때 북미 지역에서만 LTE망을 사용할 수 있었다. 대한민국을 포함한 그 밖의 다른 국가에서는 4G LTE망이 구축되어 있는 곳이 있었음에도 불구하고 여전히 3G만을 지원해서 논란에 휩싸이기도 했었다.

2012년 11월에 발표한 아이패드 4세대에서는 대한민국을 포함한 그 밖의 LTE망이 구축 된 여러 나라에서 전파인증을 통과하여 LTE망을 이용할 수 있게 되었다[8].

마지막으로 들수 있는 핵심 기능은 시리(Siri)를 지원한다는 것이다. 아이폰4S의 인기 비결이었던 음성인식 SW 시리(Siri) 는 뉴 아이패드(3세대) 출시 당시에는 해당 기능을 지원하지 않았었다. 대신 영어, 프랑스어, 독일어, 일어를 인식할 수 있는 보이스 딕테이션 기능(구술 받아쓰기 기능)이 추가되었다. 하지만 아이패드 4세대에서는 출시가 될 당시부터 시리의 사용이 가능하게 되었으며 아이패드 3세대에서도 iOS 6.0으로 업그레이드를 한 후에 시리의 사용이 가능하게 되었다. 한편 시리의 기능은 아이패드 3세대 출시 이전에 출시되었던 아이패드1과 아이패드2에서는 iOS 6.0으로 업그레이드를 한 후에도 여전히 사용할 수 없는 기능이다.

5.4.1.2 아이패드의 기본 사용법

가. 아이패드의 하드웨어 기능

(그림 5-8)은 아이패드2 및 아이패드 4세대의 버튼 및 하드웨어 기능을 나타냈다.

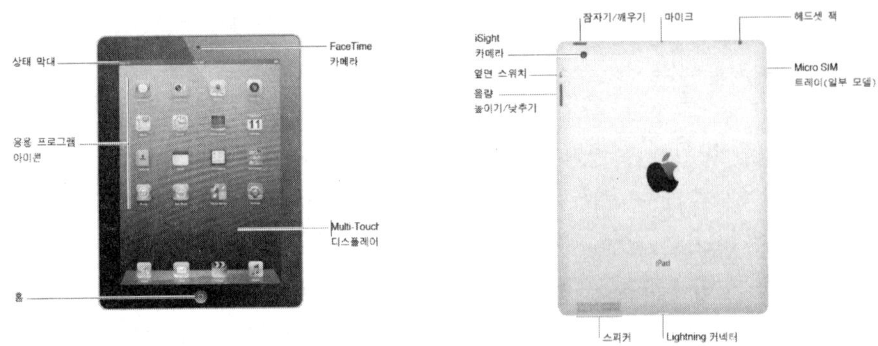

(그림 5-8) 아이패드의 버튼 및 하드웨어 기능

(그림 5-8)의 하드웨어 기능은 소유하고 있는 아이패드의 모델에 따라서 아이패드의 기능과 홈 화면이 달라질 수 있다.

나. 애플리케이션 사용하기

손가락으로 터치스크린의 대상체를 터치하거나 두 번 누르고 쓸어 넘기거나 오므리고 벌려 아이패드와 상호 작용합니다.

1 애플리케이션 열기 : 살짝 터치한다.

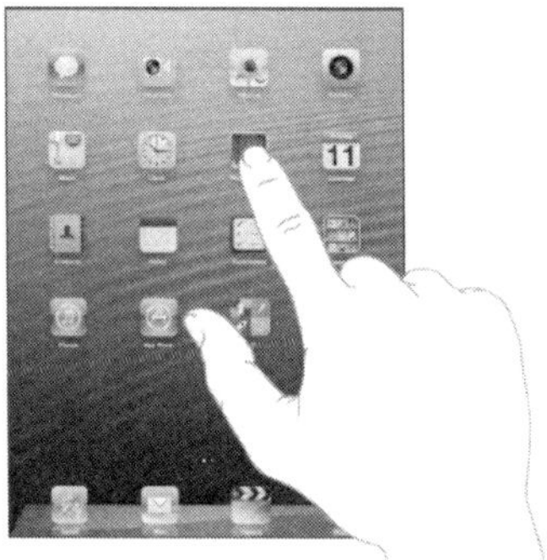

(그림 5-9) 응용 프로그램 (애플리케이션) 열기

2 최근에 사용한 애플리케이션 보기 : 홈 버튼을 이중으로 눌러 멀티태스킹 막대를 표시한다. 다시 사용하려면 애플리케이션을 터치한다. 좌우로 아이콘을 쓸어넘겨 더 많은 애플리케이션을 볼 수 있습니다.

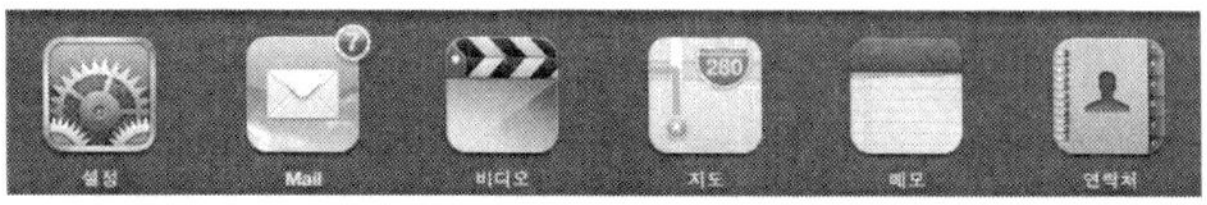

(그림 5-10) 멀티태스킹 막대

다. 스크롤하기

스크롤하려면 위, 아래로 드래그를 한다. 웹 페이지와 같은 일부 화면에서는 가로로 스크롤할 수도 있다. 스크롤하기 위해 손가락을 드래그 하는 것은 화면의 어떤 것도 선택하거나 활성화하지 않는다.

(그림 5-11) 아이패드 화면 스크롤하기

빠르게 스크롤하려면 빠르게 쓸어 넘긴다. 스크롤이 멈출 때 까지 기다리거나 스크린의 아무 곳이나 터치하면 즉시 멈출 수 있다. 페이지의 상단으로 빨리 이동하려면 화면 상단에서 상태 막대를 터치한다.

라. 목록

목록에 따라 항목을 선택할 때 각기 다른 작업이 실행될 수 있다. 예를 들어 다른 목록이 열릴 수도 있고 노래가 재생되거나 이메일이 열리고 아니면 누군가의 연락 정보가 표시될 수도 있다.

1. 목록에서 원하는 항목을 선택하기 : 원하는 애플리케이션 아이콘을 터치한다. 일부 목록의 옆에는 인덱스가 있어 빨리 탐색하는데 도움이 된다.
2. 인덱스화 된 목록에서 항목 찾기 : 해당 문자로 시작하는 항목으로 이동하려면 해당 문자를 터치한다. 또는 인덱스를 따라 손가락을 드래그하면 목록을 빠르게 스크롤할 수 있다.
3. 이전 목록 또는 화면으로 돌아가기 : 왼쪽 상단에 있는 뒤로 버튼을 터치한다.

마. 확대 또는 축소하기

애플리케이션에 따라 크게 확대하거나 화면의 이미지를 줄이기 위해 축소할 수 있다. 예를 들어 사진, 웹 페이지, 메일 또는 지도를 볼 때 두 손가락을 오므려 축소하거나 넓게 벌려 확대할 수 있다. 사진 및 웹 페이지의 경우 두 번 연속으로 빠르게 터치하거나 확대한 다음 다시 두 번 터치해서 축소할 수도 있다. 지도의 경우, 확대하려면 두 번 연속으로 터치하고, 축소하려면 두 손가락으로 한 번만 터치한다.

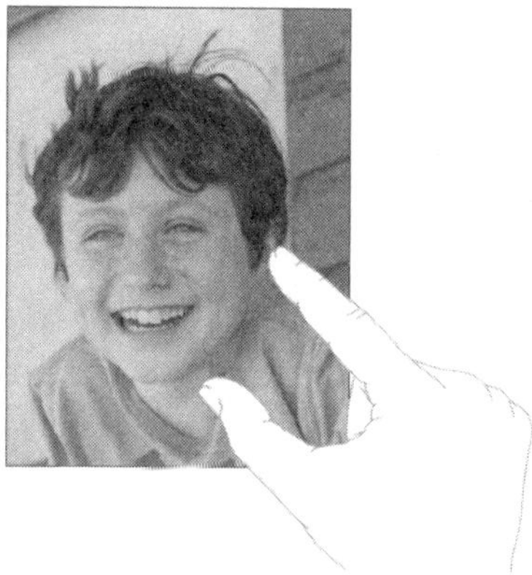

(그림 5-12) 그림 확대하기

확대/축소도 손 쉬운 사용 기능 중 하나이며 사용하는 모든 애플리케이션의 전체 화면을 확대하여 화면을 쉽게 볼 수 있게 해준다.

바. 멀티태스킹 동작

아이패드에서 멀티태스킹 동작을 사용하여 홈 화면으로 돌아가거나 멀티태스킹 막대를 표시하거나 다른 애플리케이션으로 전환할 수 있다.

1. 홈 화면으로 돌아가기 : 네 손가락 또는 다섯 손가락을 모은다.
2. 멀티태스킹 막대 표시하기 : 네 손가락 또는 다섯 손가락으로 쓸어 넘긴다.
3. 응용 프로그램 전환하기 : 네 손가락 또는 다섯 손가락으로 왼쪽이나 오른쪽으로 쓸어 넘긴다.
4. 멀티태스킹 동작 켜거나 끄기 : 설정 ⇨ 일반 ⇨ 멀티태스킹 동작으로 이동한다.

사. 가로 및 세로 화면 방향

여러 가지 아이패드 애플리케이션을 가로 또는 세로 화면 방향으로 볼 수 있다. 아이패드를 회전하면 화면도 회전되며 새로운 화면 방향에 맞게 조절된다.

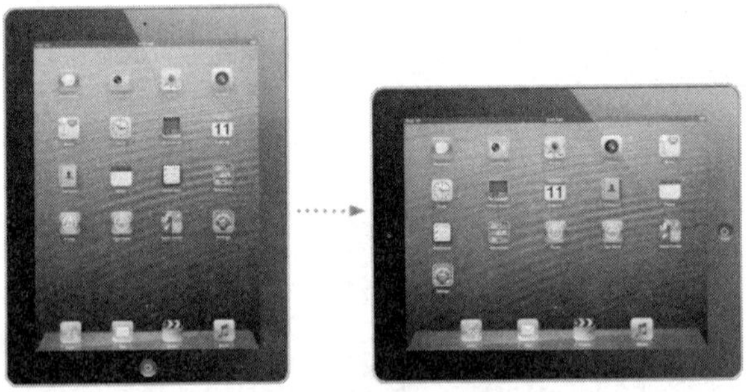

(그림 5-13) 아이패드의 화면방향 전환

• 화면 방향 고정하기 : 홈 버튼을 이중으로 누르고 왼쪽에서 오른쪽으로 멀티태스킹 막대를 쓸어 넘긴 다음 회전 화살표를 누른다. 화면 방향을 고정하면 회전 화살표 안에 열쇠 모양이 있는 그림이 표시된다. 또는 측면 스위치를 사용하여 사운드 효과 및 알림을 무음 처리하는 대신 화면 방향을 고정하도록 설정할 수도 있다. 설정 ⇨ 일반으로 이동한 다음 "측면 스위치 기능설정" 아래에서 회전 잠금을 누른다.

아. 화면 밝기 조절하기

화면의 밝기를 수동으로 조절하거나 자동 밝기를 켜서 내장 주변광 센서를 사용하여 아이패드의 밝기를 자동으로 조절할 수 있다.

1 화면 밝기 조절하기 : 홈 버튼을 이중으로 누르고 왼쪽에서 오른쪽으로 멀티태스킹 막대를 쓸어 넘긴 다음 밝기 슬라이더를 터치한다.

(그림 5-14) 화면 밝기 조절하기

2 자동 밝기 켜거나 끄기 : 설정 ⇨ 밝기 및 배경화면으로 이동한다.

자. 애플리케이션 재정렬하기

애플리케이션을 재정렬하고 화면 하단을 따라 잇는 Dock으로 애플리케이션을 이동하거나 다른 홈 화면을 생성하여 홈 화면을 사용자화 할 수 있다.

1 애플리케이션 재정렬하기 : 흔들릴 때까지 홈 화면의 아무 애플리케이션을 길게 터치한 다음 드래그하여 다른 곳으로 이동한다. 정렬을 저장하려면 홈 버튼을 누른다.

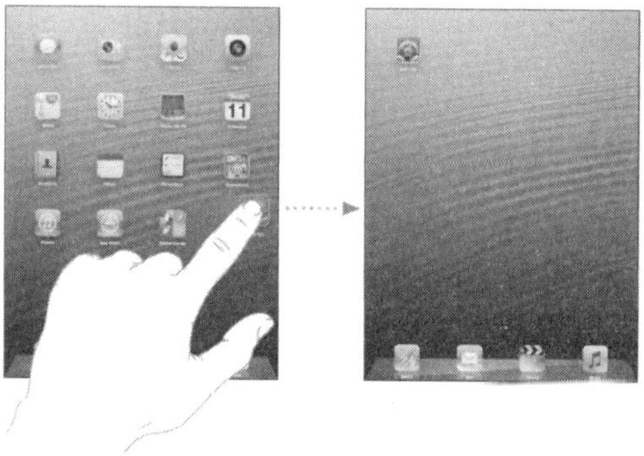

(그림 5-15) 애플리케이션 정렬하기

2 새로운 홈 화면 생성하기 : 애플리케이션을 정렬하는 동안 새로운 화면이 나타날 때까지 화면의 오른쪽 가장자리로 애플리케이션을 드래그한다.
아이패드는 최대 11개의 홈 화면을 생성할 수 있다. Dock 위의 점은 화면의 수와 현재 보고 있는 화면을 나타낸다.

3 홈 화면 전환하기 : 왼쪽이나 오른쪽으로 쓸어 넘기십시오.

4 첫 홈 화면으로 이동하기 : 홈 버튼을 누르십시오.

5 응용 프로그램을 다른 화면으로 이동하기: 응용 프로그램이 흔들리는 동안 응용 프로그램을 화면의 양 끝으로 드래그 한다.

6 iTunes를 사용하여 홈 화면 사용자화하기 : 아이패드를 컴퓨터에 연결하십시오. 컴퓨터의 iTunes에서 아이패드를 선택한 다음 응용 프로그램 버튼을 클릭하면 아이패드 홈 화면 이미지가 보인다.

7 원래 레이아웃으로 홈 화면 재설정하기 : 설정 ⇨ 일반 ⇨ 재설정을 선택하고 홈 화면 레이아웃 재설정을 터치한다. 홈 화면을 재설정하면 생성한 모든 폴더가 제거되며 기본 배경화면이 홈 화면에 적용된다.

차. 폴더로 구성하기

폴더를 사용하여 홈 화면의 애플리케이션을 구성할 수 있다. 애플리케이션처럼 홈 화면 또는 Dock으로 드래그 하여 폴더를 재정렬 한다.

1. **폴더 생성하기** : 홈 화면 아이콘이 흔들릴 때까지 애플리케이션 아이콘을 길게 누른 다음 해당 응용 프로그램을 다른 애플리케이션 아이콘으로 드래그 한다. 아이패드는 두 개의 애플리케이션을 포함하는 새로운 폴더를 생성하며 애플리케이션의 유형을 기반으로 하여 폴더 이름을 지정한다. 다른 이름을 입력하려면 이름 필드를 터치한다.
2. **폴더 열기** : 폴더를 살짝 누르십시오. 폴더를 닫으려면 폴더 밖을 살짝 누르거나 홈 버튼을 누르십시오.
3. **폴더로 구성하기** : 응용 프로그램을 정렬하는 동안(아이콘이 흔들리는 동안):
4. **응용 프로그램을 폴더에 추가하기** : 응용 프로그램을 폴더로 드래그 한다.
5. **폴더에서 응용 프로그램 제거하기** : 필요하다면 폴더를 연 다음 애플리케이션을 밖으로 드래그 한다.
6. **폴더 삭제하기** : 모든 애플리케이션을 폴더 밖으로 이동시킨다. 자동으로 폴더가 삭제된다.
7. **폴더 이름 변경하기** : 폴더를 터치하여 연 다음 이름을 터치하고 새로운 이름을 입력한다.
8. 완료되면 홈 버튼을 누른다.

5.4.1.3 Siri(시리)

Siri는 말로 동작을 지시할 수 있는 지능형 개인 비서의 역할을 수행하는 음성인식 서비스이다. Siri는 자연스러운 말을 이해하므로 특정한 명령어를 배우거나 키워드를 기억할 필요가 없다. 요청 방식에도 여러 가지가 있는데 예를 들어 "오전 여섯 시 반에 알람 설정해" 또는 "아침 여섯 시 반에 깨워줘"라고 말을 한다면 Siri는 둘 다 이해할 수 있다. 그리고 Siri는 자연스럽게 말하는 것만으로 메시지를 써서 보내고 약속 일정을 잡고 FaceTime 전화를 걸고 방향을 찾고 알림을 설정하고 웹을 검색하는 것은 물론, 그밖에 훨씬 다양한 동작을 수행 할 수 있도록 한다. Siri는 좀 더 정확해야 하거나 자세한 정보가 필요한 경우 질문을 한다. 그리고 연락처, 음악 보관함, 캘린더, 알림 등에서 정보를 사용하여 사용자가 무엇을 말하고 있는지 이해하기도 한다.

> 참고 Siri는 아이패드 3세대 이상에서 사용 가능하며 인터넷 연결이 필요하다. Siri는 일부 언어 또는 일부 지역에서만 사용할 수 있으며 기능은 지역에 따라 다를 수 있다. 3G 또는 4G 사용 시 데이터 요금이 적용 될 수 있다.

가. Siri 시작하기

1) Siri 시작하기

Siri가 나타날 때까지 홈 버튼을 길게 누른다. 아이패드를 설정할 때 Siri를 켜지 않은 경우 설정 ⇨ 일반 ⇨ Siri로 이동하면 된다.
두 번의 빠른 경고음이 들리며 화면에서 "무엇을 도와드릴까요?"가 보인다.

(그림 5-16) Siri 동작 화면

마이크 아이콘에 불이 들어오면 Siri가 사용자의 말을 듣고 있음을 알 수 있다. 일단 Siri와 대화를 시작한 후에 다시 말하려면 마이크 아이콘을 살짝 누른다. Siri는 대화가 중지될 때까지 기다리지만 마이크 아이콘을 살짝 눌러 Siri에게 말이 끝났음을 알릴 수도 있다. 주변에 소음이 심할 경우에는 이 방법이 유용하며 이렇게 하면 Siri는 사용자가 끊을 때까지 기다릴 필요가 없으므로 Siri와의 대화 속도도 빨라진다.
말이 끝나면 Siri는 들은 내용을 표시하고 응답한다. Siri는 유용한 관련정보를 종종 포함시킨다. 이 정보가 애플리케이션과 관련되어 있는 경우 (예를 들어 작성한 문자 메시지 또는 요청한 위치) 화면을 살짝 눌러 해당 애플리케이션을 열어 세부사항과 그 밖의 동작을 볼 수 있다.

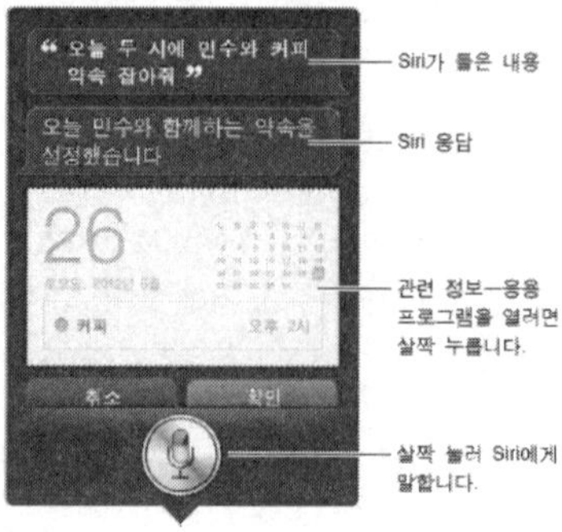

(그림 5-17) Siri가 표현하는 정보 및 사용법

Siri는 요청을 완료하기 위해 명확하게 물어볼 수도 있다. 예를 들어 Siri에게 "엄마에게 전화하라고 미리 알려줘"라고 말하면 Siri는 "몇시에 알려드릴까요?" 라고 물어볼 수 있다.

2) 요청 취소하기

"취소"라고 말하고 마이크버튼을 터치하거나 홈 버튼을 누른다.

나. Siri 화면 설명서

Siri는 화면에 바로 말할 수 있는 예제를 보여준다. Siri가 처음 나타나면 Siri에게 "너는 뭘 할 수 있니"라고 물어보거나 ❶을 터치한다. Siri는 예제 목록과 함께 지원하는 애플리케이션 목록을 표시한다. 더 많은 예제를 보려면 목록에서 항목을 터치한다.

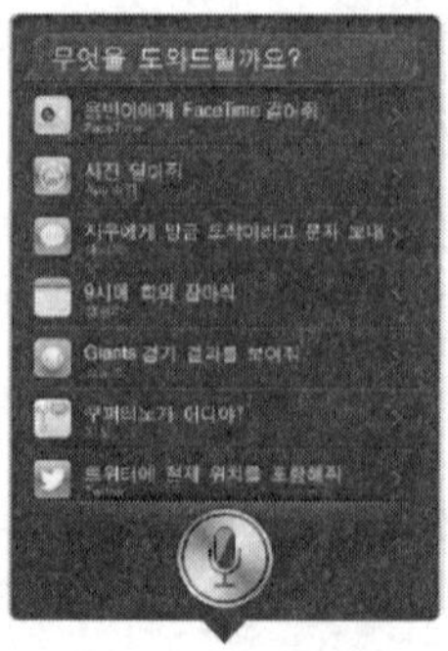

(그림 5-18) 시리가 지원하는 애플리케이션 목록

5.4.2 iPad mini(아이패드 미니)

아이패드 미니는 9.7인치 화면의 아이패드를 7.9인치 화면으로 줄여 놓은 제품으로써 제품의 크기 및 무게, 두께, 그리고 가격을 축소시켜서 출시 된 제품이다.

2012년 11월 제품 발표 당시에 스티븐 잡스의 뒤를 이은 애플의 CEO인 팀 쿡이 발표를 했으며 발표 당시에 깜짝 소개가 되었던 아이패드 4세대보다 더욱 주목을 받은 제품이기도 하다.

아이패드 미니의 사용법은 기존의 아이패드랑 똑같기 때문에 기존에 아이패드를 사용하던 사용자들은 별 어려움 없이 사용할 수 있다.

아이패드 미니의 특징은 기존 아이패드보다 양 옆의 베젤의 크기를 줄여서 한손으로도 사용이 가능하도록 휴대성을 높였다는 것이다[9].

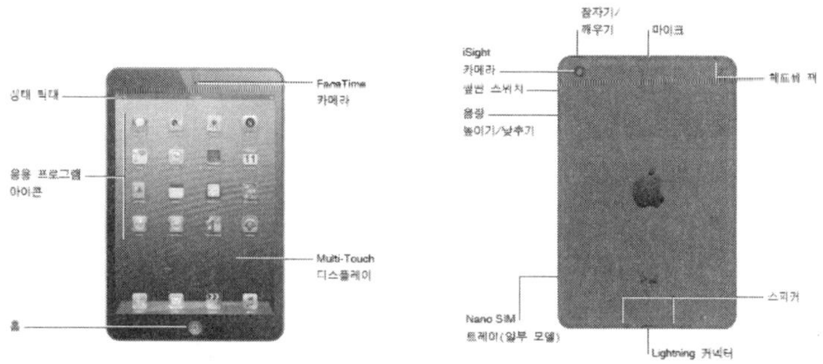

(그림 5-19) iPad mini (아이패드 미니)

아이패드 미니의 사양은 아이패드2와 크게 다르지 않다.

〈표 5-2〉 아이패드 미니 사양

구분	iPad mini		
OS	• iOS 6.01	프로세서	• 듀얼코어 A5 프로세서
화면크기	• 7.9인치	해상도	• 1024×768
디스플레이	• LCD 디스플레이 (IPS 7.9인치 LED 백라이트)	이동 통신 및 무선 네트워크	• Wi-Fi 사용가능 • LTE 사용 가능 (Cellular 모델)
블루투스	• 블루투스 4.0	저장용량	• 16GB, 32GB, 64GB
커넥터	• Lightning 커넥터	커넥터	• 30Pin 커넥터
카메라	• 전면 : 120만 화소 • 후면 : 500만 화소	동영상 촬영	• 1080p HD 동영상 촬영
배터리	• Wi-Fi상의 웹서핑 10시간 사용 가능 • Cellular 상의 웹서핑 9시간 사용 가능	Siri 지원	○
크기	• 세로 : 200mm • 가로 : 134.7mm • 두께 : 7.2mm	무게	• Wi-Fi : 308g • Wi-Fi + Cellular : 312g
출시시기	• 2012년 11월		

휴대성을 높인 아이패드 미니에 대해서 국내 사용자들의 대부분이 좋은 반응을 보였지만 두 가지의 단점으로 꼽은 것 중에서 첫 번째로는 이미 국내에서 아이패드 3세대 때 사용자들이 경험했던 레티나 디스플레이(Retina Display)가 장착이 되질 않아 해상도의 차이가 난다는 것을 가장 큰 단점으로 뽑았다. 하지만 일부 사용자들은 아이패드 2보다 화면 크기가 줄어들어서 화면이 더욱 촘촘하게 느껴지기 때문에 아이패드 2와 동일한 사양의 아이패드 미니지만 큰 불편함은 없다는 의견을 내놓기도 하였다.
두 번째의 단점으로서는 아이패드 미니가 출시되기 전에 '200달러 후반의 아이패드 제품을 애플에서 내놓을 것이다.' 라는 예상을 뒤엎고 가격이 329달러(16G Wi-Fi 기준)라는 것이다. 현재 킨들 파이어는 199달러라는 아주 저렴한 가격으로 소비자들에게 인기가 높은 Android OS 태블릿 PC이다. 하지만 아이패드 미니의 가격이 높게 측정되었기 때문에 가격 경쟁력부터 밀린다는 소릴 들었으며 어느 인터넷 사이트에서는 아이패드 mini의 64GB 모델 가격으로 킨들 파이어 3대를 살 수 있다는 소리까지 들어야만 했다.

5.4.3 갤럭시 노트 10.1

(그림 5-20) 갤럭시 노트 10.1

삼성 갤럭시 노트 10.1(Samsung Galaxy Note 10.1)은 삼성전자가 2012년 2월에 최초 발표하여 여러 성능 및 디자인 수정을 거쳐 2012년 7월에 한국에서 기업을 대상으로 먼저 판매를 한 다음, 2012년 8월 6일에 정식으로 출시한 안드로이드 태블릿 PC이다[10].

액정은 10.1인치의 WXGA PLS 디스플레이를 사용하고 있으며 운영체제는 안드로이드 4.1 젤리빈(LTE+WiFi용)과 안드로이드 4.0 아이스크림 샌드위치(WiFi용)을 사용하고 있다. 또한 LTE+WiFi용은 외장 메모리를 지원하지 않으며 WiFi용은 외장메모리를 최대 64G까지 지원하며, 멀티태스킹이 가능하다. 하드웨어 사양은 다음과 같다.

- 모델명 : SHV-E2305/K/L
- 크기 : 262×180×8.9(mm)
- 무게 : SKT/KT/LG U+ : 600(g)
- CPU : 14.GHz Quad-Core(Exynos4412)
- 디스플레이 : 255.8mm WXGA PLS
- 메모리 : 2GB(RAM) + 16GB
- 외장 메모리 슬롯 : Micro SD
- OS : Android 4.1(jelly Bean)
- 카메라 : 500만화소(전면 190만 화소)
- Connectivity : BT 4.0(LE), WiFi a/b/g/n(2.4& 5GHz), Ch, bonding
- 배터리 : 7,000mAh
- 색상 : 화이트
- 통화 : 음성, 영상통화

(그림 5-21) 갤럭시 노트 10.1 LTE+WiFi 제품 사양

- 모델명 : SHV-E2305/K/W
- 크기 : 262×180×8.9(mm)
- 무게 : SKT/KT/LG U+ : 597(g)
- CPU : 14.GHz Quad-Core(Exynos4412)
- 디스플레이 : 255.8mm WXGA PLS
- 메모리 : 2GB(RAM) + 16GB
- 외장 메모리 슬롯 : Micro SD(최대 64GB)
- OS : Android 4.0(Ice Cream Sandwich)
- 카메라 : 500만화소(전면 190만 화소)
- Connectivity : BT 4.0(LE), WiFi a/b/g/n(2.4& 5GHz), Ch, bonding
- 배터리 : 7,000mAh
- 색상 : 화이트
- 통화 : 음성, 영상통화

(그림 5-22) 갤럭시 노트 10.1 WiFi 제품 사양

5.4.3.1 갤럭시 노트 10.1의 특징

갤럭시 노트 10.1은 기존에 출시되었던 갤럭시 노트의 특징을 그대로 태블릿 PC로 옮겨왔다. 갤럭시 노트는 256단계의 필압 인식이 가능한 S펜이 특징이었지만 갤럭시 노트 10.1에서는 1,024단계의 압력을 인지하며 즐겨 쓰는 펜 모드 저장 및 Picker기능 등으로 원하는 이미지 속 컬러 추출이 가능해졌으며 6.5mm의 고무 펜촉 및 플라스틱 펜촉의 교체가 가능해졌다. 그리고 S펜을 쥐고 있는 손바닥이 화면에 닿아도 S펜 우선 인식기능으로 편하게 그림을 그리거나 필기가 가능하다. 이 외에도 다양한 S펜을 이용한 여러 가지 작업들이 가능해졌으며 다양한 어플들도 나오고 있다.

가. 단말기 조작법

기본적으로 갤럭시 노트 10.1은 각 버튼을사용하여 조작하거나 화면을 터치&드래그하거나 S펜을 이용하여 기능을 실행 시킬 수 있다.

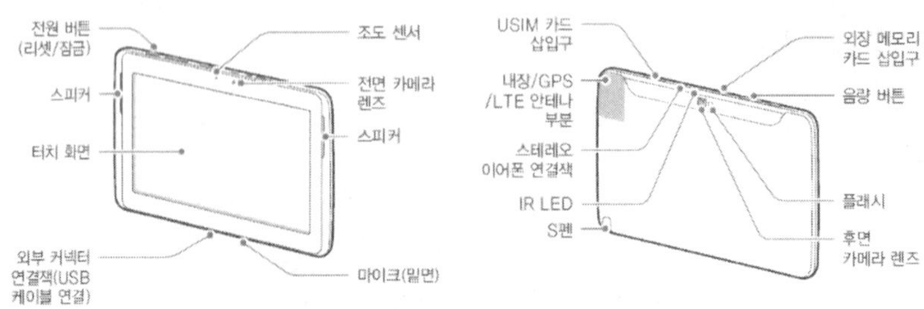

(그림 5-23) 갤럭시 노트 10.1의 하드웨어 기능

〈표 5-3〉 갤럭시 노트 10.1의 버튼별 기능

버튼/표기		기능
	전원 버튼	• 길게 누르면 전원이 켜지거나 꺼집니다. • 8초 이상 길게 누르면 리셋이 실행됩니다. • 짧게 누르년 화면 조명이 켜지거나 꺼집니다(화면 조명이 꺼지면 제품이 잠금 상태로 전환됩니다.
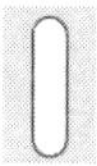	음량 버튼	소리 크기를 조절합니다.
	취소 버튼	누르면 이전 화면으로 이동합니다.
	홈 버튼	짧게 누르면 홈 화면이 실행됩니다.
	최근 실행 창 버튼	최근 사용한 애플리케이션을 확인 및 재실행할 수 있습니다.
	캡퍼 버튼	• 짧게 누르면 실행 화면을 캡처한 후 저장합니다. • 길게 누르면 실행 화면을 캡처한 후 편집 화면으로 전환합니다.

〈표 5-4〉 S펜의 명칭 및 기능

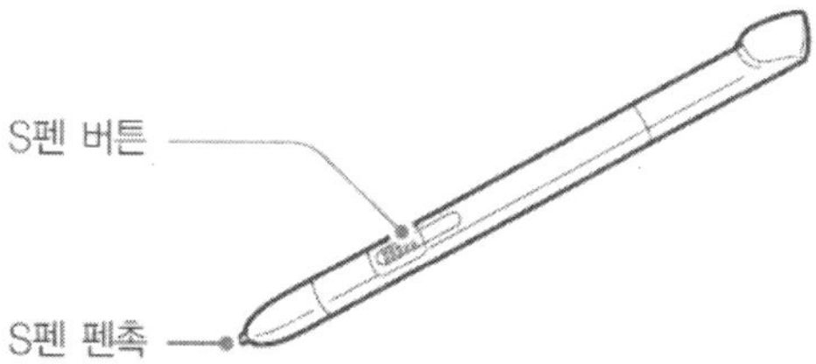

명칭	기능
S펜 펜촉	S펜의 기본적인 동작을을 수행합니다.
S펜 버튼	S펜의 다양하고 편리한 동작들을 수행합니다.

나. S펜 활용하기

갤럭시 노트 10.1에 내장되어 있는 S펜으로 터치, 드래그 등 모든 터치 동작을 실행할 수 있다. S펜의 버튼을 누른 상태로 특정 동작을 실행하면 캡처, 취소, 연결 메뉴 실행 등 숨은 기능을 편리하게 이용할 수 있다.

아래의 (그림 5-24)와 같이 S펜을 분리한 후 원하는 기능을 이용하면 된다.

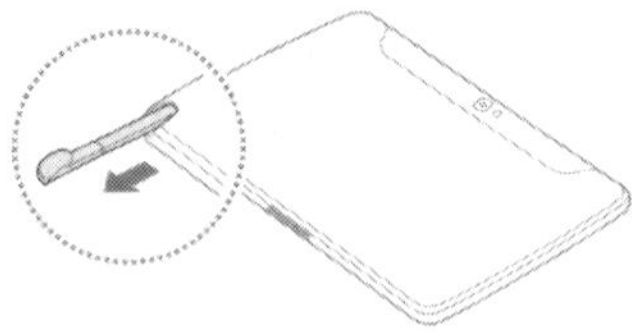

(그림 5-24) 갤럭시 노트 10.1의 S펜 분리

S펜의 버튼을 누른 상태에서 화면에 ^ 모양을 그리면 현재 화면에서 이용할 수 있는 연결 메뉴가 화면 상단에 나타난다.

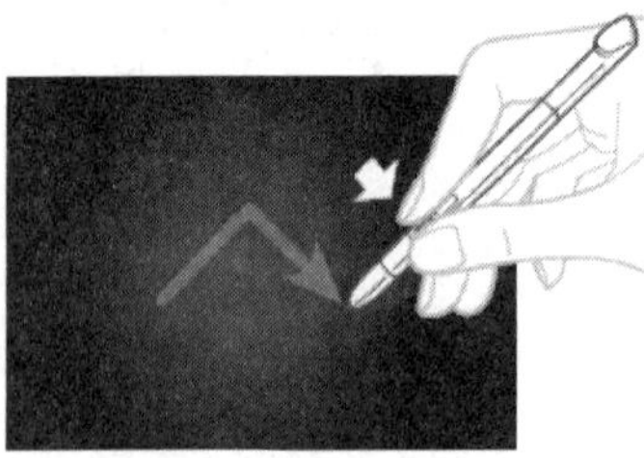

(그림 5-25) 연결 메뉴 실행

그리고 S펜의 버튼을 누른 상태에서 화면에 <모양을 그리면 바로 이전에 실행한 화면을 다시 실행할 수 있다.

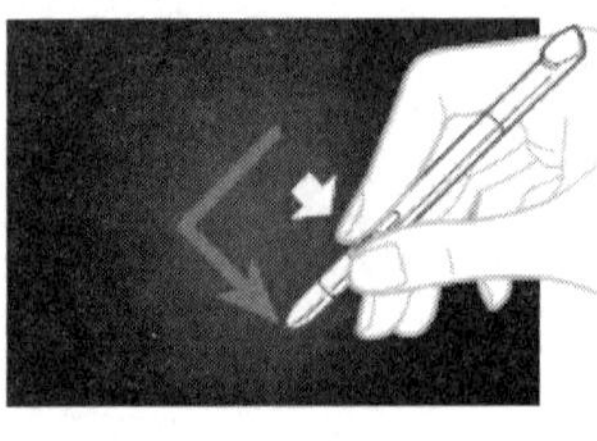

(그림 5-26) 이전 화면 재실행

S펜을 이용해서 화면을 캡처하려면 S펜의 버튼을 누른 상태에서 찰칵 소리가 날 때까지 S펜으로 화면을 길게 누르면 현재 화면이 캡처된다. 상단에 나타나는 툴바를 이용해서 캡처한 화면을 편집할 수 있다.

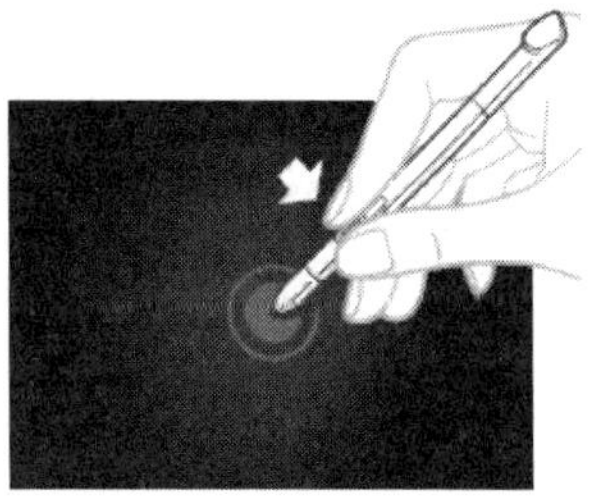

(그림 5-27) 화면 캡처 실행하기

S펜의 버튼을 누른 상태에서 S펜으로 화면을 두 번 누르면 간단히 메모를 입력할 수 있는 S노트가 실행된다.

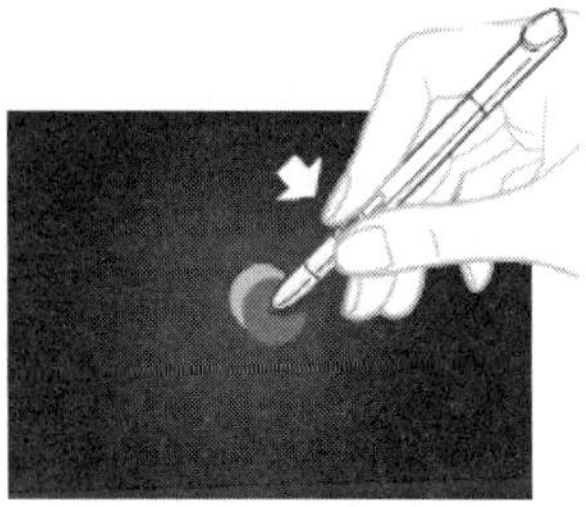

(그림 5-28) S노트 실행하기

S펜의 버튼을 누른 상태에서 S펜을 화면 위쪽으로 드래그하면 빠른 명령을 실행할 수 있다.

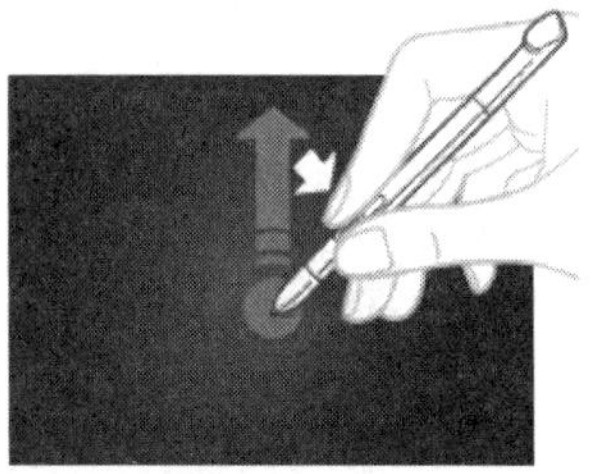

(그림 5-29) 빠른 명령 실행하기

S펜의 버튼을 누른 상태에서 S펜으로 화면에서 원하는 이미지의 영역을 그리면 해당 이미지가 복사된다. 복사된 이미지는 다양한 애플리케이션에서 활용할 수 있다.

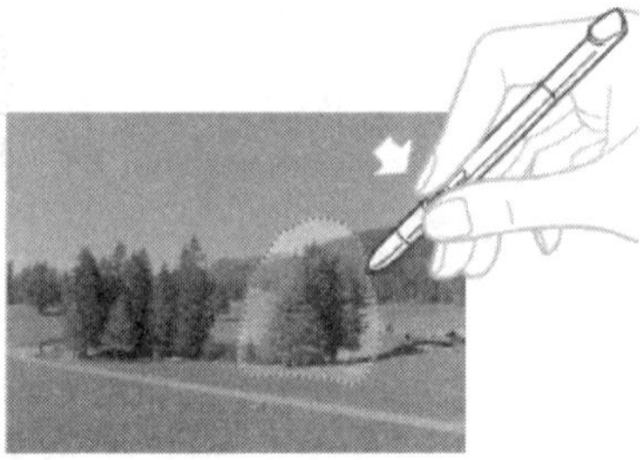

(그림 5-30) 선택 영역 복사하기

그리고 갤럭시 노트 10.1에서 S펜을 분리하면 제품이 이를 감지하여 단축메뉴 툴바가 자동으로 실행된다. 펜을 분리했을 때 실행되는 기능을 변경하려면 앱스 화면에서 '환경설정 ⇨ S펜 ⇨ 펜 분리 후 옵션'을 선택해 원하는 기능을 선택한다.
S펜 에어뷰를 이용하려면 S펜이 터치 화면 가까이에 위치하면 화면에 포인터가 나타난다. 파일, 선택 항목 등으로 포인터를 움직여 내용을 보거나 팝업 창에서 해당하는 정보를 확인할 수 있다. 포인터를 화면의 가장자리(상하좌우)로 움직이면 패널이나 목록을 스크롤 할 수 있다.

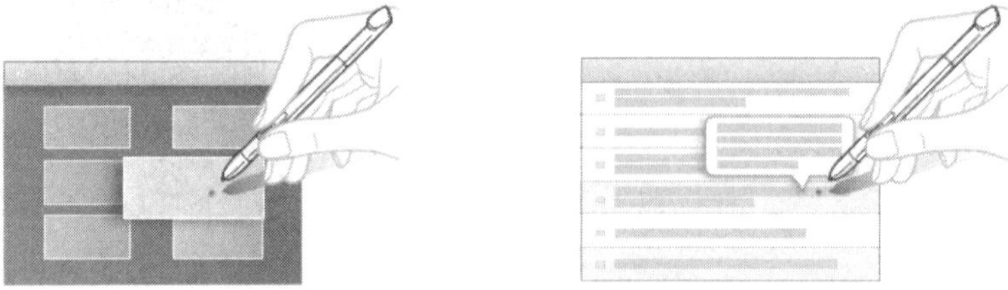

(그림 5-31) S펜 에어뷰 사용하기

빠른 명령 화면을 실행하여 전화를 걸고 메시지를 보내거나, 콘텐츠를 검색할 수 있다. S펜의 버튼을 누른 상태에서 S펜을 화면 위쪽으로 드래그하면 빠른 명령이 실행된다. 제스처 명령을 추가하고 싶으면 '환경설정 ⇨ 명령 추가 ⇨ 애플리케이션 선택' 또는 '기능 선택'을 선택한다. 원하는 애플리케이션이나 기능을 선택하고 옵션을 선택할 수 있다. 새로운 제스처 명령을 그린 후 완료를 누르면 된다. 제스처 명령을 사용하고 싶으면 빠른 명령 화면에 설정한 제스처를 그려서 애플리케이션이나 기능을 실행한다. 좀 더 세부적인 기능을 사용하려면 제스처를 그린 후 이름이나 전화번호 등의 키워드를 그린다. 예를 들어 @제스처를 그리면 이메일이 실행되며, @을 그린 후 수신인의 이름을 추가하면 입력한 수신인에게 바로 이메일을 작성할 수 있다[11].

5.5 넥서스 7(Nexus 7)

(그림 5-32) 구글 넥서스 7

넥서스 7은 구글과 ASUS(에이수스)에서 설계하고 ASUS(에이수스)에서 제조하는 구글의 넥서스 시리즈의 첫 번째 안드로이드 태블릿 PC로, 출시 당시 안드로이드의 최신 버전인 4.1 젤리빈을 탑재하였으며, nVidia(엔비디아)의 차세대 쿼드코어 AP인 Tegra3(테그라3)를 탑재하였다. 원가 절감을 위해 후면 카메라 미지원, SD카드 미지원 등의 다른 태블릿에는 있는 기능을 몇 가지 빼기도 하였다. 2012 구글 개발자 대회에서 공개되었으며, 8GB버전은 $199, 16GB 버전은 $249의 초저가로 출시하기로 하였다. 2012년 10월 29일에는 32GB 버전과 3G 모델이 안드로이드 이벤트에서 공개될 예정이었으나, 허리케인 샌디로 인하여 행사가 취소되고, 구글 공식블로그를 통해 공개되었으며 11월 13일 32GB버전과 3G 모델이 출시되었다. 넥서스 7의 자세한 사양한 아래의 그림에 나와 있다[12]. 현재 7인치 대의 모델인 넥서스 7 외에 10인치 대의 모델은 넥서스 10이 출시되어 있으며 국내 기업인 삼성전자와 함께 만든 제품이다.

〈표 5-5〉 넥서스 7의 하드웨어 사양

Nexus 7 사양
7" 1280×800HD 디스플레이
스크래치 방치 Corning®사
1.2MP 전면 카메라
NFC(Android Bean)
볼륨컨트롤
스피커
소프트웨어 키

화면	• 7" 1280×800HD 디스플레이(216ppi) • 백라이트 IPS 디스플레이	• 스크래치 방치 Corning®사 유리 • 120만 화소 전면 카메라
배터리	• 4325mAh • 9시간의 HD 동영상 재생 • 10시간의 웹 검색	• 10시간의 e-book 읽기 • 300시간 대기
USB	• 마이크로 USB	
OS	• Android4.1(Jelly Bean)	
무게	• 340그램	
CPU	• 쿼드코어 Tegra 3 프로세서	
기능	• 마이크 • NFC(Android Bean) • 가속도계	• GPS • 자기계 • 자이로스코프
메모리	• 8GB 또는 16GB의 내부 저장공간(실제 포맷된 용량은 더 적음) • 1GB RM	
크기	• 198.5×120×10.45mm	
무선	• Wi-Fi 802.11b/g/n	• 블루투스

(그림 5-33) 구글 넥서스 10

5.6 킨들 파이어(Kindle Fire)

킨들 파이어(Kindle Fire)는 아마존닷컴의 전자책 단말기인 킨들의 미니 태블릿 PC 버전이다. 2011년 9월 28일 킨들 파이어가 IPS 패널을 사용한 컬러 7인치 멀티터치 디스플레이와 구글 안드로이드 운영 체제의 포크 버전을 탑재했다고 공개되었다. 아마존 앱 스토어와 영화 및 TV 스트리밍, 킨들 전자책 기능을 포함한 이 기기는 2011년 11월 15일 미국 소비자를 대상으로 발매되었으며 미국을 제외한 국가에서는 판매되지 않았다. 출시 당시 가격은 199달러였다. 당시 분석가들은 애플의 아이패드에게 있어서 강력한 경쟁 제품이 될 것이라고 예상했었다. 킨들 파이어의 크기는 세로 190 가로 120 두께 11.4mm이며 실제 화면 크기는 세로 150mm, 가로 89mm이다[13].

또한 아마존은 2012년 미국 로스앤젤레스에서 열린 미디어 행사에서 1280×800 해상도의 7인치 킨들 파이어 HD, 1920×1200 해상도의 킨들 파이어 8.9 HD WiFi 버전과 LTE 버전, 5세대에 접어든 킨들 페이퍼화이트 WiFi와 3G 버전 등을 선보였다.

킨들 파이어 HD는 2011년도에 출시된 제품과 동일한 7인치, 8.9인치로 나뉘어 소개됐다. 두 가지 디스플레이 모드 HD급인데 그 중 8.9인치 제품은 매월 250MB LTE 데이터를 1년에 49.99달러에 쓸 수 있는 LTE 버전과 WiFi 버전으로 나뉘었다. 가격은 7인지 킨들 파이어 HD는 199달러, 8.9인치 킨들 파이어 HD는 299달러, LTE 버전은 499달러로 구성됐다. 아마존은 자사의 클라우드 스토리지 20GB를 무료로 제공하기로 했다. 아마존이 서비스하는 전자책, 음악, 영화 등은 용량 제한 없이 저장할 수 있게 하고 말이다.

킨들 파이어HD LTE는 애플 아이패드와 같은 가격, 499달러에 나왔다는 점에서 주목할 만하다. 8.9인치 HD급 화면과 아마존, LTE라는 키워드가 애플 아이패드와 정면에서 맞서는 셈이다.

킨들 페이퍼화이트는 이를테면 빛나는 전자책 단말기다. 제프베조스 아마존 CEO는 "페이퍼화이트는 우리가 항상 만들기 원한 킨들로, 이 정도의 대비, 밝기, 배터리 지속시간을 갖춘 디스플레이를 만드는 기술은 존재하지 않았다"라며 "우리의 기술자가 만들어냈다"라고 자신감을 드러냈다. 화려한 색채를 자랑하는 LCD 태블릿PC가 인기를 끌며, e잉크 전자책 단말기는 다소 옛스럽고 고루해진 듯했지만, 아마존은 손을 놓지 않았단 것이다.

킨들 페이퍼화이트는 6인치 e잉크 전자책 단말기로, 이전 제품보다 픽셀이 62% 더 증가했고 흑백 반전이 25% 개선됐다. 화면 밝기 조절이 가능하고 최장 8주까지 배터리가 지속된다. 홈 단추조차 없이 모든 기능이 스크린 위에서 작동한다. 이 제품은 최저 119달러에 판매되는데 와이파이를 지원하고미리보기 화면에 광고가 들어가는 스페셜오퍼 버전이다. 광고가 포함되지 않은 제품은 139달러에 판매된다. 한 번 구매하면 3G 데이터를 무료로 제공하는 제품은 179달러에 나왔다[14].

(그림 5-34) 킨들 파이어 HD 8.9(좌)와 킨들 페이퍼화이트(우)

5.7 | 애플 앱 스토어

앱 스토어(App Store)란 애플리케이션 스토어의 약자로 애플리케이션을 판매하는 장터를 말한다. 앱 스토어란 이름은 2008년 7월 11일 애플이 아이폰 3G를 출시하면서 아이폰, 아이팟용 응용 프로그램을 설치할 수 있도록 만든 장터에 처음 사용되었다. 예전에는 기기에 맞는 애플리케이션을 전문가들이 제작하여 공급했었지만 앱 스토어 출시 이후 개인이 제작해서 애플리케이션을 공급할 수 있게 되었고 사용자도 자신에 맞는 애플리케이션을 선택할 수 있는 폭도 다양해 졌다. 애플은 개인이 애플리케이션을 공급하고 사용하는 생태계를 구축한 것이다. 이러한 생태계가 획기적인 성공을 이루자 구글은 구글 플레이, 삼성의 삼성 APPS, 마이크로소프트사의 마켓 플레이스 등 많은 업체에서 애플리케이션 장터들이 생겨나기 시작했다.

(그림 5-35) iOS용 앱 스토어(좌), 맥/PC용 앱 스토어 (우)

애플의 앱 스토어는 모바일용(iOS 운영 체제)과 맥/PC용으로 구분된다. (이외에 맥용 Mac App Store가 있는데, 이는 맥 데스크 탑에서 사용할 수 있는 여러 가지 소프트웨어를 구매할 수 있는 또 다른 앱 스토어다.) 모바일용 앱 스토어는 애플리케이션마다 기기별 지원 유무에 차이가 있지만 아이팟, 아이팟 터치, 아이폰, 아이패드 모두 이용이 가능하고, 맥/PC용은 [iTunes] 프로그램 설치 후, [iTunes Store] 내의 [App Store] 메뉴를 통해 이용할 수 있다. 그렇다면, 모바일용 앱 스토어를 중심으로, 앱 스토어를 사용하는 방법에 대해 살펴보자.

5.7.1 애플 계정 신청하는 법

앱 스토어를 이용하려면 우선 애플 계정이 필요하다. 앱 스토어가 국가 별로 운영되고 있기 때문에, 애플 계정 역시 국가 별로 관리되고 있다. 한국의 앱 스토어에서 만든 계정은, 한국 앱 스토어의 애플리케이션만 구매할 수 있고, 미국이나 홍콩의 앱 스토어를 이용하기 위해서는 별도의 애플 계정을 생성해야 한다. 타 국가의 애플 계정을 만들어 애플리케이션을 구매하는 방법은 국내에도 많이 알려져 있고, 실제로도 많이 사용되고 있다. 하지만, 애플에서 권장하는 바는 아니라는 점은 알아두면 좋겠다.

애플 계정은, 아이폰 또는 아이패드에서 [설정]-[Store]를 누른 다음 [로그인] 버튼을 누르고 [새로운 Apple ID 생성] 버튼을 눌러 신청할 수 있다. 이 방법을 이용할 경우 앱 구매 결제로 사용할 신용카드를 등록해야 신청이 가능하다. 만일 신용카드 없이 계정을 신청하려면 [App Store]를 먼저 실행한 후 무료 앱 구매를 실행한다. [로그인] 창에서 [새로운 Apple ID 생성] 버튼을 눌러 계정을 신청하면 신용카드 없이 계정 신청이 가능하다. 맥/PC

에 설치한 [iTunes]를 이용하여 계정을 신청하려면 [Store]-[계정 생성] 메뉴를 실행하여 계정을 신청할 수 있다.

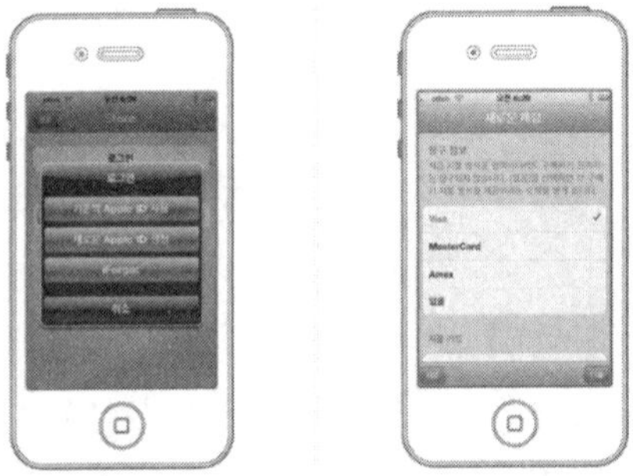

(그림 5-36) 애플 계정관련 화면(좌), 신용카드 정보 입력(우)

5.7.2 앱 검색/탐색하는 법

모바일의 디바이스를 통해 [App Store]를 실행해보자. [App Store]에는 이용자들이 쉽고 편리하게 앱을 찾아보고 구매할 수 있도록, 여러 가지 기능을 제공하고 있다. 페이지 하단에 위치해 있는 [추천], [카테고리], [인기25], [검색] 메뉴 탭을 이용하여 다양한 방법을 앱을 검색할 수 있고 [업데이트]을 이용하여 업데이트 실행과 구매한 앱을 관리할 수 있다. 여기서는 주요 탭이 어떤 기능을 하는지 살펴보도록 하겠다.

5.7.2.1 추천

[추천] 탭은 전문가들이 선별한 우수한 앱들을 소개하는 메뉴이다. [추천] 페이지는 또 3개의 상단 탭으로 분류되어 있다. [신규]에는 새로운 나온 우수한 앱을 소개하는 페이지이고 [What's Hot]에는 현재 인기를 끌고 있는 앱을 소개한다. [Genius]는 애플에서 제공하는 인공지능 기능으로 사용자에게 맞는 자료를 찾아주는 역할을 한다. [App Store]의 [Genius]는 사용자가 그동안 구매했던 앱 성행을 분석하여 관련된 앱들을 선별해주는 기능을 한다. 만일 그림 그리기 관련 앱을 주로 설치한 사용자라면 [Genius]는 그림 관련 앱들을 골라서 추천해 줄 것이다.

5.7.2.2 카테고리

[카테고리] 탭은 앱들을 종류별로 분류해놓은 메뉴이다. 만일 여행 관련 앱들을 보고 싶을 경우 [카테고리]에서 [여행] 메뉴를 열면 여행 관련 앱들만 볼 수 있다.이와 같이 특정 앱 검색보다는 종류별로 관련된 앱들을 찾아볼 때 유용하게 사용할 수 있는 탐색 기능이다.

5.7.2.3 인기 25

[인기 25]는 현재 다운로드 수가 높은 앱들을 인기 순으로 알려주는 메뉴로 가장 많은 사용자들이 이용하는 메뉴이다. 유료와 무료로 분류해서 볼 수 있고 25개씩 나누어서 열어 볼 수 있다. [최고 매출] 탭을 누르면 판매 수익이 높은 유료 앱 이거나 무료이지만 앱을 사용하면서 결제가 있는 매출 높은 앱들이 찾아 볼 수 있다.

5.7.2.4 검색

[검색]은 검색창에 찾고 싶은 앱 이름을 입력해서 관련 앱을 찾아주는 메뉴이다. 앱 이름의 일부만 입력해도 관련된 앱 목록이 나타나므로 이름을 잘 알지 못해도 앱 검색을 할 수 있다. 화면 상단에 검색창이 항상 표시되는 아이패드에는 [검색] 메뉴가 따로 없다.

5.7.2.5 업데이트

[업데이트] 탭에는 설치한 앱 중에서 업데이트가 필요한 앱 목록을 알려주고 업데이트를 실행할 수 있도록 해준다. 상단의 [모두 업데이트] 버튼을 누르면 업데이트가 필요한 앱을 한 번에 설치할 수 있다. 업데이트할 때 주의할 점은 현재 로그인된 애플 계정으로 구매된 앱만 업데이트할 수 있다는 점이다. 만일 다른 애플 계정으로 구매한 앱이 있는 경우 해당 앱 구매 시 사용했던 애플 계정을 입력하라는 창이 나타난다.

5.7.2.6 구입목록

[업데이트] 탭을 열면 상단에 [구입목록] 항목이 있다. 이곳에는 그동안 구매했던 앱 목록이 모두 나타난다. 삭제했던 앱들도 나타나며 아이콘을 눌러 재설치를 할 수 있다. 유료 앱도 이미 구매했던 앱은 무료로 재설치가 가능하다. 그러므로 기기의 저장 공간이 부족할 경우

사용하지 않은 앱들은 마음 놓고 삭제해도 된다. 단, 해당 앱으로 기록된 저장 파일 등은 복구되지 않으므로 유의해야 한다.

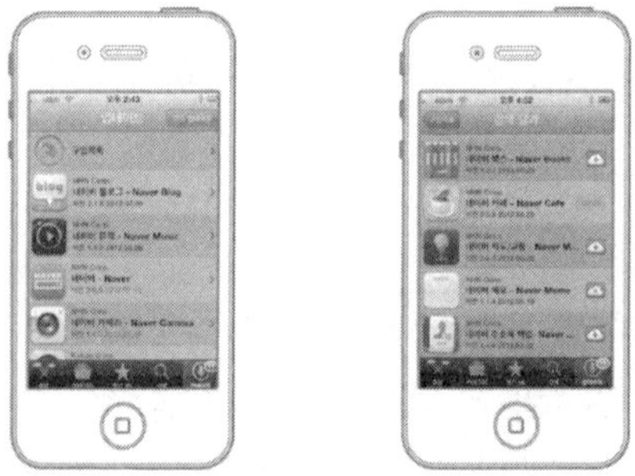

(그림 5-37) 업데이트 탭을 터치 할 때 화면 (좌), 구입목록을 터치할 때 화면 (우)

5.7.3 앱 구매 버튼 구분하는 법

[App Store]에서 앱 소개 페이지를 열면 앱 이름 밑에 파란색 구매 버튼이 표시된다. [무료] 또는 금액이 적혀 있는 버튼을 눌러 앱을 설치할 수 있다. 무료 또는 금액 정보 이외에 앱 설치 상황에 따른 정보가 표시되는 경우도 있다. 이미 설치되어 있는 앱일 경우 [설치됨]이라고 표시되고, 업데이트가 필요한 앱은 [업데이트]라고 표시되며 구매한 후 삭제하여 현재 기기에 없는 경우 [설치]라고 표시된다. 이 경우 유료 앱도 무료로 재설치가 가능하다. 어떤 앱은 구매 버튼 옆에 '+' 모양의 아이콘이 표시되는 경우가 있는데 이 버튼은 유니버설 버전을 의미하는 아이콘으로 아이폰과 아이패드의 화면 크기에 맞게 모두 지원한다는 말이다. 앱의 상태를 알려주는 정보는 앱 목록에도 표시된다. 앱 설치 상황에 따른 정보 표시는 앱 목록에도 표시되어 있으므로 앱을 구매하기 전에 설치 유무를 확인할 수 있다.

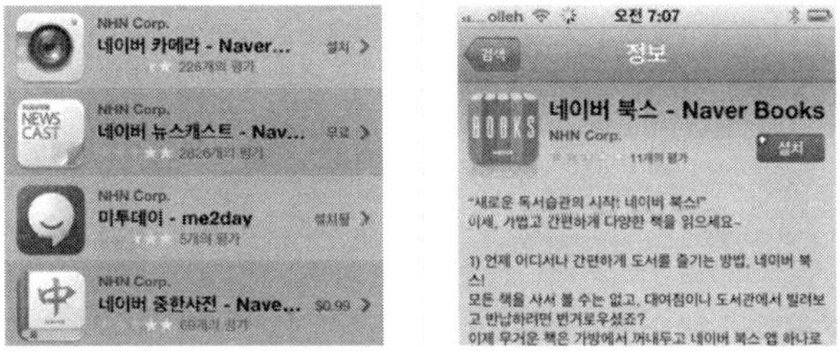

(그림 5-38) 앱 목록에 표시되는 앱 설치 정보 (좌), 유니버설 버전이고 이미 설치한 적이 있는 앱 (우)

5.7.4 앱 결제 및 환불 처리하는 법

앱 스토어에서 앱 구매는 일반적으로 신용카드를 이용하여 결제가 이루어진다. 애플 계정을 신청한 후 처음 앱을 구매할 때 애플 계정에 등록한 신용카드가 정상적으로 동작하는지 확인하기 위해서 1달러 비용이 한 번 자동 청구된다. 이 비용은 확인용 청구 비용으로 나중에 환급된다. 이후에 구매한 구매 내역은 애플 계정 아이디인 이메일로 청구 내용이 발송되므로 이메일을 통해서 내역을 확인할 수 있다. 또는 PC에 설치한 [iTunes] 프로그램에서 [Store]-[iTunes Store] 메뉴를 클릭한 후 우측 상단에 위치해 있는 애플 계정 이메일 목록의 내림 버튼을 클릭하고 [계정]-[구입 내역]-[모두 보기]를 클릭하면 결제 정보를 확인할 수 있다.

이곳에서 구매 정보뿐만 아니라 앱 환불 신청도 가능하다. 앱 목록에서 환불할 앱 목록을 누르고 [문제 신고] 버튼을 클릭한 후 환불 사유를 영어, 프랑스어, 독일어, 일본어 중 하나를 선택해서 작성해서 제출하면 24시간 이내에 답변을 메일로 받을 수 있다. 정상적으로 승인되면 2~5일내로 환불 처리된다. 환불 신청은 앱 구매 후 2주 이내에 신청하도록 하도록 하고 환불 제도를 불합리하게 이용하는 경우 계정 정지도 받을 수 있으므로 주의하도록 한다.

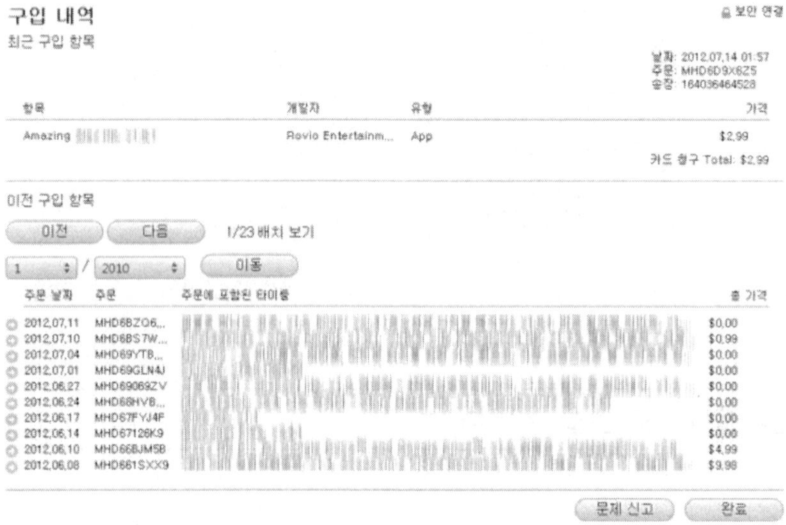

(그림 5-39) [iTunes]의 구입 내역 정보 페이지

이번에는 앱 스토어의 앱 결제 비용에 대해서도 알아보도록 하자. $0.99의 앱을 구매하면 과연 얼마의 비용이 청구될까? 국내의 앱 결제는 달러화로 결제되므로 유료 앱 구매 시 환율에 따른 앱 구매 비용 이외에 해외결제수수료가 추가된다. 결국 $0.99 앱을 구매하면 실제로는 1000원이 넘는 비용이 지불된다. 이 비용도 사용하는 신용카드와 환율에 따라 달라지므로 정확한 비용 산출을 알아두려면 해당 신용카드 업체에 문의하도록 한다. 조만간 앱 스토어에 원화 결제가 도입된다고 한다. 원화 결제가 도입되면 앱 구매 비용은 조금 오르겠지만 정확한 구매 비용은 알 수 있게 될 것이다.

5.7.5 앱 스토어, 앱 차단 기능 사용하는 법

5.7.5.1 앱 설치 및 삭제 차단

[설정]을 실행해서 [일반]-[차단] 메뉴로 이동한 다음 [차단 활성화] 버튼을 눌러 비밀번호를 지정한다. [허용] 항목에서는 지정한 스마트폰의 기능을 비활성화 할 수 있다. 이중에 [응용 프로그램 설치]를 비활성화해두면 홈 화면의 [App Store] 앱이 보이지 않게 되어 다른 사람의 앱 설치를 차단할 수 있다. 또 [응용 프로그램 삭제] 항목을 비활성해두면 설치해

둔 앱을 삭제하지 못하게 할 수 있다. 삭제를 위해 앱 아이콘을 누르고 있어도 삭제를 유도하는 (x) 아이콘이 노출되지 않는다. 이 두 가지의 설정을 변경하기 위해서는, 처음에 설정한 비밀번호를 입력한 후 [차단] 메뉴에 접근해야 한다.

5.7.5.2 폭력성, 선정성 있는 앱으로부터의 보호

스마트폰을 아이들과 함께 사용한다면, 폭력성, 선정성 있는 앱으로 부터 아이들을 보호가 필요할 수 있다. 이러한 앱으로 부터 아이들을 보호하려면 [설정]-[일반]-[차단]-[허용된 콘텐츠]에서 [응용 프로그램] 메뉴로 이동하면 사용할 수 있는 응용 프로그램 허용 레벨이 표시된다. 앱은 선정성과 폭력상에 따라 나이를 표시한 4가지 단계(4+, 9+, 12+, 17+)로 분류되어 있는데 여기서 등급을 지정해두면 지정된 능급의 앱만 홈 화면에 나타난다. [응용 프로그램 허용 안 함] 항목을 체크하면 기본 프로그램 이외에 앱 스토어에서 다운로드 받은 모든 앱이 홈 화면에서 사라지게 할 수 있다[15].

(그림 5-40) 앱 차단하는 화면 (좌), 앱 등급 선택 화면 (우)

5.8 구글 플레이 스토어

구글의 '플레이 스토어(Play Store)'는 갤럭시, 옵티머스, 베가, 넥서스 등 안드로이드 운영체제를 사용하는 스마트폰에서 애플리케이션을 구매할 수 있도록 해주는, 애플의 '앱 스토어'와 같은, 프로그램이다.

플레이 스토어의 역사를 살펴보면, 2008년 8월 안드로이드 모바일 OS 출시와 함께 모바일 애플리케이션을 구매할 수 있는 '안드로이드 마켓'이라는 이름으로 처음 발표되었다. 안드로이드 마켓은 초기에는 미국과 영국 중심으로 운영되다가 서서히 전세계로 그 영역을 넓혀갔으며, 2012년에는 45만개의 앱이라는 대형 마켓으로 성장하였다. 콘텐츠의 종류가 다양해짐에 따라 2012년에는 안드로이드 2.2 이상의 OS에서 업데이트를 통해 기존의 안드로이드 마켓이 플레이 스토어로 이름을 바꾸었다.

사실 플레이 스토어는, 안드로이드 기반의 디바이스에서 사용할 수 있는 콘텐츠를 제공하는 '구글 플레이' 서비스 중 하나로, 여러 콘텐츠 중 스마트폰 애플리케이션을 유통하는 서비스다. 아쉽게도 현재 국내에서는 플레이 스토어를 이용한 앱 콘텐츠 외 다른 콘텐츠는 이용할 수 없지만 조만간 다른 콘텐츠 이용도 가능해질 것이라 예상한다.

5.8.1 구글 플레이 스토어 이용하는 법

5.8.1.1 플레이 스토어 계정 만드는 법

플레이 스토어를 이용하려면 구글 계정이 필요하다. 구글 계정을 가지고 있지 않다면 스마트 기기에서 [환경설정]-[계정 및 동기화]-[Google]을 선택한 후 계정 추가를 실행해서 구글 계정을 만들고, 이미 구글 홈페이지에서 만들어둔 계정을 가지고 있는 경우에는 [환경설정]-[계정 및 동기화]-[Google]을 선택한 후 [기존 계정]을 실행해서 구글 계정을 등록하도록 한다. 계정 신청은 국내 계정으로 신청해야만 국내 플레이 스토어를 이용할 수 있으므로 주의하도록 한다. 정상적으로 구글 계정을 등록하면 플레이 스토어를 실행할 때 구글 계정으로 자동 로그인될 것이다. 플레이 스토어에서 [메뉴] 버튼을 누른 후 [계정]을 누르면 플레이 스토어에 등록된 구글 계정을 확인할 수 있다.

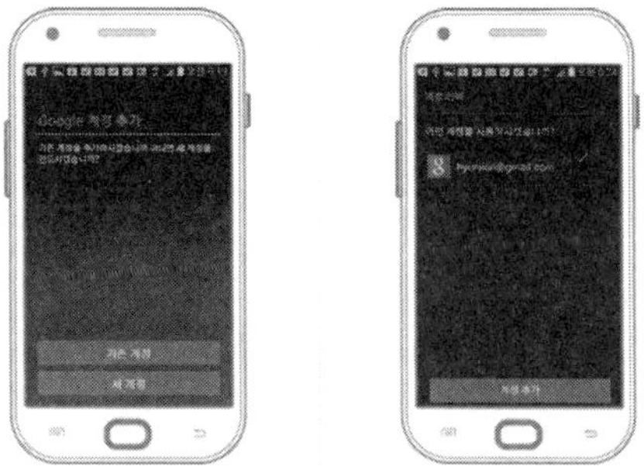

(그림 5-41) [환경 설정]의 구글 계정 추가 화면 (좌), 플레이스토어에서 [메뉴] - [계정]을 실행하여 계정을 확인하는 장면 (우)

플레이 스토어에서 무료 앱은 카드 정보 등록 없이 구매가 가능하지만, 유료 앱은 비자, 마스터, 아멕스, 디스커버사의 해외 브랜드와 제휴된 신용 카드 또는 체크카드를 등록해 구매해야 이용할 수 있다. 카드 정보는 플레이 스토어에서 유료 앱을 처음 구매할 때 나타나는데 각 항목에 신용 카드 정보와 동일하게 입력한다. 이름도 카드에 표시된 영문으로 입력한다. 체크카드는 월마다 결제되는 신용 카드와 달리 구매 시 지정된 은행에서 바로 결제된다는 특징을 가지고 있으므로 결제 방법을 선택할 때 유의하도록 한다.

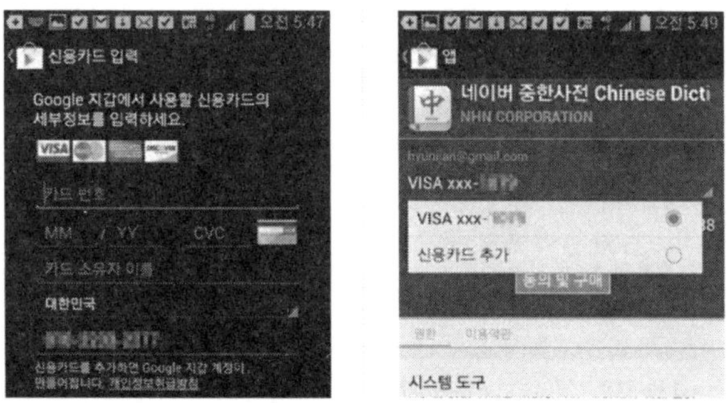

(그림 5-42) 플레이 스토어 신용카드 정보입력화면(좌), 유료 앱 구매 시 신용카드 결제화면(우)

신용 카드 또는 체크카드를 등록하면 이후에 유료 앱을 구매할 때 다른 확인 과정 없이 자동 결제된다. 결제할 때 카드 번호가 표시되는데 만일 다른 신용 카드를 사용하고 싶을 경우 카드 번호를 누른 후 [신용카드 추가]를 선택해서 다른 카드를 등록하거나, 등록해둔 다른 신용 카드를 선택할 수 있다. 처음 카드 결제 실행 시 신용 카드가 정상적으로 결제되는지 확인을 위한 $1 비용이 청구가 되는데 이는 확인용으로 환불 처리되는 비용이므로 걱정하지 않아도 된다.

5.8.2 앱 탐색 / 검색 및 구매하는 법

5.8.2.1 앱 탐색 / 검색

홈 화면에서 플레이 스토어 아이콘을 눌러 실행하면 맨 처음 [추천] 페이지 화면이 나타난다. 그리고 화면을 오른쪽으로 밀면 [카테고리], 왼쪽으로 밀면 [인기 유료 항목], [인기 무료 애플리케이션], [최고 매출 앱], [새 인기 유료 항목], [신규 인기 무료 앱], [핫이슈] 페이지를 순서대로 열 수 있다. 처음 앱 설치를 하는 경우 [추천] 페이지에서 제공하는 앱을 참고하면 많은 도움을 얻을 수 있다. 장르별 앱 검색을 하려면 [카테고리] 페이지를, 나머지 페이지에서는 인기 있는 앱을 찾아 볼 수 있을 것이다. 앱 이름으로 검색하고 싶을 경우에는 오른쪽 상단에 위치해 있는 검색 아이콘을 누르면 나타나는 검색창에 검색할 앱 이름을 입력해서 검색할 수 있다.

(그림 5-43) 인기 무료 어플리케이션 페이지(좌), 앱 검색 시 화면(우)

5.8.2.2 앱 목록 분석

앱 목록에는 앱 이름과 개발자 이름, 구매 비용 정보뿐만 아니라 에디터 선정 및 인기 개발자를 아이콘으로 표시되어 있어, 인기 앱을 한 눈에 알아볼 수 있다. 인기 개발자인 경우 개발자 이름 오른쪽에, 에디터 선정 앱은 앱 목록 왼쪽 하단에, 각각 특징 있는 아이콘을 함께 표시해두었다.

(그림 5-44) ① 인기 개발자 표시 아이콘 ② 에디터 선정 앱 아이콘

5.8.2.3 앱 구매 가격

앱 목록에서 오른쪽 하단에 가격이 표시되어 있는데 무료 앱은 '무료', 유료 앱은 원화로 금액이 표시되고 이미 설치되어 있는 앱은 '설치된 항목'이라고 표시된다.
플레이 스토어는 앱 구매 비용이 원화로 표시되는데 실제로 결제를 실행하면 달러(USD)로 결제되는 것을 확인할 수 있다. 아직 구글이 국내 결제 사업을 허가 받지 못해, 결제 시 설정한 신용카드로 해외 결제되기 때문이다. 원화는 환율 등을 감안해 어림잡은 금액으로, 보통 실제 결제액은 처음 표기된 원화보다 조금 높은 가격으로 결제된다.

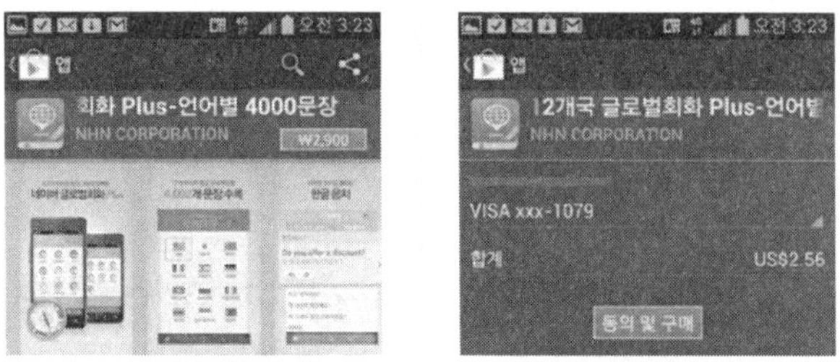

(그림 5-45) 앱 구매 시 가격 표시. 환율 등은 감안하여 어림잡은 원화금액(좌), 실제 결제액인 달러(우)

5.8.2.4 앱 구매 환불 처리

앱 소개 페이지에서 [설치] 또는 금액이 적혀 있는 버튼을 누르면 나타나는 페이지에서 [동의 및 구매] 버튼을 누르면 앱 설치가 진행된다. 정상적으로 앱 설치가 완료되면 [열기] 버

튼이 있는 페이지가 나타나는데 앱 설치 후 15분 이내에 [환불] 버튼을 누르면 환불 처리를 할 수 있다. 15분이 지나면 [환불] 버튼이 [제거] 버튼으로 바뀐다.

(그림 5-46) 앱 설치 완료 후 15분 이내에 환불 처리가 가능하며(좌) 15분이 지나면 환불 버튼이 제거 버튼으로 바뀐다.(우)

5.8.2.4 앱 업데이트 및 구매 내역 보기

플레이 스토어를 실행한 상태에서 스마트폰의 [메뉴] 버튼을 누르면 관련 메뉴가 나타난다. 여기서 [내 애플리케이션]을 누르면 내가 구매한 애플리케이션 목록을 보여준다. [설치됨] 페이지에는 현재 기기에 설치되어 있는 구매한 앱 목록이 표시되는데 업데이트가 필요한 앱 정보도 함께 표시된다. 각 앱 목록을 누르고 [업데이트] 버튼을 누르거나 페이지 상단에 표시되어 있는 [업데이트] 버튼을 눌러 모든 앱을 한 번에 업데이트 시킬 수 있다.

(그림 5-47) [메뉴] - [내 애플리케이션] - [설치됨] 페이지(좌), [메뉴] - [내 애플리케이션] - [전체] 페이지(우)

화면을 왼쪽으로 밀면 [전체] 페이지가 나타나는데 이곳에는 그동안 구매했던 모든 앱 목록이 표시된다. 구매한 후 삭제한 앱도 함께 표시되며 유료 앱도 언제든지 무료로 재설치를 할 수 있다. 구매 내역에 한 번 기록된 앱 목록은 정상적인 방법으로 삭제할 수 없다.

5.8.3 플레이 스토어 환경 설정하는 방법

플레이 스토어를 실행한 다음 스마트폰의 [메뉴] 버튼을 누르면 관련 메뉴가 나타난다. 이때 [환경 설정]을 누르면 플레이 스토어에 대한 다양한 속성을 설정할 수 있다. 여기서는 유용한 속성 설정하는 방법에 대해서 알아보자.

5.8.3.1 자동 업데이트

[앱 자동 업데이트] 항목을 체크하면 앱이 업데이트가 될 경우 자동으로 업데이트가 실행된다. 만일 데이터 과금을 막기 위해서 와이파이로 무선 연결되어 있을 때만 업데이트를 실행하려면 [Wi-Fi로만 업데이트] 항목을 꼭 체크해두도록 한다.

5.8.3.2 검색 기록 지우기

검색 아이콘을 누르면 검색창으로 검색했던 검색 목록이 나타난다. 만일 이러한 내용들을 지우고 싶다면 [검색기록 지우기] 항목을 체크해둔다.

(그림 5-48) 구글 플레이 스토어 환경설정화면. 앱 자동업데이트 및 검색기록지우기 (좌), 콘텐츠 필터링 (우)

5.8.3.3 폭력과 선정성 있는 앱 차단하기

만일 스마트 기기를 아이들과 함께 사용한다면 폭력과 선정성 있는 앱으로 부터 보호가 필요할 것이다. 이러한 앱으로 부터 아이들을 보호하려면 [콘텐츠 필터링] 항목을 체크한 후 콘텐츠 수위를 조절한다. 콘텐츠 수위는 전체 이용가, 하, 중, 상으로 분류되어 있다.

5.8.3.4 앱 설치할 때 비밀번호 설정하기

플레이 스토어는 앱 설치할 때 별도로 비밀번호를 묻지 않기 때문에 스마트 기기를 분실하면 낭패를 당하기 쉽다. 만일 다른 사람들이 무분별하게 앱 설치를 막기 위해서 암호를 설정하려면 [PIN 설정 또는 변경] 항목을 눌러 비밀 번호를 설정한다. 그런 다음 [구입 시 PIN 사용] 항목을 체크하면 앱 설치할 때마다 PIN 암호를 묻는 메시지창이 나타난다[16].

(그림 5-49) [콘텐츠 필터링]으로 앱 허용 등급 설정하는 장면(좌), 앱 설치기 PIN 암호를 묻는 장면(우)

5.9 윈도우8 용 태블릿 PC

마이크로소프트(MS)의 차세대 운영체제(OS) '윈도우8'출시일이 2012년 10월26일로 다가왔다. MS가 ARM SoC용 '윈도우8 RT'를 탑재한 '서피스 RT' 예약판매를 시작했고, 삼성전자와 소니, 레노버 등도 윈도우8 맞이하기가 한창이다.

윈도우8은 컴퓨팅 환경이 점차 스마트폰과 태블릿 PC 등 모바일 기기로 발전하는 상황에서 MS가 꺼내든 카드다. 기존 윈도우 OS와 달리 ARM 계열 SoC를 지원하는 윈도우8 RT를 따로 준비했고, 터치형 디스플레이에서 편리하게 이용할 수 있는 '윈도우8 스타일 UI'를 탑재했다는 점이 가장 큰 차이점이다.

MS의 윈도우8과 윈도우8을 탑재한 태블릿 PC가 현재 모바일 기기 판세를 뒤집을 수 있을지 관심이 쏠린다. 애플의 '아이패드'가 전체 태블릿 PC 시장에서 70% 가까운 점유율을 보이고 있고, 그 뒤로 미국 아마존과 삼성전자가 안드로이드 태블릿 PC를 앞세워 20% 정도의 시장을 갖고 있는 상황이다. MS는 후발주자로 나선 셈이다. 윈도우8이 만들어갈 앱 생태계와 제품의 가격 결정이 가장 큰 성패요인이 될 것으로 보인다.

5.9.1 서피스 RT

MS의 윈도우8 태블릿 PC 서피스가 미국 현지시각으로 10월 16일부터 사전 예약판매를 시작했다. 미국과 독일, 영국, 프랑스, 캐나다, 중국, 홍콩, 호주 등 8개 나라에서 먼저 판매가 시작된다. 이날 예약구매를 신청하면, 오는 26일부터 제품을 받을 수 있다. 가격도 함께 공개됐다. '서피스 RT' 32GB 용량 제품이 미국 달러 기준으로 499달러다. 우리 돈으로 약 55만원이다. 만약 정식 출시된다면 60여 만원 선이 될 것으로 예상된다. 499달러짜리 서피스 RT는 키보드 커버가 함께 제공되지 않는다. 키보드 커버는 따로 구입해야 하는데, 119달러를 내야 한다. 32GB 서피스 RT와 키보드를 함께 제공하는 번들 세트는 599달러다. 64GB 용량 서피스와 키보드를 함께 구입하려면 699달러가 필요하다.

서피스는 MS가 지난 6월 발표한 태블릿 PC다. 윈도우8 운영체제(OS)가 탑재됐고, 형형색색의 키보드 커버가 주목을 받은 바 있다. 이번에 MS가 사전 예약판매를 시작한 제품은 서피스 RT 제품으로 x86 프로세서를 탑재한 '서피스 프로'와 다른 제품이다. x86 프로세서가 탑재된 서피스 프로는 기존 PC용 응용프로그램(앱)과 호환된다는 장점이 있지만, 서피스 RT는 ARM 계열 SoC를 모바일 프로세서와 윈도우8 RT를 탑재한 탓에 기존 윈도우 OS용 앱을 이용할 수 없다. 서피스 RT에는 엔비디아가 만든 '테그라' 시리즈 모바일 프로세서가 탑재된 것으로 알려졌다. MS 외에 다른 제조업체도 퀄컴이나 텍사스 인스트루먼츠 등에서 만드는 모바일 프로세서를 이용해 서피스 RT를 만들어야 한다.

(그림 5-50) 서피스 RT의 외형. 아래쪽엔 터치형 커버 키패드가 장착되어 있다.

499달러라는 가격이 비싸다고 생각되는 것은 바로 이 때문이다. x86 프로세서를 탑재한 서피스 프로는 태블릿 PC 제품군보다는 기존 윈도우 노트북 등과 경쟁할 수 있을 것으로 보이지만, 서피스 RT는 아이패드나 안드로이드 태블릿 PC와 경쟁해야 한다. 아이패드는 32GB 용량 제품이 599달러다. 안드로이드 OS를 얹은 삼성전자 '갤럭시 노트10.1' 32GB 제품은 미국에서 549달러에 팔리고 있다. 서피스 RT가 경쟁 제품과 비교해 50달러에서 100달러 정도 가량 싸지만, 이 가격을 상대적으로도 싸다고 할 수 있을지는 의문이다.

MS 윈도우8 RT는 이제 막 시장에 등장한 OS다. 서피스 RT도 마찬가지다. MS가 전략적으로 지원하는 앱 외에 변변한 앱 생태계가 아직 꾸려지지 않았다. MS 오피스 등 생산성 부문에서 윈도우 RT를 이용하려면 키보드도 포기할 수 없다. 아이패드와 똑같은 가격, 혹은 10.1인치급 안드로이드 태블릿 PC보다 비싼 가격으로 경쟁해야 한다는 얘기다. 서피스 RT 가격이 499달러 수준이니 x86 서피스 프로는 이보다 높은 가격이 매겨질 것이라는 점도 서피스 시리즈를 기다렸던 사용자에게 좋은 소식은 아니다. 가격이 기대보다 높게 정해진 것은 MS가 다른 제조업체와의 관계를 의식했다는 풀이가 지배적이다. 안 그래도 MS는 서피스 시리즈를 발표한 직후 윈도우8 태블릿 PC를 직접 생산했다는 점 때문에 다른 윈도우 PC 제조업체들로부터 눈총을 사기도 했다. 아이패드나 안드로이드 태블릿 PC 등과 비교해 확실히 경쟁 우위를 점할 수 있는 낮은 가격으로 서피스 RT를 출시했다면, 윈도우 RT 태블릿 PC를 만들기 위해 MS에 라이선스 비용을 내야 하는 다른 제조업체가 타격을 받았을 것이라는 분석이다.

윈도우8이 윈도우 OS 사상 처음으로 ARM 계열 SoC를 지원한다는 점에서 애플의 iOS, 구글 안드로이드와 삼파전 구도를 예상한 분석이 많았다. 하지만 10월26일, 윈도우8 정시 출시일이 다가오고 있고 MS가 서피스 RT 예약판매를 시작한 지금, 윈도우8이 모바일기기 시장에서 대등하게 경쟁하게 되는 시점은 조금 뒤로 미뤄야 할 것으로 보인다.
일단은 서피스 RT 예약판매에 사용자들은 좋은 반응을 보내는 것 같다. 서피스 RT 예약판매 웹사이트를 보면, 서피스 RT 32GB 제품은 품절이다. 품절된 제품은 길어도 3주 이내에 배송될 예정이다.

5.9.2 삼성전자, 레노버, 소니의 하이브리드 PC

서피스 RT 예약판매가 시작되기 이틀 앞서 삼성전자도 윈도우8 모바일 기기를 선보였다. 삼성전자는 윈도우8을 태블릿 PC와 하이브리드 노트북, 울트라 북 시리즈까지 여러 가지 플랫폼에 앉힐 계획이다. 삼성전자는 우선 '아티브(ATIV) 스마트PC 500T'와 '아티브 스마트PC 프로 700T'로 이어지는 하이브리드 노트북 제품군을 발표했다.
아티브(ATIV) 스마트PC 500T는 11.6인치 화면에 터치 디스플레이를 지원하는 제품이다. 키보드가 따로 제공되지만, 버튼을 눌러 간편하게 분리할 수 있도록 디자인했다. 에이수스(ASUS)가 지난 2011년 발표한 안드로이드 태블릿 PC '에이수스 트랜스포머' 시리즈처럼 화면과 키보드를 분리할 수 있는 제품이라고 생각하면 된다. 여기에 스마트폰 '갤럭시 노트' 시리즈에 쓰인 것과 같은 삼성전자 'S펜'을 추가했다. 키보드를 지원해 기존 윈도우의 생산성을 확보하면서도 터치형 디스플레이의 장점을 최대한 이용할 수 있도록 하겠다는 전략이다.
아티브(ATIV) 스마트PC 500T는 인텔의 모바일 기기용 저전력 아톰 프로세서 Z2760이 탑재됐고, 내장된 램 용량은 2GB, 64GB 용량의 솔리드스테이트 드라이브(SSD)가 저장공간으로 들어갔다. 지원하는 해상도는 일반적인 노트북 해상도인 1366×768이다. 가격은 749달러다.
이보다 상위 기종인 아티브 스마트PC 프로 700T는 500T와 비교해 월등한 성능을 낼 것으로 기대된다. 3세대 인텔코어 프로세서 i5가 탑재됐다. 램 용량은 4GB, 내장된 저장공간은 128GB SSD가 쓰였다. 최대 1920×1080 해상도를 지원하며, 무게는 850g 수준이다.
기존 노트북 제품과 비교해 뒤떨어지지 않는 성능을 가졌으면서도 무게는 태블릿 PC 수준인 셈이다. x86 프로세서를 탑재했다는 점 덕분에 기존 윈도우용 앱을 이용할 수 있다는 장점까지 더하면, 이동이 잦은 직장인이 업무용 기기로 탐낼만하다. 아티브 스마트 PC 프로 700T 가격은 1199달러로 정해졌다.

(그림 5-51) 삼성전자의 하이브리드 노트북인 아티브 스마트 PC

레노버의 윈도우8 제품군도 만만찮다. 디스플레이를 360도 뒤로 젖힐 수 있는 '아이디어패드 요가'와 화면을 회전시킬 수 있는 '트위스트', 기업용 시장을 겨냥해 출시했다는 분리형 하이브리드 노트북 '링스'까지 다양한 제품을 통해 윈도우8 시험에 들어갔다.

(그림 5-52) 레노버의 아이디어패드 링스

요가는 이미 지난 1월 미국에서 열린 '국제소비자가전전시회(CES) 2012'에 등장해 화제가 된 제품이다. 요가는 화면을 뒤로 360도 돌릴 수 있도록 설계됐다. 평소엔 일반적인 노트북처럼 쓰다가 태블릿 PC로 써야 할 때는 화면을 완전히 뒤로 젖혀 쓰는 식이다. 요가라는 이름은 여기서 나왔다. 요가는 13인치 화면에 인텔 아이비 브릿지 프로세서 i3와 i5, i7을 탑재한 제품으로 출시될 예정이다. 두께는 16.9mm 수준에, 가격은 1099달러다.

링스의 제품 콘셉트는 키보드 분리다. 삼성전자의 아티브 시리즈와 똑같다. 11.6인치 화면이 적용됐고, 인텔의 x86 저 전력 아톰 듀얼 프로세서가 탑재됐다. 내장 램 용량은 2GB, 64GB SSD, 최대 16시간 동안 이용할 수 있는 배터리를 탑재해 휴대형 기기의 면모를 갖췄다. 링스의 가격은 599달러다. 분리형 키보드는 따로 구매해야 하는데, 가격은 149달러다.
트위스트는 화면을 돌려 키보드에 붙일 수 있도록 설계된 제품이다. 12.5인치 IPS 화면이 적용됐고, 제품 사양에 따라 인텔 아이비 브릿지 i7 프로세서와 8GB 메모리, 128GB SSD를 선택할 수 있다. 128GB SSD를 탑재한 제품도 있으니 선택의 폭은 넓은 편이다. 3G 이동통신을 이용할 수 있도록 해 와이파이가 없는 지역에서도 인터넷을 이용할 수 있도록 했다. 인텔의 울트라 북 규격을 벗어나지 않으면서도 윈도우8을 태블릿 PC처럼 쓸 수 있도록 하기 위해 고민한 흔적을 엿볼 수 있는 형태다. 가격은 미국 달러 기준으로 849달러다.

(그림 5-53) 레노버의 아이디어패드 트위스트

소니의 윈도우8 하이브리드 노트북 '바이오 듀오 11'도 빼놓을 수 없다. 바이오 듀오 11은 11.6인치 크기의 노트북 화면을 위로 밀어 올리면 키보드가 나타나는 모양으로 설계됐다. 슬라이드 형식으로 밀어 올리는 피처폰을 생각하면 이해하기 쉽다. 무게는 1.3kg 수준, 두께는 18mm다. 소니 바이오 듀오 11도 울트라 북 카테고리로 분류할 수 있다.
소니 바이오 듀오 11도 삼성전자나 레노버처럼 x86 프로세서로 동작한다. 인텔 아이비 브릿지 i5 프로세서가 탑재됐고, 4GB 내장 램, 128GB SSD를 이용할 수 있다. 가격은 1199달러다. 소니 엑스모어 R 이미지센서가 탑재됐고, 화면 아래 윈도우8 하드웨어 버튼이 달린 것이 특징이다. 버튼을 눌러 윈도우8 홈 화면으로 빠져나갈 수 있도록 했다.

(그림 5-54) 소니의 바이오 듀오 11

5.9.3 윈도우 8이 던져준 고민, '하이브리드'

삼성전자와 레노버, 소니 외에도 에이수스나 에이서 등 대만 업체나 델, HP 등이 윈도우8을 탑재한 PC를 준비 중이다. 기존 노트북 제품들이 하나같이 평범한 모양이었다면, 이번 윈도우8 제품들은 모두 다른 개성을 갖고 있다는 점을 알 수 있다.

화면을 분리할 수도 있고, 돌리거나 밀어 올리도록 설계된 제품도 있다. 이 같은 윈도우8 노트북을 보고 있노라면, 옛 후지쯔나 도시바가 선보인 화면 회전형 윈도우 노트북을 떠올리게 한다. 아무래도 기존 노트북 모양으로는 윈도우8의 모바일 기기 경험을 충분히 이용할 수 없다고 판단한 모양이다. MS에서도 바라던 내용이다. 인텔도 인텔 프로세서를 통해 터치 디스플레이 지원을 약속했으니, 운영체제와 프로세서, 하드웨어 제조업체가 머리를 맞댄 고민의 결과인 셈이다. 후지쯔나 도시바의 회전형 디스플레이 노트북은 모양은 신선했을지 몰라도 당시 태블릿 PC에 대한 사용자의 요구가 크지 않아 큰 시장을 만드는 데는 실패했다. 노트북 화면을 터치해 얻을 수 있는 생산성 효과가 크지 않았기 때문이다.

MS는 윈도우8을 통해 마음을 고쳐먹었다. 애플 아이패드의 성공을 지켜봤고, 안드로이드 스마트폰의 확산을 주시했다. 윈도우폰8을 통해 스마트폰 시장 진출도 꾀하고 있다. 무엇보다 기존 윈도우가 가진 막대한 양의 콘텐츠와 기업용 앱 시장이 윈도우8 하이브리드 노트북의 무기다. 후발주자로 나선 MS가 하이브리드 노트북을 통해 모바일 기기 시장에서 날개를 펼 수 있을지 관심이 쏠린다. 기막힌 모양을 한 하이브리드 노트북이 쏟아져 나오는 것도 사용자들의 눈을 즐겁게 할 것으로 보인다.

참고자료

[1] 위키백과, 태블릿 컴퓨터
[2] 네이버캐스트, IT동아 기자 김영우, 2011.09.09.
[3] (알파라이징리포터, 2010. 09. 18)
[4] 2011년 안드로이드 태블릿 PC의 공격적인 출시 현황과 전망, 김민식, 동향 제23권 14호 통권 513호, 2011.08.01.
[5] 매일경제 이코노미, 제1683호(2012.11.21.~11.27일자)기사, 노승욱 기자
[6] KISA, Trend Report, 2012년 글로벌 태블릿 PC 판매량, 1억 1,900만대 전망, 김한주, 2012.04.16
[7] 2013년, 태블릿PC의 뉴패러다임 - 한국증권
[8] 뉴 아이패드의 '깜짝 놀랄' 신기능들, etnews, 박현선 기자, 2012.03.08
[9] iPad 및 iPad mini 사용설명서 (iOS 6 소프트웨어용), 2012.11.01
[10] 위키백과, 삼성 갤럭시노트 10.1
[11] 삼성 갤럭시 노트 10.1 User Manual, 2012.11.07
[12] 위키백과, 넥서스 7
[13] 위키백과, 킨들 파이어
[14] 아마존, 새 '킨들 파이어' 무더기 출시, 정보라, 2012.09.07.
[15] 네이버캐스트, 애플 앱 스토어 이용하는 법, 안창현, 2012.08.08
[16] 네이버캐스트, 구글 플레이 스토어 이용하는 법, 안창현, 2012.08.14

제 6 장

미래의 스마트세상

스마트 시대에 소비자는 '제품'이 아니라, 그 제품이 속한 '환경'을 산다. 그 제품이 기반한 스마트 환경(혹은 플랫폼)의 경쟁력에 따라 소비자의 제품/서비스에 대한 선택권과 사용 편이성이 상당 부분 좌우될 것이기 때문이다.

하지만 '환경의 경쟁력'이라는 말 속에는 훌륭한 혁신 아이디어와 그를 뒷받침하는 기술적 인프라, 그 아이디어가 쉽게 전달될 수 있는 유통 구조, 이러한 것들이 최적으로 구현된 기기와 같은 요소들이 모두 포함되어 있다. 그러므로 스마트 환경의 경쟁력은 참여자들의 협력과 직결된다. 참여자들의 행동을 조율하고, 때때로 발생하는 갈등을 조정해야 하기 때문에 스마트화는 다분히 정치적인 개념이기도 하다.

국가의 운영에 치안을 유지하고, 정책을 결정하는 정부가 필요하듯, 스마트 환경 내의 협력 질서를 유지하고, 참여자들을 조정하는 역할을 누가, 어떻게 수행할 것이냐 하는 문제는 스마트 시대의 새로운 화두다. 독재에 가까운 방식으로 빠른 성장을 이루는 환경(애플)이 있는가 하면, 민주적 질서를 표방하다 보니 참여자도 많고, 그만큼 혼란도 많은 환경(안드로이드)가 있기도 하다.

한 가지 주목할 점은 스마트 시대를 주도하는 기업은 차별화나 이익과 같은 비즈니스 논리를 넘어선 대의나 사명 의식을 가진 기업이라는 점이다. 구글의 사업 방식이나 페이스북, 트위터와 같은 신흥 기업의 성공이 기존의 비즈니스 개념으로 쉽게 설명되지 않는 것도 이 때문이다. 이 환경에 참여하는 기업에게도 일종의 시민 의식이 요구되는 것은 마찬가지다. 운영 철학에 대한 이해와 그에 대한 신뢰, 협력자들과 의견을 나누고 적극적으로 배우려 하는 토론 정신, 다른 이의 고충을 나누려는 동지 의식이 대표적일 것이다.

비즈니스 논리에만 익숙한 기업들에게 협력, 신뢰와 같은 개념을 이해하고, 그에 따라 행동하는 것은 새로운 도전이 될지도 모른다[1].

6.1 미래의 비즈니스

6.1.1 소셜네트워크

온라인의 소셜네트워크가 계속 진전되면 어떤 형태로 변화할까? 과거 더욱 분산화된 웹2.0인 노매드웹(Nomadweb,유목웹)으로 온라인상에 소셜 네트워크가 확산되었었는데 현재 시대가 발달하면서 웹2.0에서 웹3.0인 클라우드웹(Cloud Web)으로 온라인상의 웹 혁명이 일어나고 있다.

웹1.0은 신문이나 방송시청처럼 콘텐츠를 제공자에게서 일방적으로 받는 것이고 웹2.0은 참여, 공유, 개방의 플랫폼 기반으로 정보를 제작하여 공유하는 것을 의미하는데 웹3.0은 웹1.0과 2.0에서 생성된 다양한 정보를 개인별 상황에 맞도록 가공해주는 맞춤형 서비스 플랫폼이다. 웹2.0은 수많은 정보를 링크가 많이 된 순으로 나열시켜주는 것에 반해 웹3.0은 현재 상황을 인식하여 수많은 내용 중 필요한 내용을 재배치하여 문맥(Context)를 제공해준다. 사용자, 이동, 공간, 유통 4가지 개념의 변화를 가지고 있는 웹2.0과 달리 웹3.0은 다음과 같은 개념을 가지고 있다.

- 첫째, 소통

  많은 사람들이 참여함으로써 대량의 정보들이 웹사이트에 축적됨에 따라 정보들을 원활하게 소통시켜 활용할 수 있는 웹이 요구되고 있다. 단방향의 소통에 참여한 다수간 또는 서비스 제공자와 이용자간, 다방향의 의사소통을 지원하는 웹의 필요성을 의미하는 것으로 b2c, c2c, b2b보다 원활하게 정보를 소통할 수 있게 된다. 또한 소통 방식도 텍스트뿐만 아니라 즉 오디오, 비디오 등을 이용한 다양한 멀티미디어 방식으로 소통한다.

- 둘째, 융합

  융합은 정보와 기술의 융합 측면이 있다. 먼저 정보의 융합 측면에서는 웹서비스 이용자들이 정보를 공유하게 되면 이 정보들을 정당하게 융합하여 새로운 가치를 지닌 정보로 생산하는 시스템을 가진 것으로 볼 수 있다. 이는 단순히 퍼가는 것에 그치는 것이 아니라 편집하고 퍼블리싱 할 수 있는 시스템을 말한다.

한편 기술 측면은 플랫폼의 융합을 의미한다. 현재는 웹과 데스크 탑 그리고 모바일 장치가 별개의 영역으로 사용되고 있지만 앞으로는 이들의 경계가 무너져 융합되어 사용할 수 있는 시스템으로 진화할 것이다. 따라서 웹에서 실행하던 것들을 그대로 데스크 탑과 핸드폰 등에서 실행하고 서로 연동하여 사용하는 것이 일상화 될 것이다.

• 셋째, 개인화

개인화는 이미 미니홈피 열풍을 통해 방향 모색의 기회가 주어졌지만 미니홈피는 자신만을 보여주기 위한 전시공간으로 제한 되어왔다. 앞으로 다가올 개인화는 대량생산되는 정보들로부터 자신이 필요로 하는 정보만을 추출하여 보여줄 수 있는 맞춤형 웹이 될 것이다. 이는 자신의 정체성을 반영한 정보들을 정리하고 타인들과 소통할 수 있는 웹으로서 이러한 환경 변화는 유비쿼터스 환경의 급속한 발전을 가속화할 것이다.

유비쿼터스 서비스는 웹과 모바일환경에서 서비스를 동시에 이용할 수 있는 서비스를 의미하는데 이러한 웹3.0의 특징들을 비춰볼 때 웹OS, 컨버전스 테크놀로지, 크로스 플랫폼 SW 등이 유비쿼터스 서비스를 지원할 수 있을 것으로 보인다. 웹OS는 웹에서 데스크 탑에서 하던 모든 작업을 할 수 있도록 하는 서비스를 의미한다. 컨버전스 테크놀로지 또는 크로스 플랫폼 SW는 웹과 데스크 탑, 모바일 환경에서 동일하게 구동할 수 있는 기술들이다.

정리하면 웹1.0에서 웹2.0, 웹3.0으로 발전하면서 가지게 된 특징들은 전달, 전시, 포털화·참여, 공유, 개방·소통, 융합, 개인화 등이라 할 수 있다. 웹1.0이 정보의 전달 시스템 혁명이라면 웹2.0은 다수의 참여를 통한 혁명이라고 말할 수 있다. 웹3.0은 이를 유기적이고 지능적으로 활용할 수 있는 시스템이 될 것이다.

웹3.0은 다양한 광대역 초고속망과 휴대폰 화상 대화기술을 접목시켜 언제 어디서나 개인 맞춤형 서비스와 맞춤 소프트웨어 서비스를 제공할 수 있을 것이다. 웹3.0은 온라인에서 연구가 완벽히 이루어진 서비스를 제공하게 되며, 또 블로그나 기업인들이 웹에 들어와서 모든 회의나 컨퍼런스 포럼 행사를 가질 수 있도록 환경을 제공해준다. 다시말해 연구 커뮤니티가 협동으로 모든 연구진이 한자리에 있지 않고 세계 각처에 흩어져 있어도 다양한 연구 프로젝트를 함께 진행할 수 있게 된다는 뜻이다. 결국 웹에서 모든 비즈니스를 할 수 있어 중소기업의 새로운 비즈니스 창출에 큰 도움이 되는 시대가 될 것이다.

2006년 11월, 뉴욕타임스는 시맨틱 웹 기반의 웹3.0시대를 소개했으며, 지난해 3월, MIT의 기술보고서(Technology Review)에서도 웹3.0이 오고 있다고 봤다. 웹3.0의 기술적 기반이 되는 시맨틱 웹이란 컴퓨터가 정보자원의 뜻을 이해하고, 논리적 추론까지 할 수 있는 지능형 기술을 뜻한다. 이와 같은 기술이 구현될 경우 웹은 이미 구축된 다양한 데이터와 이용자의 패턴을 추론하여 사용자에게만 안성맞춤인 서비스를 제공할 수 있는 웹 환경이 곧 제공될 것이라는 기대감을 주고 있다.

기술 트랜드는 웹이라는 가상공간이 아닌 유비쿼터스화가 빠르게 진행되고 있는 물리공간에서도 이미 소개된지 오래이다. 대표적인 기술로는 조용한 기술과 상황인식 기술 등이다. 이와 같은 기술들은 필요한 서비스를 개인이 느낄 때 조용하게 다가와 실현해주는 특징을 가지고 있어 개인마다 처한 상황과 필요로 하는 서비스를 추론할 수 있는 문맥 및 언어에 대한 연구가 선행되고, 고도화돼야 한다는 조건이 필요하다.

따라서 물리공간에서의 유비쿼터스화를 가상공간에서는 유비쿼터스 웹 어플리케이션으로 대체, 가속화할 수 있다. 차세대 웹은 언제 어디서나 어떤 기기, 어떤 국가, 어떤 언어 환경에서나 접속하여 편리하게 이용할 수 있는 모든 환경에서의 플랫폼이 될 전망이다.

• **넷째, 테크노라티형**

'테크노라티'는 태그기반 블로그 포털이다. 이와 유사한 국내사이트는 상당히 많다. 태터툴즈(tattertools.com)을 비롯해 올블로그(allblog.net), 블로그코리아(blogkorea.org), 이글루스(egloos.com), 티스토리(tistory.com) 등이 있다.

태터툴즈는 처음에 대한민국에서 개발되고, GPL이 적용되어 누구나 무료로 다운받고, 설치해서 사용할 수 있는 설치형 블로그 소프트웨어로 시작되었다. 기업이든 개인이든 자유롭게 다운로드하여 자신의 서버에 설치하여 쓸 수 있다. 다른 기업에서 제공하는 네이버, 다음, 블로거 등의 서비스가 이미 제공된 기능만을 쓸 수 있고, 그 포탈 사이트에 종속될 가능성이 있는 데 비해 사용자 자신이 원하는 대로 변경할 수 있는 자유도가 높은 편이다. 원래 프로그래머 정재훈이 개발하였으나 현재는 태터&컴퍼니라는 회사에서 개발을 진행하고 있다. 다른 일반 사용자 또한 테터툴즈 개발자 공간을 통해 개발에 참여할 수 있다[2].

올블로그(ALLBLOG)는 한국어로 서비스되는 메타블로그 사이트이다. '모든 블로그'라는 사이트 명처럼, 그 목표 또한 모든 블로거들이 하나로 연결될 수 있는 블로그 메타 서비스를 제공하자는 목표로 탄생한 사이트이다. 올블로그에서 글을 읽거나 추천을 하는 등의 일련의 활동들을 통칭하는 올블링이라는 말이 있다[3].

블로그코리아(BLOGKOREA)는 한국어로 서비스 되는 메타 블로그 사이트이다. 대한민국 최초의 블로그 메타 사이트로 2003년에 처음 서비스를 시작하였다, 큰 특징으로는 RSS 구독기를 통해 블로그의 RSS를 수집해서 구독자에게 글을 노출 시켜주는 서비스 방식을 취하고 있다. 현재 이런 방식의 서비스를 적용한 한국 최초의 메타 서비스(메타 사이트)로 평가받고 있다[4].

(그림 6-1) 태터툴즈(www.textcube.org) 현재 택스트큐브로 명칭이 바뀌었다.

(그림 6-2) 올블로그(www.withblog.com) 현재 위드 블로그로 명칭이 바뀌었다.

(그림 6-3) 블로그코리아(www.blogkorea.net)

이글루스(Egloos)는 "블로거를 위한 최고의 블로그 서비스"를 표방한 가입형 블로그 전문 서비스이다.

사용자가 직접 쉽고 편리하게 다양한 스킨(Skin, 배경화면)을 제작/변경할 수 있다는 점, 웹 디자인에 대해 모르는 사용자도 자유롭게 블로그를 꾸밀 수 있는 단순한 디자인, 만18세 이상만 사용가능한 성인 전용 서비스, 운영자 블로그를 이용한 사용자와 운영진 간의 긴밀한 소통 등으로 여러 사용자의 인기를 얻었다[5].

티스토리는 태터툴즈라는 설치형 블로그 프로그램을 서비스형 블로그에 옮겨둔 것이다. 서버를 직접 설정하고, 아파치 웹 서버, MySQL, PHP 등에 적응하기 어려운 일반 사용자를 대상으로 태터툴즈의 소스를 거의 그대로 가져와서, 네이버 블로그, 다음 블로그처럼 서비스를 시작한 것이다. 다른 블로그 서비스와는 다르게 티스토리는 스킨 HTML 편집, 리퍼러 로그, 방문자 기록 등의 대부분의 기능을 사용자에게 오픈하고 있으며, 기존 태터툴즈에서 제공했던 스킨, 플러그인 등 외부 프로그램 제작이 가능하다. 단, 성능상의 이유로 플러그인 기능은 사용자가 자유로이 추가/수정할 수 없으며, 서비스운영자들이 선별 탑재-연동하고 있다. 티스토리의 경우에는 다른 블로그 서비스와 달리 초대권 배부 가입제로 운영되고 있는데, 이러한 초대장을 얻기위한 예비 티스토리안들의 경쟁이 매우 치열한 편이다[6].

(그림 6-4) 이글루스(www.egloos.com)

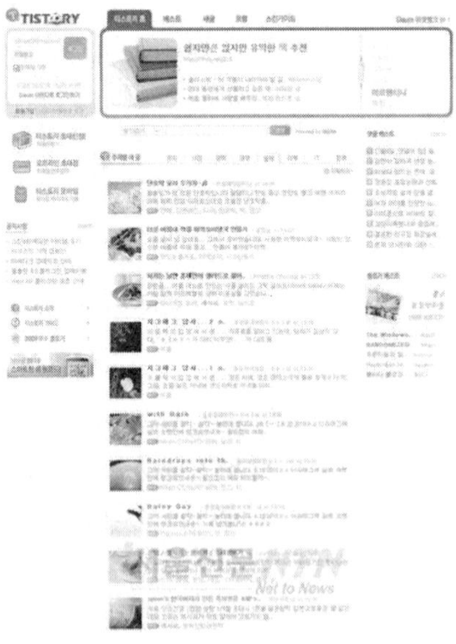

(그림 6-5) 티스토리(www.tistory.com)

웹3.0이 지원되기 위해서는 다음과 같은 기술들을 기반으로 환경을 구축해야 한다. 웹3.0에는 이 기술들 말고도 많은 기술들이 동반이 되지만 아래에 언급하는 기술들이 웹3.0의 뼈대를 구축하는 핵심적인 기술들이다.

웹3.0의 대표적인 기반기술

- 첫째 Peer-to-Peer Network - 뼈대

조그만 공간에서도 수십개, 수백개로 늘어난 기기들이 서로 통신하는 RFID/USN 기반의 환경이 제공되는 시대다. 앞으로의 네트워크는 이처럼 좀 더 분산된 구조로 발전할 것이다. Mobile-Ad-hoc Network(기존 유선망의 하부구조 또는 중앙 관리 시스템의 도움 없이 이동 호스트들만으로 구성되는 일시적인 네트워크)나, Mobile Sensor Networkm, RFID/USN 모두 P2P 네트워크와 같은 맥락에 있다.

- 둘째 Web Services - 이음새

웹서비스(Web Service)로 인해 본격화된 서비스 중심 아키텍쳐(Service Oriented Archtecture, 이하 SOA)가 가져다 주는 높은 수준의 추상성 덕분에 단순히 서로 다른 서비스들을 연결하는데 그치지 않고, 그 서비스들을 조합해 새로운 서비스를 만들어낼 수 있게 됐다.

- 셋째 Semantic Web - 길잡이

현재도 네트워크상의 정보는 기하급수적으로 늘어나고 있어 그에 다른 유용하고 의미있는 정보를 찾아내기란 더 없이 힘든 일이 되어가고 있다. 시맨틱 웹은 그러한 정보의 무더기 속에서 정보를 가치 있게 만들어줄 수 있는 열쇠라고 할 수 있다. 시맨틱 웹은 정보의 의미와 관계를 메타-정보를 통해 기술하고, 또 그러한 메타-정보를 질의 할 수 있는 질의 언어를 통해 정보를 추려내고 찾아낸다.

- 넷째 Grid Computing - 묶음

그리드 컴퓨팅(Grid Computing)에 대한 정의는 다양하지만, 분산되어 있는 다양한 리소스들을 관리하고 집산하는 메커니즘이라고 보는 것이 가장 포괄적이라고 할 수 있다. 그리드는 인터넷 확산의 기폭제가 되었던 월드와이드웹(www)과 차세대 인터넷을 연결시켜주는 징검다리이다. 미국 시카고대학 이안 포스터 컴퓨터공학과 교수가 창시했으며, 한번에 한 곳에만 연결할 수 있는 웹과는 달리 신경조직처럼 작동하는 인터넷망 구조를 말한다. 그리드는 동적으로 분산된 여러 자원들을 묶어내어 단일한 클러스터를 구성하고, 그 한편으로 유저는 거대한 서버에서 요청을 처리하는 것처럼 자유로운 투명성을 제공받을 수 있다. 이렇게 그리드 컴퓨팅은 네트워크에 참여한 각각의 개체들에 대한 경계마저도 넘나드는 가능성을 보여주게 될 것이다.

웹4.0은 "기술과 인간이 하나가 되는(technology and human become one)" 시대를 말한다. 인간이 기술의 연장으로 한 단계 더 업그레이드 되면서 언제나 온라인에 연갈("always-on")되는 것으로서, 이미 젊은 세대를 중심으로 시작되고 있으며, 이미 젊은 세대들은 친구에게 이야기하는 것처럼 웹과 대화하고 있다. 기술의 영역보다 더욱 중요한 사실은 인간과 단말기 사이의 경계가 점점 허물어지고 나중에는 흔적도 없이 사라질 것이라는 점이다.

6.1.2 전자책

도서시장에서도 음원시장과 유사하게 전통적인 종이책이 사라지고 디지털화 될 전망이다. 이른바 전자책의 출현이 그것이다. 이는 도서 콘텐츠 파일을 전자책이라는 디지털 기기를 통해서 읽는 것이다. 전자책이라 함은 일반적으로 전자책 기능만을 위한 전용 태블릿 등을 의미하지만 넓게 보자면 PC나 휴대전화를 통해서 책을 보는 것도 일종의 전자책이라고 볼 수 있다.

전자책은 종이책과 비교해 어떤 장점이 있는 것일까? 먼저 디지털 콘텐츠만의 장점을 활용할 수 있다는 점이다. 디지털 콘텐츠는 온라인을 통해서 쉽게 이동이 가능하다. 종이책과 같이 직접서점에 찾아가거나 주문을 하고 기다리는 수고 없어 필요할 때 당장 이용이 가능하다.

더욱이 보관을 위한 특별한 공간이 필요하지도 않다. 특히 책가방이 무거운 학생들에게는 전자책만큼 고마운 것도 없을 것이다. 많은 교과서도 전자책 하나로 해결할 수 있기 때문이다. 여행을 갈 때도 무거운 가이드북을 들고 다닐 필요가 없게 된다. 한번 보고 안 보는 책들로 방의 벽 한 면을 가득 채우는 경우가 많은데, 전자책만 있으면 책 한 권 크기의 공간으로 충분하다.

가격적인 측면에서도 종이책보다 훨씬 저렴하다. 종이책은 인쇄를 위한 생산비용도 많이 들고, 유통에 따른 재고부담이 가격에 반영될 수밖에 없다. 하지만 전자책은 생산비용도 적고 재고부담이 없어 저렴한 가격에 이용할 수 있다.

이런 장점이 있지만 전자책이 종이책과 비교해 좋은 점만 있는 것은 물론 아니다. 지금까지 전자책이 기대만큼 확산되지 못한 것도 다음과 같은 이유 때문일 것이다. 먼저 전자책 콘텐츠를 보기 위해서는 단말기를 구입해야 되는 부담이 있다. 최근 출시되고 있는 전자책의 사양을 보면 보통 5~10인치 크기의 디스플레이에 기가급 메모리와 통신 모뎀 등을 갖추고 있어 수십만 원에 팔리고 있다. 이는 초기 투자비용으로 적지 않은 금액이다. 또한 종이책과 비교해 가독성이 떨어진다는 것도 단점으로 지적된다. 그동안 익숙해져 있는 종이책과 비교해 전자책이 이용하기 불편하다는 것이다.

전자책이 확산이 우리 생활에 미치는 영향은 무엇일까?

첫째 전자책의 확산으로 독서 행태의 변화가 일어날 것이다. 전통적으로 독서는 텍스트 중심의 글을 읽는 섯이 일반적이었다. 하지만 전자책이 확산되면 텍스트를 넘어 다양한 멀티미디어와 연계된 책을 읽는 것이 쉬워진다. 예를 들면 텍스트를 글로 읽어주는 기능이 추가되어 오디오북 형태로 독서하는 것이 확산될 수 있다. 또한 전자책에서는 그림뿐 아니라 동영상 같은 콘텐츠가 중간에 삽입되는 것도 가능하다. 글 중간중간에 필요한 참고자료가 있을 경우 곧바로 찾아볼 수도 있다. 특히 네트워크가 연결되어 있는 전자책 단말기라면 인터넷과 연계하는 콘텐츠도 생각해 볼 수 있을 것이다.

둘째, 전자책은 교육 패턴에도 변화를 가져올 것이다. 국내에서 전자책이 확산 될 수 있는 뷰야로 교육기관의 교재라는 의견이 많다. 교재의 경우 수강중인 학생에게 일괄적으로 구입을 유도하기가 용이하기 때문이다. 최근 학교 수업시간에 다양한 미디어를 활용하는 경향이 있다. PC와 연결된 스크린을 활용하는 것이 대표적인 예인데 전자책이 확산되면 강의중에 필요한 자료를 쉽게 다운로드 받을 수도 있고, 강의에 참여중인 선생님과 학생들 간에 네트워크가 구축되어 온라인으로 의사교환도 가능하다.

셋째, 도서시장의 콘텐츠 범위가 대폭 확대될 것이다. 전자책이 확산될 경우 스마트폰 애플리케이션의 오픈마켓인 앱스토어와 같이 도서 콘텐츠 오픈마켓이 활성활될 것으로 보인다. 도서 콘텐츠 오픈마켓은 콘텐츠를 거래하는 마켓플레이스로 작가가 마켓플레이스에 도서 콘텐츠를 직접 올리고 전자책 이용자가 이를 다운로드받는 것이다. 이러한 오픈마켓이 생길 경우 아마추어 작가들이 자신의 작품을 외부에 알릴 수 있는 수단으로 활용할 수 있을 것이다. 이미 애플은 iBook 서비스와 함께 이러한 마켓을 오픈한 바 있다. 전자책에서는 작가들의 진입 장벽이 낮아져 다양한 종류의 작품들을 접할 수 있는 계기가 될 전망이다[7].

6.2 미래의 모바일 서비스

스마트폰인 아이폰5와 안드로이드기반의 갤럭시S3가 국내에 소개되면서 전세계 많은 IT융합 분야에서 대혁명에 가까운 다양한 변화가 일어나고 있는 실정이다. 그중에 하나인 스마트 모바일 융합 서비스를 위한 핵심 기술인 증강 및 인식 서비스, 모바일 융합 인터페이스 등이 우리들의 생활에 다양한 서비스를 제공해 주고 있는 현실이다. 앞으로 정부나 기업은 스마트모바일 분야에 대한 적극적 선행 표준화를 통한 기술 및 시장개척을 목적으로 하는 것으로서, 이를 위해서는 우수한 국내 기술을 기반으로 한국내 표준화 및 국제 표준 선도가 빠르게 병행 추진되어야 한다.

최근 SNS를 활용하는 사람들이 늘어나고 스마트 모바일기기 사용자가 늘고 이를 기반으로 하는 모바일 오피스 솔루션이 쏟아지면서 최근 다양한 종류의 스마트 모바일기기로부터 트위터, 미투데이,페이스북 등 소셜 미디어(Social Media)를 활용한 네트워크 서비스(SNS)이용환경과 특성을 기반으로 하는 스마트 워크와 새로운 방식의 스마트 모바일 오피스를 채택하려는 기업들이 빠른 속도로 등장하고 있다. 이번 배경에는 스마트 모바일기기를 활용한 모바일 오피스의 시장동향, 과제, 시장성장 촉진요인, 외부요인 분석, 시장 예측 등에 대해 알아야 할 뿐만 아니라, 새로운 방식의 스마트 워크를 위한 통합 모바일 오피스를 구현하려는 어플(Application, App) 개발 방법론을 설명하고 모바일 엔터프라이즈 애플리케이션 개발 통합 플랫폼(Mobile Enterprise Application Platform, MEAP)에 대한 지식이나 정보를 습득해야 한다.

미래의 모바일융합 혁명 예측에서는 미래 소셜 미디어에 대한 준비에 대해 알아야한다.

최근 떠오르고 있는, 소셜의 무한한 가능성, 스마트 모바일 기기, 실시간 위치 정보 등을 기반으로 다가올 미래를 주도할 이슈들을 세심하게 살펴볼 필요가 있다. 이제 우리는 현재가 아닌 앞으로 5년 또는 10년 뒤를 내다보는 투자를 해야 한다.

사물간 통신, 소셜 미디어 통신망, 단말기의 지능화 등으로 인터넷이 냉장고, 세탁기 등 가전제품에 탑재되고, 자동차 안에서도 다양한 기기와의 통신, 위치 정보, 응용 프로그램 등을 통해서, 곧 휴대폰 없어도 개인 인증만으로 언제 어디서나 인터넷전화나 자율적인 통신이나 정보를 확인 할 수 있는 미래 기술, 더 나아가, 가까운 미래에 일어 날 상황인식(Context-Aware) 기술이 곧 우리 곁에 현실화 될 일만 남아있다.

앞으로 미래에는 어떤 동작을 상상할 때 발생하는 사람의 뇌파, 즉 뇌에서 나오는 일종의 전기신호를 컴퓨터에 보내면, 컴퓨터가 이를 어떤 장치나 로봇이 알아들 수 있는 기계적인 명령어로 바꾸어 전달, 처리하는 기술, 소위 뇌파 무선통신 기술이 더 발전할 것이며. 뿐만 아니라, 고속 다중 처리하는 멀티 Computing Process의 테라 시대가 열려, 실감 융합형 디지털 미디어 시대에 대해 예측을 할 수 있고, 나노 컴퓨팅 기술의 발전으로 나노칩이 내 몸 속으로 들어오고, 뉘앙스나 감정표현형 컴퓨팅이 등장하여, 내 몸과 소통하는 시대가 오며, 기존의 사물 간 지능통신망은 만물공명통신망으로 점차 바뀌며 2020년부터 2030년경에는 전기나 방송파를 마이크로파나 자기장으로 전송하는 시대가 열려 이 때부터는 같은 자기장에 공명하는 새로운 공명통신망이 등장할 것으로 예측된다.

스마트워크 도입의 분위기가 무르익은 것은 ICT(Information & Communication Technology) 기술의 발달로 인해 가능해진 것이다. 네트워크의 진화와 단말기의 성능향상, 스마트단말기의 확산과 같은 하드웨어적 진보와 더불어 미들웨어, 보안, UI(User Interface)의 진보 등 다양한 소프트웨어적인 진화를 통해 스마트워크 요소 기술들을 확보할 수 있게 되었다. 스마트워크 산업이 성장하고 관련 서비스가 확산되기 위해서는 이러한 요소 기술의 발전과 더불어 스마트워크의 서비스를 위한 표준규격, 서비스품질보장을 위한 서비스등급제, 상호 운용성 보장을 위한 연동 규격, 시험 규격 등의 표준과 제도의 정립이필요하다.

"네 안에 잠든 거인을 깨워라"의 저자 앤서니 라빈스는 "인생에서의 차이를 만들어 내는 것은 어떤 사건 그 자체가 아니라 그 사건에 대해 내가 어떻게 해석하고 평가하는가 하는 것이다."라고 그가 쓴 책에서 주장하고 있다.

"훌륭한 삶을 사는 사람들은 무엇이 다른가?" 라는 질문에 변화가 진정한 가치를 지니려면 오랫동안 지속될 수 있어야 한다고 한다. 변화에 대한 부정적인 신념을 버리고 새로운 것에 도전하는 용기를 가진 당신은 분명 남들과 다른 삶을 살 수 있을 것입니다.

앞으로 10년 안에 많은 스마트모바일 융합분야에 많은 변화가 일어날 것이다. 지금부터 10년의 인생을 설계할 때이다. 자기 자신의 운명을 결정하는 것이 환경조건이 아니라 자신의 결단이라는 신념을 가지고 변화에 능동적으로 대처하는 혜안을 가지기를 희망 한다[8].

6.2.1 모바일웹2.0과 SNS(Social Network Service)

웹과 모바일기기의 발달은 필연적으로 두 분야의 결합으로 나타날 수 밖에 없다. 모바일웹이 등장한 것이다. 이미 일본과 미국에서는 휴대폰을 이용한 모바일웹이 많이 활성화된 상태다.

현재 전 세계는 웹에서 모바일웹으로, 그리고 모바일웹에서 다시 모바일웹2.0으로 산업과 문화를 진전시키고 있다. 모바일웹2.0은 '모바일+웹2.0'으로 만들어진 낱말이다. 웹2.0의 개념과 문화를 모바일에 접목시킨 것이 모바일웹2.0인데, 웹2.0의 개념과 문화라고 하면 '쉬운 웹을 통한 참여와 공개, 공유의 확산'으로 설명할 수 있다. 모바일웹2.0은 모바일 환경에서도 쉬운 웹 환경을 제공함으로써 사용자의 참여를 확산시키고, 이를 통해 정보의 공개 및 공유를 구현하는 환경과 문화를 말한다. 궁극적으로 모바일플랫폼에서도 분산화, 집단지성의 활용을 이용한 '긴 꼬리(long tail)' 문화와 경제를 구현하는 것이 일차 목표라 할 수 있다.

모바일웹의 최근 변화 방향

- 폰 해석방식의 풀브라우징 지원 강화
- 단말기 내장 정보 부족 문제를 증강현실 기술로 해결 중, 공간 확장, 정보 확장
- 검색하지 않고 검색이 가능한 새로운 지식, 정보 유통 채널의 도입
- 쉬운 웹의 도입으로 웹2.0의 참여, 공유 문화 도입, 휴대폰 UCC의 활성화
- 모바일 경제의 빠른 확장

웹2.0이 '긴 꼬리'의 참여와 공유, 집단지성을 주요 특징으로 삼으면서 웹을 이용한 소셜 네트워크를 내세우는 반면 모바일은 지극히 개인적인 단말기라는 특징이 있다. 모바일기기가 지닌 가장 큰 특징은 언제 어디서나 가지고 다니는 이동성과 개인 혼자서 사용하는 개인성의 두 가지로 대변된다. 위키피디아, 소셜 북마크 같은 집단지성으로 대표되는 웹2.0문화가 지극히 개인적인 모바일 문화와 어우러지는 일이 쉽지 않아 보이지만 실제로 이 둘은 절묘하게 궁합을 맞추고 있다. 모바일이 주는 환경적 장점이라면 24시간 내내 언제 어디서나 쉬지 않고 네트워크에 접속할 수 있다는 것으로, 끊임없는 접속을 통해 실시간으로 정보를 생산, 배포, 공유할 수 있다. 모바일웹2.0 서비스를 보면 다수가 어우러지는 SNS서비스가 크

게 성장했음을 알 수 있다. 대표적인 서비스가 바로 트위터다. 모바일이 지닌 개인성과 웹2.0이 지닌 참여라는 두 가지가 모여 모바일웹2.0은 집단과 개인이 조화를 이루는 문화와 경제를 새롭게 구현해가고 있다.

최근 들어 전문적인 모바일SNS도 급격하게 확산되고 있다. 일본 DeNa의 모바게타운은 2009년 3월 기준으로 1,300만 명의 가입자를 확보하며 대표적인 모바일 SNS로 자라잡고 있다. 최근 모바일SNS의 가장 두드러진 특징은 다양한 분야의 업체들이 모바일SNS 시장에 진입하고 있다는 것이다. 이들을 살펴보면 이동통신사업자, 포털, 단말기 제조사 등 통신시장에 참여하고 있는 대부분의 업체들이 모바일 SNS를 출시하고 있다.

가령 글로벌 이동통신사업자인 보다폰(Vodafone)은 모바일SNS 업체인 집(Zybe)을 인수한 바 있다. 인터넷 시장의 공룡기업 구글은 래티튜디(Latitude)라는 위치기반형 모바일SNS를 출시했다. 세계 최대 단말 제조사 노키아는 독일의 모바일SNS 사업자인 플래이지즈(Plazes)를 인수하여 모바일SNS 시장 진입을 시도하고 있다.

SNS는 모바일이라는 날개를 달고 우리 생활 깊숙이 자리잡고 있다. 다양한 뷰야의 업체들이 모바일SNS 시장에 나서는 것은 그만큼 모바일SNS의 영향력이 높아질 것을 예상하는 것이다.

모바일SNS는 이들 기업의 매출 증대에 도움이 되며, 특정 고객군을 집중 공략하여 로열티를 강화시켜 해지율을 감소시키는 효과가 기대되기 때문이다.

6.2.2 모바일 광고시장

광고는 모바일 서비스의 수익 모델 중에 가장 기본적인 형태가 될 것임은 분명하다. 모바일 서비스들의 트랙픽이 증가하면서 자연스레 모바일 광고시장도 빠르게 커지고 있다. 스트라베이스 보고서에 의하면 전세계 모바일 광고시장의 규모는 2009년 73억 8천만 달러로 집계되었으면 2012년까지 연평균 53%의 성장률을 보일 것으로 예상되고 있다. 해당보고서가 예상한 2012년 모바일 광고시장 규모는 191억 5천만 달러이다.(그림 6.2.2.1)

모바일 광고는 SMS, WAP, Display 광고, 검색 광고, 리치미디어, 푸쉬형 광고 등과 같이 다양한 유형으로 발전하고 있다. 스마트폰 성장과 함께 Mobile Web내 Display 광고와 In-Apps 형태같은 Interactive 광고가 주목 받고 있지만 아직까지는 SMS 기반의 광고가 가장 큰 비중을 차지하고 있다.

스트라베이스 보고서에 의하면 2010년 전체 모바일 광고 시장 중에 48%가 SMS 기반일 것으로 예상되고 있다. 과거 스팸성 문자에 대한 기억 때문에 SMS기반 광고에는 부정적인 인식이 많지만 시장 조사 결과 SMS 기반 광고도 매우 좋은
효과를 얻는 것으로 알려져 있다. 마케팅업체 Direct Marketing Association의 보고서에 의하면 SMS 광고의 평균 클릭율은 14.06%, 평균 전환율은 8.22%로 기존인터넷 Display 광고나 이메일 광고 등에 비해 훨씬 높은 편이다. (그림 6-6)

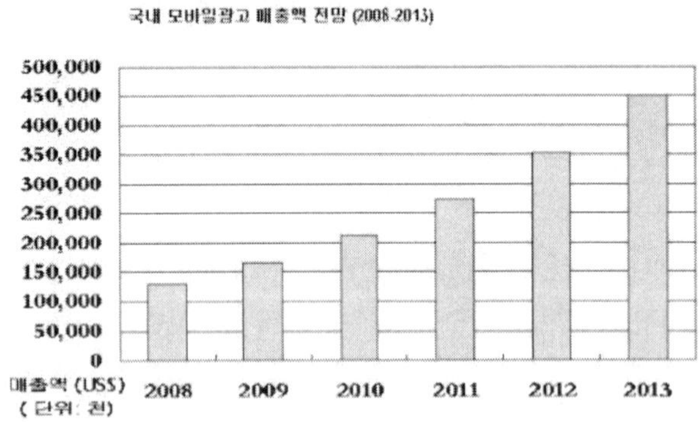

<전세계 모바일 광고 시장 규모 전망>

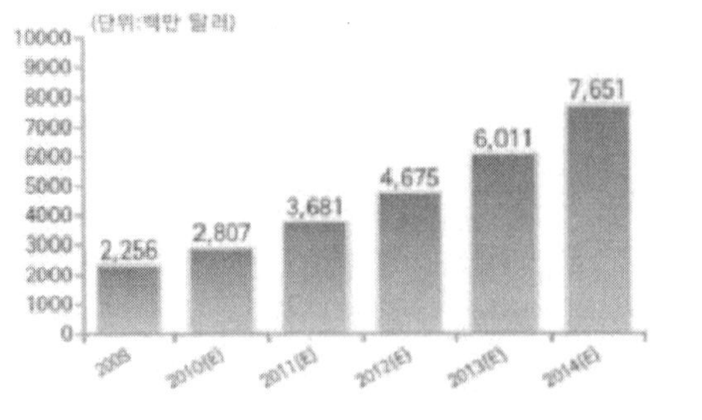

[Source : PWC, ATLAS 재인용]

(그림 6-6) 국내 & 세계 광고 시장 추이

스마트폰의 대중화와 함께 AdMob, iAD와 같은 새로운 형태의 광고 기법들이 발전하면서 기존 SMS 기반의 광고 시장은 빠르게 개편될 것으로 보인다. 다양한 매체 중에 가장 높은 증가율을 보이는 것은 동영상 기반 모바일 광고이다.

불안정한 세계 경기 전망에도 불구하고, 미국 내 인터넷 광고 수익 규모는 지난해 20% 이상 성장하는 등 지속적인 성장세를 유지하고 있는 것으로 드러났다. 특히 모바일 광고 수익이 급성장세를 보이고 있어 향후 모바일 관련 비즈니스의 전망을 밝게 하고 있다.

프라이스워터하우스쿠퍼스(PwC)에서 발간한 2011년 인터넷 광고 수익 보고서(IAB Internet Advertising Revenue Report)에 따르면, 미국 인터넷 광고 수익 규모는 지난 2011년 모두 317억4천만 달러를 기록한 것으로 나타났다. 이는 2010년 모두 260억4천만 달러보다 약 21.9% 증가한 것. 지난 2002년 이후 매년 20% 이상의 꾸준한 성장을 이어왔다. (그림 6-7)

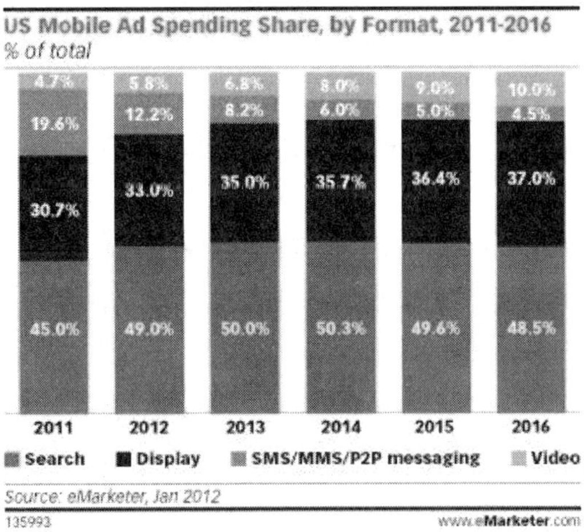

(그림 6-7) 미국 모바일 광고 서비스 성장 추이

무엇보다 모바일 광고 시장이 주목을 끈다. 미국 내 모바일 광고 수익 규모는 지난 2010년 모두 6억4천만 달러에서 2011년에는 모두 16억 달러를 기록했다. 두 배가 넘는 149% 성장률을 기록한 것이다. PwC의 파트너인 데이비드 실버맨는 보고서를 통해 "2011년은 모바일 광고 시장에서 매우 의미있는 한 해였다."며 "이 시장이 앞으로도 강력한 성장세를 보일 것으로 기대한다"고 언급했다.

모바일 광고 시장이 빠르게 성장하고 있지만, 전체 인터넷 광고 시장에서 차지하는 비율은 2011년 약 6%로 아직 미미하다. 광고주와 시장 모두에게 의미있는 시장으로 성장하기 위해서는 좀 더 시간이 필요할 것으로 보인다.(그림 6-8)

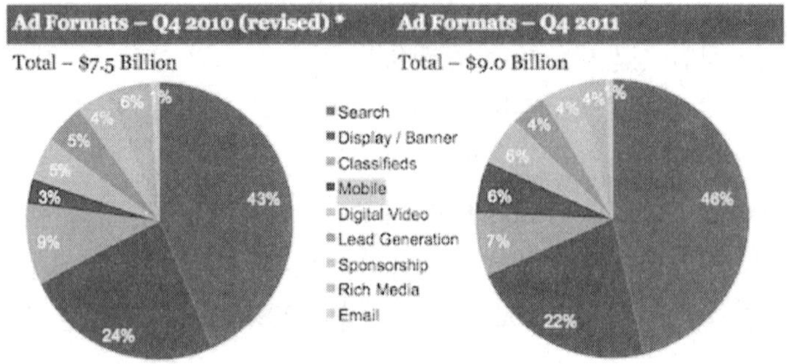

(그림 6-8) 미국 전체 인터넷 광고 시장별 점유율

이와는 별도로, 전체 광고 시장에서 인터넷 광고가 차지하는 비중이 끊임없이 변하고 있는 점도 주목할 부분이다. 보고서에 따르면 미국 내 공중파 TV 시장은 큰 흔들림없이 유지되고 있다. 반면 수익점유율을 기준으로 케이블 TV는 2011년부터 인터넷 광고에 따라잡혔다. (그림 6-9)

점유율 하락이 눈에 띄는 것은 종이신문이다. 2005년 공중파 TV보다 큰 비중을 차지하던 것이 2011년에는 라디오보다 조금 더 나은 수준으로 떨어졌다. 광고 시장의 온라인화가 진행됨에 따라 신문 광고 시장의 몰락은 계속 될 것으로 보인다[9].

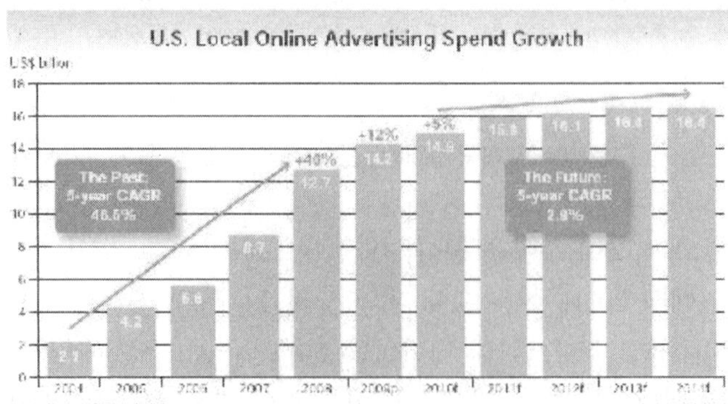

(그림 6-9) 미국 전체 광고 시장별 점유율

6.2.3 모바일 위치기반서비스(LBS : Location-Based Service)

위치기반 서비스는 이동통신과 연계되어 이미 많은 분야에서 서비스되고 있다. 가장 흔히 접할 수 있는 위치기반 서비스는 이동통신사에서 제공하는 '친구찾기'다. 내가 등록한 친구가 지금 어디에 있는지 휴대전화를 통해 수시로 체크할 수 있는 서비스다. 물론 친구의 동의는 필수다. 이 친구찾기 서비스는, 최근 유괴나 납치 흉악범죄 소식이 있을 때마다 덩달아 인기를 끌며 이미 가장 인기 있는 위치기반 서비스 하나로 자리잡고 있다.

전세계 인터넷 검색 서비스의 절대강자 구글이 제공하는 '스트릿뷰' 서비스도 위치기반 서비스라 할 수 있다. 스트릿뷰는 단순히 지도검색에 그치는 것이 아니라 지도상의 도로 주변을 3차원 사진으로 제공한다. 구글의 스트릿뷰는 보고 있으면 마치 내가 길을 걸어가면서 주변을 보는 것 같은 느낌을 준다. 미국여행을 해 본 사람이라면, 구글 스트릿뷰를 통해 여행 당시 걸었던 그 길을 다시 걷는 기분이 들어 여행할 때를 자연스럽게 떠올릴 수도 있다. 미국을 중심으로 시작한 이 서비스는 점차 전세계로 확대되는 추세다.

이밖에 서울시에서 제공하는 시내버스 정보안내 서비스도 일상생활에서 유용하게 쓸 수 있는 위치기반 서비스다. 이 서비스에서는 시내버스의 도착 예정시간 등을 휴대전화나 PC에서 검색할 수 있다. 언제 올지 모르는 버스를 눈 빠지게 기다릴 필요가 없게 된 것이다. 물론 최근 스마트폰 앱을 통해 더 많이 활용되고 있지만 말이다.

위치기반 서비스가 확산되고 있기는 하지만 아직까지 보편화되었다기보다는 필요성이 높은 일부 계층에서만 이용하는 수준이라 할수 있다. 그런데 이런 위치기반 서비스 관련 시장이 향후 급격하게 성장할 것으로 기대된다.

시장조사기관 ABI리서치에 따르면 전 세계 위치기반 서비스 시장 규모는 2007년 5억 1,500만 달러에서 2013년에는 133억 달러로 늘어날 것으로 예측한 바 있다. 전망에 따르면 불과 5년 사이에 25배가 넘는 규모로 급격한 성장이 이루어져 위치기반 서비스가 더욱 보편화될 것으로 보인다.

이러한 전망을 뒷받침하듯 최근 많은 기업들이 위치기반 서비스에서 새로운 사업기회를 찾느라 분주하다. 세계 휴대전화시장에서 독보적 위치를 점하고 있는 노키아는 2007년 미국의 지도 콘텐츠 업체인 나브텍(Navteq)을 인수한 바 있다. 노키아는 지도 콘텐츠를 휴대전화에 탑재해 수준 높은 위치기반 서비스로 타사 제품과 차별화한다는 계획이다.

이동통신사업자들도 혁신적 위치기반 서비스 개발에 열을 올리고 있다. 휴대전화는 개인의 분신과 같은 존재일 뿐 아니라 이동중에도 항상 가지고 다닌다는 측면에서 위치기반 서비스

적용이 용이한 환경에 있기 때문이다. 이러한 여건을 잘 활용할 경우 위치기반 서비스가 통신시장의 새로운 수익 창출의 기회로 활용될 수 있을 것이다.

구글은 증강현실과 접목한 서비스인 '고글'을 제공하고 있다. 스마트폰 렌즈로 사물이나 건물을 비추면 그에 관련된 정보가 바로 검색되는 서비스이다. 트위터 공동 창업자 중 한 사람인 잭 도시는 모바일결제와 위치기반서비스를 결합한 서비스 '스퀘어'를 선보였다. 이는 길거리 영세 상인들이 거래할 때 유용하다. 스퀘어 리더를 스마트폰에 연결하면 신용카드 단말기로 전환되기 때문이다.

실생활에 접목된 위치기반 서비스는 백화점, 대형마트, 인터넷몰, 홈쇼핑이 내놓은 애플리케이션이 대표적이다. 가장 가까운 매장을 검색 및 매장에 들어서면 찾는 상품이 어디에 진열돼 있는지 알려주고, 행사 관련 메시지와 할인쿠폰까지 실시간 전송된다.

위치기반 서비스는 수요자(소비자, 기업, 공공) 및 서비스 성격(지역정보제공, 위치추적)을 기준으로 6가지 유형으로 구분할 수 있다〈표 6-1〉.

〈표 6-1〉 위치기반 서비스의 유형

구분	지역정보 제공	위치추적
소비자	1. 위치기반생활정보 제공 - 구글의 '구글맵 모바일' - 소니의 '휴대용 GPS수신기'	2. 텔레매틱스 - GM의 '온스타' - TOYOTA의 'G-BOOK'
기업	3. 지도기반 웹사이트 제작 - 윙버스의 '여행지도 서비스' - 월드시트의 '여행지도 서비스'	4. 물류, 자산관리 시스템 - Norwich Union의 'Pay-As-You-Drive'보험 - Fedex의 'Tracking'서비스
공공	5. 위치기반 지리정보 시스템 - 에스원의 '스쿨존 안전시스템' - 구글의 '구글어스'	6. 지능형 교통 시스템 - 독일 콜콜렉트 '통행료징수시스템' - 서울시 '실시간버스운행정보시스템'

위치서비스 단순히 지형적 위치, 주변 건물위치를 생각한다. 그러나 위치개념을 사물과 무형의 기술, 감정, 욕구의 위치에 온라인, 가상세계의 위치까지 포함시키면 위치 서비스 범위는 매우 넓어진다.

웹이라는 것 자체가 문서 위치를 파악해서 원클릭으로 연결하는 서비스이고, 검색기술이 문서 위치를 찾아주는 서비스다. 또한 남의 위치를 아는 것만큼이나 자신의 위치를 알리는 것도 중요하며, 무엇보다 자신을 둘러싼 사람과 사물의 오프라인 온라인 위치를 끊임없이 파악하는 것이 비즈니스적으로 큰 의미가 있다. 물론 앞으로는 단순 위치파악에서 벗어나 상황정보와 욕구가 결합된 위치서비스로 발전할 것임을 예상할 수 있다. 위치기반 서비스는 크게 다음과 같은 세가지로 분류할 수 있다[10~12].

• 사물 위치 파악하기
• 사람 위치 파악하기
• 온라인상 아바타와 오프라인 상 아트만 위치 파악하기

현재까지는 위치기반 서비스라고 해서 단순하게 내 위치와 친구 위치를 파악하거나 주변 식당 위치를 찾아주는 수준에서 머물고 있다. 위치를 알려주는 일만으로도 버거운 것이다. 그러나 조금 후에는 단순 위치 정보만으로는 효용성이 한계를 가질 것이므로 위치 정보에 "상황 정보"를 포함시켜서 제공하는 서비스로 이전될 것이다.

6.2.4 모바일 콘텐츠

모바일 경제 시대가 되면서 정보 생산, 유통, 소비가 모바일 쪽으로 옮겨가고 있다. 현재 모바일 콘텐츠 시장에서 빅4라면 노래, 동영상, 책, 게임이다. 이미 게임은 온라인게임과 비디오게임에 이어서 모바일게임이 새로운 시장을 크게 형성해가는 중이고, 전자책 분야도 킨들 등의 성공에 힘입어 빠르게 성장하고 있다. MP3와 동영상 역시 아이폰의 성공과 아이튠즈 앱스토어의 영향으로 빠르게 모바일 시장으로 넘어가고 있다.
모바일 인터넷 이용자들이 포털 사이트에 접속해서 가장 많이 즐기는 콘텐츠로는 웹서핑이 가장 많았고(31%), 실시간 교통 정보, 지도 검색, 날씨 정보, 증권 정보 등 생활 밀착형 콘텐츠(29%), 동영상, 게임, 만화 등 엔터테인먼트 콘텐츠(27%), 뉴스 콘텐츠(9%)등의 순이다.

6.2.4.1 모바일 게임

게임도 모바일로 넘어가고 있는 중이다. 일본이나 미국에서는 모바일 게임이 성장하면서 비디오게임이나 온라인게임이 타격을 받고 있다. 2009년 여름에 발매된 '드래곤 퀘스트9'의 경우 단 이틀 만에 230만 개가 팔린 것이 한 사례다. 드래곤 퀘스트는 시리즈 전체로 5000만 개가 팔린 베스트셀러 게임이다.

이제 집에서 하는 게임 시대가 아님은 다른 게임 순위로도 확인할 수 있다. '드래곤 퀘스트 9'가 발매되던 주의 일본 게임 판매 순위 톱10 안에 있는 게임 중 8개가 휴대용 게임이었다. 또한 지금까지는 닌텐도 DS, PSP와 같은 전용 휴대형 게임기를 통해 게임을 했지만 MP3P, PMP, 휴대폰, 디카, 휴대형 게임기를 모두 들고 다닐 수 없는 상황에서 결국 스마트폰으로 통일될 것으로 예상 할 수 있다. 아이폰의 성장과 함께 잘나가던 닌텐도의 휴대용 게임기인 닌텐도DS가 하락세로 반전한 것이 그 예다.

휴대형 게임기가 아닌 휴대폰형 게임이 앞으로 큰 성장을 할 것임을 보여주는 사례로는 넥슨모바일의 '메이플스토리'가 있다. 메이플스토리는 국내에서 2004년 4월 출시된 이후 2009년까지 누적 내려받기 700만 건을 기록했다. 특히 2008년 5월에 출시된 '도적 편'이 1년이 되기 전에 270만 건을 넘은 것에서 알 수 있는 것처럼 시간이 지날수록 더욱 빠른 속도로 사용자가 늘고 있음을 알 수 있다.

집에서 하던 게임이 모바일 게임으로 변화하면서 모바일게임 시장을 둘러싼 경쟁이 치열하다. 과거에는 닌텐도 DS, PSP와 같은 휴대용 게임기까지 경쟁을 했으나 아이폰 등장 이후 상황이 달라졌다. 아이폰과 같은 스마트폰을 이용한 게임 사용자가 갈수록 증가하면서 휴대용 게임기 매출이 급격하게 둔화되고 있는 것이다. 아이폰의 앱스토어에는 수만 개가 넘는 게임이 있다. 더구나 아이폰용 게임은 유통구조의 단순화로 인해 같은 게임일 경우 휴대용 게임기의 5분의 1가격에 팔리고 있다. 같은 게임을 더 고급 사양인 아이폰에서 더 싸게 즐길 수 있다면 누가 휴대용 게임기 게임을 구입하겠는가. 결국 모바일게임 최대 플랫폼은 닌텐도DS에서 점차 아이폰과 같은 스마트폰으로 넘어가고 있는 상황이다.

한국에서도 지금까지는 모바일게임이 웹용 게임으로 출시되었으나 점차 아이폰, 안드로이드폰과 같은 스마트폰용 게임으로 시장이 변화할 것으로 예측하고 있다. 게임관련 업체들도 당연히 플랫폼의 변화를 준비하고 있다. 사실 이런 변화를 더 주목해야 하는 곳은 게임업체가 아니라 광고나 마케팅에 중점을 두고 있는 일반 기업의 마케터들이다. 플랫폼 변환기에는 저렴한 비용으로 효과적인 마케팅이 가능해지기 때문이다.

6.2.4.2 모바일 동영상

동영상 서비스의 경우 지나친 트래픽 부담으로 지금까지 모바일에서는 수익성이 좋지 않는 사업으로 인식되었으나 최근에는 동영상 콘텐츠에서도 비즈니스 모델이 계속 등장하고 있다. 일본에서 2009년 5월 개국한 BeeTV의 경우 1달 동안 30만 회원가입에 1000만 건의 내려받기를 기록하여 성공적인 서비스로 자리 잡았다. BeeTv는 에이벡스(AVEX)와 NTT도코

모가 공동으로 운영하는 모바일 동영상 사이트로 월정액 315엔을 내고 8개 채널, 21개 프로, 200개 이상의 이야기를 마음대로 볼 수 있는 서비스다.
BeeTV 역시 인기도에 따라 제작자와 출연자에게 수익금을 분배하는 등 기존 방송국에나 웹 기반의 동영상 사이트에서는 하지 않았던 차별화를 통해 성공을 거두었다. 일종의 앱스토어처럼 동영상 오픈마켓을 만든 셈이고 이런 차별화가 더 재미있는 동영상을 제작하려는 제작자의 선순환 구조로 이어진 것이다.
한국의 이동통신사업자들로 2010년 와이브로,LTE의 설치로 대용량 데이터 전송이 보다 빨라지고 안정화 될 것으로 보인다.

6.2.4.3 모바일 음원파일

음악파일을 유료로 판매하는 일은 더욱 어려운 일이라고 말했지만 애플은 성공적으로 콘텐츠 유료판매 시장이 있음을 증명했다. 애플은 2004년 7월11일에 1억 곡 다운로드를 달성함으로써 MP3 파일의 유료 시장이 가능하다는 사실을 확인시켜 주었다. 아이튠즈가 2003년 오픈된 이후 10억 곡을 판매하기까지는 3년이 걸렸다. 그러나 다음 10억 곡인 20억 곡의 판매까지는 불과 10개월만 걸렸을 뿐이다. 그리고 2009년 1월에는 다시 60억 곡 판매를 달성했다. 하루 1000만 곡이라는 천문학적인 노래가 판매되고 있는 것이다. 세계 디지털 음악 시장의 70%가 아이튠즈 한 곳에서 달성되고 있는 상황이다.
아이튠즈 뮤직 스토어의 프로그래밍 디렉터는 잘 알려진 히트곡만 스토어에 올리는 것이 아니다. 음악 전문가로 구성된 그들은 오래되고 절판된 음악을 찾아서 항상 헤맨다. 또한 고객이 원하는 음악이 있다면 달려가서 구해 온다. 이들은 절판된 싱글은 물론이고 CD로 제작된 적이 없는 노래들, 심지어는 작고한 아티스트의 자택에서 발견된 레코딩까지 아이튠즈 뮤직 스토어에 상품으로 올린다. 이런 희귀곡들은 LP나 CD로 제작하기도 힘들고, 배달비용이 더 든다. 그러나 디지털 파일 판매는 수천 장의 CD를 찍을 필요도 없고 반품 걱정도 없다. 인코딩 한 번만 해서 스토어에 올려놓으면 된다. 심지어 자기 방에서 녹음한 디지털 파일로 데뷔 앨범을 낼 수도 있다. 영세한 음반업체나 가난한 아티스트에게 아이튠즈 뮤직 스토어는 새로운 음악 배포 방법의 길을 열어준 셈이다. 오프라인 시절에는 구하고 싶어도 구할 수 없는 노래를 아이튠즈 뮤직 스토어에서는 구할 수 있기 때문에 사람들은 아이튠즈를 이용하는 것이다.
애플의 아이튠즈에 도전하는 기업은 아마존이다. 아마존은 아이튠즈의 대항마로 DRM 제약이 없는 음악파일 200만 곡을 제공하는 서비스를 2007년부터 실시했다. 이후 600만 개가 넘는 DRM 프리 뮤직을 내려받을 수 있다. 아이팟 배포로 아이튠즈의 매출도 크게 늘었지만 아마존의 음악 콘텐츠 매출도 계속 향상되고 있어 미국 시장에서 두 기업은 콘텐츠 경쟁 상대로 성장하고 있는 중이다. 두 기업은 MP3 외에도 전자책과 게임 등 다양한 콘텐츠에서 경쟁 관계를 이루고 있다.

미국과 달리 한국에서는 음악 콘텐츠 시장이 콘텐츠 업체가 아닌 이동통신사 위주로 진행되면서 발목이 잡힌 상태다. 현재 국내의 디지털 음원 시장은 SK텔레콤 '멜론', KTF '도시락', LG텔레콤 '뮤직온' 중심으로 판매되고 있다. 디지털음악산업발전협의회에서 발표한 휴대폰 관련 모바일 음원 시장 규모는 2200억 원가량으로 일반 판매 650억 원과 인터넷을 통한 디지털 음원 시장 1500억 원을 합친 것보다 큰 규모이다. 그러나 이렇게 판매된 매출은 제작사나 가수에게 가지 않고 대부분 이통사가 차지함으로써 음악 콘텐츠 생산에 투입되지 않는 악순환이 반복되고 있다. 한국의 음악 시장은 이통사에 발목이 잡힌 상태인 것이다.

6.2.4.4 모바일 e-Book

일본에서 모바일 소설은 작가는 물론 출판사에도 새로운 돌파구를 열어주고 있다. 서적 반품률이 40%에 달하는 일본에서 모바일 출판은 재고 0%를 기록할 수 있는 분야이기 때문이다. 팔려나간 60%의 책에서 이익으로 들어오는 것은 10~30% 이지만 재고로 들어오는 것은 100% 손해가 되기 때문에 재고 부담은 출판사에도 큰 부담이다. 종이로 출간되는 책은 출간비용과 유통 과정에서 창고비용, 운송비용 등 많은 비용 부담을 안겨준다. 그런 면에서 전자책과 모바일 책은 적게 팔린다 하더라도 재고 부담이 없어 종이책의 단점을 상쇄시킨다.

휴대폰 소설의 인기는 영화업계에도 영향을 미치고 있다. 아라가키 유이 주연의 〈연공〉, 미나미사와 나오 주연의 〈붉은 실〉, 사사키 노조미 주연의 〈천사의 사랑〉등이 영화로 만들어졌거나 제작 중이다. 〈〈천사의 사랑〉〉은 1300만의 회의 페이지뷰를 달성했으며 초판만 50만 부를 찍을 정도로 큰 인기를 얻은 베스트셀러다.

디지털 시대에는 "콘텐츠는 킹이다"라는 말은 맞는 말이다. 하지만 콘텐츠가 특화된 것이 아니라면 시장을 지배할 수 없다. 예를 들어 메디라인과 같은 의학논문 초록서비스는 독과점 정보다. 이런 경우에는 콘텐츠에 약간의 서비스만 더해도 돈을 받고 팔 수 있다. 반면 개봉영화 정보나 연예가 화제는 독점이 아닌 정보다. 이런 정보를 제공하는 경우에는 서비스를 팔아야 한다. 독과점이면 콘텐츠를 팔고 독과점이 아니면 서비스를 팔아야 한다는 얘기다.

독과점인 콘텐츠는 찾아보면 많다. 만화는 만화가만 섭외하면 독점할 수 있다. 책도 저자나 출판사와 계약하면 독점할 수 있다. 게임도 그렇다. 이런 서비스는 콘텐츠 자체를 팔 수 있다. 만화책은 시장에 진입하고 지배력을 갖출 수 있는 기초 자료가 된다. 이 콘텐츠를 어떻게 가공하느냐에 따라서 새로운 서비스가 가능하다. 기본적으로 단순히 보기만 하는 콘텐츠 시대에서 재활용하고 재생산하는 시대로 넘어가야 할 것이다. 반면 뉴스는 독과점이 아니다. 이런 서비스는 더 많이 갖게 만들고 더 많이 사용하도록 해야 한다.

6.2.5 모바일 금융 서비스

스마트폰 열풍에 힘입어 모바일 뱅킹 시장이 지난해 100조원을 처음으로 넘어선 것으로 나타났다. 특히 스마트폰은 기존 전자금융 시장에도 변화를 몰고 와 인터넷뱅킹 중심의 전자금융이 스마트폰을 기반으로 한 모바일 뱅킹으로 빠르게 이동하고 있다.

한국은행에 따르면 국내 스마트폰 뱅킹 이용자는 아이폰, 갤럭시S 등 스마트폰 열풍에 힘입어 1년사이에 100배 이상 증가했다. 2010년 9월말 기준 스마트폰 뱅킹 등록 고객은 136만9000명으로 2009년말 1만3000명에 비해 폭발적인 증가세를 기록했다.

스마트폰 뱅킹의 하루 평균 이용건수도 2010년 1분기 3만1000건에서 2분기에는 22만4000건으로 늘었다. 특히 3분기에는 처음으로 100만건을 넘어서 104만8000건으로 급증했다.

2009년 12월부터 2010년 7월까지 신한은행, 국민, 외환 등 15개 은행에서 스마트폰을 통해 거래된 자금규모만 2조5763억원에 달한다. 거래건수도 300만건을 돌파했다. 스마트폰을 통한 전자금융 거래가 활성화되면서 모바일 뱅킹을 통한 전자금융(금융권 전 업종 포함) 거래금액만 지난해 100조원을 넘어설 것으로 예상된다.

스마트폰 사용자가 급증하자 PC와 폰뱅킹 위주의 전자금융 거래방식에서 모바일을 통한 거래 방식으로 구조가 바뀌고 있다는 것이 전문가들의 분석이다. 금융감독원에 따르면 인터넷과 CD/ATM, 폰뱅킹을 통한 전자 거래는 정체하거나 감소하고 있는 반면 모바일 거래 건수는 40% 이상이 증가했다.

지난 3년간 은행의 모바일 뱅킹 거래건수를 분석한 결과 2008년 565만8800건에서 2009년 824만8100건, 2010년에는 3분기까지 842만9500건으로 크게 증가했다. 거래금액도 2008년 약 54조원에서 2009년 88조원으로 뛰더니, 2010년에는 3분기까지 94조9000억원을 기록했다.

이에 따라 금융당국은 지난해 기준으로 모바일 뱅킹 거래건수가 1000만건, 100조원을 돌파한 것으로 추정하고 있다.

이처럼 스마트폰 기반의 전자거래가 예상보다 빠르게 활성화되자, 금융권은 신종 앱 서비스를 포함한 스마트폰 기반의 금융상품 등 업권 별로 치열한 시장 선점 경쟁에 돌입했다. 몇몇 은행과 카드사는 스마트폰을 포함한 태블릿PC 등 신종 휴대기기를 아우를 수 있는 앱을 준비하고 있으며, 신종 금융채널 확보를 위해 별도의 테스크포스를 꾸리는 등 발빠른 행보에 나서고 있다.

하나금융지주는 지난해 말 하나은행, 하나SK카드, 하나HSBC 생명, 하나대투증권 등 계열사를 묶는 '스마트웨이브 TF팀'을 구성했다. 신한은행도 지난해 12월 별도의 TFT팀을 구성하는 한편 컨설팅업체에 자문을 받아 경쟁력 강화에 나서고 있다.

카드사들도 통신사와 제휴해 모바일 카드 경쟁에 본격적으로 나서고 있다. 하나SK카드와 신한카드가 시작한 모바일 카드 시장을 겨냥해 BC카드가 독자적인 모바일 카드 개발에 성공, 경쟁이 격화되고 있다. 또 삼성카드, 롯데카드 등 전업계 카드사들도 모바일 카드 경쟁에 뛰어들면서, 올해 모바일 신용카드 시장 선점 경쟁도 한층 치열해질 전망이다.

비자카드와 구글, 퀄컴 등도 NFC(근거리무선통신) 기반의 새로운 전자결제 방식을 선보일 것으로 알려져 스마트폰 전자결제 방식의 표준화를 누가 선점하는지도 새 이슈로 급부상하고 있다[13].

참고자료

[1] http://blog.naver.com/ubsmart?Redirect=Log&logNo=90064730653
[2] http://ko.wikipedia.org/wiki/%ED%83%9C%ED%84%B0%ED%88%B4%EC%A6%88
[3] http://ko.wikipedia.org/wiki/%EC%98%AC%EB%B8%94%EB%A1%9C%EA%B7%B8
[4] http://ko.wikipedia.org/wiki/%EB%B8%94%EB%A1%9C%EA%B7%B8%EC%BD%94%EB%A6%AC%EC%95%84
[5] http://ko.wikipedia.org/wiki/%EC%9D%B4%EA%B8%80%EB%A3%A8%EC%8A%A4
[6] http://ko.wikipedia.org/wiki/%ED%8B%B0%EC%8A%A4%ED%86%A0%EB%A6%AC
[7] 스마트 시대 핫 트렌드 33(한승진외 2명, 토네이도)p97~102
[8] http://www.asiatoday.co.kr/news/view.asp?seq=658979
[9] http://tochit.kr/2387
[10] http://www.newsprime.co.kr/news/articleView.html?idxno=182717
[11] http://blog.naver.com/kimjs6442?Redirect=Log&logNo=100092874493
[12] http://cafe.naver.com/scutime.cafe?iframe_url=/ArticleRead.nhn%3Farticleid=111
[13] http://www.dt.co.kr/contents.html?article_no=2011011802010151741002

제 7 장

클라우딩 컴퓨팅과 빅 데이터

빅 데이터와 클라우드 기술은 함께 발전한다. 빅 데이터는 처리를 위해 클라우드 서비스가 제공해 줄 수 있는 서버군을 필요로 한다. 하지만 실제로는 어떨까? "클라우드"와 "빅 데이터" 모두 상당한 과장으로 인해 모호하고 아주 넓은 의미로 사용되고 있다. 이 모든 것들을 가능한 간단하게 분석하고, 무엇이 실제로 가능하고, 뭐가 앞으로 가능해질지를 강조할 것이다.

"클라우드"라고 불리는 것은 종종 가상서버로 요약된다. 이는 사용량에 따라 대여가능하고, 자기 자신을 일반 서버로 표현하는 컴퓨터 자원이다. 일반적으로 서비스로 제공되는 기반체계(IaaS)라고 불리고, Rackspace Cloud나 Amazon EC2 같은 플랫폼으로 제공된다. 여러분은 이 서비스의 시간을 구입하고 Hadoop이나 NoSQL 데이터베이스 같은 소프트웨어를 설치하고 설정한다. 'Big Data Market Survey'에서 언급된 대부분의 솔루션은 IaaS 서비스에 배포될 수 있다. IaaS 클라우드 서비스를 이용한다는 것은 모든 배포를 수동으로 해야 한다는 것을 의미하지 않는다. 빅 데이터가 요구하는 장비군에는 다행스러운 소식이다. 자원을 관리하고, 기반도구를 자동화하고, 서버 설치와 설정을 다루는 통합 프레임워크를 사용할 수 있다. RightScale은 클라우드 서버를 관리할 때 일어나는 문제 일부를 완화시키는 상업적인 다중 클라우드 관리 플랫폼이다. OpenStack이나 Eucalyptus 같은 것은 개인 데이터센터와 공개된 클라우드를 같은 인터페이스로 표현하기 위한 프레임워크다. 업계를 아우르는 지지를 끌어들이는 OpenStack은 현재 컴퓨터 자원과 (Amazon의 EC2 같은)과 스토리지(Amazon S3같은) 문제를 해결하고 있다. 향후 2년 간 클라우드 서비스를 쓰는 것은 판매자들이 초기 표준을 채택함에 따라 더욱 간단해 질 것이다. 공통된 인터페이스가 있을 것이고, 공개나 개인 클라우드 장비, 아니면 둘다를 쓰더라도 관계 없을 것이다. 빅 데이터의 경우, 많은 설정 도구가 이미 명백히 Hadoop을 대상으로 하고 있다. 그 중에서 Dell의 Crowbar 클러스터는 간단히 설정하고 배포하는 것을 주 특징으로 하고, Apache Whirr는 Hadoop 서비스와 다른 클러스터 데이터 처리 시스템을 가동하는데 특화되어 있다.

오늘날, IaaS를 쓰게 되면 많은 클라우드 서비스 공급자 중 원하는 것을 선택해서, 개인 클라우드도 사용할 수 있고, 모든 것을 통제할 수 있다. 하지만 배포, 관리, 유지보수를 직접 해야 한다. IaaS를 사용하는 것은 기껏 어느 정도까지만 빅 데이터에 데려다 줄 뿐이다. 그것들은 연산과 저장 자원의 생성을 다룬다. 하지만 더 높은 단계를 해결해 주지 않는다. Hadoop, Hive나 비슷한 솔루션들의 설치가 해결책이다. IaaS를 넘어서, 많은 클라우드 서비스들이 빅 데이터가 작동하는 애플리케이션 레이어를 제공한다. 때로 관리 솔루션이나 서비스로서의 플랫폼(PaaS)이라 지칭되는 이 서비스들은 데이터베이스나 MapReduce 같은 것들을 설정이하거나 확장할 필요를 없게 해 주고, 작업부담과 유지보수를 줄여준다. 추가적으로, PaaS 공급자는 애플리케이션 단계에서 호스팅을 하는 것이 얼마나 효율적인지 알게 되고, 그것 절약분을 고객에게 돌려줄 수 있다. 주력인 VMware(Cloud Foundry)와 Salesforce(Heroku, force.com)를 포함해서, 일반적인 PaaS 시장은 급성장 중이다. 빅 데이터와 기계 학습의 필요성이 업계에 스며드는 만큼, 이 업체들은 빅 데이터 특화 서비스를 추가할 것이다[1].

7.1 클라우드

클라우드(Cloud)란 일반적인 네트워크나 인터넷 등을 도식화하여 표현할 때 사용하는 구름 모양의 아이콘에서 출발한 말이며, 요즘은 네트워크상에서 컴퓨팅 기능을 내재한 클라우드 컴퓨팅(Cloud Computing)을 줄임말로 통용되고 있다. 클라우드 서비스(Cloud Service)란 말은 어휘자체로는 컴퓨팅의 기능을 네트워크을 통해 제공하는 것이라 말할 수 있다. 결국 네트워크에 접속할 수 있는 단말만 보유하게 되면 컴퓨터를 보유하고 있는 것과 같은 상황이 되는 것이다[2].

7.1.1 클라우드(컴퓨팅)의 정의와 특징

클라우드 혹은 클라우드 컴퓨팅에 대한 정의는 대다수의 IT 용어와는 달리 기술적인 차원에서 정의하지 않고 그 특징을 통해 정의하고 있다. 그것은 클라우드 컴퓨팅에 대한 기술은 매우 다양하며, 기존의 여러 기술들이 어우러져 나타나고 있으며, 아직도 그 정의 자체도 진화되어 가고 있기 때문일 것이다.
클라우드 컴퓨팅에 대한 정의 중에서 미국기술표준원(NIST)의 정의에 따르면, 핵심적인 특징은 ① 사용자의 요구기반에 따라 만들 수 있어야 하며, ② 광대역 네트워크를 통해서 접속이 이루어져야 하며, ③ 컴퓨팅 자원이 구축되는 위치는 어디든지 상관이 없어야 된다. 그리고, ④ 그 사용량에 따라 순간적으로 자원량이 늘어났다가 줄어들었다 할 수 있는 신축성이 있어야 하며, ⑤ 얼마만큼 사용하고 있는지 항상 측정될 수 있어야 한다. 일반적인 클라우드의 정의 이외에도 스마트폰이나 타블릿PC 등을 활용하는 모바일 클라우드(Mobile

Cloud)라는 개념과 클라우드와 사용자를 연결해 주는 인터페이스 부분을 개인 사용자를 중심으로 연동시켜 하나의 환경으로 꾸밀 수 있게 해주는 퍼스널 클라우드(Personal Cloud)와 같은 개념도 새로이 등장하고 있다[3].

Gartner의 10가지 전략 기술로 2009년부터 2011년까지 3년 연속으로 선정된 것을 포함 하여, 많은 전략 기관이나 글로벌 기업들에서 클라우드 컴퓨팅을 향후 IT 업계의 가장 중요한 핵심 기술 및 성장 사업으로 인식하고 있다. 스마트폰과 태블릿PC 등 다양한 모바일 디바이스의 폭발적인 증가와 인류가 직면한 데이터 폭증 문제가 클라우드 컴퓨팅의 활성화에 도화선이 되었다. 또한 유무선 인터넷 접속의 대중화 또한 클라우드 컴퓨팅의 성장기여의 중요한 요소이다. 이제는 클라우드가 하나의 새로운 기술이나 서비스가 아닌 누구나 피해갈 수 없는 대세의 큰 흐름으로, IT 문화로 받아들여지고 있다. 클라우드 컴퓨팅이 2006년 구글에서 처음 언급되었을 때는 유휴 IT 자원을 효율적으로 사용하기 위한 방안으로 제시된 개념이었다. 이제는 모든 IT 서비스가 클라우드와 접목되어 이야기되고 있으며 광범위하게는 클라우드를 인터넷을 통해 제공되는 IT 자원이나 정보로 재정의 하고 있다. 조금 더 구체적인 개념으로 접근하면, 클라우드 컴퓨팅은 스토리지, 컴퓨팅 자원, 네트워크, 소프트웨어 등의 다양한 IT 자원들을 가상화 기술로 통합하는 구름(Cloud)으로 보고, 사용자는 PC, 스마트폰, 태블릿PC, 노트북 등 컴퓨팅이 가능한 다양한 디바이스로 인터넷을 통해 이 구름으로부터 원하는 IT 자원들을 서비스로 제공받는 것을 말한다. 일반적으로 많이 인용되는 NIST(National Institute of Standards) 분류로 클라우드 컴퓨팅 서비스를 구분해 보면, 첫째, 하드웨어 인프라를 서비스로 제공하는 IaaS (Infrastructure As A Service) 둘째, 응용 개발 및 실행 플랫폼을 서비스로 제공하는 PaaS(Platform As A Service) 그리고 마지막으로 응용(Applications)을 서비스로 제공하는 SaaS(Software As A Service)로 나눈다. IaaS는 하드웨어와 소프트웨어, 장비 등을 제공하여 사용자가 이를 사용하여 사용량에 따라 요금을 지불하면서 소프트웨어를 작동시킬 수 있도록 하는 환경을 제공한다. 기반구조는 실행되는 어플리케이션이 필요로 하는 자원의 요구량에 따라 확장 또는 축소될 수 있다. 이러한 서비스의 대표적인 예로는 Amazon EC2(Elastic Cloud Computing)과 S3(Simple Storage Service)가 있는데 이들 시스템은 일반 사용자가 계산과 저장의 기반구조를 사용하고 사용량에 따라 요금을 낼 수 있도록 한다. PaaS는 사용자가 자신이 원하는 기능의 어플리케이션을 구축, 테스트, 설치할 수 있도록 하는 높은 수준의 통합 환경을 제공한다. 일반적으로 개발자는 개발할 수 있는 소프트웨어의 유형에 제한을 받게 된다. 이의 예에는 Google App Engine이 있는데 이 시스템은 확장 및 축소가 가능한 시스템 위에서 웹 어플리케이션을 구축할 수 있도록 한다. SaaS는 사용자가 인터넷을 통하여 특정한 소프트웨어를 사용하고 이 소프트웨어의 사용량에 따라 요금을 낼 수 있도록 하는 서비스이다. 이의 예로는 Amazon Flexible Payments Service와 Google Maps 등이 있다[4].

클라우드 컴퓨팅 시장이 커지면서 세계 IT기업들의 선점 경쟁이 치열하다. 5년 전, AWS(Amazon Web Services) 상용화를 시작한 아마존과 구글 앱스 및 앱 엔진을 시작으로 클라우드 사업 주도권을 확보하고 있는 구글, To The Cloud 라는 모토로 회사의 모든 역량을 클라우드로 향하겠다는 마이크로소프트, 소프트웨어가 아닌 서비스를 이야기했던 세일즈포스닷컴을 선두로, 그 뒤를 애플, IBM, 페이스북 등 다양한 롤 플레이어(role player)들이 쫓고 있다. 대표적으로 애플은 올 6월 아이클라우드를 시장에 발표하면서 클라우드를 핵심 성장 동력으로 공표했다. 전통적인 하드웨어 업체인 HP는 클라우드 컴퓨팅은 PC 등장에 버금가는 혁명이라며 주도권을 잡기 위해 뭐든지 할 것이라고 발표했다. 지난해까지 만해도 특정 기업 내 시스템을 클라우드화 해주는 private 서비스에 주력했었던 IBM은 최근 다수의 기업과 개인을 대상으로 한 public 클라우드 시장에 가세했다. 시스코 역시 연 5조 이상인 연구비 대부분이 클라우드 기술 개발과 관련이 있다고 밝혔다. 델, 오라클, 야후, 후지쓰, 버라이존 같은 글로벌 IT 기업 중 최근 1, 2년 사이 클라우드 컴퓨팅 시장에 진출하지 않은 곳을 찾기 힘들 정도다.

왜 이처럼 클라우드 컴퓨팅에 많은 기업들이 사활을 걸고 있을까? 서버나 소프트웨어를 직접 구매하거나 관리할 필요 없이 쓴 만큼만 과금하기 때문에 경제적이라는 장점이 있다. 세일즈포스닷컴의 알 팔시온 부사장은 "클라우드 컴퓨팅이 IT 민주화를 이끌어 낼 것"이라고 했다. 자금이 부족한 개인이나 중소기업도 대용량 서버나 첨단 소프트웨어(SW)를 쓸 수 있다는 것이다. 이 단순한 경제적 이점을 넘어 클라우드 컴퓨팅은 응용의 빠른 적용 및 IT 서비스의 유연성(Flexibility)과 확장성(Scalability)을 제공한다. 예를 들어, 대규모의 인터넷 서비스 출시를 위해 초기에 고가의 H/W를 구축하거나 그것을 운용하고 관리하기 위해 많은 IT 인력을 고용할 필요성이 없을 뿐 아니라 초기 구축을 위한 시간도 단축한다. 그로 인해, 출시된 서비스가 초기의 기대치에 부응하지 못해 많은 여분의 리소스들을 낭비할 필요도 없으며, 반대로 기대하지 못했던 사용자 폭증으로 IT 리소스가 수요를 감당하지 못해 잠재 고객이나 매출을 놓치는 우를 범하는 리스크를 피할 수 있다. 특히, 대규모의 IT 리소스가 필요한 응용은 클라우드 컴퓨팅을 활용하여 상대적 저비용으로 단시간에 결과를 도출할 수 있다. 1시간 동안 1,000대의 서버를 쓰는 비용과 1대의 서버를 1,000시간 쓰는 비용이 큰 차이가 나지 않기 때문이다. 필요한 IT 리소스를 탄력적으로 사용할 수 있는 것이다.

구글의 클라우드 서비스인 Google Docs(문서 도구)와 Gmail, 애플의 아이클라우드는 모두 무료다. 서비스 자체로 수익을 내기보다는, 음악, 영상을 포함한 각종 콘텐트의 유통 길목을 장악하려는 의도다. 소비자 이탈을 막는 가두리 역할을 기대하는 것이다. 클라우드 컴퓨팅은 기업을 대상으로 한 서비스뿐만 아니라 개인의 라이프스타일을 바꾸는 퍼스널 클라우드까지 시장이 확대되어 가고 있으며 이 방대한 성장 시장의 주도권을 위해 여러 기업들은 총성 없는 전쟁을 이미 시작했다[3].
클라우드에는 다음과 같은 장점이 있다.

- 사용자가 자신의 필요에 따라 무한정의 컴퓨팅 자원을 사용할 수 있다는 환상(Illusion)을 제공한다. 그러므로 사용자는 하드웨어와 소프트웨어 시스템을 제공하는 계획을 미리 세울 필요가 없다.
- 사용자는 작은 시스템으로부터 시작할 수 있고 시스템 자원에 대한 요구가 증가함에 따라 시스템 자원을 증가시키면 된다.
- 필요에 따라 짧은 시간을 단위로 (예를 들어 프로세서를 시간 당 또는 스토리지를 날짜 당) 사용하고 비용을 지불하면 되고 필요가 사라지면 자원을 더 사용하지 않을 수 있다.

7.1.2 클라우드 컴퓨팅의 전망

클라우드 컴퓨팅을 둘러싼 글로벌 IT 기업들의 경쟁이 치열해지는 가운데 시장조사업체 IDC에 따르면 2010년 시장 글로벌 규모는 39조원, 2014년 추정치는 109조원에 이른다. 국내 시장은 1조 3040억에서 2조 5480억으로 성장할 것으로 한국산업기술평가원에서 추정했다. 역시 IDC의 2010년 연구 결과에 따르면 2020년경에는 디지털 정보의 3분의 1이 클라우드를 통하게 될 것이라고 한다. 또 다른 분석 기간인 Business Insights에서는 보수적인 접근에서의 클라우드 컴퓨팅의 글로벌 매출이 2010년부터 연평균 17.9%씩 성장하여 2018년 300조를 상회할 것이라는 예상을 내 놓았다((그림 7-1) 참조). 그러면 클라우드 컴퓨팅이 이렇게 많은 전망들에서 초고속 성장이 전망되고 기업들 간 사활을 걸고 있는 사업인 이유, 즉 확산 근거는 무엇일까? 서론에서 언급한 경제성이나 IT 리소스의 탄력적 사용으로 인한 IT 투자비용 효율화라는 근본적인 이유 외에도 다음과 같은 다양한 근거가 있다.

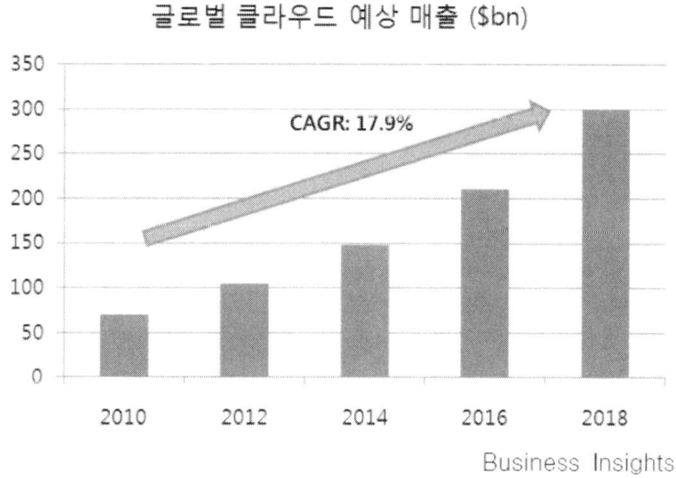

(그림 7-1) 글로벌 클라우드 서비스 매출 전망 (2010 - 2018)

첫 번째 근거는 데이터 폭증이다. 페이스북이나 트위터 같은 SNS의 대중화와 이에 도화선을 붙인 스마트폰의 등장으로 개인 무선 데이터의 폭발은 이미 예측이 불가능한 수준에 이르렀다. 부가하여 자동차나 가전기기, 무수한 센서까지 인터넷에 연결되어 빅 데이터를 양산하면서 데이터의 전달, 처리, 분석 및 관리를 보다 효율적이고 경제적으로 수행할 수 있는 클라우드 컴퓨팅에 대한 요구가 부각되었다. 데이터는 비즈니스와 사회 전반적인 영역에 미치는 영향과 그 전략적 가치로 그 어느 때보다 중요성을 인정받고 있다. 수많은 환경 센서가 인터넷에 연결되어 있는 센서 네트워크를 통해 세계 기후 변화를 예측한다거나, 모든 사물이 인터넷에 연결되는 IoT(Internet Of Things) 인프라를 통해 폭발하는 데이터를 분석하여 여러 다양한 분야에 사용할 때도 클라우드 컴퓨팅의 활용이 요구될 것이다. 대규모 바이오 정보의 통합 분석과 유전체 정보 의학, 개인별 맞춤 약물 치료 등의 분야에서도 역시 대규모 데이터를 저장하고 분석해야 한다. 즉, 본인의 게놈 지도를 가지고 치료법을 논의하는 시대가 오면서 개인에게 최적화된 의료서비스를 제공하기 위해 환자 건강 기록을 축적하고 분석할 때 클라우드 컴퓨팅 인프라는 사용될 것이다. 빅 데이터 시대에 클라우드의 중요성은 더욱 강조되고 있다.

클라우드 컴퓨팅의 성장에 기여하는 또 다른 요소는 모바일 디바이스의 다양화 및 활성화와 제로 클라이언트의 등장으로 인한 모바일 컴퓨팅의 대중화다. 2-3년 내 폭발적 성장이 예상되는 태블릿PC 와 NFC 탑재 스마트폰 등 다양한 모바일 단말로 인해, 상대적 Thin 클라이언트로 보다 풍부한 어플리케이션과 컨텐츠를 서비스하기 위해 고가용성과 고품질의 컴퓨팅 파워와 네트워크가 보장되는 클라우드 인프라가 필요하다. Thin 클라이언트를 넘어 제로클라이언트의 출연으로 서버(클라우드)에서의 정보・미디어 처리를 극대화하는 반면, 단말 기능을 최소한으로 단순화시켜 경제성을 제고하고 있다. 어플리케이션 실행 관련 모든 컴퓨팅이 서버에서 100% 실행되며 제로 클라이언트는 표현 및 최소한의 I/O 처리만을 수행한다.

제로 클라이언트는 VDI 분야에서 단순 업무 분야 위주로 적용이 시작되어 게임 기기와 커넥티드 TV를 중심으로 시장이 가시화되고 있으며, 클라우드 및 네트워크 기술의 성숙으로 그 영역을 더 확대할 것으로 예상되고 있다.

인터넷의 진화와 함께 고성능의 소프트웨어를 모바일 단말로 가져와주는 Cloud streaming의 요구 또한 높아지고 있다. 콘텐츠 소비에 대한 사용자들의 인식이 콘텐츠의 물리적인 소유에서 접속으로 변화하면서 스트리밍 기반 on-demand형 서비스로의 전환 역시 본격화되고 있다. 커넥티드 TV는 인터넷에 접속하여 다양한 서비스를 이용하고자 하는 사용자 니즈를 만족시키면서 on-demand 서비스 성장의 핵심 동인으로 부각되고 있다. 또한 음악, 게임 분야에서도 스트리밍 방식으로 서비스를 전환함에 따라 대규모 컨텐츠 저장 및 고성능의 네트워크를 제공할 수 있는 클라우드 인프라 및 컴퓨팅이 요구되고 있다. OnLive라는 클라우드 기반 스트리밍 게임회사가 실리콘 밸리의 컨퍼런스 룸에서 실물 같은 여인의 3D 얼굴을 손가락으로 터치하면서 아이패드에서 시연했다. 손가락을 스크린 위에서 움직이자 여인의 얼굴은 회전하나 그녀의 눈은 한 곳을 응시하는 장면이 연출되었다(그림 7-2). 디바이스는 손가락의 움직임을 감지해 실제 프로그램이 실행되는 원격 서버에 전달한다. 그 결과가 비디오 스트리밍으로 디바이스에 실시간으로 보일 정도의 속도로 전송되는 것이다. 이를 위해서는 저지연, 저손실의 비디오 스트리밍 기술, 영상 고효율 압축 기술 등 여러 관련 기술이 필요하며 통칭 Cloud Streaming이라고 불린다. Cloud streaming은 2011년 MIT Technology Review에서 선정한 10대 Emerging 기술 중 하나로 영화, 게임 등 많은서비스에서 유용하게 활용되며 모든 컴퓨팅을 클라우드로부터 가져오는 클라우드 컴퓨팅의 비전을 공유한다.

(그림 7-2) 컴퓨팅 인텐시브한 3D 애니메이션(태블릿에서 보이나 실제로는 원격 서버에서 실행)

또 다른 클라우드 컴퓨팅의 활성화 이유로는 녹색 성장 정책 및 산업의 핵심 가치에 부합되기 때문이다. 저탄소, 고효율의 Green IT를 위해 기업 자체 IT 환경 투자 및 운용을 최소화하고 시스템 자원의 효율성을 높임으로써 전력과 공간을 절약할 수 있는 클라우드 환경으로의 전환이 선호되고 있다. 앞서 언급한 클라우드 컴퓨팅의 여러 확산 근거로 많은 기업들이 이미 클라우드 사업에 올인 하고 있지만, 회의적인 시각이나 클라우드 컴퓨팅의 도전적인 이슈들 역시 존재한다. 우선 회의적인 시각으로 클라우드 컴퓨팅이란 것이 전혀 새로운 것이 아니며, 기존에 존재하던 기술들을 마케팅적으로 새롭게 포장한 것에 불과하다는 의견이 존재한다. 그러면 기존의 인터넷으로 전달되는 호스팅 서비스와 클라우드 컴퓨팅의 차이는 무엇일까? 세 가지를 꼽을 수 있는데 가장 중요한 첫 번째 요소는 Multi-tenancy로 여러 고객들이 H/W 인프라, 데이터베이스, 어플리케이션 플랫폼이나 logic까지 다양한 IT 자원들을 다양한 방식으로 공유해서 사용하는 개념이다. 이로 인해 IDC의서의 낮은 utilization을 클라우드 환경에서는 크게 개선할 수 있다. 두 번째 요소는 기존의 호스팅 서비스와의 차별화 요소는 상품이나 제품이 아닌 서비스로서의 가치다. 고객들은 (예를 들어, 소프트웨어 라이센스가 아닌) 최종 서비스 사용에 대해 비용을 지불하는 것이다. 그리고 마지막 차별화 요소는 즉각적인 고객의 요구에 따른 탄력적인 자원의 사용(on-demand usage)이다. 다시 말해, 즉시적이고 유연한 자원의scale out과 scale down이 지원된다는 점이다.

개념이나 정의에 대한 회의적인 시각을 넘어, 클라우드 컴퓨팅의 확산에 걸림돌이 되는 좀 더 현실적이고 도전적인 이슈로 보안에 대한 우려가 있다. 사용자 프라이버시 문제 또한 심각하다. 실제 많은 기업들이 보안이라는 장벽에 부딪쳐 클라우드 서비스로의 이전을 보류하고 있다. 이런 우려를 해소하기 위해 클라우드 서비스 제공 업체들은 VM(Virtual Machine) 독립성 유지 및 불법 접근 차단, 대형 DDoS 공격 대비책 등 다양한 보안 방안을 마련하고 있다. 클라우드 컴퓨팅은 자산이 한곳에 모여 있어서 해킹에 의한 우려가 있기는 하지만 집중된 보안 기술을 적용하고 우수한 전문 관리 인력을 활용할 수 있기 때문에 보안성을 강화하는데 오히려 더 효과적일 수 있다. 특히, 보안 전문 인력이 없고 고가의 보안장비를 구매할 여력이 없는 중소기업에게 클라우드 서비스가 더 안전할 수 있다. 그러나, 클라우드 서비스 제공 업체들의 보안 대비만으로는 충분하지 않다. 클라우드 보안은 여러 관련 기관에서 공동 작업을 통해서만 성과를 이룰 수 있다. 즉, 클라우드 공급업체 각사와 보안업체, 그리고 고객의 보안 정책의 공동 활동을 통해서 성과가 나타날 것으로 전망된다. 구체적으로, 우선 클라우드 인프라 자체에 보안기능을 탑재해야 한다. 네트워크 인프라와 클라우드 OS에 보안 기술을 탑재해야 하고 응용 자체의 보안 또한 중요하게 다루어 져야 한다. 다음으로 클라우드 서비스 도입 기업이 클라우드 내에서 자체 보안 시스템을 운영할 수도 있다. 대기업 또는 보안에 특히 민감한 사업의 경우 클라우드 아키텍처 자체를 통제할 수 없기 때문에 도입하고 있는 public 또는 private 클라우드 내에 자체 보안 기능을 탑재할 수 있을 것이다. 마지막으로 클라우드 인프라와 분리된 보안 기능을 도입할 수 있다. 네트워크 인프라나 소프트웨어에 의존하는 보안 방안은 충분하지 않을 수 있기 때문에 서버나 네트워크 인프라와 분리된 보안 게이트웨이를 채용할 수 있다. 클라우드 인프라 외부의 자체 보안 통제 기능과 클라우드 플랫폼에서 운용되는 가상화된 보안 기능을 결합시 킨다면 보안에 대한 많은 우려를 잠재울 수 있을 것이다. 다음으로, 클라우드 확산의 저해 요소 중 하나는 데이터 안정성과 지속성에 대한 우려와 더불어 가입한 서비스 제공업체에 종속되는 데이터 lock in 문제이다. 지난해에만 4곳의 클라우드 스토리지 서비스 제공업체가 문을 닫았고 올 4월 아마존의 클라우드 서비스 중단 사태도 벌어졌다. 서비스 제공업체들의 서비스 중단과 폐쇄로 인해 현재 사용 중인 클라우드의 서비스가 중단되면 현재는, 고객 데이터를 다른 업체로 직접 마이그레이션 할 수 있는 방법이 없다. 표준화된 인터페이스(API)를 통한 클라우드 서비스 제공자간 연동(Interworking, Interoperability, federation)을 통해 서비스 제공업체들은 고객의 데이터나 응용을 한 벤더의 클라우드에서 다른 업체의 클라우드로 마이그레이션 할 수 있게 된다. 벤 더 종속성이 완화될 수 있는 셈이다.

마지막으로 데이터 제어에 대해 우려는, 기업이 클라우드 서비스로 전환하면 하나의 공급업체에 종속되고 데이터에 대한 통제력을 잃을 것이라는 시각이다. 그러나 클라우드 서비스의 핵심은 유연성이다. 애플리케이션이 클라우드 상에 존재하더라도, 데이터는 기업의 사내 네트워크를 포함한 다양한 장소에서 관리될 수 있다. 또한, 기업이 계속 내부에서 유지 관리해야 하는 인프라가 있다면, 최적의 클라우드 솔루션을 위해 내부와 외부 방식을 결합한 Hybrid 클라우드 형태를 취할 수 있다[3].

7.1.3 클라우드 컴퓨팅의 발전

(그림 7-3)은 지난 20여년 동안 클라우드컴퓨팅이 발전되어 온 과정을 보여주고 있다. 클라우드컴퓨팅으로의 트렌드는 1980년대 말 그리드컴퓨팅의 개념으로부터 시작되었다. 그리드컴퓨팅은 여러 개의 컴퓨터를 병렬로 사용하여 특정한 문제를 풀거나 특정한 어플리케이션을 수행하는 것을 목표로 하였다. 보통 그리드는 서버 클러스터로 구성되며 이 위에서 매우 큰 태스크가 여러 개의 작은 부태스크들로 나뉘어져 병렬로 수행되었다. 반면 클라우드 컴퓨팅은 컴퓨팅 자원을 포함하는 많은 자원을 사용하여 사용자에게 서비스를 제공하는 것을 목표로 한다. 다시 설명하면 클라우드 컴퓨팅에서는 서버, 스토리지, 네트워크, 어플리케이션, 프로세스 등과 같은 컴퓨팅 자원과 비즈니스 자원을 포함하는 기반구조에서 선택하고 동적으로 구성한 후 워크로드가 이 위에서 수행될 수 있도록 한다. 클라우드에서는 그리드 환경뿐 아니라 비 그리드 환경(예를 들어 Web 2.0 어플리케이션을 수행하는 3 계층의 웹 아키텍처)도 지원할 수 있다.

Grid Computing	Utility Computing	Software as a Service	Cloud Computing
- Solving large problems with parallel computing - Made mainstream by Globus Alliance	- Offering computing resources as a metered service - Introduced in late 1990s	- Network-based subscriptions to applications - Gained momentum in 2001	- Next generation internet computing - Next generation data centers

(그림 7-3) 클라우드 컴퓨팅의 발전

1990년대에 가상화의 개념이 가상 서버 개념으로부터 시작하여 가상 어플리케이션과 같은 개념으로까지 발전하였다. 유틸리티 컴퓨팅은 클러스터를 컴퓨팅을 위한 가상 플랫폼으로 제공하며 계량화된 비즈니스 모델을 제공하였다. 최근 SaaS에서는 가상화의 개념을 어플리케이션으로까지 확장시켜서 사용한 자원량에 따라 대금을 청구하는 것이 아니라 사용자에게 제공된 어플리케이션의 가치에 따라 대금을 청구하는 것이 가능하게 되었다.

클라우드컴퓨팅의 개념은 그리드, 유틸러티, SaaS 개념들로부터 발전하였다. 클라우드컴퓨팅에서 사용자는 언제, 어디서나 자신의 어플리케이션에 접근할 수 있다. 이 어플리케이션들은 확장성이 매우 높은 데이터센터 내에 위치하고 이 데이터센터는 동적으로 제공될 수 있으며 많은 사용자들에 의해 공유될 수 있다. 바로 이 동적 관리가 가능한 기반구조가 클라우드 컴퓨팅의 장점이다[4].

7.1.4 클라우드 아키텍처

클라우드 아키텍춰의 정의에는 여러 버전이 있을 수 있으나 (그림 7-4)는 4 계층으로 구성된 구조를 보여주고 있다. 최하 계층인 패브릭(Fabric) 계층은 계산 자원, 저장 자원, 네트워크 등의 기본 자원을 포함한다. 통합된 자원(Unified Resource) 계층은 가상화 등을 통하여 추상화되고 캡슐화된 자원을 포함하며 상위 계층이나 종단 사용자들에게 가상 컴퓨터/클러스터, 논리적 파일 시스템, 데이터베이스 시스템 등과 같은 통합된 자원을 제공한다. 플랫폼(Platform) 계층은 특화된 도구, 미들웨어 서비스 등을 통합된 자원 위에 추가하여 개발 및 배치 플랫폼을 제공한다. 이의 예로는 웹 호스팅 환경, 스케쥴링 서비스 등이 있다. 마지막으로 어플리케이션 계층은 클라우드 내에서 수행되는 어플리케이션들을 포함한다.

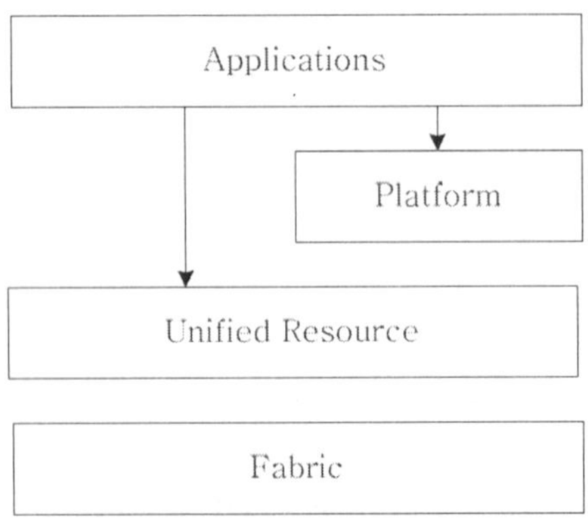

(그림 7-4) 클라우드의 4 계층 아키텍춰

(그림 7-5)는 앞의 4계층 구조에 기반하여 IBM에서 정의된 동적 기반구조(Dynamic Infrastructure)를 지원하는 데이터센터의 아키텍춰 프레임워크를 보여주고 있으며 이 그림에서의 각 계층은 (그림 7-4)에서의 계층과 동일하다[4]. 최하위 계층의 물리적 하드웨어들은 가상화되어 유연하고 적응성이 높은 플랫폼을 제공함으로써 자원의 이용률은 높일 수 있다. 동적 기반구조에서 가장 중요한 요소는 중간에 있는 가상화 계층과 관리계층이다. 이 두 계층은 데이터센터 내의 자원들이 효율적으로 관리되어 신속하게 제공/배치/구성될 수 있도록 한다. 그리고 동적 기반구조는 그림에서 보는 바와 같이 다양한 종류의 워크로드를 동시에 처리할 수 있도록 한다[4].

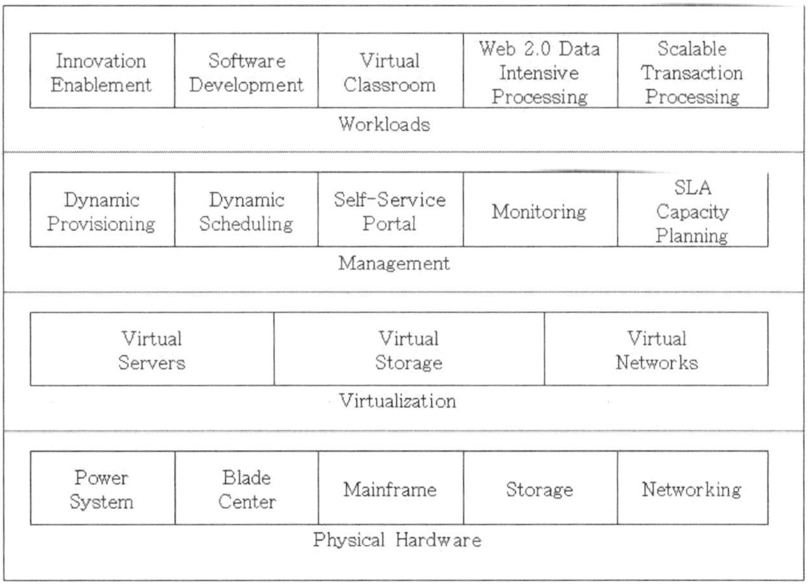

(그림 7-5) 동적 기반구조를 지원하는 IBM 데이터센터의 아키텍춰 프레임워크

7.1.5 클라우드 컴퓨팅 기술 구성

7.1.5.1 클라우드 컴퓨팅 고려 사항

클라우드 컴퓨팅을 구성하는 데는 사용자 가상서버 및 서버 확장성, 시스템 가용성, 데이터 신뢰성이 필요하고, IDC를 구성하는 제공자 입장에서는 활용률을 높여 경제성을 가져야 한다.

가. 확장성(Scalability)

클라우드 컴퓨팅의 가장 핵심적인 장점은 사용자가 사용하는 부하에 따라 사용자 가상 시스템을 신축성 있게 확장할 수 있도록 하는 데 있다. 이를 위하여 클라우드 컴퓨팅 서비스 제공자는 각 사용자(기업, 개인)에 대한 모니터링 및 확장을 동적으로 해줄 스케줄러 및 프로비저닝 기능이 있어야 하며, 사용자가 인터넷 기반 불특정 다수인 경우를 고려하면 클라우드 컴퓨팅 인프라를 구성함에 있어 대단위의 확장성을 가지고 운영될 수 있는 기술을 보유해야 한다. 또한 클라우드 컴퓨팅 서비스 운영중에도 다운 타임 없이 서버를 추가, 확장할 수 있는 기술도 제공해야 한다.

나. 가용성(Availability)

클라우드 컴퓨팅 서비스 사용자는 본인이 사용하는 컴퓨팅 자원이 IDC에 있지만 본인이 사용하고자 할 때 언제든지 접근 가능하기를 원한다. 또한 클라우드 컴퓨팅 플랫폼을 활용하여 비즈니스를 하는 사용자의 경우는 클라우드 컴퓨팅 인프라의 다운 타임은 비즈니스의 손실을 유발하게 된다. 가용성은 총 시간과 서비스 접근 가능 시간에 대한 비율로 산정하게 되며, 현재까지 99.999%(연간 5분의 다운시간)가 도달 가능한 최고의 목표치로 여겨지고 있다. 가용성을 위해서는 클라우드 컴퓨팅 인프라 내의 서버나 스토리지, 네트워크 장비와 같은 하드웨어적인 결함 또는 다운되는 경우에도 이를 대체할 수 있는 솔루션을 마련해야 한다.

다. 신뢰성(Reliability, Security)

사용자가 본인의 연구, 업무, 데이터 등을 아웃 소싱으로 수행하므로 신뢰성을 얻기 위한 기술들이 절대적으로 필요하다. 컴퓨팅 프로세스에 대해서는 입력되는 작업(task)들이 적법한 작업인지를 판단하는 항목 등 해킹 침입에 대비한 기술들이 필요하다. 클라우드 컴퓨팅 인프라 내에 저장되어 있는 데이터에 대해서는 일부 내용이 파손되거나 유실될 경우에 대비한 자동 백업 및 싱크, 복구 기능 등을 제공해야 한다.

라. 활용률(Utilization)

활용률은 클라우드 컴퓨팅 인프라를 구성하고 있는 자원들에 대하여 집약적으로 운영할 수 있도록 하는 기술로, 사용자에게는 느껴지지 않지만 서비스를 운영하는 차원의 비용 절감을 위해서는 필수적인 기술 요소이다. 활용률을 관리하지 않는 시스템에서는 가장 높은 서비스 부하를 고려하여 시스템 자원을 할당하지만 이 경우 대부분의 시간 동안에서 아주 낮은 시스템 활용률을 갖게 된다. 활용률을 부하에 따라 관리해서 불필요한 자원을 끄는 방법으로 적은 컴퓨팅 리소스를 가지고 운영할 수 있으며, 에너지 소비도 절감시킬 수 있다.

마. 협업성, 이동성(Mobility)

클라우드 컴퓨팅이 가지는 큰 장점 중 하나는 중앙 집중 형태로 데이터를 저장하므로 여러 협력자들이 하나의 데이터에 대하여 공유하고 협업으로 수행할 수 있다는 점이다. 클라우드 컴퓨팅 제공자들은 데이터 및 작업을 공유하는 것에 대한 솔루션을 제공해야 한다. 그와 더불어 사용자들의 이동성을 보장해야 한다. 즉, 사용자가 클라우드를 접근하는 위치나 단말에 무관하게 동일한 작업을 수행할 수 있는 인터페이스를 제공해야 한다.

7.1.5.2 관련 기술들

클라우드 컴퓨팅 서비스를 지원하기 위해서는 하드웨어 장비들을 설치할 IDC 장소부터 시작해서 사용자 인터페이스 웹페이지에 이르기까지 많은 솔루션을 제공해야 한다. (그림 7-6)은 사설 클라우드 및 공공 클라우드를 제공하기 위한 기술 스택의 한 예로 IBM 솔루션을 가져 왔다. 업체별로 조금씩 차이 가 있겠지만 기술적 구성 요소는 크게 다르지 않다. 클라우드 컴퓨팅을 구성하기 위한 공통적인 기술 요소들로는 분산 컴퓨팅, 가상화, 시스템 관리, 서비스 플랫폼, 보안, 과금, 사용자 인증 기술 등이 있다.

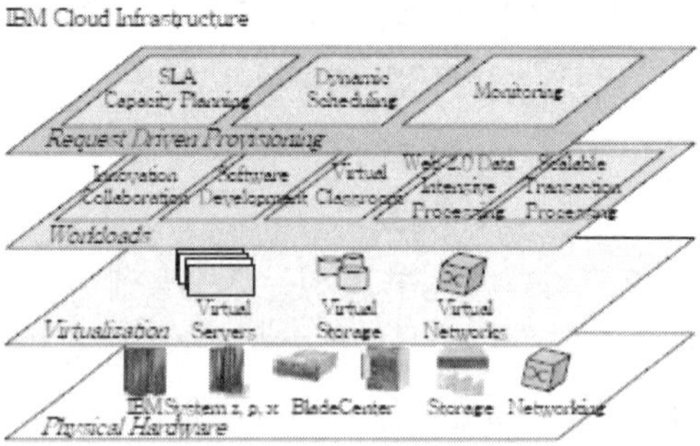

<자료>: IBM

(그림 7-6) 클라우드 구성의 예

가. 분산 컴퓨팅

분산 컴퓨팅은 클라우드 컴퓨팅 하드웨어를 구성함에 있어 인트라넷 또는 인터넷으로 연결된 다수의 컴퓨팅 자원을 하나로 연결하는 기술을 말한다. 분산 컴퓨팅과 관련한 기술로는 분산 파일 시스템, 분산 데이터베이스 등이 있다. 분산 컴퓨팅에서는 독립적인 파일 시스템 및 데이터 베이스를 단일 시스템으로 인지하고 접근할 수 있도록 하며 대용량 데이터들에 대한 빠른 처리 속도를 가져올 수 있다. 또한 분산 컴퓨팅에서는 각 하드웨어 자원은 fail 될 수 있다는 점을 기정 사실화하고 이에 대한 대비책을 마련하여 자료에 대한 신뢰성을 확보한다.

나. 가상화

가상화[26~30]는 넓은 의미로는 컴퓨터 자원에 대한 추상화를 의미하며 다양한 형태의 가상화가 있다. 클라우드 컴퓨팅에서 가상화는 자원 가상화(resource virtualization)를 의미하며 자원 가상화는 스토리지 볼륨, 네임 스페이스, 네트워크 자원 등과 같은 구체적인 시스템 리소스에 대한 가상화를 의미한다. 클라우드 컴퓨팅에서는 서버, 스토리지, 네트워크가 대표적인 가상화 대상이다.

다. 시스템 관리

클라우드 컴퓨팅에서 시스템 관리[27~29]는 단순한 사용자 인터페이스나 모니터링만을 의미하지는 않는다. 클라우드 컴퓨팅 이용자들에게 SLA에 기반한 사용자 가상 컴퓨팅 환경을 프로비저닝하고, 제공된 가상 시스템을 모니터링하며, 사용자 서비스별 자원 활용 정도에 따른 동적인 자원 할당 및 동적 스케줄링을 제공해 주어야 한다. 또한 클라우드 컴퓨팅을 구성하고 있는 주요 시스템 솔루션 마스터들에 대한 관리로 시스템 전체의 고가용성을 보장한다.

라. 서비스 플랫폼

서비스 플랫폼[31, 32]은 사용자들이 클라우드 컴퓨팅 인프라에 사용자 고유의 응용 또는 인터넷 서비스를 구축하기 위한 인터페이스를 제공한다. 서비스들 간의 호환성을 위해서는 SOA를 기반으로 하며, 단순화된 SOAP이나 REST 프로토콜을 제공 한다. 서비스 플랫폼에서는 프로그래밍 언어의 인터프리터 환경 등과 같은 소프트웨어 개발 환경들과 보유 서비스들의 API를 제공하여 연결 가능하도록 한다. 또한 협업을 위한 인터페이스, 대용량 데이터 처리를 위한 분산 병렬 처리 환경, 데이터 베이스 인터페이스 등을 서비스 플랫폼으로 제공하기도 한다.

마. 기타: 보안, 과금, 사용자 인증 등

그 밖에도 클라우드 컴퓨팅의 핵심인 사용 용량에 따른 과금 정책 및 사용자 인증 인터페이스를 제공하고, 사용자들의 데이터 또는 접근 등에 대한 러스티드 플랫폼 기술을 확보하여 사용자들이 클라우드 컴퓨팅 서비스를 신뢰하고 사용할 수 있도록 하여야 한다[5].

7.1.6 개인의 삶에 미치는 영향

사용자 관점에서 보면 클라우드의 장점은 경제성과 이동성이다. 여기서 이동성의 장점은 어느 장소, 어느 디바이스에나 상관없이 동일한 컨텐츠나 서비스를 제공받는 것이 가능한 점이다. 이러한 두 가지 장점만으로도 개인의 삶을 여러 방향으로 바꾸어 놓기에 충분하다. 온라인으로 사진을 공유하고 음악을 내려 받거나 휴대폰으로 은행 계정에 들어가는 등 이미 일상생활에서 클라우드 소비 모델을 사용하고 있고 이는 일하는 환경까지 바꾸면서 개인의 삶에 영향을 미칠 것이다.

우선, 클라우드로 인한 개인 삶의 변화를 웹의 진화방향과 함께 생각해 보자. 클라우드 컴퓨팅보다 더 모호한 개념의 Web 3.0은 아직 완전히 도래하지 않은 미래의 웹 환경을 뜻한다. 미래 웹 환경에서는 최종 사용자의 손으로 더 많은 컴퓨팅 파워와 개인화된 전문지식이 이전될 것이다. Web 2.0이 개방, 참여, 공유를 키워드로 소비자가 콘텐츠 생성에 참여하는 개념이라면, Web 3.0의 키워드는 semantic, 개인화, 모바일 등으로 언제 어디서나 자신이 원하는 정보를 입수할 수 있는 개념이다. Web 1.0 에서 Web 2.0시대로의 전환은 정보의 생산과 이용방식의 변화에 차이를 두고 있는 반면, Web 3.0으로의 진화는 맞춤형, 고효율, 실시간을 지향하기 때문에 기술적 변화를 수반한다. Web 3.0의 근간이 되는 기술로 시맨틱 웹, 개인화, 상황인식, 클라우드 컴퓨팅 등이 있다. 근래 IT계의 화두로 떠오른 클라우드 컴퓨팅이 Web 3.0을 실현하는 대표적인 기술인 것이다. 웹 상에 존재하는 방대한 양의 정보를 처리하여 사용자에게 맞춤형 정보를 제공하는 것이 Web 3.0의 성격을 대변하는 시멘틱 웹 기술인데, 빅 데이타 처리를 효과적으로 수행할 수 있는 클라우드 컴퓨팅의 수해를 입을 수 있다. 뿐만 아니라, 높은 용량의 저장소나 고성능 PC를 소유하지 않아도 기본 입출력 장치와 인터넷 접속 환경이 갖추어져 있다면 인터넷에 접속해 다양한 서비스를 제공받아 활용할 수 있게 된다. 클라우드 컴퓨팅의 기여로 웹3.0의 시대가 도래 하면 개인은 보다 개인화된 콘텐츠 및 정보를 상황에 맞게 언제 어디서나 서비스 받을 수 있을 것이다.

두 번째 개인의 삶에 영향을 미치는 요소로 모바일 클라우드를 살펴보자. 모바일 디바이스의 폭발적인 증가와 클라우드 서비스의 대중화로 클라우드 컴퓨팅과 모바일 서비스를 결합한 모바일 클라우드가 연일 이슈가 되고 있다. 여기서 모바일의 개념은 스마트폰은 물론이고 이동성을 갖는 기기들, 즉 노트북과 넷북, PDA, 태블릿PC 등을 모두 포괄한다. 따라서 모바일 클라우드란 다양한 모바일 단말들을 통해 클라우드로부터 서비스를 지원받는 모델이라고 할 수 있다.

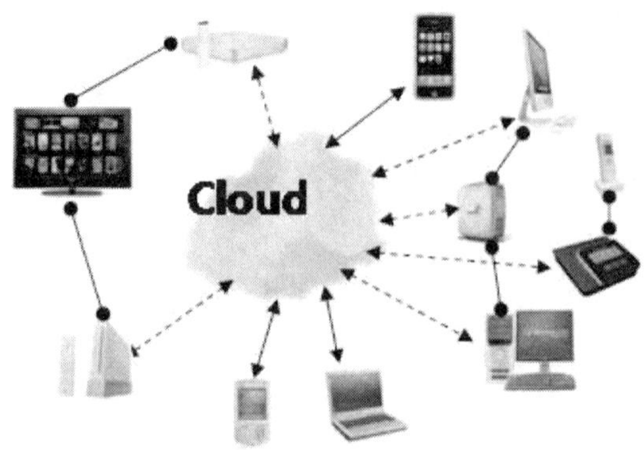

(그림 7-7) 모바일 클라우드 개념도(실선은 3G/4G 무선 통신, 점선은 WiFi/WiBro 등 무선 통신)

미래의 모바일 클라우드 환경에서는 개인 단말로 클라우드와 연결하여 물리적 공간을 뛰어넘어 언제, 어디서든 개인 단말에서 리치 서비스를 실행시킬 수 있다. 모바일 클라우드 서비스 중 대표적인 것은 구글의 내비게이션과 포털 지도 서비스(구글 어스)다. 구글의 내비게이션 서비스는 안드로이드 운영체제(OS)를 탑재한 스마트폰이라면 종류에 관세없이 이용할 수 있는 게 특징이다. 또 포털에서만 서비스되던 구글의 지도 서비스도 클라우드 컴퓨팅을 활용해 스마트폰에서 사용이 가능해졌다.

세 번째로 모바일 클라우드와 일부 영역이 중복되기는 하지만 다른 서비스 개념인 N-Screen 관점에서 개인의 삶이 어떻게 달라질지를 생각해 보자. N-Screen은 스마트폰, 태블릿PC, TV, PC 등 다양한 단말에서 동일한 콘텐츠와 서비스를 사용하는 환경이다. 사용자는 자신의 환경에 맞게 어느 단말로도 영화를 볼 수 있고, 이동 후에는 다른 스크린으로 연결하여 영화를 이어서 볼 수 있게 된다. N은 연결되는 미디어 단말의 수를 의미하며, 스마트폰-PC-TV 등 3개가 연결되면 3-스크린이 되는 것이다. N-Screen 서비스는 통신, 방송 및 콘텐츠 사업자가 모두 관심을 가지고 접근하는 분야로 수년간 다양한 글로벌 플레이어가 N-Screen 서비스 활성화를 노력 했으나, 성공적으로 확산시키지 못하였다. 반면, 지난해 출시된 airvideo와 같은 앱들은 스크린들 사이에서 간편하게 콘텐츠를 재생할 수 있는 방법으로 사용자의 인기를 얻으면서, 사용자의 실질적인 니즈에 대한 가능성을 확인하였다. 시장 참여 플레이어들의 목표 및 전략에 따라 다양한 방식의 N-Screen 서비스가 제공 중이다. 디바이스 간 스트리밍 방법, 미디어 허브의 활용 여부, 외부 콘텐츠의 스트리밍 제공 유무에 따라 이용 가능한 디바이스와 서비스 범위가 차별화된다.

일반적으로 2가지 방식이 존재하는데, 첫 번째는 디바이스 제조사가 주도적으로 보급하는 방식으로 미디어 허브에 콘텐츠를 저장하고, 이로부터 스트리밍하는 방식이고, 두 번째는 콘텐츠 제공사나 통신 사업자의 선호 방식으로, 클라우드에 저장된 콘텐츠를 기기별로 스트리밍하는 방식이다. 사용자의 니즈는 미디어 허브를 중심으로 한 기기 간 스트리밍과 클라우드 기반의 외부 콘텐츠 스트리밍을 모두 편리하게 사용하는 방향으로 발전할 것으로 전망된다.

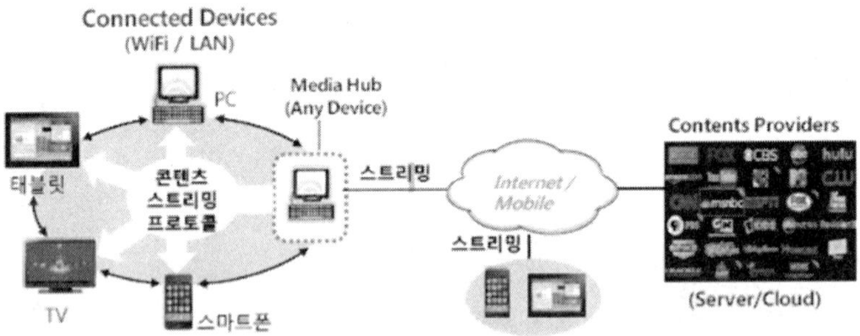

(그림 7-8) N-Screen 개념도

마지막으로 퍼스널 클라우드는 어떻게 개인의 삶을 변화시킬까? 인터넷을 통해 IT 인프라를 공유하는 클라우드 컴퓨팅 기술 활용이 기업에서 개인 고객으로 확대되면서 퍼스널 컴퓨터가 아닌 퍼스널 클라우드 시대가 도래 하고 있다. 컨텐츠를 백업하고 보호하기 위한 소비자의 욕구와 음악, 비디오, 게임과 같은 프리미엄 컨텐츠를 다양한 디바이스에서 액세스하고 싶은 요구, 미디어 관리 및 동기화, 공유 같은 요소들이 퍼스널 클라우드 서비스의 성장을 견인하고 있다. 어떠한 디바이스에서든 언제, 어디서나 콘텐츠에 접근하려는 소비자의 욕구가 콘텐츠를 클라우드로 옮겨가고 있다. 이 욕구는 편리한 방식의 이동성과 풍부한 미디어를 디스플레이할 수 있는 능력을 결합한 태블릿PC와 같은 디바이스의 등장으로 가속화되고 있다. 이러한 퍼스널 클라우드의 부상으로 개인은 더 이상 무거운 노트북을 들고 다니거나 일을 하기 위해 본인의 업무용 PC 앞에 앉을 필요가 없어질 것이다. 또는 어제 아이패드에 다운 받은 영화를 집에 있는 TV에서 별도의 다운로드나 추가 프로그램의 설치 없이 편하게 볼 수 있을 것이다.

7.1.7 기업, 산업 전반에 미치는 변화

구글이 지난해 내놓은 구글 TV는 전통적인 TV에 CPU와 저장장치를 탑재하고 인터넷과 연결하면 PC와 동일한 애플리케이션과 콘텐츠를 이용할 수 있다. 최근에는 오디오 냉장고 세탁기 조명기기 등에 이 같은 변화가 일어나고 있다. 자동차와 IT기기의 결합도 가속화되고 있다. IT 산업 전반에 걸쳐 클라우드 컴퓨팅 연계가 확산되고 있는 것이다. 예를 들어 게임산업과 클라우드가 연계된 Cloud Based Game은 게임 소프트웨어는 클라우드 인프라에서 실행되며 PC, IPTV, 모바일 폰 등의 저사양 단말에서도 고품질의 게임을 이용할 수 있는 실시간 스트리밍 게임 서비스이다. 게임은 높은 사용자 체감 품질이 요구되는 고난이도 서비스로 초기 사업 시 사용자 demand의 예측이 힘들고 고품질의 IT 자원이 요구되므로 클라우드 플랫폼이 잘 활용될 수 있는 대표적인 영역이다. 즉, 게임의 특성상 빠른 응답 속도, 화려한 그래픽 처리를 위한 컴퓨팅 파워 및 끊임없는 비디오 품질 등을 위해 높은 네트워크 성능과 고가용성이 제공되는 클라우드 인프라를 최대한 활용할 수 있다. Cloud Based Game 산업은 Online Game의 차세대 서비스로 현재는 태동 단계이나, 컨텐츠/기술/유통을 아우르는 생태계를 구축할 것이다.

클라우드 게임은 시작에 불과하다. 미래의 클라우드 환경은 현재의 모바일 클라우드나 N-Screen 서비스에서 주로 논의되고 있는 모바일 단말들을 넘어 실생활에서 활용 가능한 모든 전자 기기인 카메라, 내비게이션, 냉장고, 세탁기, 전자레인지, 프린터 등 인터넷으로 연결할 수 있는 모든 제품에 연동될 것이다. 더 나아가, 전자 기기를 넘어 IoT(Internet of Thing)에서 상상하고 있는 모든 사물들인 반지, 컵, 의자, 안경과 같은 일반 물건들에게까지 커뮤니케이션과 컴퓨팅 능력이 삽입되어 인터넷을 통해 클라우드의 자원들을 활용할 수 있을 것이다. 미래 환경에서는 클라우드가 의료, 금융, 통신, 자동차 등 모든 실생활과 연계될 것이라는 전망 역시 설득력을 얻고 있다. 예를 들어 병원 간 환자 정보를 공유하는 의료 클라우드 구축으로 전자의무기록(EMR)이 정착되고 클라우드를 사용하는 임상시험과 전염병 연구 프로젝트도 활발해질 것이다. 산업 전반에 걸쳐 클라우드화가 진행되고 있는 것이다[3].

7.1.8 클라우드 컴퓨팅의 국내외 기술 동향

7.1.8.1 미국의 업체 동향

클라우드 컴퓨팅의 발상지인 미국은 현재 많은 기업에서 클라우드 컴퓨팅에 대한 제품을 출시하고 있으며 다음 단계의 서비스 마련을 위하여 연구 개발에 박차를 가하고 있다. (그림 7-9)는 미국의 선두 업체별로 비즈니스 주력 항목을 표현하고 있다. 아마존의 경우는 IaaS로 제공되는 EC2와 S3, 구글은 PaaS로 제공되는 AppEngine과 이를 기반으로 작성되는 앱스가 주요 비즈니스 모델이며, 최근 들어 모바일 단말을 겨냥한 Android까지 확장하고 있다. 마이크로소프트는 Azure 플랫폼과 라이브 서비스, 모바일 단말 솔루션으로서의 Win

Mo를 역점항목으로 추진중이다. 세일즈포스닷컴은 Salesforce라는 이름으로 SaaS 서비스에 역점을 두고 있다. 이 밖에 Sun, IBM, HP는 하드웨어 자체를 핵심 비즈니스로 하지만 각 회사들은 각각의 클라우드 컴퓨팅 솔루션을 마련하고 있다. 다음은 각 업체별로 중점 적인 비즈니스 영역을 소개한다.

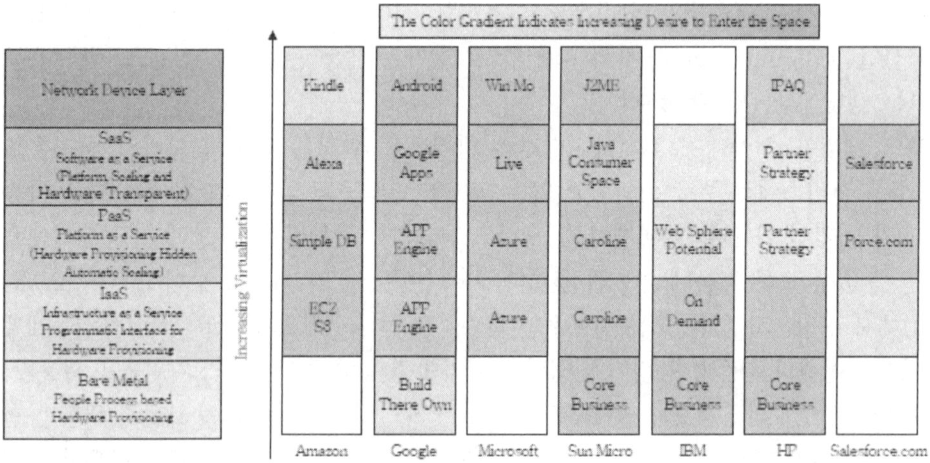

(그림 7-9) 주요 업체들의 비즈니스 상품들

가. 아마존

클라우드 컴퓨팅의 IaaS 서비스를 가장 먼저 사용하였다. 아마존[13~17]은 중소기업과 개발자를 겨냥한 스토리지 서비스인 S3(Simple Storage Service), 웹 호스팅 및 컴퓨팅 자원을 서비스하는 EC2, Queue 서비스를 위한 SQS, 데이터베이스 서비스를 위한 SimpleDB 등 다양한 서비스를 제공하고 있다. 이는 모두 초기 서비스인 AWS를 기반으로 운영되고 있다. S3는 데이터 저장 및 검색 기능을 가지고 웹서비스로 제공되어 인터넷이 가능하면 어디에서든 접근 가능하다. S3는 기가바이트 당 한 달 사용료로 15센트를 지불하면 된다. EC2는 가상 시스템을 수 분 내에 요청하고 사용 용량에 따라서 손쉽게 확장 또는 축소할 수 있는 웹서비스 형태로 제공된다. 아마존에서는 현재 싱글코어 x86 서버에서 8-코어 x86_64 서버까지 다섯 가지 형태의 서버를 제공하고 있다. 장애에 대비하기 위한 멀티 인스턴스를 여러 지역 또는 다른 영역에 배치할 수 있다. EC2는 CPU 개수, 메모리 크기, 디스크 크기에 따라 시간 당 10~80센트의 사용료를 받는다(그림 7-10).

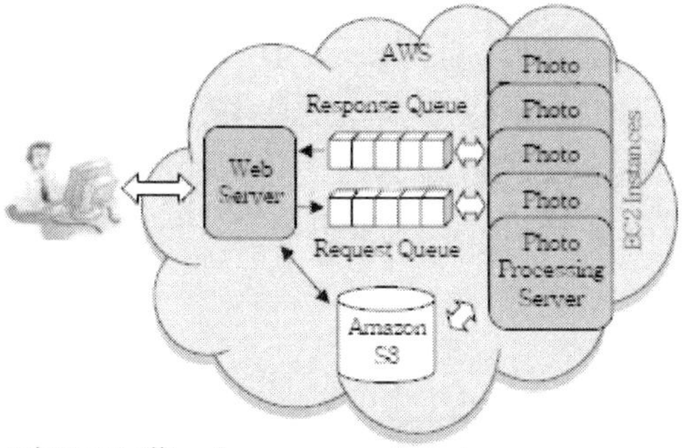

<자료>: http://developer.amazonwebservices.com

(그림 7-10) 아마존 AWS, EC2, S3, SQS

SQS는 아마존 내에서 사용되고 있는 인프라에 신뢰성 있는 접근 방법을 제공한다. 간단한 REST 기반의 HTTP 요청을 사용하여 어디에서나 메시지를 보내고 검색할 수 있다. 만들 수 있는 큐의 개수와 보낼 수 있는 메시지의 수에 제한이 없으며 아마존 내의 여러 서버와 데이터 센터에 메시지를 서상하므로 메시징 시스템에 필요한 중복성과 신뢰성을 갖출 수 있다. SimpleDB 서비스는 구조화된 데이터를 저장, 처리하는 웹 서비스이다. SimpleDB는 사용하기 쉽게 구현되었으며, 관계형 데이터베이스의 기능을 대부분 제공한다.

아마존 서비스는 2006년 3월에 시작된 이후 2007년부터는 유럽에까지 확대 제공하고 있다. 이용자도 급격히 늘어나 2007년 10월 100억 건이었던 사용 수가 2009년 1월에는 140억 건으로 크게 확대되었다. 웹 호스팅을 비롯해 이미지 호스팅, 백업 시스템 등으로 활용되면서 그 쓰임새가 더욱 커지고 있고, 다양한 고객의 업무 환경에 맞춰 이용될 수 있도록 다양한 형태로 제공하고 있다.

나. 구글

구글은 앱엔진(AppEngine)이라고 하는 PaaS 서비스로 클라우드 컴퓨팅 서비스의 대표주자가 되었다. 앱엔진은 웹 응용을 구축하고 호스팅할 수 있도록 해주는 플랫폼(http://appengine.google.com)을 제공하고 여기서 만들어진 서비스를 비즈니스로 운영하면서 구글의 인프라를 서비스 용량에 따라 신축적으로 제공해 준다. 앱엔진에는 세 가지 주요 제공 인터페이스가 있다. 첫째는 데이터베이스로서의 BigTable 사용 인터페이스이고, 둘째는 Python이나 자바와 같은 언어 인터페이스, 그리고 마지막 셋째는 사용자 인증, 이미지 처리, 메일, 문서, 캘린더 등과 같이 미리 마련되어 있는 구글의 다양한 서비스를 사용할 수 있도록 제공하는 인터페이스이다. 구글의 앱엔진을 기반으로 작성된 많은 응용 프로그램에 대하여 구글 앱스(Apps)라고 하는 SaaS서비스도 같이 제공하고 있다. 구글 앱스에서는 구글 캘린더, 구글 Docs 등이 대표 서비스로 사용되고 있으며, 사용자는 구글 앱스 제공 서비스를 사용하고 그 결과 데이터를 구글 플랫폼에 저장한 후, 언제 어디서든 접근 가능하다는 장점을 갖는다(그림 7-11).

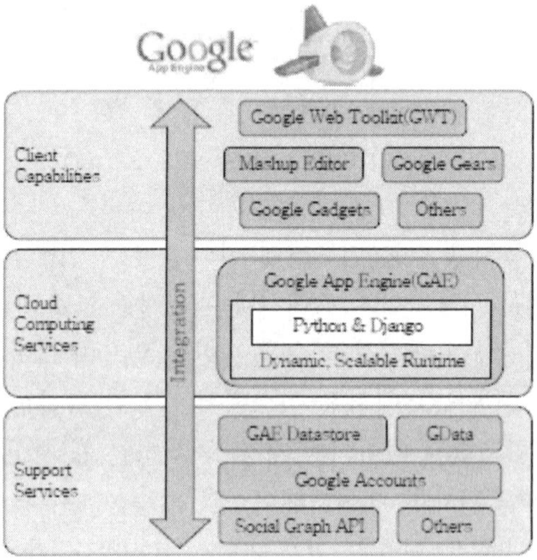

〈자료〉: Google

(그림 7-11) 구글 앱엔진 구조

다. 세일즈포스닷컴

세일즈포스닷컴은 클라우드 컴퓨팅이 탄생하기 이전부터 SaaS 방식으로 고객관리(CRM)를 제공하면서 관련 시장의 65%를 차지할 정도로 관련업계의 큰 비중을 차지하고 있다. 그러면서도 영업자동화(SFA), 파트너 관계 관리(PRM), 마케팅 자동화, 고객서비스 및 자원 자동화 등을 지원하는 등 지속적으로 새로운 서비스를 출시하고 영역을 확대해 나가고 있다. 세일즈포스닷컴의 2008년 매출이 10억 달러를 돌파하고 순익도 크게 증가하면서 세계 IT 시장의 주목을 받았다. 2008년 말 기준으로 전 세계의 5만 5,400여 개의 고객사를 확보하고 있으며 총 150만가입자를 보유하고 있다.

라. 마이크로소프트

마이크로소프트는 애저 서비스 플랫폼(Azure Service Platform)을 내세워 클라우드 컴퓨팅 시장을 공략하고 있다(www.azure.com). 애저 서비스 플랫폼은 애저로 제공하는 무한한 클라우드 컴퓨팅 파워를 활용하여 누구나 손쉽게 서비스를 개발할 수 있도록 하는 플랫폼이다. 애저 서비스 플랫폼을 중점으로 마이크로소프트는 IaaS, PaaS, SaaS 서비스를 모두 제공하고 있으며, 개방성과 상호 운용성에 초점을 두어 설계하였다. 개방성과 상호 운용성을 위하여 SOAP이나 REST 같은 표준 프로토콜을 사용하였으며, 자바, 루비, PHP(Hypertext Preprocessor) 등과 같은 공개 언 어 및 이클립스와 같은 프로그래밍 환경 등을 제공 하여 접근하기 쉽도록 하였다. 애저 서비스 플랫폼은 라이브 서비스, SQL 서비스,.NET 서비스 등과 같은 기반 응용 모듈과 협업 관련 서비스나 CRM관련 서비스 등의 전용 응용 모듈로 분류된다. 마이크로 소프트웨어는 또한 윈도 라이브 서비스(Windows Live Service)로 윈도 라이브 메일, 라이브 메신저, 라이브 포토 갤러리 등 다양한 서비스를 제공하고 있으며, 이를 바탕으로 'Software Plus Service'라는 명칭 하에 기존 마이크로소프트의 오피스 등과 같은 오프라인 제품군을 온라인을 통해 제공하는 컨셉으로 SaaS 시장에서 경쟁하고 있다 (그림 7-12).

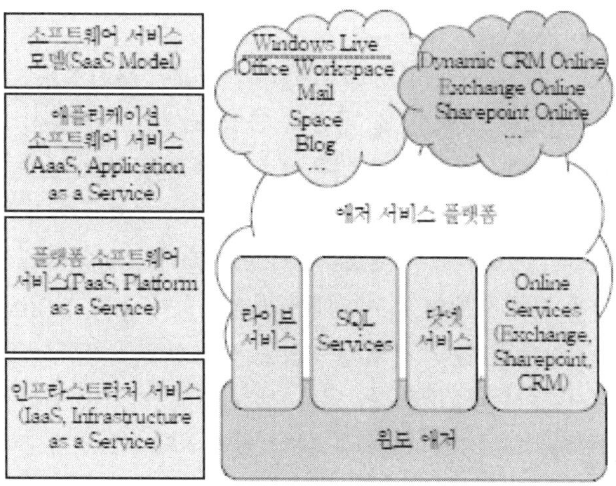

<자료>: 한국 MS

(그림 7-12) 윈도 애저 구성도

마. IBM, HP, 기타

IBM, SUN, HP는 하드웨어 제품이 주력 시장이지만, 클라우드 컴퓨팅 솔루션에 있어서 만큼은 총력을 기울이고 있다. IBM은 '블루 클라우드'라고 명명한 클라우드 컴퓨팅 산업을 차기 주력 사업으로 선정하고 2010 상용화를 위해 연구에 몰두하고 있다. IBM은 기업들이 SOA 결과물을 기업 내부용으로 쓰는 클라우드 컴퓨팅 환경과 쉽게 접목할 수 있도록 해주는 하드웨어 웹스피어 클라우드 버스트 어플라이언트와 가상화에 초점이 맞춰진 웹스피어 애플리케이션 서버하이퍼바이저 에디션을 내놓기도 하였다. IBM은 세계 시장에 솔루션 진출을 하고 있는데, 2008년 3월에는 아일랜드 더블린에, 6월에는 중국 베이징과 남아프리카 공화국 요하네스버그에 2개 센터를 건립하고, 8월에는 일본 도쿄에 설립하였으며, 이외에도 중국 우시, 소제티 등에 클라우드 컴퓨팅 서비스를 제공하고 있다.
HP는 클라우드 컴퓨팅 자체 솔루션을 보유하지 않고 파트너십 전략으로 가고 있으나, Intel, Yahoo 등과 함께 오픈 사이러스 클라우드 컴퓨팅 테스트베드를 제공하고 전세계를 대상으로 테스트베드를 제공하고 있다.
그 밖에도 Mosso, GoGrid, Joyent 등에서 IaaS서비스를 제공하고 있으며 오라클, EMC에서도 자체 솔루션을 상품화하고 있다.

7.1.8.2 중국, 일본 동향

최근 중국과 일본에서도 클라우드 컴퓨팅과 관련하여 활발한 움직임을 보이고 있다.중국 우시(Wu Xi)에서는 벤처 기업들의 혁신 및 기술의 산업화 지원을 위하여 클라우드 컴퓨팅을 활용하고 있으며, 개발 및 테스트를 위한 컴퓨팅 자원을 제공하고 있다. 이는 서비스 주도 경제로 중국 경제를 전환하기 위한 중국 정부의 전략적인 추진으로 이루어졌으며 자체 기술이라기 보다는 1차적으로는 IBM 솔루션으로 IDC를 만들어 운영중이다. 향후 중국내 소프트웨어 개발업체 지원을 위해 11개의 소프트웨어 개발단지가 중국 전역에 건립될 예정이다. 우시는 가상화된 인프라스트럭처 및 개발 플랫폼을 서비스로 제공하고 있으며 서비스 관리 기술을 추가하여 개발자를 지원하고 있다. 일본 정부 역시 '가스미가세키 클라우드' 사업을 발표하고 2015년까지 모든 정부 IT 시스템을 단일 클라우드 인프라로 전환시킨다는 계획이다. 2009년 6월에 일본 총무성에서 클라우드 컴퓨팅의 기술력 강화를 위해 민관 합동 연구회인 '클라우드 컴퓨팅 연구회'를 발족하고 일본 독자 기술 및 규정, 기업 등에 대한 지원 방안을 검토하고 있다. 또한 NTT는 자사가 운영하는 전국 18개의 IDC 센터를 연계하여 클라우드 컴퓨팅 서비스를 구축 제공할 예정이다.

7.1.8.3 국내 동향

국내 클라우드 컴퓨팅 서비스는 미국에 비하면 아직 초기 단계이다. 하지만 IBM, HP, 마이크로소프트 등 글로벌 기업의 한국지사가 국내 클라우드 컴퓨팅 보급을 구체회 하면서 삼성 SDS, LG CNS, SK C&C 등 대기업 계열 IT 서비스 업체가 TF를 구성하고 있으며, KT, SK 텔레콤 등 통신 사업자도 사업 준비를 서두르고 있다. 대기업뿐 아니라 클루넷, 이노그리드, 넥스알 등과 같은 벤처기업들도 관련 기술과 서비스를 선보이고 있다. 삼성 SDS는 산하 연구소 내의 클라우드 컴퓨팅 기술 그룹은 데이터 센터 자원을 효율적으로 운용하기 위해 '공유'라는 개념으로 유연성 및 확장성 그리고 실시간 서비스 프로비저닝에 역점을 두고 연구개발을 진행중이며, 특히 분산 및 병렬 컴퓨팅 기능을 극대화해 서비스 성능을 제고하는 등 최적의 하드웨이 아키텍처와 소프트웨어 플랫폼 설계, 구축을 위한 투자를 하고 있다. 삼성 SDS의 'USEFLEX' 서비스는 IT 인프라를 유틸리티로 제공하며 서비스 관리, 고객관리, 자동화 관리, 운영 관리 등으로 구성된다. USEFLEX는 현재 삼성전자, 삼성전기, 호텔신라 등 18개 삼성 계열사를 대상으로 제공되고 있다. 삼성 SDS는 또한 모바일데스크 서비스를 제공한나. 이는 '푸시(push)-이메일' 기술을 채택한 스마트폰을 이용해 실시간으로 이메일 송수신, 첨부파일 보기, 일정 관리, 결재 등의 기능을 지원하고 있어 모바일 기반 클라우드 컴퓨팅 서비스의 초기 단계로 여겨진다.

그 밖에도 클루넷은 네트워크 이중화 서비스인 CCN을 제공하고 있으며 넥스알은 하둡(Hadoop) 기술을 바탕으로 대용량 데이터 처리, 분석에 적용할 수 있는 인프라 서비스를 계획하고 있다. 국내 지식경제부, 방송통신위원회, 행정안전부 등 부처에서도 클라우드 컴퓨팅 관련 정책을 추진 중에 있다. 지식경제부에서는 역점 사업으로 추진해 온 그린 컴퓨팅과 결합한 친환경 클라우드 컴퓨팅 인프라로 구축 추진하고 있으며, 관련 연구과제를 수행중이다. 방송통신위원회에서는 '서비스' 중심의 접근 정책으로 클라우드 컴퓨팅 활성화 지원을 추진하고 있다. 행정안전부는 현 정부통합전산센터를 클라우드 인프라로 발전 추진시키기 위한 방법을 모색중이며, 정부통합전산센터의 인프라를 이용하여 정부 및 개인, 기업 대상 클라우드 서비스를 제공하는 계획을 수립중이다[5].

7.1.9 클라우드 컴퓨팅의 국내외 표준화 동향

2008년 중반 미국의 몇 개 대학 연구소들을 중심으로 새로 설립된 OCC(Open Cloud Consortium)는 클라우드컴퓨팅의 공개 표준에 관하여 연구하고 있다. OCC의 활동 영역은 다음과 같다.

- 클라우드컴퓨팅의 표준 개발과 클라우드 사이의 상호운용성을 위한 프레임워크 개발을 지원
- 클라우드컴퓨팅을 위한 벤치마크를 개발
- 클라우드컴퓨팅을 위한 참조 구현(Reference Implementation)을 지원
- Open Cloud Testbed라 불리는 클라우드컴퓨팅을 위한 테스트베드를 관리
- 클라우드컴퓨팅에 관련된 워크샵과 다른 행사들을 후원

OCC는 현재 다음과 같은 네 개의 워킹그룹으로 구성되어 있다.

- 대용량 데이터 클라우드를 위한 표준과 상호운용성에 관한 워킹그룹: Google 기술 보고서에 의해 많이 알려진 클라우드의 구조는 분산 파일 시스템을 제공하는 저장(Storage) 클라우드와 MapReduce를 지원하는 계산(Compute) 클라우드와 테이블 서비스를 지원하는 데이터 클라우드로 구성된다. 개방형 소스 Hadoop 시스템은 이 구조를 따르고 있다. 이 워킹그룹은 이러한 유형의 클라우드에 대용량 데이터 클라우드(Large Data Cloud)라는 이름을 사용한다. 이 워킹그룹의 목표는 대용량 데이터 클라우드들 사이의 상호운용을 위한 표준을 개발하는 것이다. 현재 Hadoop, Thrift, Sector와 Pig 사이의 상호운용을 평가하고 있으며 (Malstone이라고 불리우는) 사용자 요구 기반 계산 용량을 제공하는 클라우드를 위한 벤치마크를 개발하고 있다.
- 표준 클라우드 성능 측정과 평가 시스템에 관한 워킹그룹: 다양한 클라우드 컴퓨팅 제공자들의 성능, 보안, 품질을 비교할 수 있는 용이한 방법을 제공할 수 있도록 하기 위하여 사용 케이스(Use Case)를 다듬고, 요구사항을 수집하여 벤치마크를 개발하는 것을 목표로 한다. 이 워킹그룹은 CCIF(Cloud Computing Interoperability Forum)과 협조 관계에 있다.
- 클라우드 사이의 정보 공유와 보안에 관련된 워킹그룹: 클라우드 사이의 정보 공유를 위한 표준과 표준 기반 구조에 초점을 두고 있다. 특히 다른 기관에 속하여 다른 권한과 정

책을 가진 클라우드 사이의 정보 공유에 관신을 가진다. 이 그룹은 보안 구조에도 관심을 가지고 있다.

- 개방형 클라우드 테스트베드 워킹그룹: 개방형 클라우드 테스트베드를 관리하고 운영한다. 개방형 클라우드 테스트베드는 네트워크 연결을 위하여 Cisco C-Wave과 UIC Teraflow Network를 사용한다. 이 두 네트워크는 National Lambda Rail에 의해 제공되는 파장을 사용한다.

현재 OCC 참여기관은 다음과 같다.

- Member: Aerospace, CISCO, MIT Lincoln Labs, Northwestern University , Open Data Group, Sector Project, University of Illinois at Chicago , Yahoo
- Contributing Members: Calit2, Johns Hopkins University, National Lambda Rail, University of Chicago,

OGF(Open Grid Forum)이 중 IaaS로서의 클라우드에 인터페이스할 수 있는 현실적인 솔루션을 제공하는 것을 목표로 하여 OCCI-WG(Open Cloud Computing Interface WG)을 구성하였다[13]. OCCI-WG은 클라우드컴퓨팅 기반구조의 원격 관리를 위한 API 명세를 개발하는 것을 목표로 한다. 원격관리 기능에는 배치, 자율적 스케일링(Autonomic Scaling), 모니터링 등의 공통 태스크들을 포함된다. 현재 OCCI-WG은 다음의 API들을 고려하여 연구를 진행하고 있다.

- Amazon EC2 API
- ElasticHosts API
- FlexiScale API
- GoGrid API
- Sun Cloud API

DMTF(Distributed Management Task Force) 개방형 클라우드 표준 인큐베이터(Open Cloud Standards Incubator)를 구성하고 엔터프라즈컴퓨팅과 클라우드컴퓨팅의 상호운용이 가능한 관리 기능을 통합할 수 있도록 하는 명세들을 개발하고 한다[14]. 이를 위하여 CIM(Common Information Model), OVF(Open Virtualization Format), WBEM 프로토콜과 같은 기존의 DMTF 표준들의 확장이 필요할 수 있다고 보고 있다. DMTF 활동의 범위는 IaaS로서의 클라우드의 자원 관리에 중점을 두고 있으나 SLA, QoS, 이용률(Utilization),

제공(Provisioning), 회계(Accounting)와 과금(Billing)과 같은 PaaS 영역의 이슈들에도 관심을 보이고 있다. 이 인큐베이터에서는 다음과 같은 결과물들을 예상하고 있다. 결과물 뒤의 내용은 결과물이 나올 것이라고 예상되는 일시이다.

- 클라우드 분류 방법 : 3Q09
- 클라우드 상호운용성 white paper : 3Q09
- 정보의 명세(Informational Specifications)
  - 클라우드에 사용하기 위해 필요한 OVF의 변경 : 1Q10
  - 클라우드 자원 관리를 위한 프로파일들 : 4Q09
  - 기타 다른 DMTF 표준의 변경 : 1Q10
- 클라우드 자원 관리를 위해 필요한 신뢰(Trust)에 대한 요구사항 : 3Q09

최근 국내에서는 TTA가 차세대 서버컴퓨팅 관련 표준화 대상항목에 시스템 자원 가상화와 클라우드컴퓨팅의 내용을 포함하여 발표하였다. 시스템 자원 가상화에 관련된 표준은 DMTF의 표준을 기초로 하여 ETRI와 공동 연구를 진행하고 있으며 클라우드컴퓨팅에 관련해서는 '모바일 클라우드 서비스를 위한 그리드 기술 표준'과 '클라우드 플랫폼 인터페이스 표준' 등과 같은 표준을 개발하려 하고 있다[4].

7.2 | 빅 데이터

2012년 현재 빅 데이터는 글로벌 경제에서 가장 주목 받는 이슈 중 하나가 되었다. 사실 빅 데이터의 본질 자체는 그리 새로운 것이 아니다. IT 시스템의 보급과 함께 이미 R&D 분야 및 제조, 금융 등 여러 산업에서는 수많은 데이터의 수집과 분석을 통하여 의미있는 정보를 추출하고 이를 통하여 다양한 문제를 해결하기 위한 노력을 지속해왔다. 그러나 산업과 IT의 융합이 다방면에 걸쳐 빠르게 이루어지면서 디지털 데이터의 산출 속도는 하루가 다르게 증가하였고, 첨단 기술의 발전에 따라 IT 시스템의 성능 또한 지속적으로 향상되었다. 따라서 이전의 제한적인 데이터 활용에서 벗어나 실시간으로 쏟아지는 방대한 데이터를 신속하게 수집하고 분석함으로써, 새로운 정보를 획득하고 이를 기반으로 효과적인 전략 수립 및 의사결정을 할 수 있을 것이라는 주장이 힘을 얻게 되었다. 따라서 그간 학계에서조차 생소하였던 빅 데이터라는 단어가 글로벌 사회 및 경제적으로 큰 주목을 받게 된 것이다.
IT 시장 조사 기관인 Gartner는 빅 데이터를 2012년의 10대 전략 기술 분야 중 하나로 선정하였고, 세계 경제의 주요 현안을 논의하는 다보스 포럼(Davos Forum)은 빅 데이터 관련 세션을 4개나 개최할 정도로 큰 관심을 보였다. 영국의 경제 비즈니스 연구센터(Centre for Economic and Business Research)는 향후 5년 간 빅 데이터 관련 비즈니스가 자국에 2천 억 파운드 이상의 경제적 파급 효과를 미칠 것으로 전망하였으며, 최근 미국 백악관 직속의 과학기술정책실(Office of Science and Technology Policy)은 국립과학재단, 국방부 등 6개 연방정부기관과 함께 'Big Data Research and Development Initiative'을 통하여 빅 데이터의 연구 및 활용 전략 수립에 2억 달러를 투자하기로 발표하였다.
빅 데이터에 대한 관심이 뜨겁게 달아 오르면서 관련 기술 기업들에 대한 투자도 천정부지루 치솟고 있다. 데이터 분석 소프트웨어 프로그램을 제작하는 기업인 스플렁크(Splunk)는 기업 공개(IPO)를 통하여 2억 3천만 달러라는 거액을 모을 수 있었으며, 글로벌 벤처 투자 기관인 엑셀 파트너스(Accel Partners)는 빅 데이터 기술 관련 신생 기업들에 투자하기 위하여 1억 달러 규모의 펀드를 조성하기도 하였다. 또한 Dell, SAP, HP등 많은 IT 대기업들도 빅 데이터 분야의 비즈니스를 강화하기 위하여 지속적인 경기 침체에도 불구하고 여러 기술 기업들을 앞 다투어 인수합병(M&A)하고 있다.
빅 데이터 기술은 지금까지 처리할 수 없었던 대용량의 비정형 데이터를 처리하는 기술로서, 데이터를 기반으로 한 지능형 서비스를 구현하는 기반 기술이다. 실시간으로 수집되는 데이터와 그를 분석하는 시스템을 기반으로 한 지능형 서비스는 머지 않은 장래에 서비스의 제공 체계나 그를 제공하는 전문가의 역할과 가치를 바꿔놓을 것이다.
이러한 상황에서 IT 거대 기업들은 그들의 축적된 데이터, 노하우, 대규모의 컴퓨팅 인프라가 결합된 빅 데이터 솔루션과 서비스를 내놓고 있다. IBM의 왓슨은 지능형 서비스 솔루션 시장을 열고 있으며, 구글은 자사의 클라우드 서비스를 기반으로 한 빅 데이터 서비스를 준비 중이다. 이러한 서비스의 종착점은 다양한 분야의 지능형 서비스를 구현하는 지능형 플랫폼이 될 것이며, 이 플랫폼은 지금의 OS와는 비교가 되지 않을 정도로 강력한 시장 지배력을 갖게 될 것이다[2].

7.2.1 빅 데이터란?

빅 데이터(Big Data)란 무엇인가? 일반적으로 빅 데이터는 기존 데이터에 비해 너무 커서 기존 방법이나 도구로 수집, 저장, 검색, 분석, 시각화 등이 어려운 정형 또는 비정형 데이터를 의미한다. 두 개의 기관에서는 다음과 같이 정의하였다.

- DB의 규모에 초점을 맞춘 정의(Mckinsy, 2011): 일반적인 DB SW 가 저장, 관리, 분석할 수 있는 범위를 초과하는 규모의 데이터
- 업무수행에 초점을 맞춘 정의(IDC, 2011): 빅 데이터는 다양한 종류의 대규모 데이터로부터 저렴한 비용으로 가치를 추출하고, 데이터의 초고속 수집, 발굴, 분석을 지원하도록 고안된 차세대 기술 및 아키텍처빅 데이터의 정의를 단순한 정량적인 차원에서 접근해서는 안될 것이다. 왜냐하면 빅 데이터는 지속적으로 변하면서 산업별, 시장별 구분에 따라 다르게 적용되기 때문이다.

2011년에 발표된 IDC의 Digital Universe 연구조사에 의하면, 새롭게 생성되거나 복제된 정보의 양이 2011년에 1.8 ZB(1 조 8,000 억 Gigabyte)를 넘어서고, 향후 5년 후에는 거의 9 배 가까이 증가할 전망이다. 1.8 제타 바이트는 대한민국 모든 사람(약 4,875만 명, 2010년 기준)이 18만 년 동안 쉬지 않고, 1 분마다 트위터에 3개의 글을 게시하는 양과 같다. 또 2시간짜리 HD 영화 2,000억 개와 맞먹는 양이다. 전세계의 디지털 정보량은 2년마다 2배씩 증가하고 있다. 소셜미디어와 스마트폰에서 촉발된 빅 데이터 이슈가 산업 전반에 확산되면서 방대한 양의 데이터가 생산되고 있고, 이를 기반으로 한 데이터 중심의 제 4 세대 연구 패러다임이 새롭게 떠오르고 있다. 기업의 무한 경쟁, 과학기술의 거대화와 융복합화 가속, 삶의 질적 수준 향상 요구, 재난 대응, 일자리 창출 등 사회 변화와 현안 해결에 빅 데이터의 역할이 매우 중요하다. 또한 빅 데이터의 수집과 분석을 위한 컴퓨팅 파워, 소프트웨어, 정보 분석 모델, 가시화, 인공지능 등의 기술이 수반되어야 할 것이다[6].

7.2.2 빅 데이터 요소 기술

빅 데이터를 설명할 때 다음과 같이 크게 3 가지 요소를 들 수 있다.

- 첫째, 데이터의 크기(Volume): 데이터의 크기로 물리적인 크기 보다는 앞서 정의에서 설명한 크기이다. 웹 로그 데이터나 g-mail 등의 메일 데이터는 수 PB 이상이 되지만 트위터 네트워크 데이터는 수십 GB 미만이다. 앞의 데이터는 안정적인 저장이 가장 큰 해결과제인 반면 네트워크 데이터는 분석 및 처리가 가장 큰 이슈이다. 따라서 단순한 물리적인 크기가 아닌 데이터의 어떤 속성에 따라 중요성을 판단하고 그것을 처리하는데 어려움이 있느냐 없느냐인 것이다.
- 둘째, 데이터의 속도(Velocity): 데이터를 처리하는 속도이다. 정의 부분에서도 설명했듯이 배치 분석만을 의미하는 것이 아니다. 필요에 따라서 수많은 사용자 요청을 실시간으로 처리한 후 처리 결과를 보내주는 기능도 필요하다.
- 셋째, 데이터의 형태(Variety): 전통적인 기업의 데이터 분석은 기업 내부에서 빌생하는 운영 데이터인 ERP, SCM, MES, CRM 등의 시스템에 저장되어 있는 RDBMS 기반의 정형데이터였다. 이러한 정형 데이터는 잘 정제되어 있고 의미도 명확하다. 그리고 스키마를 포함하는 XML, HTML 등의 반정형 데이터도 있다. 하지만, 최근에는 이런 데이터뿐만 아니라 기업 외부에서 발생하는 SNS, 블로그, 뉴스, 게시판 등의 데이터나 사용자가 업로드한 파일, 콜 센터의 고객 상담 내용 등의 비정형 데이터도 처리해야 한다. (그림 7-13)은 2011년 TDWI Research 에서 발표한 빅 데이터의 3대 요소를 나타내었다.

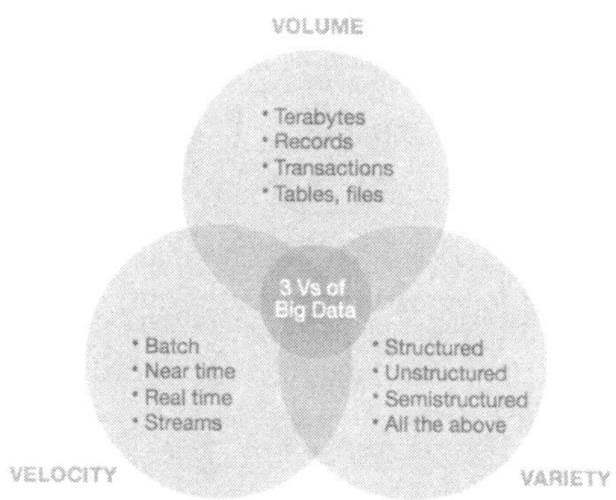

(그림 7-13) 빅 데이터의 3대 요소

(그림 7-14)는 2010년 PWC에서 발표한 데이터 특성인 형태와 크기에 따라 구분한 그래프이다. 빅 데이터의 포지션을 잘 나타내주고 있다.

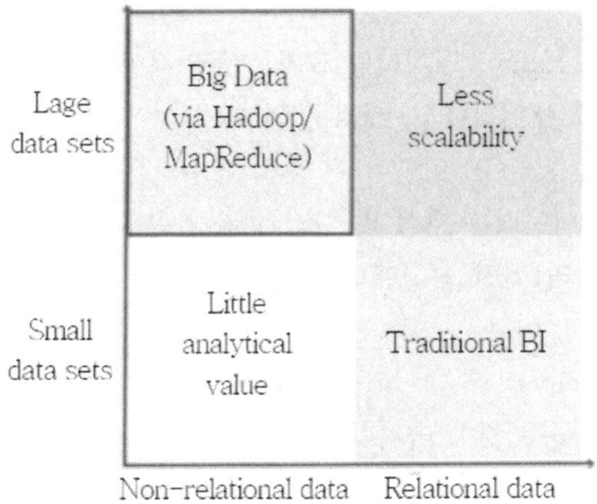

(그림 7-14) 데이터 특성에 따른 빅 데이터의 포지션

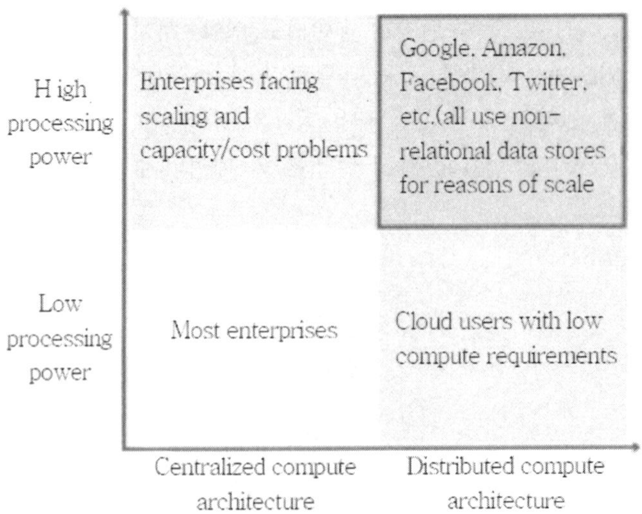

(그림 7-15) 프로세서 파워에 따른 컴퓨터구조의 포지션

(그림 7-15)는 데이터 아키텍처 배치를 컴퓨팅 아키텍처에 따른 프로세싱 파워에 따라 구분한 그래프이다. 현재 빅 데이터의 위치를 잘 표현한 그래프이다.

7.2.3 빅 데이터의 분석 기술

지금까지의 데이터 분석 기술은 대부분 한 대의 컴퓨터상의 메모리, 파일시스템, 데이터 베이스에 데이터를 저장하고 이를 기반으로 데이터를 분석하는 알고리즘을 실행하는 구조였다. 대부분의 통계 툴들은 여전히 메모리에 데이터를 로딩해서 통계/분석/마이닝 알고리즘을 실행하는 것이 기본구조이다. 이것이 데이터베이스 시스템이 나오면서 대용량의 데이터를 처리할 수 있어 규모가 커지게 되었다. 하지만 여전히 이러한 분석 시스템의 구조는 싱글머신/싱글코어에 최적화되어 있었으며, 최근에는 싱글머신/멀티코어에서 실행할 수 있는 다양한 알고리즘의 개발과 시스템들이 등장하고 상용화되어 쓰고 있다. 지금까지 빅 데이터라고 하는 것을 처리하기 위해서는 몇백 기가 메모리와 SAN 스토리지로 대용량의 파일시스템을 마운트할 수 있는 고사양 고가의 하이엔드급 서버를 이용해서 DW, DM을 구축해 왔다. 데이터 증가에 따른 시스템 확장은 더 고사양의 장비로 교체하거나 CPU/ 메모리/디스크 증설이라는 방식을 이용해서 하는 scale-up 방식만이 유일했다. 문제는 최근 구글, 아마존, 야후, 페이스북, 트위터와 같은 인터넷 기업들이 고객들의 사용 로그와 트랜잭션 로그를 기반으로 데이터 마이닝과 이를 기반으로 하는 서비스, 광고 플랫폼을 구축하고자 하면서 그 한계에 이르게 되었다. Terabyte 에서 Petabyte 규모의 데이터를 분석하여 검색엔진, 소셜 서비스, 광고 등을 하기에는 기존의 시스템, 소프트웨어 아키텍처로는 불가능했던 것이다. 뿐만 아니라 이들이 처리해야 하는 데이터들은 데이터베이스에 깔끔히 정리된 정형화된 데이터가 아니라, 웹을 통해서 수집한 다양한 비정형 데이터와 함께 비디오, 사진, 음향 등 다양한 미디어 정보를 수집해서 분석해야 하기 때문에 더욱 힘들어질 수밖에 없게 된 것이다. 구글은 이러한 문제점을 해결하기 위해 MapReduce 라는 프로그래밍 모델과 대용량 분산처리 프레임워크와 대용량 데이터를 효과적으로 저장하고 확장할 수 있는 구글파일시스템(GFS) 기술을 활용하였다. 구글이 가진 기술을 참고해서 등장한 다양한 MapReduce 프레임워크 중에서 가장 주목을 받고 그 기반으로 커다란 에코시스템을 갖추게 된 것이 바로 자바 기반의 Apache Hadoop 이다. Hadoop은 다수의 서버를 묶어 분산 처리하는 플랫폼이며, 분산처리하는 'Map' 단계와 결과를 취합하는 'Reduce' 단계로 이루어진 구글의 MapReduce 모델을 본떠 만든 것으로 야후의 더그커킹에 의해서 처음으로 개발되고 배포되었다. Hadoop은 예전리눅스의 등장으로 OS 시장이 틀을 크게 바꾸었듯이 빅 데이터 분석 시장에 있어서 커다란 대안으로 등장하고 있다. 야후 내부에서 사용하던 이 기술이 오픈 소스로 발표되어 크게 주목을 받으면서 사실상 현재 페이스북, 트위터, 링크드인, 이베이, 아마존 등 많은 글로벌 인터넷, 커머스 업체들은 빅 데이터 처리를 위해서 Hadoop의 사용을 당연시 하고 있으며, 이를 기반으로 한 다양한 처리 프레임워크나 기술들을 공개하고 있고 그 저변을 매우 빠르게 넓혀가고 있다.

국내의 대표 포털 네이버, 다음 등 인터넷 기업들뿐 아니라 S 클라우드를 준비하고 있는 삼성전자와 같은 제조사 역시 스마트폰, 스마트 디바이스를 위한 콘텐츠 서비스와 이를 통해서 발생하는 엄청난 로그 데이터 처리를 위해 Hadoop을 적극적으로 활용하고 있다. 그리고, 넥스알(NexR)이 Hadoop 및 클라우드 기술을 기반으로 다양한 컨설팅 및 사업을 추진하였고, 2011년 말 KT의 자회사로 인수되면 크게 주목을 받았다. 최근에는 KT 이노츠(innotz)와 합병되면서 KT 클라우드웨어라는 회사로 거듭나면서 사업 영역과 규모가 더욱 커졌다. 넥스알은 꾸준히 국내의 Hadoop 오픈소스 커뮤니티의 활동을 적극 지원하고 있고, 최근에는 RHive라고 하는 R 와 Hive을 결합한 시스템을 오픈소스로 공개하는 등 국내의 Hadoop 저변 확대에 많은 지원을 하고 있다[6].

7.2.3.1 빅 데이터의 솔루션 업체

대표적인 Hadoop 솔루션 업체로 Cloudera 와 Hortonworks를 들지만, 엔터프라이즈 업체로 MapR가 있다. 야후에서 분사한 Hortonworks 가 Hadoop 코어의 기술과 아키텍처 개선 등을 담당하고, Cloudera는 빅 데이터와 클라우드 시장의 기술지원, 교육 및 배포판을 제공하고 있다. 전통적인 솔루션 업체들을 살펴보면, IBM은 Apache Hadoop을 기반으로 자신들의 Basic과 Enterprise 배포판을 가지고 있고, EMC는 자신의 DW 솔루션인 Greenplum에 MapR 의 배포판을 통합해서 제공하고 있으며, Apache Hadoop을 기반으로 Community Edition을 제공하고 있다. Oracle은 자신의 하드웨어에 Cloudera를 결합하여 Hadoop Appliance를 제공하고 있다. 이밖에 다음과 같이 Apache Hadoop을 기반으로 빅 데이터 시장에 제품을 소개한 회사가 있다.

- DataStax: Hadoop+Hive+Cassandra, http://www.datastax.com/
- Datameer: Analytic Solution, http://datameer.com
- Hadapt: Analytics Platform, http://www.hadapt.com/
- HStreaming: Real-time processing, http://hstreaming.com/

(그림 7-16)에 Hadoop 솔루션 업체와 기존의 전통적인 BI, DW 등의 관계를 간단하게 정리하였다.

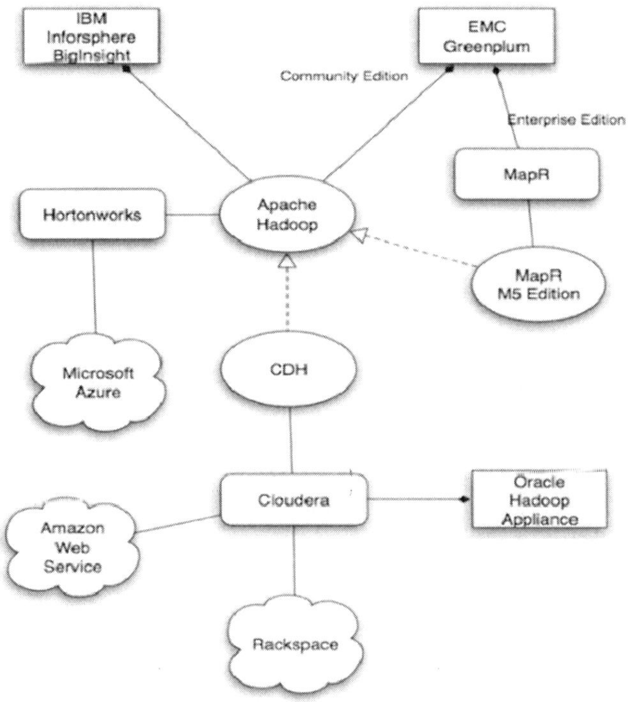

(그림 7-16) Hadoop 솔루션업체와의 관계도

7.2.3.2 빅 데이터 기술

빅 데이터를 다루는 기술들은 어떤 것들이 있을까? 빅 데이터라는 용어를 이끌어 낸 것도 Hadoop과 NoSQL의 성공에 있다고 볼 수 있기 때문에 가장 중요한 기술은 Hadoop이라 할 수 있다. Hadoop 자체는 파일 시스템과 분산 처리 플랫폼이지만 Hadoop을 중심으로 다양한 에코 시스템이 구축되면서 이제 Hadoop은 빅 데이터에 있어 산업계 표준이라고 할 수 있다.

Hadoop 이 빅 데이터를 분석 처리하는데 주로 사용될 것으로 생각하지만, 비정형 데이터뿐만 아니라 정형 데이터도 처리할 수 있어야 하기 때문에 다양한 기술들이 필요하다. 이러한 다양한 요소 기술들의 집합체를 Hadoop ECOsystem이라고 한다. (그림 7-17)은 Hadoop ECOsystem의 software stack이다.

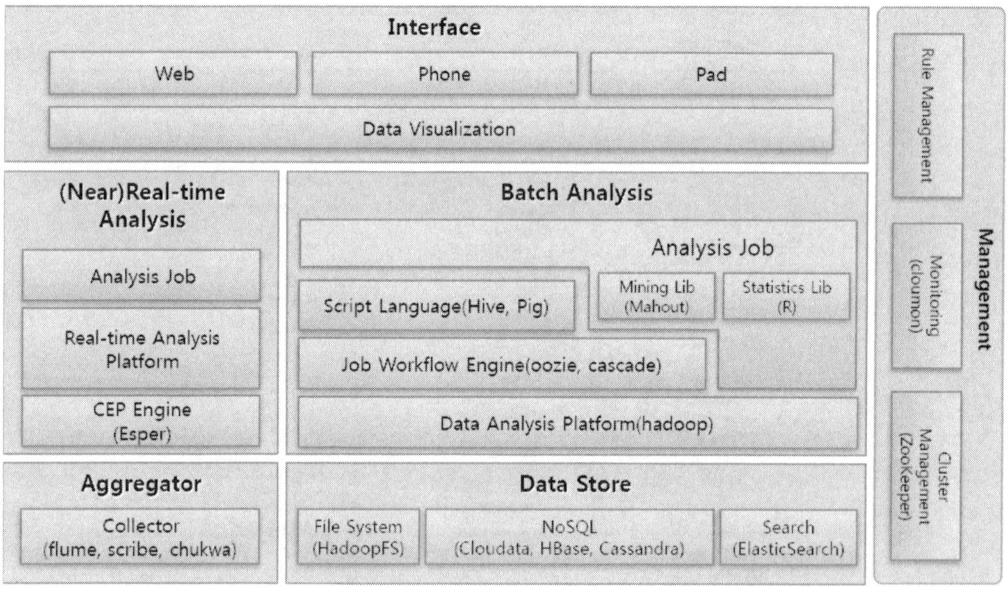

(그림 7-17) Hadoop ECO system의 software stack

Data Store 부터 인터페이스까지 6 개 파트로 구분된다.

이런 기술들이 필요에 따라 적절하게 도입되어야 빅 데이터를 처리할 수 있는 시스템을 구축할 수 있다. 언급한 기술 하나하나 쉽지 않은 기술이며 아직 성숙되지 않은 기술도 많다. 다행인 것은 대부분 오픈 소스로 코드와 기술이 많이 공개되어 있다는 것이다. 여러 기술이 있지만 이 중 가장 중요한 기술은 어떤 데이터를 분석할 것인가를 정의하고, 데이터 간의 관계를 찾아서 의미 없는 데이터로부터 의미를 찾아내는 기술이 가장 중요한 기술이다. 〈표 7-1〉에 Hadoop ECOsystem의 요소기술들을 정리하였다[6]. 최근 들어 MySQL, Oracle, DB2, and SQL Server 등의 상용 관계형 DB 보다 성능이 우수한 오픈소스 및 인덱스 기반의 데이터 저장 구조를 가진 이른바 NoSQL(Not only SQL)이라는 새로운 형태의 데이터 스토리지 솔루션이 개발되었다. 재정이 빈약한 Web 2.0 기업들이 구글이나 아마존, MS 등의 대기업군을 따라 잡으려 면 오픈 소스 기반의 NoSQL 밖에는 대안이 없다. 한 예로, 페이스북은 기존 데이터베이스인 MySQL이 아니라 카산드라(Cassandra) 데이터 스토어를 개발하였다. 그래서 Rick Cattell의 High Performance Scalable Data Stores라는 Paper 내 언급된 NoSQL이라는 데이터 저장 시스템의 공통된 특징들을 아래와 같이 정리하였다.

- Key & Value 로 저장
- 분산 환경 지원
- Call level interface 지원(DBMS에 접근하는 표준)
- 막대한 양의 데이터를 처리할 수 있는 대용량 데이터의 빠른 인덱싱
- 클러스터나 그리드에서의 구동을 위해 다양한 테이블로 데이터베이스를 나눠야 하는 복잡한 작업과 '샤딩(sharding)' 없이 손쉽고 저렴하게 여러 서버들의 수평적 확장(horizontal scaling)됨
- 데이터의 스키마와 속성들을 동적으로 정의

〈표 7-1〉 Hadoop ECOsystem의 요소기술

Scope	Project	Status
Structured data	HBase, Cassandra, MongoDB, CouchBase, Cloudata, Riak	Hadoop subproject
Storage, Parallel processing	Hadoop	Top level project, healthy community
Parallel machine learning	Mahout, Radoop, Rapid Miner	Incubating
Distributed Queue	Kafka, Bookeper	stable
Enterprise search	Solr, Katta, Elastic search	stable
Metadata extraction	Tika	Incubating
Free text indexing and search engine	Lucene	Stable, de-facto standard solution
Crawler and search engine	Nutch	Stable, slow process
Parallel scripting language	Hive, Pig, Avro	Incubating, contributed by Yahoo
Distributed locking naming service(coordinator)	ZooKeeper, Chukwa	Hosted on SourceForge, developed by Yahoo
Unstructured information	UIMA	Incubating, contributed by IBM
MapReduce extension	TupleFlow	non Apache, BSD license
MapReduce extension	cascading	non Apache, GPLv3.0 license
Statistics, Matrix	R, RHIPE, CUDA, Segue	stable
Streaming Analysis	S4, Esper, Akka, Storm	stable
Distributed Cache	Redis, Membase	stable
Graph Analysis	Hama, GoldenORB, Pregel	stable

7.2.4 빅 데이터의 처리 기술

빅 데이터 처리 기술은 다음 3 가지의 기술로 요약되며, 그 활용 분야를 예로 들었다.

7.2.4.1 분석 기술

데이터를 분석하는 기술과 방법을 의미하며 통계, 데이터마이닝, 기계학습, 자연어 처리, 패턴인식 등이 이에 해당된다. 가장 기본적인 오픈소스 기반 빅 데이터 처리기술이 Hadoop이다. 분산된 파일을 처리하는데 최적화된 Hadoop은 저장장치를 병렬로 연결시켜 데이터를 처리하는 방식으로, 별도의 스토리지가 필요 없고, 대규모 데이터를 빠르게, 비용 효율적으로 처리하는데 적합하다. 비구조화된 데이터를 구조화하는 기술이 MapReduce 이고, SQL을 사용하지 않고, 대량의 데이터를 빠르게 처리하는 기술이 oSQL 이다. 이러한 기술들은 데이터의 안정성이 정합성보다 속도, 비용에 초점을 맞췄기 때문에 일부 데이터의 유·손실이 발생해도 처리 결과가 영향을 받지 않는 업무에 적합하다. 로그 데이터 처리 혹은 분석하는 업무를 대표적인 예로 들 수 있다.

7.2.4.2 표현 기술

일반적으로 데이터의 시각화로 알려져 있으며, 분석된 데이터의 특징이나 의미를 쉽게 알 수 있도록 잘 표현해주는 기술이다. 대표적인 시각화 표현 기술은 R 로 통계 계산 및 시각화를 위한 언어 및 개발환경을 제공하며, 기본적인 통계 기법으로부터 모델링, 최신 데이터 마이닝, 시뮬레이션, 수치해석 기법까지 구현 가능하다. 구현 결과는 그래프 등으로 시각화 할 수 있으며, 다른 프로그래밍 언어와 연결도 용이하다. 게놈, 신약연구와 금융 예측 분석에 활용되고 있다.

7.2.4.3 분석 인프라

분석과 표현을 수행할 수 있도록 해주는 기반기술과 플랫폼들이라고 할 수 있으며, 이러한 분석 인프라는 다시 대규모 데이터를 안정적으로 수집해서 저장하는 기술, 저장된 것을 효과적이면서도 빠르게 처리할 수 있는 기술, 저장된 데이터를 다양한 방식과 용도로 사용할 수 있도록 가공하고 관리해주는 기술 등으로 나누어진다. 예를 들면 BI(Business Intelligence),

DW(Data Wearhousing), Cloudcomputing, 분산 데이터베이스(NoSQL), 분산 병렬처리(Hadoop MapReduce), 분산 파일시스템 등이 분산 인프라에 속하는 기술들이다.

7.2.5 빅 데이터 기술 및 업체 동향

전문가집단인 위키본(Wikibon)에 따르면, 2011년 빅 데이터 시장 규모는 52억 달러였으며 하드웨어, 소프트웨어, 서비스 분야 중 서비스 매출이 44%로서 가장 큰 비중을 차지 했다.

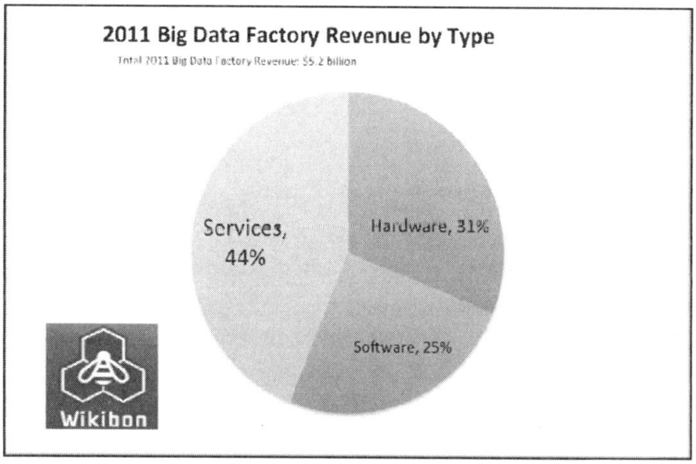

(그림 7-18) 2011년 빅 데이터 시장 규모(출처: 위키본)

앞으로 빅 데이터 시장에서 앞서가기 위해서는 서비스 역량이 가장 중요할 것으로 판단된다. 왜냐하면 빅 데이터의 궁극적인 목적은 기술의 도입이 아니라 이를 통해 비즈니스 인사이트를 도출하고 실제로 비즈니스를 향상시키는 것이기 때문이다. 올바른 비즈니스 목표를 수립하고 그에 부합하는 트렌드와 패턴을 찾아내고 해당 내용을 어떻게 비즈니스에 활용할 것인가를 결정하고 실행하는 것이 바로 서비스 역량이다. 이를 위해 기업은 스스로 그런 역량을 갖추든가 아니면 IT서비스 기업의 도움을 받아야 한다. 현재 IT서비스 기업들은 하드웨어, 소프트웨어, 서비스 분야에서 각각의 강점을 바탕으로 빅 데이터 경쟁력을 강화하고 있으며 신생 업체들도 속속 등장하고 있다. 빅 데이터의 주요 분야 및 관련 기술/업체들의 목록은 다음과 같다.

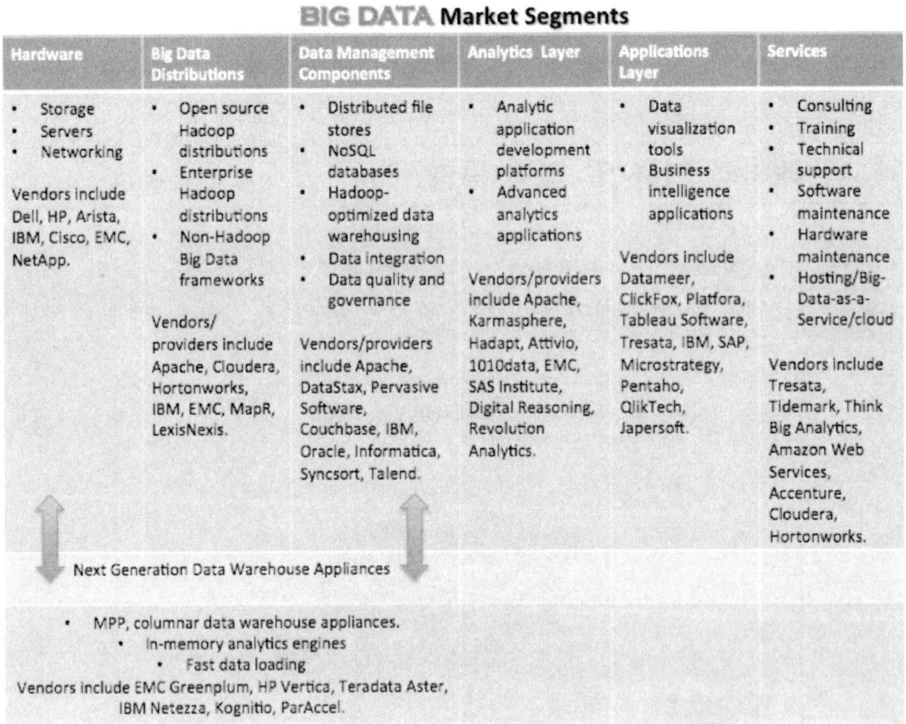

(그림 7-19) 빅 데이터 기술/업체 목록 (출처: 위키본)

빅 데이터는 클라우드 기반의 대용량 데이터 처리 기술인 하둡(Hadoop)을 비롯해, 전통적인 RDBMS(Relational Database Management System)를 보완하기 위한 NoSQL(Not only SQL), 그리고 각종 데이터 시각화(Data Visualization) 기법에 이르기까지 방대한 기술 세트를 사용한다. 여기에서 각각의 기술을 모두 설명할 수는 없으므로 구체적 내용이 궁금하다면 위의 표를 참고해 관련 기술을 검색해보길 추천한다. 여기에서는 주요 업체를 중심으로 몇 가지 주목할만한 제품이나 기술을 언급하도록 하겠다. 현 시점에서 빅 데이터에 가장 많은 투자를 하고 업체는 IBM이다. 2011년 IBM의 빅 데이터 관련 매출은 11억 달러로서 전세계 IT기업 중 1위를 차지하기도 했다. IBM은 2009년 2월에 스마트 플래닛 전략을 발표하면서 일찍이 BAO(Business Analytics and Optimization)을 강조하기 시작했다. 2010년 7월에 통계 분석 솔루션 업체 SPSS를 12억 달러에 인수했고, 2010년 9월에는 데이터웨어하우스 업체 네티자(Netezza)를 17억 달러 에 인수하기도 했다.

이후 IBM은 2011년 11월에 10PB의 데이터를 수분 내에 분석할 수 있는 'IBM 네티자 하이캐퍼시티어플라이언스' 발표했고, 2012년 3월에는 의사결정을 위한 예측 분석 역량을 제공하는 'IBM 스마터애널리틱스'를 발표했다. IBM은 지난 5년 동안 140억 달러를 투자해 빅 데이터 관련 업체 24개를 인수하고 8천 여명의 BAO 컨설턴트를 확보해 빅 데이터와 관련된 토털 서비스 제공에 나서고 있나.

EMC의 행보도 주목할 만 하다. 2009년 11월 EMC는 VM웨어, 인텔, 시스코와 함께 VCE(Virtual Computing Environment)를 설립하고 상호 협력하여 사업을 전개하기 시작했다. 그리고 2010년 7월에 데이터웨어하우스 업체 그린플럼(Greenplum)을 인수했으며(인수금액은 미공개), 2010년 11월에는 네트워크스토리지 업체인 아이실론(ISILON)을 22억 5천만 달러에 인수한 바 있다.

EMC는 2012년에 하둡분산파일시스템과 통합된 엔터프라이즈 NAS인 'EMC 아이실론 스케일아웃 NAS'를 출시했다. EMC는 지난 8년간 인수합병에 140억 달러를 투자한 것으로 알려지고 있다. EMC의 3대 슬로건은 Cloud Transforms IT, Big Data Transforms Business, Trust in Your Cloud인데 클라우드와 빅 데이터를 전면에 내세우고 있음을 알 수 있다. 실제로 클라우드와 빅 데이터는 밀접한 연관성을 갖고 있는데 많은 세부 기술들이 겹친다.

클라우드와 빅 데이터는 앞으로 서로 영향을 미치며 동반 발전할 것으로 보인다.

IBM, EMC와 사업 방향은 다르지만 구글은 빅 데이터에서 가장 중요한 업체 중 하나다.

구글은 플랫폼 업체로서 오래 전부터 온라인, 오프라인 할 것 없이 수많은 데이터를 모으고 있는 중이다. 구글은 일찍이 검색을 위해 인터넷 상의 웹 페이지를 수집하고 있을 뿐만 아니라, 지메일, 캘린더 등의 무료 서비스를 통해 사용자의 데이터를 모으고 있으며, 스트리트뷰, 북스 라이브러리프로젝트 등을 통해 오프라인의 데이터를 모으고,구글 플러스 등을 통해 SNS의 데이터를 모으고, 안드로이드 기기를 통해 디바이스의 데이터까지 모으고 있다. 즉, 사용자가 구글이 제공하는 서비스를 이용하기만 하면 구글의 클라우드에 데이터가 자동으로 쌓이는 구조다. 그리고 구글은 그렇게 모은 데이터를 각종 광고 사업에 활용해 수익을 창출하고 있다. 현재 가장 많은 데이터를 수집하고 있을 뿐만 아니라 가장 다양한 형태의 데이터를 수집하고 있는 업체가 바로 구글이다. 세계 최대의 SNS인 페이스북은 그 자체로 클라우드이자 빅 데이터 플랫폼이라고 할 수 있다. 페이스북은 개인의 신상정보 및 관심사, 활동 내역에 대한 각종 데이터를 인터넷에서뿐만 아니라 오프라인을 통해서도 끝없이 수집하고 있으며 이를 소셜 광고에 활용해 수익을 창출하고 있다. 페이스북의 기업 가치는 바로 이러한 빅 데이터로부터 나오는 것이다.

흥미로운 점은 페이스북이 내부 조직의 프로세스 분석에도 빅 데이터 기술을 적극 활용하고 있다는 점이다. 페이스북은 페이스북에 자사 임직원들이 올리는 글과 타임라인 등을 분석해 서로 커뮤니케이션이 활발한 직원들끼리 팀을 구성하게 하는 등 조직 향상에도 빅 데이터를 활용하고 있다.

7.2.6 빅 데이터 미래 기술

빅 데이터의 미래 기술을 다음 두 가지로 정리해 보았다.

7.2.6.1 실시간 빅 데이터 분석 기술

여기서 말하는 실시간의 의미는 디바이스에서 말하는 하드웨어 레벨의 실시간 데이터 프로세싱이 아니라, 비지니스 레벨 또는 서비스 레벨에서의 실시간 데이터 분석기술이다.
예를 들어서 새로운 광고를 웹사이트에 노출시켰을 때 방문자들의 클릭 스트림을 얼마나 빨리 처리해서 고객들의 반응을 분석하고 리포팅하는 것, 그리고 엄청나게 폭주하는 주식 거래의 실시간 트랜잭션을 분석하는 것도 포함된다. 이러한 실시간 데이터 분석을 위해서 주목 받는 기술 중 하나가 Complex Event Processing(CEP)라고 하는 기술이다. 다시 말해 실시간으로 발생하는 복수의 이벤트로부터 특정 패턴을 찾아내서 원하는 데이터 처리나 알림 서비스를 하는 기술이다.

7.2.6.2 실시간 빅 데이터 형상화(Visualization) 기술

소셜 네트워크 및 서버 등에서 발생하는 다양한 데이터 로그를 한데 모아 분석하고, 이를 형상화하여 IT 자원의 효율성을 높이는 기술이다. 분석된 결과를 사용자가 이해하기 쉬운 형태로 효과적으로 데이터를 보여줄 수 있는 표현방식과 이를 프로세싱하기 위한 알고리즘 등의 기술이다.

7.3 클라우딩을 이용한 스마트폰에서의 활용 방법

스마트폰이 활성화되면서 가장 인기를 끄는 것은 뭐니해도 클라우드 기능이다. 아이폰도 아이클라우드라를 광고의 전면에 내세우고 있는 만큼 클라우드 서비스는 스마트폰을 이용하는 이용자들에게 아주 유용한 서비스이다

이 클라우드 서비스는 간단하게 언제 어디서든 올렸다 내렸다를 할 수 있는 서비스인데, 스마트폰이라는 한정된 자원에서 필요한 것들을 웹상에 올려두고 저장했다가 필요할 때 다운받아서 사용할 수 있는 기능이다[8].

7.3.1 다음 클라우드 어플(아이폰, 안드로이드 용)

다음 클라우드 서비스는 아이폰과 안드로이드 등의 모바일 환경과 아이패드에서 PC와 동기화 하여 사용할 수 있으며, 최대 4GB의 대용량 파일 전송과 사진공유, 폴더공유 기능과 함께 국내 무료 클라우드 서비스 중 최대 공간인 50G를 무료로 사용할 수 있다. 다음 클라우드 서비스의 아이패드 앱의 경우 동영상 바로보기 기능을 통해 다음 클라우드 서비스에 저장되어 있는 동영상 파일을 별도의 인코딩 과정이 필요 없이 재생할 수 있는 장점이 있다. iOS환경의 아이패드는 기본적으로 *.MP4 파일 포맷 형태의 동영상 재생만을 지원하기 때문에, *.AVI, *.MKV 등의 동영상을 재생하기 위해서는 별도의 인코딩 과정을 거치거나 유료 어플인 AVPlaverHD 등의 무인코딩 동영상 재생 어플을 이용하여 동영상 재생을 하는데, 다음 클라우드 서비스의 아이패드 앱을 설치하면, 시간과 노력이 많이 필요한 동영상 인코딩 과정이나, 무인코딩 동영상 재생 어플 설치 없이도 간편하게 동영상 재생이 가능하다.

다음 클라우드를 실행 하면 하단에 클라우드, 사진보기, 내보관함, 설정 메뉴가 있다. 클라우드 탭에서는 PC와 웹간의 동기하나 PC에서 웹으로 업로드 한 파일과 아이폰에서 업로드한 사진 및 영상을 볼수 있다. 다음 아이디를 이용해 로그인 하면 클라우드에서 현재의 날짜 이후 새로 생긴 파일을 자동 올리기고 한꺼번에 업로드 할수 있다. 자동올리기 기능은 아이폰, 아이패드 카메라롤에 찍어 둔 사진 전체를 파일 선택 없이 자동 업로드 한다. 자동 업로드 폴더는 이름 변경은 가능하지만 기본 설정된 폴더이며 변경이 불가능하다.

(그림 7-20) 다음 클라우드 실행 화면

iOS 기기내의 문서 선택은 메일이나 드롭박스, 기타 파일 보관이나 뷰어 앱에서 다른 앱으로 열기를 선택할 때 다음 클라우드를 선택하면, 폴더 선택과 파일 업로드가 가능 문서는 컴퓨터용 동기화 소프트웨어나 웹의 다음 클라우드에 로그인해서 한꺼번에 올리는 것이 더 편하다. 폴더 생성과 이름 변경, 폴더내 하위 폴더 생성, 파일간 폴더 이동을 지원한다.(아이폰 현재 버전에서는 파일의 폴더 이동 미지원) 사진, 동영상, 음악, 사진 촬영, 동영상 촬영, 외부 탐색기를 통해서 원하는 파일을 각각 업로드 가능하다. 파일 업로드를 하실려면 안드로이드 폰의 별도 파일 탐색기 프로그램이 설치되어 있어야 한다.(아이폰에서 사진, 동영상 업로드만이 가능하다.)

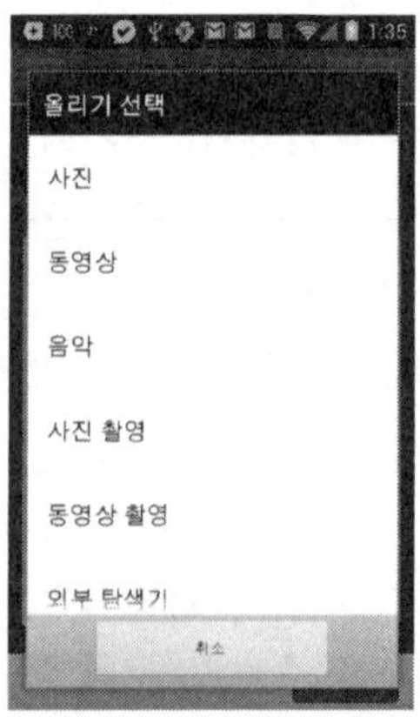

(그림 7-21) 다음 클라우드 올리기 선택 화면

폴더 정보를 이용하여 공유자 관리와 공유자 추가가 가능하다.

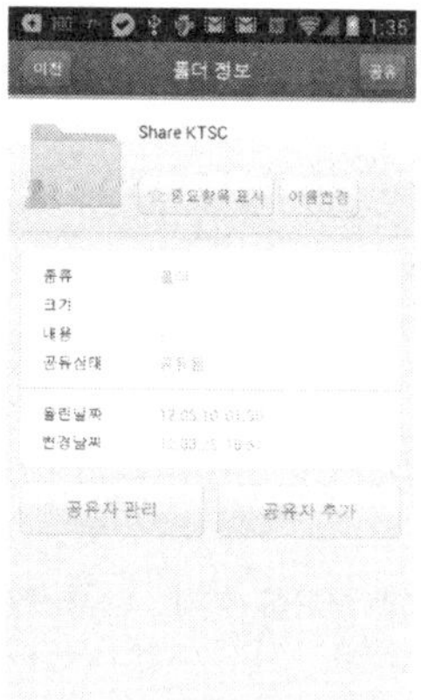

(그림 7-22) 폴더에서의 공유자 관리 화면

메뉴버튼을 통해서 새 폴더 만들기, 삭제하기, 새로고침, 디운로드, 이동하기가 가능하다.

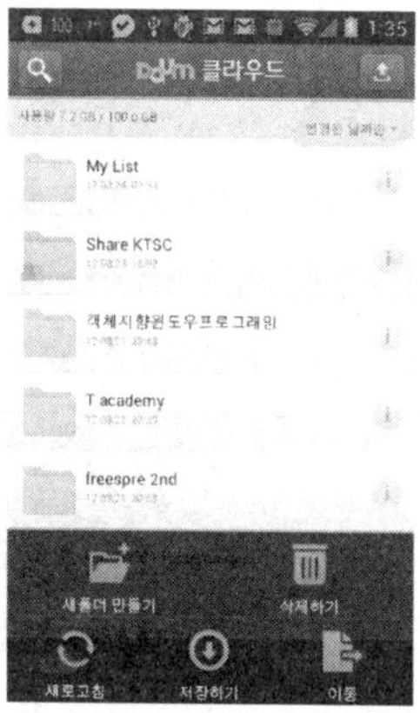

(그림 7-23) 메뉴버튼 이용

다음 클라우드에서의 삭제, 이동, 저장하기 모두 아래와 동일한 화면 구성을 가지고 있다. 원하는 파일을 선택하고, 선택 완료(삭제, 저장하기) 버튼을 통해서 사용하면 됩니다. 이동은 이동할 폴더를 선택하여 이동 버튼을 통해서 사용 하면 된다.

(그림 7-24) 삭제, 이동 화면

다음 클라우드에서 저장은 내 보관함이라는 곳에 따로 저장된다. 하단의 탭 메뉴에서 "내 보관함"을 선택하시면 확인 가능하다.
실제 저장경로는 /mmt/sdcard/DaumCloud/에 저장된다.

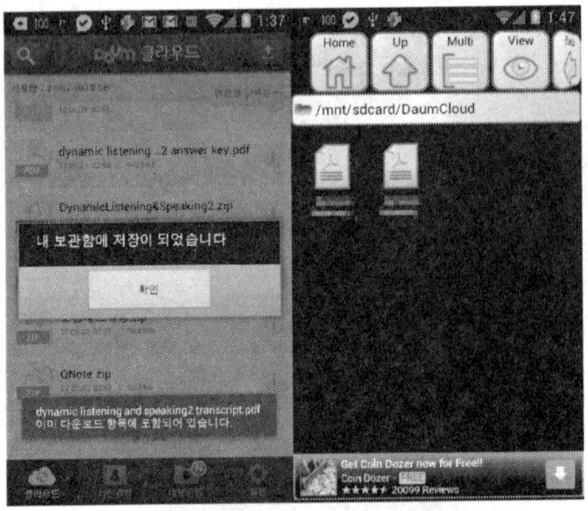

(그림 7-25) 저장 화면

다음 클라우드에서 업로드된 사진이나 문서는 전체보기와 폴더보기를 통해서 사진을 확인할 수 있다. DaumCloud 모든 폴더에 대한 사진을 아래와 같이 표시해주고 있다.

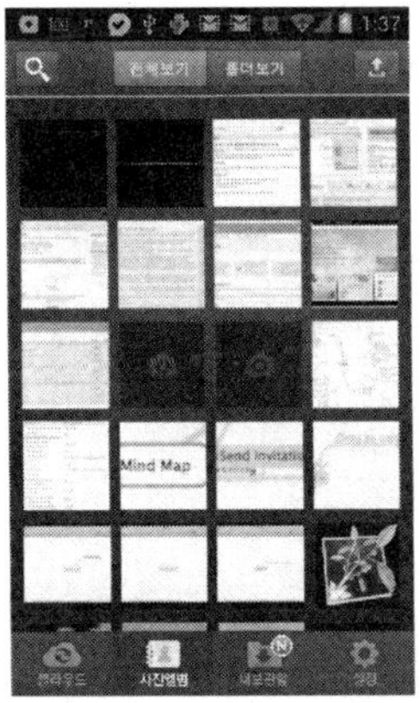

(그림 7-26) 전체보기와 폴더 보기 화면

다음 클라우드는 개인의 신상 보안을 위하여 암호 설정이 가능 하다. 암호 설정을 통해서 Lock을 설정 가능하다. 기본적으로 4자리 숫자를 사용해서 잠금을 사용한다[9].

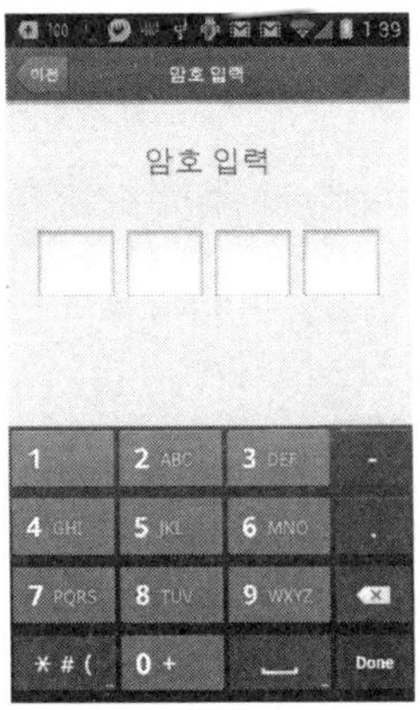

(그림 7-27) 암호 설정 화면

7.3.2 N Drive 어플(아이폰, 안드로이드 용)

N드라이브는 클라우드기반으로 하는 웹하드 개념으로서 N드라이브에 동영상, HWP, PDF, mp3 등의 파일을 넣어놓고 와이파이나 3G환경을 이용해 파일을 저장하지 않고 바로 재생하여 보거나 들을 수 있는 유용한 어플이다[10].
간단히 로그인 및 자동 로그인 설정을 할 수 있다.

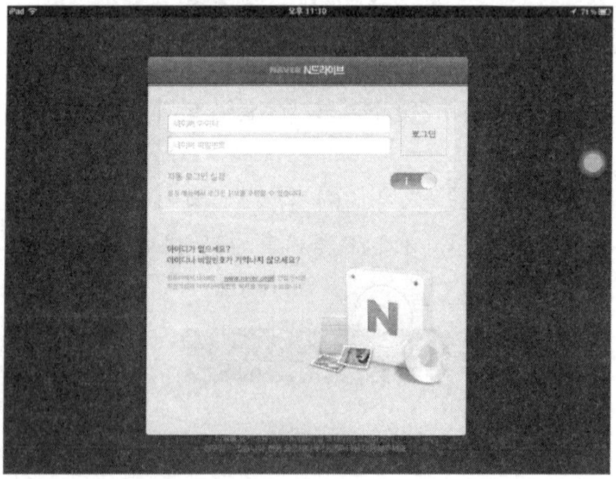

(그림 7-28) N drive 로그인 화면

메인화면 및 하단의 탭 구성은 간단하다. 탭은 N 드라이브, 포토앨범, 파일보관함, 파일 공유, 설정으로 구성되어 있다. N드라이브는 리스트 형태로 보여지고 있다.

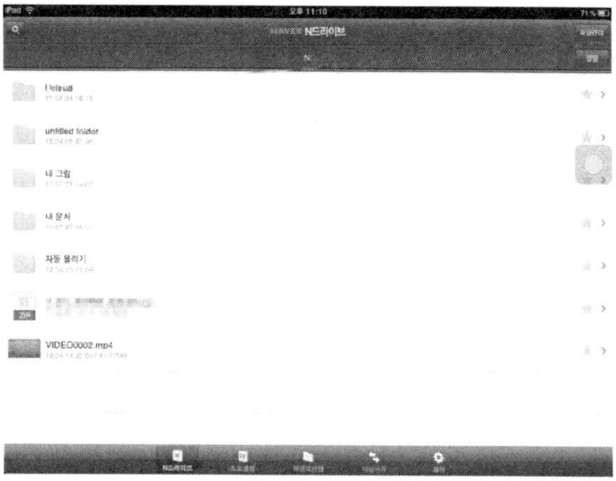

(그림 7-29) N drive 메인 화면 구성

오른쪽에 있는 파일관리 메뉴입니다. 올리기, 내려받기, 메일에 첨부하기, 삭제하기, 새 폴더 만들기가 존재한다. 메일에 첨부하기는 파일 자체를 전송하는 것이기 때문에 10MB를 넘는 파일은 전송할 수 없다.

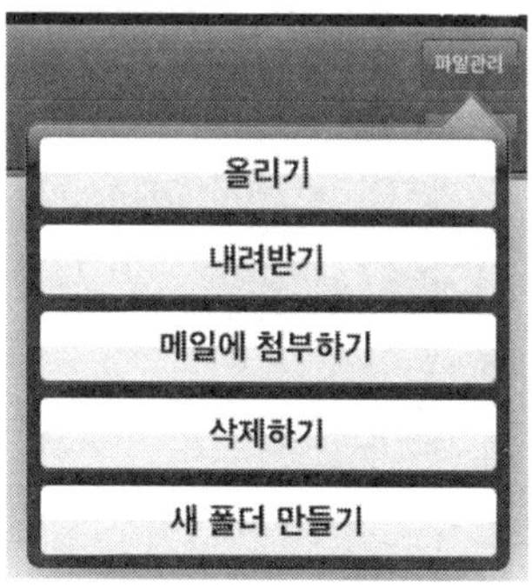

(그림 7-30) N drive 파일 관리 화면

내려 받기는 모든 파일을 내려 받을 수 있으며, 그 중 사진만 iOS 상의 포토앨범에서 확인이 가능하다. 그 외의 모든 파일은 파일 보관함에 저장된다. 그렇기에 앱을 삭제하면 사진을 제외한 나머지 모든 파일은 삭제가 된다.

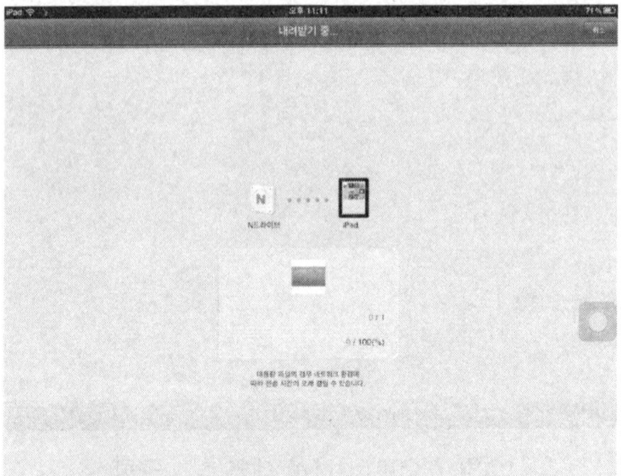

(그림 7.31) N drive에서 파일 내려 받는 화면

올리기는 아래와 같이 사진앨범에 대해서만 업로드가 가능하다. 다른 파일은 업로드 할 방법이 없다.

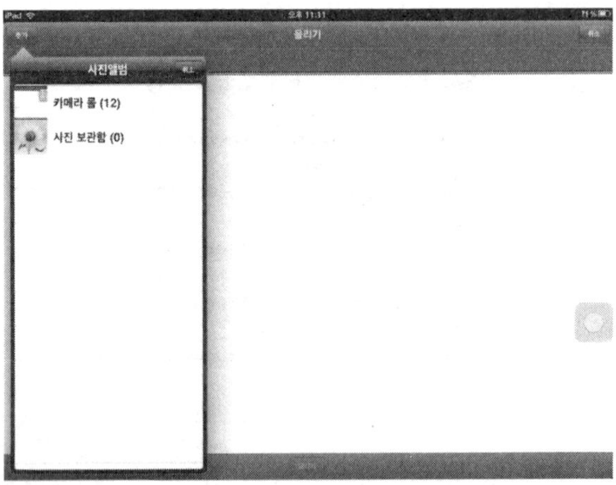

(그림 7.32) N drive으로 올리는 화면

포토앨범은 N드라이브, 날짜별앨범, 태그앨범으로 확인이 가능하다. N드라이브는 N드라이브 내 모든 사진을 폴더별로 확인할 수 있다.

(그림 7-33) N drive 포토앨범 화면

편집을 통해 다운 받은 파일 삭제가 가능하다.

(그림 7-34) N drive의 파일 보관함 화면

파일 공유는 Bluetooth나 와이파이를 이용해서 N드라이브가 설치된 ios기반의 제품 끼리 공유하는 기능이다. 연결하기를 클릭하면 Bluetooth를 켠다는 메시지와 함께 iPad, iPhone, iPodtouche와 연결 가능하다는 메시지가 표출된다.

(그림 7-35) N drive의 파일공유 화면

아래 동영상은 EVO 4G에서 HD로 촬영한 동영상이다. 확장자는.mp4 이다.(ios 기준) 안드로이드에서는 재생되지 않았지만 iPad에서는 재생되는 모습을 확인 할 수 있다.

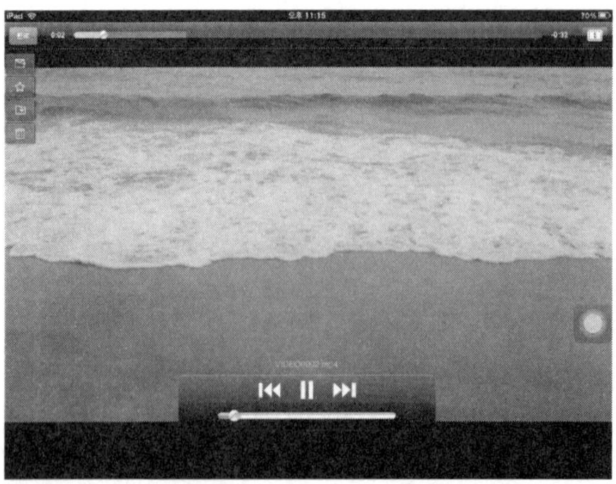

(그림 7-36) N drive의 동영상 재생 화면

올리기 크기는 아래와 같이 작은크기, 중간크기, 원본을 선택할 수 있다.

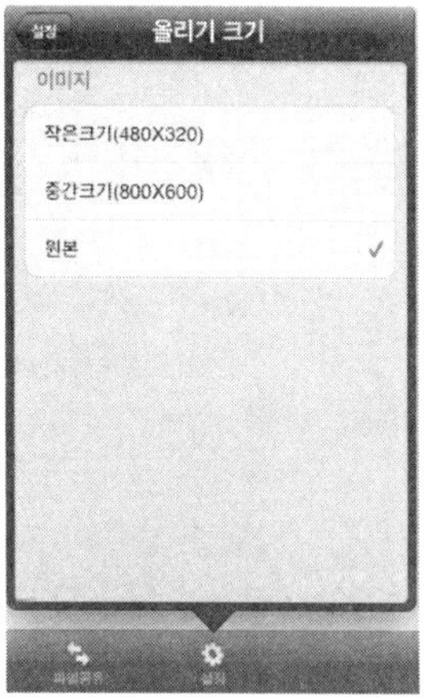

(그림 7-37) 올리기 크기 선택 화면

본 문에서는 다음 클라우드와 N drive를 설명을 하였다. 2가지의 클라우드 서비스 말고 무수히 많은 클라우드 스토리지가 존재한다. 대표적인 5개의 클라우드 서비스를 비교해서 설명을 한다[9].

	UCloud	다음 클라우드	N드라이브	Dropbox	Google Drive
제공 용량	일반회원 : 2GB 올레회원 : 50GB VIP : 130GB	50GB	30GB	2GB	5GB
추가 용량	100GB 5천원 / 1만원 300GB 1만 5천원 / 2만원	없음	100GB 5,000원/월 50,000원/년	100GB 9.99$/월 99.00$/년 200GB 19.99$/월 199.00$/년 500GB 49.99$/월 499.00$/년 팀 : 1TB 추가가능	25GB 2.49$/월 100GB 4.99$/월 .16TB까지 가능
친구 초대시	1GB 제공 최대 100GB	없음	없음	500MB 제공 최대 16GB	없음
PC 동기화 제약	기본 2대 + 추가 3대 유료 월 1천원(각)	없음	없음	없음	없음
메니저 프로그램 지원 OS	윈도우, Mac OS X 10.5이상, iPhone, iPad, Android	윈도우, Mac OS X 10.5이상, Nautilus 2.16 이상 Ubuntu x86 Fedora x86 iPhone, Android	윈도우, Max OS X(네이버 카페에서 별도 제공) iPhone, iPad, Android, 윈도우모바일용	윈도우, Max OS X, Linux, iPhone, iPad, Android, BlackBerry, Kindle Fire	윈도우, Mac OS X Chrome OS, iPhone, iPad, Android
주요 특징	olleh에서 제공하는 Office, Olleh TV 등과 연계하여 사용할 수 있음	단순 데이터 저장용으로 활용 가능하며 다른 사용자와 폴더 공유 가능 앱에서는 동영상, 사진 등 백업용으로 활용 가능	단순 데이터 저장용으로 활용 가능하며 다른 사용자와 폴더 공유 가능 앱에서는 동영상, 사진 백업용으로 활용 가능하며, 동영상 재생능력이 포함되어 있어 동영상 재생도 가능	단순 데이터 저장용으로 활용 가능하며 다른 사용자와 폴더 공유 가능 Dropbox만의 Indexing 기술을 사용하기 때문에 폴더 공유시에도 동일한 문서 편집 시에 겹치는 경우에도 별도의 이름으로 저장이 됨 (단 다시 추가히 위해서는 수작업이 필요함)	예전 구글 문서의 장점을 그대로 가지고 와서 사용하기에 문서 편집시 협업용으로 활용하기 가장 좋은 프로그램
PC내의 특정 폴더와의 동기화	PC의 폴더를 선택하여 동기화	불가능	PC의 폴더와 Ndrive 폴더를 선택 후 동기화 가능	불가능	불가능
기본 동기화 폴더의 위치 변경 가능여부	매직 폴더 위치 고정 그 외 폴더는 PC의 특정 폴더를 선택하여 동기화	모든 폴더에 대하여 경로 변경 가능	기본 폴더가 가상 드라이브이기에 변경할 필요 없음 N: 드라이브	모든 폴더에 대하여 경로 변경 가능	기본 폴더 경로 변경 불가능
동기화 시 특정 폴더의 동기화 선택 여부	매직 폴더는 모든 PC와 동기화 그외 PC 별 폴더는 필요시에 직접 선택하여 동기화	~~동기화 할 폴더를 지정할 수 있으며 지정하지 않으면 모두 동기화~~ 모든 폴더를 동기화	가상의 드라이브가 생성되고, PC의 용량에 영향을 미치지 않음	동기화 할 폴더를 지정할 수 있으며 지정하지 않으면 모두 동기화	동기화 할 폴더를 지정할 수 있으며 지정하지 않으면 모두 동기화
Android 자동 동기화 기능	사진, 동영상, 특정 폴더에 대하여 자동 동기화 가능(단점 : 동기화를 끌 수가 없음, 쉬지 않고 동기화를 하기에..버그발생)	사진, 동영상에 대하여 자동 동기화 Wi-Fi만 설정 가능하며 원본 선택 후 업로드 가능	사진, 동영상에 대하여 자동 동기화 Wi-Fi만 설정 가능하며 원본 선택 후 업로드 가능	사진, 동영상에 대하여 자동 동기화 Wi-Fi만 설정 가능하며 원본 업로드 됨	불가능
Android에서 업로드 가능한 파일	사진, 동영상, 음악 동기화 가능	모두 가능	사진, 동영상, 음악, 문서 만 업로드 가능	모두 가능	모두 가능

(그림 7-38) 클라우드 서비스 비교(1)

iOS에서의 장, 단점	사진, 동영상에 대하여 업로드 가능함 아직 외부 API를 활용한 프로그램이 많지 않아 업로드 지원하는 프로그램 없음	사진, 동영상에 대하여 업로드 가능함	사진, 동영상에 대하여 업로드 가능함	iOS에서 활용하기 가장 좋은 프로그램이 Dropbox, 거의 대부분의 외부로 보내기 앱들이 Dropbox를 사용하고 있음 사진, 동영상에 대하여 자동업로드가 가능함 (프로그램을 실행 했을 때만 가능)	협업하기 좋은 프로그램으로 구글 드라이브에서 생성한 파일에 대하여 실시간 문서 편집이 가능 한
앱에서 공유	이메일을 통한 파일 공유 가능	iOS의 경우는 해당 클라우드 프로그램으로 공유가 가능하며 공유가능한 용량의 제한이 걸림 Android에서도 파일을 다운 받아 공유하기에 용량 제한이 걸림	iOS의 경우는 해당 클라우드 프로그램으로 공유가 가능하며 공유가능한 용량의 제한이 걸림 Android에서도 파일을 다운 받아 공유하기에 용량 제한이 걸림	모든 폴더, 파일에 대하여 공유가 가능하며, 파일로 공유 또는 링크를 통해서 공유하기에 간편한 공유가 가능합니다.	기본적으로 이메일 기반의 공유가 가능하며, 링크 공유, 파일로 공유 모두 가능합니다.
폴더 공유	불가능	폴더 공유를 지원 앱에서도 폴더 공유를 할 수 있으며, 이메일, 연락처를 기반으로 공유가 가능합니다. 참고 : 저는 몇번 사용하다가 사용이 불편하여 Dropbox로 변경하였습니다.	폴더 공유를 지원합니다. 앱에서 폴더 공유 가능 연락처, 이메일 기반으로 공유가 가능합니다.	폴더 공유를 지원합니다. 이메일 사용자면 누구나 공유 받을 수 있으며, Dropbox 사용하지 않을 경우 자동 친구초대로 전환되어 추가 용량 확보가 가능합니다.	gmail 기반의 파일 공유, 폴더 공유 모두 가능 공유 받은 이후에는 Google Drive에서 제공하는 툴을 통해 협업도 가능하며, 채팅까지 함께 할 수 있습니다. 여러명이 문서를 썬십하고 사용할 경우 최고의 프로그램
음악, 동영상 재생	동영상, 음악 재생 가능 (동영상의 경우 아직 UCloud에서 재생을 잘 지원하지 않음)	동영상, 음악 재생 가능	동영상, 음악 재생 가능(자막까지 지원한다고 합니다. 소개하는 클라우드 스토리지 중 가장 좋다고 합니다.)	동영상, 음악 재생 가능	Youtube를 기반으로 동영상이 재생 됨 앱에서는 동영상 플레이어로 재생 가능 (코덱의 문제가 있을 수 있음)
PC에서의 용량	매직 폴더 위치를 변경할 수 없기 때문에 기본 OS 설치 폴더의 용량을 차지함 (윈도우에서 매직 폴더 변경하는 방법은 있음 참고 : http://thdev.net/61)	DaumCloud 폴더 자체를 다른 드라이브로 이동이 가능함 하지만 폴더 안에 있는 개개의 폴더는 이동이 불가능 폴더 안에 있는 개개의 폴더를 동기화 하지 않을 수 있음	윈도우의 경우 자동으로 가상의 드라이브인 N: 드라이브가 생성(Mac에서도 동일)	Dropbox 폴더 자체를 다른 드라이브로 이동 가능(Mac, Linux 동일) 하지만 폴더 안에 있는 개개의 폴더는 이동이 불가능 폴더 안에 있는 개개의 폴더를 동기화 하지 않을 수 있음	기본 저장 폴더가 OS 설치 디스크에 저장되기에 이동은 불가능 함(하지만 5GB이기에 무리는 없어 보임) 폴더 안에 있는 개개의 폴더를 동기화 하지 않을 수 있음
인터넷이 안되었을 때 문제점	인터넷이 연결되면 자동으로 동기화 됨 장점 : 사용자가 동기화가 되는지에 대한 신경 쓸 필요 없음 단점 : 용량만큼 내 PC의 용량을 차지함 거기에 매직폴더는 항상 OS 설치 디스크의 용량을 차지하기에 문제가 생길 수 있음	인터넷이 연결되면 자동으로 동기화 됨 장점 : 사용자가 동기화가 되는지에 대한 신경 쓸 필요 없음 단점 : 용량만큼 내 PC의 용량을 차지함	가상의 드라이브를 사용하기 때문에 인터넷이 되지 않으면 무조건 아무 작업도 할 수 없음(오프라인에서 실행가능한 경우는 폴더에서 폴더로 동기화 했을 때만 가능) 단점 : 복사할 때마다 인터넷에 업로드 창이 보임	인터넷이 연결되면 자동으로 동기화 됨 장점 : 사용자가 동기화가 되는지에 대한 신경 쓸 필요 없음 단점 : 용량만큼 내 PC의 용량을 차지함	인터넷이 연결되면 자동으로 동기화 됨 장점 : 사용자가 동기화가 되는지에 대한 신경 쓸 필요 없음 단점 : 용량만큼 내 PC의 용량을 차지함

(그림 7-39) 클라우드 서비스 비교(2)

7.3.3 WESCAN(명함스캔어플, iOS 용)

WESCAN 어플은 단순히 명함스캔을 할 수 있는 기능을 벗어나서 클라우드(Cloud) 서비스와 연계하여, 자동으로 주소록과 명함스캔내용을 백업을 하고 연동까지 가능하며, 또한 SNS (소셜네트워크)를 기본으로 제공하고 지원해주고 있는 WESCAN 명함스캔어플이다. 또한 명함스캔 인식률도 기존에 출시를 했던 명함스캔 어플보다 한단계 뛰어난 인식률을 보여주고 있고, 특히 업무용으로 활용할 수 있는 부분이나, SNS 쪽으로 활용할 수 있는 부분들이 있어서 추천을 하는 명함스캔어플이다.

WESCAN 명함스캔어플은 간단하게 이메일주소,비밀번호만으로 회원가입을 해야하는 이유가 바로 위 클라우드 서비스를 제공하는 WEWEBOX 사이트에서 클라우드 기반의 기능과 SNS 에 대한 기능을 사용할 수 있도록 제작되어 있다.

소셜주소록 서비스를 제공하고 있고, 클라우드 기반을 갖추고 있어서, 스마트폰,아이패드&웹에서 동일하게 주소록 이용이 가능하도록 연동기능을 제공하고 있다. 맞춤형 주소록과 주소록 자동업데이트 기능으로 연락처 관리도 스마트폰처럼 편리하게 사용이 가능하다.

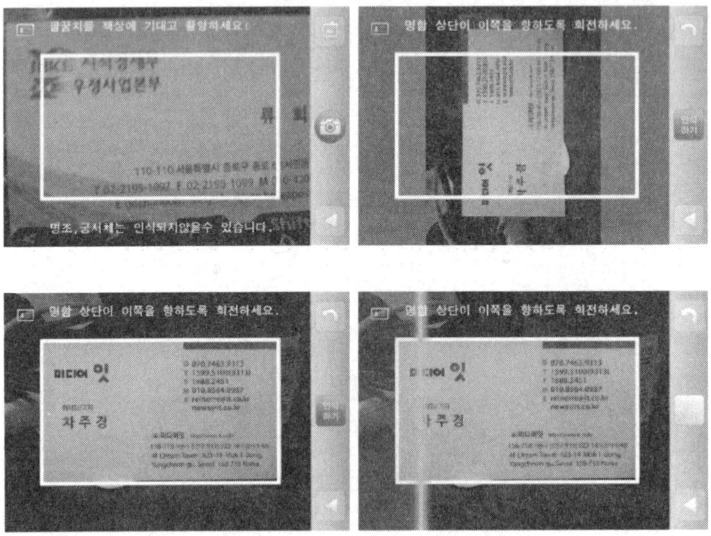

(그림 7-40) WESCAN 실행 화면

WESCAN 명함스캔어플을 이용해 명함을 촬영할 때, 명조,궁서체는 인식하지 않을 수 있다. 명함을 촬영하고 명함 상단위치를 위와 같이 조절하여 "인식하기"를 눌러서 스캔을 뜨고 나면 자동으로 인식된 연락처나 주소가 저장이 된다.
명함스캔을 하고 WEWEBOX 에 접속을 하면 클라우드 기반의 서비스이기 때문에, 내 주소록이 동기화 되어 있는길 볼 수 있다.
명함관리가 힘들 때, 명함스캔을 통해서 연락처를 기록해두고 다만 다른 주소록,전화번호 동기화 어플과는 다르게 클라우드 서비스의 목적이 강하여, 온라인상에서 내 연락처를 가지고 SNS 소셜네트워크로 활용도 가능하고 그룹핑을 통해 업체간 그룹간 명함정보를 다른이와 공유할 수 있는 부분은 스마트폰이 없어도 연락처를 가지고 다양하게 활용할 수 있는 기능이 상당히 편의성을 제공하고 있다.

7.3.4 에버노트

무료 어플로는 드물게 안드로이드 폰, 아이폰, 아이패트, 태블릿 등을 다 지원 하고 있기 때문에 안드로이드 폰에서도 최고의 노트어플이라고 할 수 있다.
에버노트의 경우 다양한 기기에 모두 깔려 있지만 하나의 계정을 통하여 모두 동기화 되기 때문에 다양한 기기에서 사용이 가능하다. 이렇게 다양하고 편리한 에버노트의 기능을 대부분 무료로 사용할 수 있다는 것도 매우 큰 장점이다. 최근에는 크롬 웹앱도 설치하여 더 많이 쓰고 있다. 에버노트의 클라우드 서비스는 월 60M 까지 무료로 업로드 할 수 있다. 헤비유저가 아니라면 60M의 업로드 공간은 부족하지가 않기 때문에 유료서비스를 받는 경우는 매우 예외적인 사용자 일 것이다.
에버노트는 기본적으로 날짜기준으로 자동분류가 됩니다.
상단중앙에 모든노트/노트북/공유됨/태그/더보기로 메뉴가 분류된다.
'모든노트'의 경우는 작성한 노트목록을 본문과 함께 볼 수 있는 기능이다. 최근의 작성글을 보는 것에 있어서 효과적이다.

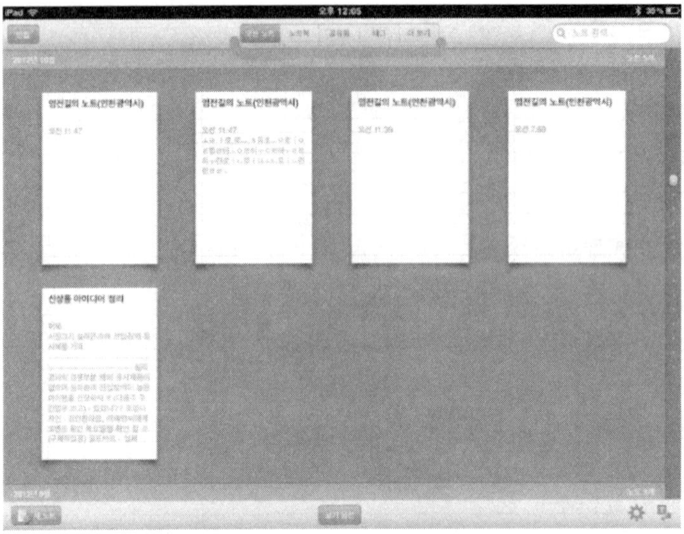

(그림 7-41) 에버노트 메인 화면

'노트북' 메뉴는 다른 어플과 연동하여 공유하는 기능이다. 아래의 그림은 'awesome'노트와 공유를 하였다. 어썸노트의 카테고리별 내용이 그대로 나뉘어져 옮겨져 있음을 볼 수 있다. 다른 업무어플과의 공유됨도 즐거운 기능이다.

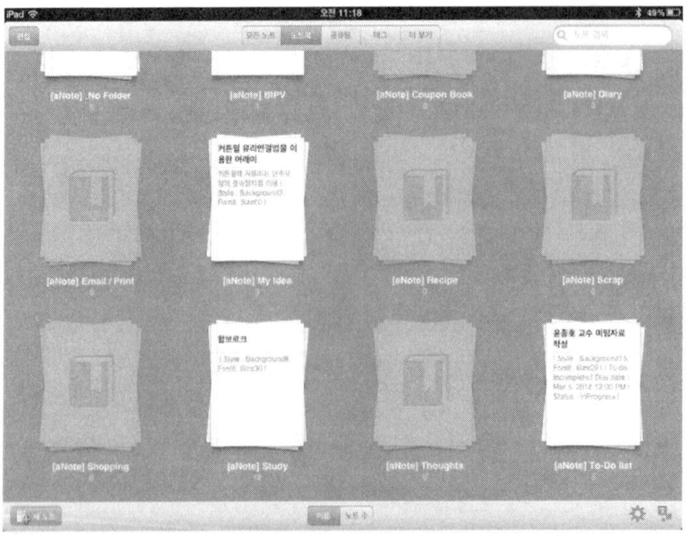

(그림 7-42) 에버노트 노트북 메뉴 화면

좌측하단의 '새노트'를 터치하여 새글을 펼쳐서, 새글이 열리면 현 위치를 가지고 제목이 자동 생성된다.
상단의 /카메라/사진/마이크/정보의 그림 그대로의 기능을 한다.
카메라는 찍고, 사진은 앨범에서 불러오고, 마이크는 녹음하고, 정보에서는 '태그'를 입력할 수 있다[12].

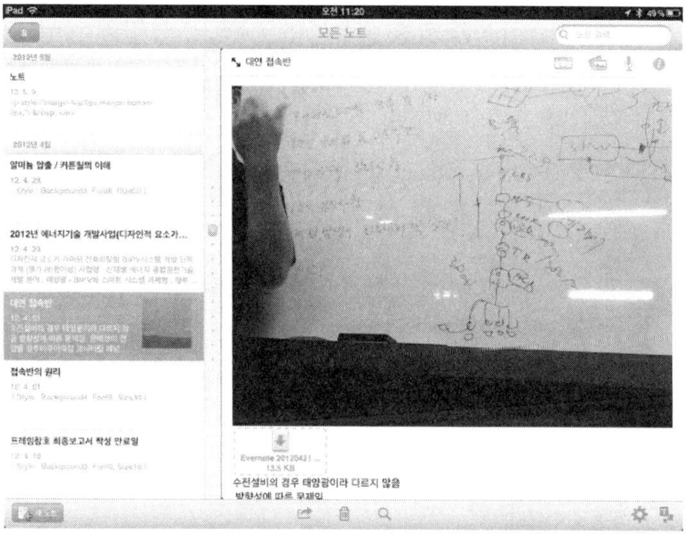

(그림 7-43) 에버노트의 새 노트 화면

7.3.5 CrazyRemote

아이폰 원격제어 어플 중에 가장 빠른 속도를 자랑한다.
아이폰 및 아이팟 터치를 이용하여 이용할 수 있으며 정식 가격은 19.9$이다.
원격제어로 동영상 감상 및 조작이 힘들지만 게임까지도 가능한 원격제어 최강의 어플!! 유료라는 단점이 있지만 구매해도 아깝지 않은 최고의 원격제어 어플이다.
원격제어를 이용 할 경우 컴퓨터 화면을 아이폰으로 전송하여 보여주게 된다. 따라서 네트워크 속도에 영향도 있지만 어플 자체 기능도 영향을 많이 받는다. 제가 사용해 본 원격제어 어플은 TeamViewer과 Crazy Remote를 주로 사용해보았고 각각의 장단점이 있지만 크레이지 리모트가 속도가 훨씬 빠른 장점이 있다.

팀뷰어의 장점은 개인에게는 무료라는 점과 서버프로그램 하나면 아이폰, 안드로이드, 다른 PC에서 모두 접속이 가능하다.
Crazy Remote는 서버 프로그램 하나로 아이폰 또는 아이팟 터치에서만 접속이 가능한 단점이 있다.
Crazy Remote는 일반모드와 동영상/게임모드로 나뉘어 일반모드는 화질을 중시하고 동영상 및 게임모드는 프레임을 중시합니다. 프레임이 높으면 화면이 끊기지 않고 부드럽게 움직이는 것을 말한다. 또한 소리 전송까지 가능하여 게임 및 동영상 감상에 더욱 좋다[13].
우선 원격제어 할 PC에서 서버 프로그램을 설치 후 실행하면 트레이에 아이콘이 생깁니다. 해당 아이콘을 통하여 서버 프로그램으로 들어간다.
(그림 7.44)는 첫 번째 화면이다. 따로 설정할 필요는 없지만 프로그램 실행 시 이 창 보이기를 해제 해 주면 컴퓨터가 부팅된 후 창이 보이지 않아 깔끔하게 사용할 수 있다.

(그림 7-44) Crazy Remote의 서버 프로그램 첫 번째 화면

패스워드를 입력하고 기억한다. Port부분은 기본값으로 한다. 하지만 같은 네트워크 안에 크레이지 리모트를 여러대 PC에서 이용한다면 서로 다른 포트를 이용하게 바꿔준다. 서버 시작을 눌러준다.(그림 7.45)

(그림 7-45) Crazy Remote의 서버 프로그램 두 번 째 화면

(그림 7-16) 화면은 핀코드 사용 부분이다. 외부 IP나 DDNS설정 없이 외부에서든 내부에서든 바로 접속 할 수 있게 해주는 편리한 기능이다. 핀코드 부분을 기억해야 한다. 핀코드를 이용하지 않고 직접 IP를 넣어서 접속 할 수 있지만 그렇게 되면 한 컴퓨터에 내부 네트워크, 외부네트워크용으로 2개의 서버를 추가해야 한다.

핀코드 하나면 내부든 외부든 가리지 않고 접속이 된다. 다만 초기 접속에 속도가 느리다. 프로그램을 닫을 때에는 적용 및 닫기를 눌러준다.

여기 까지 설정을 하면 기본적으로 원격 제어할 PC의 설정이 완료된다.

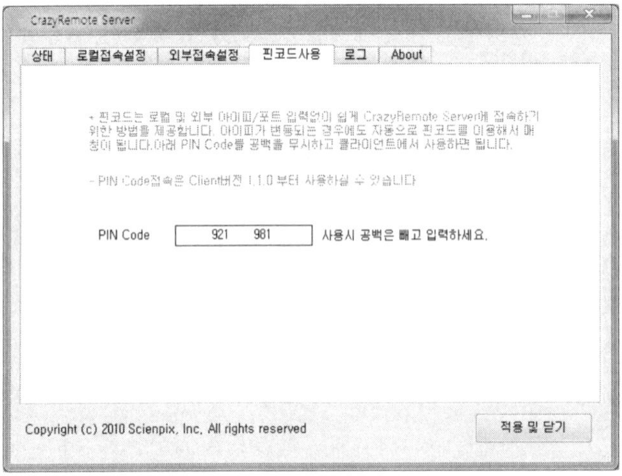

(그림 7-46) Crazy Remote의 서버 프로그램 핀코드 화면

이제 아이폰에서의 어플에서 설정할 차례이다. 서버 추가만 하면 그 이후에는 손쉽게 이용할 수 있다. 수많은 기능을 가진 것 치고 초기화면은 간단하다. 서버 추가는 Computer List로 들어가 우측 상단의 +기호를 누르면 된다. 그 후 컴퓨터 이름(마음대로)과 핀코드, 비밀번호를 넣고 저장을 누르면 된다. 이제 저장된 PC를 누르면 접속을 한 후 컴퓨터의 화면이 나타나게 된다.

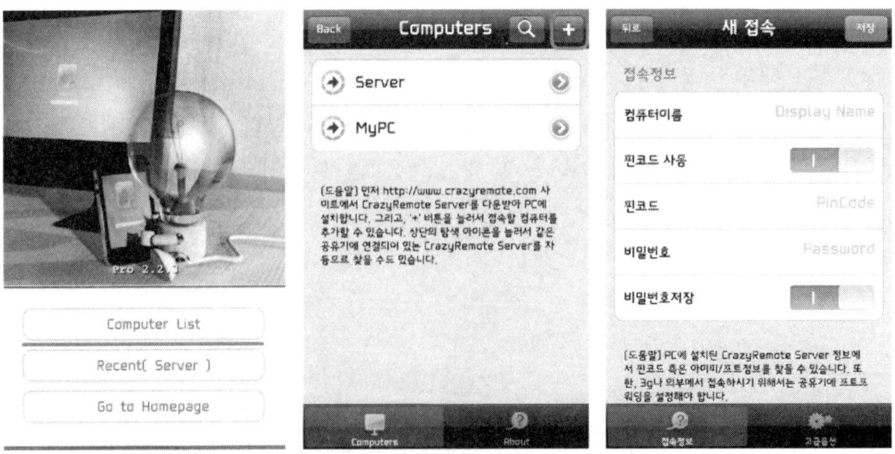

(그림 7-47) 아이폰 어플에서의 설정 화면

우선 핀코드를 통하여 접속하게 되면 외부던지 내부네트워크 이던지 자동으로 판단하여 접속을 한다. 따로 IP를 기억 할 필요가 없다.

(그림 7-48) 아이폰 어플에서의 접속 대기 화면

접속 화면 아래 그림과 같이 접속이 된다. 처음에는 약간 조작법이 어렵지만 사용하다 보면 조작법이 그리 어렵지 않다. 하단에 컨트롤, input 등을 눌러 키보드, 입력을 할 수 있으며 option에서 화질이나 속도 등을 조절할 수 있다.

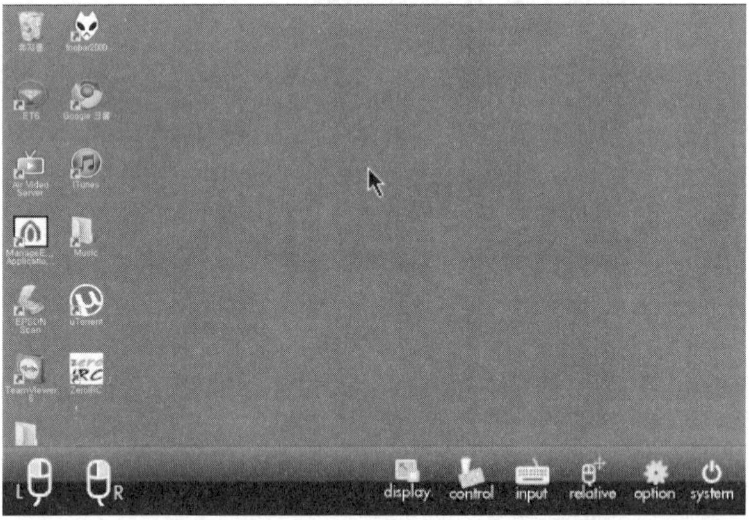

(그림 7-49) 아이폰 어플에서의 접속 화면

참고자료

[1] LG경제연구원, 빅 데이터에 대한 기대와 현실
[2] http://blog.naver.com/PostView.nhn?blogId=kcc1335&logNo=130101714510
[3] www,digieco.co.kr, 세상을 바꾸는 클라우드 컴퓨팅의 미래
[4] http://knom.or.kr/, 클라우드 컴퓨팅의 기술 동향과 가상화 기반 관리 기술, 심영철(홍익대학교 정보컴퓨터공학부)
[5] 클라우드 컴퓨팅 기술 동향, 민옥기(SW 서비스연구팀 책임연구원), 김학영(SW 서비스연구팀 책임연구원), 남궁한(인터넷플랫폼연구부 부장), 전자통신동향분석 제24권 제4호 2009년 8월
[6] 미래사회와 빅 데이터(Big data) 기술, 정병권(ETRI 서버플랫폼연구팀/선임연구원), 김학영(ETRI 클라우드컴퓨팅연구부), 최완(ETRI 클라우드컴퓨팅연구부)
[7] 빅 데이터 비즈니스의 이슈와 전망, 류한석(現 류한석기술문화연구소장, IT 칼럼니스트), ISSUE&TREND
[8] 조선 닷컴 앱피타이저 (http://app.chosun.com/site/data/html_dir/2012/09/05/2012090500675.html)
[9] 다음 클라우드 모바일 앱(http://thdev.net/108)
[10] 감성아이티(http://blog.naver.com/wassur?Redirect=Log&logNo=110150696319)
[11] eggbread(http://eggbread.kr/10126787485)
[12] 직장인 톡톡/Smart 직장인(http://eagonblog.com/451)
[13] zipi(http://zipi.me/194)

찾아보기

저자 소개

장종욱

동의대학교 컴퓨터공학과 교수

소셜 세상과 클라우딩 컴퓨터의 이해

인 쇄	: 2013년 2월 15일
발 행	: 2013년 2월 20일
저 자	: 장 종 욱
발 행 처	: 도서출판 한산
	서울시 서대문구 수색로 6길 43번지 105동 602호
	TEL : (02)304-3504 FAX : (02)304-3505
발 행 인	: 김 기 영
등 록 번 호	: 제 10-1745 호

I S B N 978-89-89215-86-8 93560

잘못된 책은 바꾸어 드립니다.

정가 22,000원